btb

Das Handwerk des Tötens hatte Frantz Schmidt von seinem Vater gelernt, doch sein Leben lang strebte er danach, dem unehrenhaften Stand des Henkers zu entfliehen. Als Scharfrichter in Nürnberg waren es vor allem die Kriminellen, die Außenseiter und Pechvögel, mit denen er in Kontakt kam, der Zugang zur ehrbaren Gesellschaft blieb ihm lange verwehrt. Über seine grausame Arbeit hat Meister Frantz über 45 Jahre lang Buch geführt und der Nachwelt damit eine höchst ungewöhnliche Quelle hinterlassen. Basierend auf dem Tagebuch und anhand umfangreicher Forschung gelingt es Joel Harrington meisterhaft, das Leben des Frantz Schmidt in all seinen Facetten und Widersprüchen zu schildern. Er erzählt damit nicht nur eine faszinierende Lebensgeschichte, sondern erschließt uns zugleich eine Epoche, in der die Welt sich zur Moderne wandelt.

Joel F. Harrington ist Professor für Europäische Geschichte an der Vanderbilt University. Sein Forschungsschwerpunkt ist die Sozialgeschichte, vor allem zur Zeit der Reformation und der Frühen Neuzeit in Deutschland. Harrington ist Autor zahlreicher Publikationen darunter *The Unwanted Child* (2009), ein preisgekröntes Buch über Findelkinder, Waisen und jugendliche Kriminelle in der frühen Neuzeit.

Joel F. Harrington

Die Ehre des Scharfrichters

Meister Frantz oder ein Henkersleben im 16. Jahrhundert

Aus dem Englischen von Norbert Juraschitz

btb

Die englischsprachige Originalausgabe erschien 2013 unter dem Titel »The Faithful Executioner. Life, Death, Honor and Shame in the Turbulent Sixteenth Century« bei Farrar, Straus und Giroux, New York.

Meinem Vater John E. Harrington jr.

MIX
Papier aus verantwortungsvollen Quellen
FSC® C014496

Penguin Random House Verlagsgruppe FSC® N001967

4. Auflage
Genehmigte Taschenbuchausgabe August 2015,
btb Verlag in der Penguin Random House Verlagsgruppe GmbH,
Neumarkter Str. 28, 81673 München

Umschlaggestaltung: semper smile, München
Umschlagmotiv: © Shutterstock / cosma
Karten S. 412-415: Peter Palm, Berlin,
nach einer Vorlage von Gene Thorp
Satz: Ditta Ahmadi, Berlin
Druck und Einband: GGP Media GmbH, Pößneck
mb · Herstellung: sc
Printed in Germany
ISBN 978-3-442-74973-7

www.btb-verlag.de
www.facebook.com/btbverlag

1517

INHALT

Vorwort
9

KAPITEL 1
Der Lehrling
27

KAPITEL 2
Der Wandergeselle
83

KAPITEL 3
Der Meister
145

KAPITEL 4
Der Weise
207

KAPITEL 5
Der Heiler
271

Epilog
325

Dank 341
Anmerkungen 347
Register 389
Bildnachweis 410
Karten 412

VORWORT

Jede nützliche Person ist ehrbar.

JULIUS KRAUTZ,
Scharfrichter von Berlin (1889)[1]

Es ist Donnerstag, der 13. November 1617, ein kühler Morgen. Die Sonne blickt kaum über den Horizont, da versammelt sich bereits eine Menschenmenge. Für heute ist nämlich eine öffentliche Hinrichtung in der Freien Reichsstadt Nürnberg angekündigt. In ganz Europa ist diese Stadt als Bastion von Recht und Ordnung bekannt. Schaulustige aus allen Gesellschaftsschichten möchten sich einen guten Platz sichern, ehe das große Ereignis beginnt. Verkäufer haben Stände errichtet, um Nürnberger Würstchen, Sauerkraut und gesalzene Heringe zu verkaufen. Entlang der gesamten Strecke der Prozession, vom Rathaus bis zum Galgen vor der Stadtmauer, reiht sich eine Bude an die andere. Erwachsene und Kinder drängeln sich durch die Menge und bieten Bier und Wein zum Verkauf an. Inzwischen haben sich mehrere Tausend Zuschauer versammelt, und dem guten Dutzend Büttel der Stadt, den sogenannten Schützen, sieht man an, dass ihnen nicht wohl ist bei dem Gedanken, hier für die Aufrechterhaltung der Ordnung verantwortlich zu sein. Betrunkene junge Männer schubsen sich und werden unruhig, ihre obszönen Liedchen sind nicht zu überhören. Der Gestank von Erbrochenem und Urin mischt sich mit dem angenehmen Duft gegrillter Würstchen und gerösteter Kastanien.

Gerüchte über den verurteilten Häftling, der wie üblich nur der »arme Sünder« genannt wird, machen die Runde. Die wesentlichen Daten sprechen sich rasch herum: Sein Name ist Georg Karl Lambrecht, 30 Jahre alt, ursprünglich aus dem fränkischen Mainbernheim. Obwohl er eine Müllerlehre gemacht und jahrelang als Müller gearbeitet hatte, rackerte er sich zuletzt in der niederen Stellung eines Weinträgers ab. Jeder weiß, dass er zum Tod verurteilt wurde, weil er gemeinsam mit seinem Bruder und anderen verruchten Gesellen, die aber allesamt entkommen konnten, Gold- und Silbermünzen in großen Mengen gefälscht hat. Mehr als die Fälschertätigkeit fasziniert die wartenden Zuschauer allerdings, dass diesem Mann, der von seiner ersten Frau wegen Ehebruchs geschieden worden ist und eine Zeit lang mit einer berüchtigten Hexe, der Eisenbeißerin, »im Lande herumgeschlampen« hat, magische Kräfte nachgesagt werden. Erst neulich hat Lambrecht, so mehrere Zeugen, eine schwarze Henne in die Luft geworfen, gerufen: »Sehe, teuffel, da hast du deine speise, schaffe mir jetzunder auch die meine!« und darauf einen seiner zahlreichen Feinde mit einem Todesfluch belegt. Von seiner verstorbenen Mutter ging ebenfalls das Gerücht, sie sei eine Hexe gewesen, und sein Vater wurde schon vor vielen Jahren als Dieb gehängt, was die Einschätzung des Gefängniskaplans bestätigt, dass »der apfel nicht weit vom baum gefallen ist«.

Kurz vor Mittag fangen die Glocken der nahe gelegenen Kirche des heiligen Sebald an zu läuten, gefolgt von der Frauenkirche am Marktplatz und der Lorenzkirche auf der anderen Seite der Pegnitz. Wenige Minuten später wird der arme Sünder mit Ketten an den Füßen und einem straff gebundenen Seil um die Hände durch eine Seitentür aus dem Rathaus geführt. Johannes Hagendorn, einer der beiden Kapläne des Strafgerichts, schreibt später in sein Tagebuch, Lambrecht habe sich in diesem Moment an ihn gewandt und inständig um Vergebung seiner vielen Sünden gefleht. Außerdem bittet er ein letztes Mal darum, mit einem Schwertstreich gegen den Hals hingerichtet zu werden, denn das ist ein schnellerer und ehrenhafterer Tod als das Verbrennen bei lebendigem Leib – die vorgeschriebene Strafe für Falschmünzerei. Die Bitte wird abgelehnt, dann führt Frantz Schmidt, seit vielen Jahren Scharfrichter der Stadt, Lambrecht zum benachbarten Marktplatz. Von dort setzt sich nun die Hinrichtungsprozession gemessenen Schrittes zum etwa eine Meile entfernten Richtplatz in Bewegung. Der Richter des Blutgerichts, der in eine rotschwarze Robe gekleidet ist, führt den feierlichen Zug zu Pferde an. Ihm folgen zu Fuß der Verurteilte, zwei Kapläne und der Henker – den Stadtbewohnern besser bekannt unter dem Ehrentitel Meister Frantz. Hinter ihm gehen dunkel gekleidete Vertreter des Nürnberger Rates, Angehörige der führenden Familien der Stadt, gefolgt von den Vorsitzenden mehrerer Handwerkerzünfte. Sie alle bezeugen den wahrhaft bürgerlichen Charakter der Veranstaltung. Weinend geht Lambrecht an den Zuschauern vorüber, wünscht allen Menschen, die er kennt, seinen Segen und bittet sie um Vergebung. Durch das Frauentor lässt der Zug die mächtigen Stadtmauern hinter sich und nähert sich seinem Ziel: einer erhöhten Plattform, die im Volksmund Rabenstein genannt wird, nach den Vögeln, die nach der Hinrichtung einen Festschmaus an den menschlichen Überresten halten. Der arme Sünder steigt mit dem Henker die Steinstufen zur Plattform hoch und wendet sich der Menge zu, um zu ihr zu sprechen. Unweigerlich fällt sein Auge auf den nahen Galgen. Einmal mehr legt er ein öffentliches Geständnis ab und fleht um göttliche Vergebung, dann fällt er auf die Knie und spricht das Vaterunser, während der Kaplan ihm Worte des Trostes zuflüstert.

Nach dem Gebet setzt Meister Frantz Lambrecht in den Richtstuhl und schlingt ihm eine feine Seidenschnur um den Hals, damit der Verurteilte, von der Menge unbemerkt, erdrosselt werden kann, bevor sein Leib zu brennen anfängt – ein letzter Akt der Gnade seitens des Henkers. Außerdem fixiert er den Verurteilten mit einer Kette um die Brust, hängt ein Säckchen Schießpulver an dessen Hals und legt mit Pech bestrichene Kränze zwischen Lambrechts Arme und Beine, um das Verbrennen zu beschleunigen. Der Kaplan betet weiter mit dem armen Sünder, während Meister Frantz mehrere Büschel Stroh um den Stuhl aufschichtet und mit kleinen Klammern fixiert. Kurz bevor der Henker eine Fackel zu Lambrechts Füßen wirft, zieht sein Gehilfe, von der Menge unbemerkt, die Schlinge um den Hals des Verurteilten enger, um ihn zu erdrosseln. Dass dies misslungen ist, zeigt sich, als die Flammen am Richtstuhl lecken, denn der Verurteilte schreit pathetisch: »Herr, in deine hände befehle ich meinen geist.« Während das Feuer weitertobt, ertönt immer wieder der Schrei: »Herr Jesu nimm meinen geist auf!«, dann ist nur noch das Knistern der Flammen zu hören, und der Gestank von verbranntem Fleisch liegt in der Luft. Später am selben Tag vertraut Kaplan Hagendorn seinem Tagebuch voller Mitgefühl an: Aufgrund des eindeutigen Beweises frommer Reue am Ende »zweifle ich auch gar nicht, er seie zwar durch den erschröcklichen und erbärmlichen tod zum ewigen leben hindurch gedrungen und ein kind und erbe des ewigen lebens worden«.[2]

Ein Ausgestoßener scheidet aus dieser Welt; ein anderer bleibt zurück und fegt die verkohlten Knochen und Glutreste seines Opfers zusammen. Berufsmäßige Mörder wie Frantz Schmidt sind lange gefürchtet, verachtet und sogar bemitleidet worden, doch in den seltensten Fällen sah man nicht nur die Funktionsträger, sondern auch die Menschen und hielt sie der Erinnerung der Nachwelt für würdig. Aber was geht diesem 63-jährigen erfahrenen Scharfrichter durch den Kopf, während er den Stein sauber fegt, von dem noch vor wenigen Minuten die letzten Schreie einer verzweifelten Frömmigkeit durch den dichten Rauch drangen? Ganz gewiss keine Zweifel an der Schuld Lambrechts. Schließlich hatte Frantz Schmidt höchstpersönlich in zwei langen Verhören die Schuld des Angeklagten nachgewiesen, dazu kommen die Aussagen mehrerer Zeugen – ganz zu schweigen von den Fälscherwerkzeugen und anderen unwiderlegbaren Beweisen, die im Haus des Verurteilten gefunden worden sind. Denkt Meister Frantz womöglich über die verpfuschte Strangulierung nach, die ein so peinliches Schauspiel überhaupt erst ermöglicht hat? Ist deshalb seine Berufsehre verletzt, sein Ansehen befleckt? Oder ist er durch fast fünf Jahrzehnte in einem, wie alle meinen, extrem abstoßenden Beruf zur Gefühllosigkeit versteinert?[3]

Normalerweise wäre die Beantwortung dieser Fragen reine Spekulation, ein Ratespiel ohne jede Aussicht auf eine befriedigende Lösung. Doch in diesem Fall verfügen wir über einen seltenen und entscheidenden Vorteil: Ähnlich wie der bei der Hinrichtung anwesende Kaplan führte auch Meister Frantz ein Tagebuch, in dem er sämtliche Hinrichtungen und anderen Strafen, die er während seiner außerordentlich langen Berufstätigkeit vollstreckte, verzeichnete. Dieses bemerkenswerte Dokument deckt einen Zeitraum von 45 Jahren ab, von Schmidts erster Hinrichtung im Alter von 19 Jahren im Jahr 1573 bis zu seinem Eintritt in den Ruhestand im Jahr 1618. Die grauenvolle Tötung des reuigen Falschmünzers war seine letzte Hinrichtung, der Endpunkt einer Karriere, in der er nach eigener Zählung 394 Menschen tötete und Hunderte auspeitschte und verstümmelte.

Was ging also in Meister Frantzens Kopf vor? Obwohl dieses Tagebuch den deutschen Frühneuzeithistorikern wohl bekannt ist, hat bisher kaum jemand versucht, diese Frage zu beantworten. Seit dem Tod des Verfassers kursierten zwei Jahrhunderte lang mindestens fünf Abschriften des inzwischen verlorenen Originals, 1801 und 1913 erschienen gedruckte Ausgaben und 1928 eine gekürzte englische Übersetzung der Fassung von 1913. Es folgten mehrere Neuauflagen der beiden deutschen Ausgaben.[4]

In der Ecke für Stadtgeschichte einer Nürnberger Buchhandlung begegnete ich vor einigen Jahren zum ersten Mal dem Tagebuch des Meister Frantz. Dieser Moment war zwar nicht so spektakulär wie, sagen wir, die Entdeckung eines verschollenen Manuskripts in einem versiegelten Gewölbe, das sich erst öffnet, wenn man eine Reihe uralter Rätsel löst, aber für mich war es doch ein Heureka-Erlebnis. Schon die Vorstellung, dass ein Scharfrichter vor vier Jahrhunderten des Lesens und Schreibens mächtig war, noch dazu den Drang verspürte, seine Gedanken und sein Tun in dieser Form zu dokumentieren, faszinierte mich. Wie war es möglich, dass bislang niemand diese bemerkenswerte Quelle dazu genutzt hatte, das Leben dieses Mannes und die

Welt, in der er lebte, zu rekonstruieren? Hier, in der hintersten Ecke als antiquarische Kuriosität versteckt, fand sich eine Geschichte, die nur darauf wartete, erzählt zu werden.

Ich kaufte das schmale Bändchen, nahm es mit nach Hause und machte beim Lesen einige Entdeckungen: So hatte Frantz Schmidt keineswegs als einziger Scharfrichter eine Chronik geführt – auch wenn er, sowohl was den Zeitraum als auch was die geschilderten Details betrifft, ein für seine Ära unübertroffenes Werk vorgelegt hat. Im damaligen Deutschland waren die meisten Männer Analphabeten, aber einige Scharfrichter konnten immerhin so gut schreiben, dass sie einfache, formelhafte Hinrichtungslisten führten, von denen einige erhalten sind.[5] Zu Beginn der Neuzeit waren Memoiren von Henkern sogar zu einem beliebten Genre geworden; das berühmteste Beispiel sind wohl die Chroniken der Familie Sanson, einer Henker-Dynastie, die von der Mitte des 17. bis in die Mitte des 19. Jahrhunderts in Paris ansässig war. Gerade in der Zeit, als die Anwendung der Todesstrafe in ganz Europa stark zurückging, wurde eine wahre Flut von Erinnerungen jener »letzten Henker« veröffentlicht, einige dieser Werke wurden sogar zu Bestsellern.[6]

Deshalb war es mir ein Rätsel, warum die faszinierende Gestalt des Nürnberger Scharfrichters bislang weitgehend unbekannt geblieben war, doch dann entdeckte ich einen zweiten, geradezu beklemmenden Aspekt dieser Chronik. Meister Frantz zieht den Leser zwar mit den Porträts all der Verbrecher, denen er begegnete, in den Bann, aber er hält sich selbst im Hintergrund: ein schattenhafter und schweigsamer Beobachter, ungeachtet seiner zentralen Rolle bei den von ihm beschriebenen Ereignissen. Diese Aufzeichnungen sind nämlich nicht ein privates Tagebuch im heutigen Sinn, sondern die Chronik eines Berufslebens. Die 621 Einträge mit einer Länge von wenigen Zeilen bis hin zu mehreren Seiten sind in chronologischer Reihenfolge geschrieben, unterteilt in zwei Listen: Die erste umfasst alle von Meister Frantz ab dem Jahr 1573 vollstreckten Todesstrafen, die zweite sämtliche körperliche Züchtigungen von 1578 an: Auspeitschen, Brandmarken, Abhacken von Fingern und Abschneiden der Ohren und Zunge. Jeder Eintrag umfasst Name, Beruf und Heimatort des Verurteilten sowie die zur Last gelegten Verbrechen, die Form der Bestrafung und den Ort der Vollstreckung. Je länger er diese Chronik führt, desto mehr gibt Meister Frantz Hintergrundinformationen über die Täter und ihre Opfer preis, nennt Einzelheiten zu den verhandelten Verbrechen sowie frühere Missetaten und beschreibt hier und da die letzten Stunden oder Momente vor einer Hinrichtung etwas ausführlicher. In ein paar Dutzend längeren Einträgen liefert er Zusatzinformationen, die im Zusammenhang mit den fraglichen Verfehlungen stehen, erzählt bestimmte Schlüsselereignisse nach und schmückt sie mit malerischen Beschreibungen, vereinzelt sogar mit kurzen Dialogen aus.

Viele Historiker würden Schmidts Arbeitschronik nicht als ein »Ego-Dokument« bezeichnen, also als eine Quelle wie ein Tagebuch oder persönliche Korrespondenz, die Wissenschaftler nach Hinweisen auf die Gedanken, Gefühle und inneren Kämpfe einer Person untersuchen. Denn diese Chronik enthält weder Schilderungen von Sinnkrisen, die durch lange Foltersitzungen ausgelöst wurden, noch längere philosophische Diskurse über Gerechtigkeit, nicht einmal knappe Spekulationen über den Sinn des Lebens. Genau genommen spricht der Verfasser erstaunlich wenig von sich selbst. In den Einträgen aus mehr als 45 Jahren verwendet Schmidt die Worte »ich« und »mein« lediglich je 15 Mal und nur einmal »mich«. In den meisten Fällen verweisen diese Pronomina auf berufliche Wegmarken (*Ist mein erst Gerichten mit dem Schwert gewest*), ohne eine Meinung oder Gefühlsregung wiederzugeben; die übrigen tauchen als willkürliche Einschübe auf (*den ich vor zwey Jarn mit Ruthen außgestrichen hab*).[7] Die Wendungen *mein Vater* und *mein Schwager*, beide Henkerkollegen, tauchen jeweils drei Mal in einem beruflichen Kontext auf. Weder Schmidts Frau noch seine sieben Kinder geschweige denn Freunde oder Bekannte werden erwähnt – im Grunde keine Überraschung, wenn man bedenkt, worauf das Augenmerk der Chronik liegt. Aber auch Verwandtschaftsbeziehungen zu einem Opfer oder Täter werden verschwiegen, und ebenso wenig wird Zuneigung zu einem Opfer oder Täter bekundet. Dabei kannte der Autor viele Betroffene nachweislich persönlich, nicht zuletzt seinen anderen Schwager, einen berüchtigten Banditen.[8] Frantz Schmidt gibt auch keine religiösen Bekenntnisse ab und verwendet nur selten moralisierende Formulierungen. Wie kann ein so bewusst unpersönliches Dokument bedeutsame Einblicke in das Leben und die Denkweise des Verfassers vermitteln? Ich kam zu dem Schluss: Wahrscheinlich hat bislang eben deshalb niemand das Tagebuch des Meister Frantz als biographische Quelle genutzt, weil es ganz einfach zu wenig über Meister Frantz selbst enthält.[9]

Ich hätte dieses Projekt also gar nicht erst begonnen, wären mir nicht zwei wichtige Durchbrüche gelungen. Einige Jahre nach meiner ersten Begegnung mit Meister Frantz entdeckte ich während anderer Forschungen in der Nürnberger Stadtbibliothek durch Zufall eine ältere und genauere Abschrift dieses Tagebuchs als alle bislang bekannten Versionen. Während die Herausgeber der beiden veröffentlichten Ausgaben Kopien vom Ende des 17. Jahrhunderts heranzogen, die beide zur Erleichterung der Lesbarkeit von barocken Schreibern bearbeitet worden waren, stützt sich dieses biographische Porträt auf eine Abschrift aus dem Jahr 1634, dem Todesjahr von Frantz Schmidt.[10] Zum Teil wurde der Text in späteren Fassungen nur geringfügig geändert: Die Schreibweise bestimmter Wörter, die Zählung der Einträge (was die Suche erleichtern sollte), an wenigen Stellen auch Datumsangaben, zudem gibt es kleinere syntaktische Korrekturen und sind in späteren Versionen Satzzeichen eingefügt. (Die Fassung von 1634 enthält keine Satzzeichen, und es ist anzunehmen, dass Schmidt wie die meisten Schreiber mit seinem Bildungshintergrund im Original ebenfalls keine verwendete.) Viele Abweichungen sind jedoch gravierend. In manchen Versionen wurden ganze Sätze ausgelassen und neue Zeilen mit moralisierenden Passagen eingefügt, darüber hinaus etliche Details, welche die Schreiber den Nürnberger Stadtchroniken und Gerichtsprotokollen entnommen hatten. Diese späteren, zusammengestückelten Fassungen steigerten die Attraktivität des Textes für die Nürnberger Bürger des 18. Jahrhunderts, unter denen diese Manuskripte kursierten. Aber gleichzeitig raubten sie dem Tagebuch die Stimme des Meister Frantz und damit auch seine Sicht auf die Dinge. Insbesondere die letzten fünf Jahre weichen in späteren Ausgaben sehr stark von der Fassung von 1634 ab. Manche Einträge werden hier ganz übersprungen und die Namen der meisten Verbrecher sowie nähere Angaben zu ihren Untaten einfach weggelassen. Insgesamt weichen die späteren Fassungen zu mindestens einem Viertel mehr oder weniger stark vom älteren Text ab.

Die bemerkenswerteste – und zugleich aufschlussreichste – Abweichung steht jedoch gleich zu Beginn des Textes. In den 1801 und 1913 veröffentlichten Ausgaben überschreibt Frantz sein Werk mit den Worten: *Angefangen zu Bamberg, für meinem Vattern. Anno 1573.* In der von mir gefundenen Fassung schreibt der junge Scharfrichter hingegen: *Anno Christi 1573. Jahr: Volgt waß Ich für Persohnen für meinen Vatter Heinrich Schmidt zu Bamberg justificiert habe.* Dieser Unterschied, der auf den ersten Blick gering scheint, wirft ein Licht auf die zentrale und schwer zu beantwortende Frage: Warum hat Frantz Schmidt dieses Tagebuch überhaupt geführt? Der Wortlaut in den späteren Kopien klingt eher nach einem väterlichen Befehl als nach einer Widmung, als habe Schmidt senior angeordnet, dass sein Sohn nun, da er Geselle war, seinen beruflichen Werdegang im Blick auf künftige Arbeitgeber dokumentieren sollte. In der älteren Version heißt es dagegen nicht, dass der Sohn die Aufzeichnungen für seinen Vater oder auf dessen Wunsch hin begann, sondern dass Frantz im Folgenden die Hinrichtungen verzeichne, die er für seinen Henker-Vater ausgeführt habe, der zudem namentlich genannt wird. Tatsächlich geht aus einem späteren Hinweis in dieser Version hervor, dass das Tagebuch nicht im Jahr 1573, sondern 1578 begonnen wurde, dem Jahr von Schmidts Ernennung zum Scharfrichter in Nürnberg. Im Rückblick kann sich der 24-jährige Frantz jedoch nur noch an die Hinrichtungen aus den vergangenen fünf Jahren erinnern und lässt so gut wie alle Leibesstrafen aus, denn: *von 1573 [bis 1578] Jahr an was ich zu Bamberg vericht, Weiss ich nicht mehr.*

Diese Entdeckung wirft neue Fragen auf, allen voran: Wenn Frantz Schmidt nicht im Jahr 1573 für seinen Vater zu schreiben anfing, für wen schrieb er dann und aus welchem Grund? Es ist eher unwahrscheinlich, dass er vorhatte, die Arbeitschronik später zu veröffentlichen, insbesondere wegen der Skizzenhaftigkeit der meisten Einträge aus den ersten 20 Jahren. Möglicherweise malte er sich aus, dass sie in Abschriften weitergegeben werde (wie es ja auch kam), aber auch das ändert nichts daran, dass die frühen Jahre längst nicht so detailliert dargestellt werden wie in anderen Chroniken der Stadt und alles in allem eher einer Inventarliste als einem echten literarischen Versuch gleichen. Womöglich war das Tagebuch nie für andere Leser, sondern nur für den Autor gedacht, aber dann stellt sich die Frage, warum er es ausgerechnet zu diesem Zeitpunkt anfing, nämlich nach seiner Ernennung zum Scharfrichter in Nürnberg im Jahr 1578, und warum er konsequent jede Erwähnung privater Angelegenheiten vermied.

Der Schlüssel, mit dem ich das Rätsel um Frantz Schmidts Tagebuch schließlich löste, ist ein bewegendes Dokument aus seinen späteren Jahren, das heute im österreichischen Staatsarchiv in Wien aufbewahrt wird. Nachdem er sein Leben lang einen Beruf ausgeübt hatte, der allgemein verachtet und sogar offiziell als »unehrlich« bezeichnet wurde, wandte sich der siebzigjährige pensionierte Scharfrichter mit der Bitte an Kaiser Ferdinand II., den guten Namen seiner Familie wiederherzustellen. Das Gesuch wurde von einem gelernten Notar aufgesetzt und verfasst, aber die darin geäußerten Gefühle sind sehr persönlich, hier und da sogar erstaunlich intim. Der betagte Frantz schildert, wie seine Familie durch ein Unrecht zu diesem anrüchigen Beruf gelangt

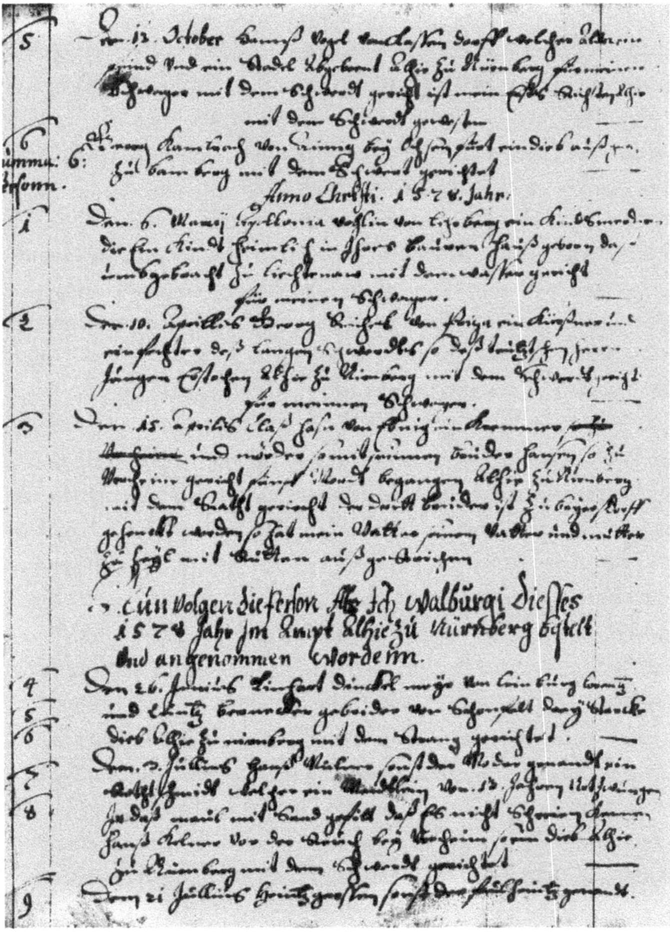
Anno Christi. 1578. Jahr.

Nun volgen die Person, als ich Walburgi dieses 1578 Jahr im Ampt alhie zu Nürnberg bestelt und angenommen worden.

Eine Seite aus der Abschrift von 1634, der ältesten überlieferten Fassung des Tagebuchs von Frantz Schmidt, die im Besitz der Nürnberger Stadtbibliothek ist. Die Zählung der Hinrichtungen am linken Rand wurde vermutlich vom Schreiber hinzugefügt.

ist, und berichtet von seinem langjährigen Streben, den eigenen Söhnen dieses Schicksal zu ersparen. Das dreizehnseitige Dokument ist überaus aufschlussreich. Es enthält die Namen mehrerer bekannter Bürger, die Schmidt kurierte, er war nämlich auch als Heiler tätig und erteilte medizinischen Rat – eine unter Henkern häufige Nebentätigkeit, was zunächst überraschen mag. Zudem erfährt das Gesuch enthusiastische Unterstützung seitens des Nürnberger Rates, der vier Jahrzehnte lang Frantzens Arbeitgeber gewesen war. Sein langer Dienst für die Stadt und seine persönliche Lebensführung seien, so erklärten die Ratsmitglieder, »vorbildlich« gewesen, aus diesem Grund baten sie den Kaiser eindringlich, Frantz Schmidts Ehre wiederherzustellen.

War womöglich gar der Nürnberger Rat von Anfang an das gedachte Lesepublikum gewesen, und Schmidts Trachten, seinen guten Namen wiederherzustellen, das Leitmotiv? Möglicherweise war er der erste, aber wohl kaum der letzte deutsche Scharfrichter, der diese Strategie wählte.[11] Als ich mir Meister Frantzens Tagebucheinträge mit diesem Motiv im Hinterkopf noch einmal durchlas, entstand vor meinem geistigen Auge allmählich ein denkender und fühlender Verfasser, der nach und nach aus dem Schatten des auf den ersten Blick unpersönlichen Berichts heraustrat. Thematische und sprachliche Muster zeichneten sich ab; Abweichungen und Veränderungen im Stil gewannen an Bedeutung; ein allmählich entstehendes Identitätsgefühl zeigte sich immer stärker. Hier war ein Autor, der nicht das geringste Interesse hatte, sich selbst zu offenbaren, der aber unwillkürlich sein Denken und seine Empfindungen in so gut wie jedem Eintrag enthüllte. Eben jene Subjektivität, die spätere Schreiber durch ihre Bearbeitungen unbeabsichtigt auslöschten, enthüllte die Antipathien, Ängste, Vorurteile und Ideale des Autors. Klar umrissene Auffassungen von Grausamkeit, Gerechtigkeit, Pflicht, Ehre und persönlicher Verantwortung traten hervor und ergaben nach und nach eine kohärente Sicht auf die Welt. Das Tagebuch selbst bekam eine moralische Bedeutung, und allein die Tatsache, dass

Frantz dieses Tagebuch führte, zeugt von dem lebenslangen Kampf des Autors um Ehrbarkeit.

Die vielschichtige Persönlichkeit, die nach dieser Lektüre, ergänzt um zahlreiche Archivquellen, greifbar wird, ist alles andere als das Klischee des gefühllosen Brutalos der Trivialliteratur. Vielmehr begegnen wir einem frommen, enthaltsamen Familienmenschen, der nichtsdestotrotz aus der angesehenen Gesellschaft, der er diente, ausgeschlossen war. Er musste einen Großteil seiner Zeit mit verurteilten Verbrechern und den ihm zur Hand gehenden ungehobelten Wachen verbringen.[12] Obwohl er im Grunde isoliert war, bewies dieser Scharfrichter ein hohes Maß an sozialer Kompetenz, eine Fähigkeit, die sowohl seinen beruflichen Erfolg ermöglichte als auch die schrittweise Aufhebung des Stigmas, das ihn belastete. Dank des großen zeitlichen Rahmens, den das Tagebuch abdeckt, erleben wir die literarische und philosophische Entwicklung eines minimal gebildeten Autodidakten mit, dessen Einträge von lakonischen Aufzählungen seiner Begegnungen mit Verbrechern bis zu kleinen Geschichten reichen und beredtes Zeugnis von der angeborenen Neugier des Autors – insbesondere in medizinischen Fragen – sowie von seinem moralischen Kosmos geben. Obwohl er selbst unentwegt mit der ganzen Skala menschlicher Grausamkeit konfrontiert war und regelmäßig eigenhändig schreckliche Gewalt ausübte, schwankte dieser offenbar tief religiöse Mann niemals in seinem Glauben an die Vergebung und Erlösung für alle, die danach streben. Zwei treibende Kräfte bestimmten dieses Leben im Beruflichen wie im Privaten: die Verbitterung über vergangenes und gegenwärtiges Unrecht sowie die unerschütterliche Hoffnung auf die Zukunft.

Das aus all diesen Archivfunden hervorgegangene Buch vereint zwei miteinander verflochtene Geschichten. Zum einen erzählt es die Lebensgeschichte des Menschen Frantz Schmidt, angefangen mit der Geburt in eine Henkerfamilie im Jahr 1554, gefolgt von den Lehrjahren an der Seite des Vaters bis zu der nun unabhängig vom Vater unternommenen Wanderschaft als Henkergeselle. Anhand seiner eigenen Äußerungen und einer Schilderung seiner Zeit lernen wir die erforderlichen Fertigkeiten eines professionellen Scharfrichters kennen, seinen unrühmlichen gesellschaftlichen Status und die frühen Bemühungen Frantzens, persönlich voranzukommen. Anschließend lernen wir das Rechtssystem und Sozialstrukturen des frühneuzeitlichen Nürnberg kennen, erfahren Näheres über die unablässigen Versuche des Scharfrichters, sich gesellschaftlich und beruflich zu verbessern, und über seine Vorstellungen von Gerechtigkeit, Ordnung und Ehrbarkeit. Ferner begegnen wir seiner Frau und der wachsenden Familie sowie einem bunten Haufen von Verbrechern und Dienern der Strafverfolgung. Schließlich erleben wir Meister Frantz im späteren Leben zunehmend in zwei immer dominanter werdenden Rollen – der des Moralisten und der des Heilers – und erhalten einen Einblick in das Gefühlsleben dieses berufsmäßigen Folterknechts und Mörders. Seine letzten Jahre werden durch Enttäuschung und eine persönliche Tragödie bittersüß, doch angesichts der Beharrlichkeit seines Strebens nach Ehre reibt man sich immer wieder verwundert und zugleich voller Bewunderung die Augen.

Den Kern dieses Buches bildet jedoch ein zweites Narrativ: nämlich eine Reflexion über die menschliche Natur und den gesellschaftlichen Fortschritt, wenn es so etwas überhaupt gibt. Aufgrund welcher Annahmen und Empfindlichkeiten erschienen die sanktionierten Formen gerichtlicher Gewalt (Folter und Hinrichtungen), die Meister Frantz regelmäßig anwandte, ihm und seinen Zeitgenossen akzeptabel, und warum empfinden wir sie in unserer heutigen Zeit als abstoßend? Wie und warum fassen solche Mentalitäten und sozialen Strukturen Fuß, und wie verändern sie sich? Die Europäer der Frühen Neuzeit hatten mit Sicherheit nicht das Monopol auf menschliche Gewalt oder Grausamkeit, geschweige denn auf individuelle oder kollektive Vergeltung. An der Zahl der Morde gemessen, war die Welt des Frantz Schmidt nicht so gewalttätig wie die seiner mittelalterlichen Ahnen, aber

Das einzige absolut zuverlässige Porträt von Frantz Schmidt, das uns überliefert ist, wurde von einem Nürnberger Gerichtsnotar mit künstlerischen Ambitionen auf den Rand eines Bandes über Todesurteile gezeichnet. Zum Zeitpunkt dieses Ereignisses, der Enthauptung des Hans Fröschel am 18. Mai 1591, war Meister Frantz etwa 37 Jahre alt.

gewalttätiger etwa als die der heutigen Vereinigten Staaten (eine beachtliche Leistung).[13] Mit Blick auf die staatliche Gewalt werden andererseits die höheren Hinrichtungszahlen und häufigen militärischen Plünderungen in allen frühneuzeitlichen Gesellschaften von den »totalen Kriegen«, politischen Säuberungen und Völkermorden des 20. Jahrhunderts in den Schatten gestellt. Schon der Umstand, dass in zahlreichen Ländern noch heute gerichtliche Folter ausgeübt wird und öffentliche Hinrichtungen stattfinden, unterstreicht unsere Nähe zu »primitiveren« früheren Gesellschaften und lässt erkennen, wie dünn die Schicht der gesellschaftlichen Zivilisation ist, die uns angeblich von ihnen trennt. Ist die Todesstrafe wirklich auf dem Weg, weltweit verboten zu werden, oder ist der menschliche Drang nach Vergeltung zu tief in jeder Faser unseres Körpers verwurzelt?

Was ging in Meister Frantzens Kopf vor? Was immer wir herausfinden, der brave Scharfrichter von Nürnberg wird immer eine zugleich fremde und vertraute Figur bleiben. Es ist schon schwer genug, uns selbst und die uns nahestehenden Menschen zu verstehen, geschweige denn einen Berufskiller aus einer fernen Zeit und einem fremden Ort. Wie in allen Lebensgeschichten lassen sein Tagebuch und die anderen historischen Quellen unweigerlich viele Fragen unbeantwortet – einige sind vermutlich generell nicht zu beantworten. Und auf der einzigen zeitgenössischen Zeichnung von Schmidt, die als zuverlässig gelten kann, steht der treue Henker vom Betrachter – wie könnte es anders sein – abgewandt. Der Versuch, Frantz Schmidt und seine Welt zu begreifen, führt jedoch zu einem höheren Maß an Selbsterkenntnis und Empathie, als man bei der Beschäftigung mit einem berufsmäßigen Folterknecht und Henker erwarten sollte. Die Geschichte von Meister Frantz aus Nürnberg ist in vieler Hinsicht eine fesselnde Geschichte aus einer fernen Zeit, aber sie ist auch eine Geschichte für unsere Zeit und unsere Welt.

ANMERKUNGEN ZUM GEBRAUCH

Zitate von Frantz Schmidt

Sämtliche wörtlichen Zitate von Schmidt werden im Text kursiv hervorgehoben und sind der Abschrift seines Tagebuchs aus dem Jahr 1634 und dem Gesuch um Wiederherstellung der Ehre von 1624 entnommen. Im Sinne der Lesbarkeit wurde die Schreibweise behutsam an heutige Regeln angepasst.

Namen

Die Rechtschreibung war in der Frühen Neuzeit noch nicht standardisiert, und Meister Frantz schrieb, genau wie andere Schreiber, den gleichen Eigennamen unterschiedlich, in manchen Fällen sogar im selben Absatz. Für Städtenamen und andere geographische Bezeichnungen wird hier die heute übliche Schreibweise verwendet, ebenso für die meisten Rufnamen; Familiennamen bleiben in ihrer damaligen Schreibweise, wurden allerdings der Eindeutigkeit zuliebe vereinheitlicht. Beibehalten wurde auch die in der Frühen Neuzeit übliche weibliche Form der Familiennamen, die durch die Endung »-in«, sowie eine gelegentliche Lautverschiebung in der vorletzten Silbe gekennzeichnet ist. So war die Frau eines Georg Widmann unter dem Namen Margaretha Widmännin oder Widmennin bekannt, Hans Kriegers Tochter wurde zu Magdalena Kriegerin (auch Kriegin) und so weiter. Spitznamen und Pseudonyme, die der damaligen Gaunersprache, dem sogenannten Rotwelsch, entstammen, wurden beibehalten und wo nötig durch eine moderne Übertragung ergänzt.

Währung

In den deutschen Landen der Frühen Neuzeit war eine Fülle von lokalen, reichsweiten und ausländischen Münzen im Umlauf, zudem änderten sich die Wechselkurse im Lauf der Zeit. Um eine Vorstellung von der Größenordnung zu vermitteln und einen Bezugspunkt zu geben, habe ich die ungefähre Entsprechung jeder Summe in Gulden (abgekürzt fl.) angegeben, der damals größten Einheit. Ein Dienstmädchen oder ein Stadtwächter verdiente in jener Zeit etwa 10 bis 15 Gulden im Jahr, ein Lehrer 50 und ein städtischer Richter 300 oder 400 Gulden. Ein Laib Brot kostete vier Pfennige (0,03 fl.), ein Quart Wein (ca. 1,1 Liter) rund 30 Pfennige (0,25 fl.), und die Jahresmiete für eine bescheidene Wohnung betrug etwa 6 Gulden. Die verschiedenen Einheiten werden ungefähr folgendermaßen umgerechnet:

1 Gulden (fl.) = 0,85 Thaler (th.) = 4 »alte« Pfund (lb.) = 4 Ort = 15 Batzen (Bz.) = 20 Schilling (sch.) = 60 Kreuzer (kr.) = 120 Pfennige (p.) = 240 Heller (H.)

Datumsangaben

Der gregorianische Kalender wurde in den katholischen Gebieten des Deutschen Reiches am 21. Dezember 1582 eingeführt, in den meisten protestantischen Ländern jedoch erst am 1. März 1700 oder noch später übernommen. Als Folge bestand in der Zwischenzeit ein Unterschied von zehn (später elf) Tagen zwischen protestantischen Territorien wie Nürnberg und katholischen Gebieten wie dem des Fürstbischofs von Bamberg. (Der 13. Juni 1634 in Nürnberg war somit in Bamberg der 23. Juni 1634. Manche Zeitgenossen schrieben deshalb 13./23. Juni 1634.) Im ganzen Buch wird der Nürnberger Kalender verwendet, wo das Jahr (wie damals schon in den meisten Orten üblich) mit dem 1. Januar begann.

KAPITEL 1

DER LEHRLING

Wer demnach seinen Sohn nicht alsbald in den besten Lehrgegenständen unterweisen lässt, der ist selbst kein Mensch, und kein Sohn eines Menschen.

ERASMUS VON ROTTERDAM,
Über die Notwendigkeit einer frühzeitigen wissenschaftlichen Unterweisung der Knaben (1529)[1]

Wert und Würde eines Menschen werden von seinem Mut und seiner Willenskraft bestimmt; hierauf allein beruht seine wahre Ehre.

MICHEL DE MONTAIGNE,
Über die Menschenfresser (1580)[2]

Die Nachbarn in Bamberg hatten sich mittlerweile an das wöchentliche Ritual gewöhnt, das sich im Hinterhof des Hauses von Meister Heinrich Schmidt abspielte, und gingen ohne sonderliches Interesse weiter ihren Geschäften nach. Die meisten verstanden sich recht gut mit Schmidt, dem neuen Scharfrichter des Fürstbischofs, hüteten sich aber, ihn oder seine Familienangehörigen in ihr Haus einzuladen. Sein Sohn Frantz, dem er sich an jenem Maitag im Jahre 1573 ganz widmete, war allem Anschein nach ein höflicher und – wenn man das von dem Sprössling eines Henkers sagen konnte – wohlerzogener junger Mann von 19 Jahren. Wie damals üblich erlernte er das gleiche Handwerk wie sein Vater und hatte diesen Berufsweg bereits im Alter von elf oder zwölf Jahren angetreten. Geboren und aufgewachsen war Frantz in der fränkischen Provinzstadt Hof. Seit die Familie vor acht Monaten nach Bamberg umgezogen war, hatte er den Vater zu mehreren Hinrichtungen in der Stadt und benachbarten Dörfern begleitet, dessen Technik studiert und ihm gelegentlich assistiert. Mit zunehmendem Alter hatte er immer verantwortungsvollere Pflichten übernommen und schulte seine Fertigkeiten. Sein Ziel war es, genau wie der Vater ein Meister in der Praxis der *sonderen Befragung*, also der Folter zu werden sowie in der Kunst, eine verurteilte Seele auf die gesetzlich vorgeschriebene Weise ins Jenseits zu befördern – angefangen mit der gewöhnlichen Hinrichtung durch den Strick über die seltener angewandten Formen des Verbrennens oder Ertränkens bis hin zum berüchtigten und außerordentlich seltenen Vierteilen.

An diesem Tag prüfte Meister Heinrich seinen Sohn in der schwierigsten – und zugleich ehrenhaftesten – Form der Hinrichtung: dem Tod durch das Schwert. Erst im vergangenen Jahr hatte der Vater Frantz für fähig und würdig befunden, das vielgepriesene Richtschwert zu schwingen, eine hervorragend gearbeitete, sieben Pfund schwere gravierte Waffe, die meist an einem Ehrenplatz über dem Kamin hing. Sie hatten ihre Übungen vor Monaten mit Kürbissen begonnen, ehe sie zu kräftigen Rhabarberstängeln übergingen, die der Konsistenz eines menschlichen Nackens näherkommen. Frantzens erste Versuche waren unbeholfen und brachten gelegentlich sogar ihn und den Vater, der den »armen Sünder« festhielt, in Gefahr. Im Lauf der Zeit wurden seine Bewegungen jedoch geschmeidiger, und seine Treffsicherheit nahm deutlich zu. Meister Heinrich hielt deshalb die Zeit für gekommen, zur nächsten Schwierigkeitsstufe überzugehen: zu Ziegen, Schweinen und anderem »gefühllosen« Vieh.

Der Hofer *Hundschlager*, der Schmidt unterstellt war, hatte auf seine Bitte hin einige streunende Hunde gefangen und sie in klapprigen Holzkäfigen zum Haus des Henkers im Stadtzentrum gebracht. Schmidt zahlte ihm einen kleinen Lohn für den Gefallen und brachte die Tiere in den geschlossenen Hof hinter dem Haus, wo sein Sohn bereits wartete. Obwohl ihm nur sein Vater zuschaute, war Frantz sichtlich nervös. Denn anders als

Hunde bewegen sich Kürbisse nicht, und selbst Schweine leisten kaum Widerstand. Ihm zu unterstellen, er habe Unwillen empfunden, »unschuldige« Haustiere zu töten, wäre sicherlich eine anachronistische Projektion.[3] Frantz dachte wohl vor allem daran, dass er mit einer erfolgreichen Enthauptung dieser Hunde – jeweils mit einem einzigen kräftigen Schlag – den letzten Schritt seiner Ausbildung absolvierte. Diese Übung war also ein deutliches väterliches Zeichen der Anerkennung seiner Fertigkeiten und bedeutete ihm, dass es Zeit war, als wandernder Scharfrichtergeselle in die weite Welt zu ziehen. Meister Heinrich übernahm auch an diesem Tag die Rolle des Gehilfen; mit festem Griff hielt er den ersten Hund, der heftig zappelte, während Frantz das Schwert fester packte.[4]

EINE GEFÄHRLICHE WELT

Furcht und Angst gehören untrennbar zur menschlichen Existenz. Wenn man so will, sind wir Menschen durch diese Grundkonstante über die Jahrhunderte hinweg miteinander verbunden. Die Welt Heinrich Schmidts und seines Sohnes Frantz zeichnete sich jedoch durch eine weit höhere individuelle Verwundbarkeit aus, als Angehörige moderner westlicher Gesellschaften für erträglich halten. Feindliche Kräfte natürlicher und übernatürlicher Art, rätselhafte, oft tödliche Seuchen, gewalttätige und böse Mitmenschen, fahrlässig verursachte oder vorsätzlich gelegte Brände – all diese Gefahren prägten die Vorstellungswelt und den Alltag der Menschen in der Frühen Neuzeit. Das daraus erwachsene Klima der Unsicherheit genügt zwar nicht, um die gängige Grausamkeit der frühneuzeitlichen Gerichtsbarkeit zu erklären, aber mit dem Wissen um diese Fragilität der Verhältnisse im Hinterkopf können wir besser nachvollziehen, warum die Zeitgenossen Vollstrecker der Gerichtsbarkeit wie die Schmidts zugleich voller Dankbarkeit und mit Abscheu betrachteten.[5]

Von Anfang an war das Leben bedroht. Da war zunächst die hohe Zahl an Fehl- und Totgeburten, es traf mindestens jeden dritten Fötus. Und als Frantz Schmidt das Licht der Welt erblickte, standen seine Chancen, das zwölfte Lebensjahr zu erreichen, lediglich 50 : 50. (Die Geburt eines Kindes brachte auch die Mutter in Lebensgefahr: Jede zwanzigste Frau starb in den ersten sieben Wochen nach der Entbindung – eine deutlich höhere Quote als in den ärmsten Ländern unserer Tage.) Die ersten beiden Jahre waren die gefährlichsten für ein Kind, weil häufig auftretende Seuchen wie Pocken, Typhus und Ruhr für kleine Kinder besonders oft tödlich waren. Die meisten Eltern erlebten den Verlust mindestens eines Kindes und die meisten Kinder den Tod eines Bruders, einer Schwester oder mindestens eines Elternteils.[6]

Zu den häufigen Ursachen eines frühen Todes zählte die Ansteckung mit einer der unzähligen Seuchen, die in den Städten und Dörfern Europas grassierten. Die meisten Menschen, die das 50. Lebensjahr erreichten, hatten vermutlich ein gutes halbes Dutzend solcher verheerenden Seuchen überlebt. Große Städte wie Nürnberg oder Augsburg verloren innerhalb der ein bis zwei Jahre, die eine besonders schwere Epidemie wütete, oft ein Drittel bis die Hälfte der gesamten Bevölkerung. Die am meisten gefürchtete, wenn auch nicht immer tödliche Seuche war die Pest. Zu Lebzeiten Frantz Schmidts brach sie besonders häufig in Mitteleuropa aus – häufiger als zu jeder anderen Zeit und an jedem anderen Ort in der europäischen Geschichte seit dem ersten Auftauchen des Schwarzen Todes Mitte des 14. Jahrhunderts. Und niemand konnte sagen, wann die nächste Epidemie ausbrechen und wie viele Opfer sie fordern würde.[7] All die einzelnen traumatischen Erinnerungen und Erlebnisse ließen eine allgemeine Angst vor jeglicher Form der Ansteckung entstehen, die wiederum die Anfälligkeit des menschlichen Lebens und das Ausmaß der individuellen Verwundbarkeit unterstrich.

Ebenfalls häufig und in kaum vorhersagbaren Abständen traten Überschwemmungen, Missernten und Hungersnöte auf. Die

Schmidts hatten das Pech, ausgerechnet in den kältesten Jahren der Ära zu leben, die die Kleine Eiszeit (um 1400–1700) genannt wird. Ein weltweites Absinken der Temperaturen hatte längere, strengere Winter und kühlere, nassere Sommer zur Folge, vor allem in Nord- und Mitteleuropa. Zu Lebzeiten Frantz Schmidts sah seine Heimat Franken deutlich mehr Schnee und Regen als in den vorangegangenen Jahren, überflutete Felder und verrottete Ernten waren die Folge. In manchen Jahren reichte die Zahl der Sonnentage nicht einmal für die Traubenreife, sodass man nur sauren Wein gewinnen konnte. Die Ernteerträge waren erbärmlich gering, was Hungersnöte nach sich zog. Nicht nur Menschen und Vieh starben an Seuchen und Hunger. Selbst die Zahl der Wildtiere ging dramatisch zurück, weshalb hungrige Wolfsrudel sich zunehmend auch menschliche Opfer suchten. Der Mangel an Lebensmitteln ließ die Preise in die Höhe schnellen, sodass sich auch gesetzestreue Bürger zu Wilderei und anderem Diebstahl verleiten ließen, um sich und ihre Familie zu ernähren.[8]

Doch nicht nur Naturkräfte, über die sie keine Macht hatten, plagten die Menschen. Sie mussten zudem die Gewalt anderer Menschen erdulden, insbesondere der scheinbar allgegenwärtigen Räuber, Söldner und Gesetzlosen, die ungehindert durch die Lande streiften. Territorien wie das Fürstbistum Bamberg und die Reichsstadt Nürnberg bestanden zum überwiegenden Teil aus unberührten Wäldern und offenen Wiesen, hier und da ein Dorf, ein paar kleine Städte mit ein- oder zweitausend Einwohnern und eine vergleichsweise große Metropole. Ohne den Schutz der Stadtmauern oder besorgter Nachbarn war ein isoliertes Bauernhaus oder eine Mühle ein paar kräftigen, bewaffneten Männern auf Gedeih und Verderb ausgeliefert. Selbst stark bereiste Wege und Landstraßen lagen häufig weitab von jeder Hilfe. Die Straßen und Wälder unmittelbar um eine Stadt sowie sämtliche Grenzregionen waren besonders gefährlich. Ein Reisender konnte hier ohne Weiteres Räuberbanden zum Opfer fallen, die von üblen Vogelfreien wie Cunz Schott angeführt wurden. Jener Schott verprügelte und beraubte seine zahllosen Opfer nicht nur, sondern betrieb zudem den makabren Sport, die Hände von Bürgern der Stadt zu sammeln, die er sich zum Feind erklärt hatte: Nürnberg.[9]

Das Heilige Römische Reich Deutscher Nation war in Wirklichkeit, wie Voltaire später spottete, weder heilig noch römisch noch ein Reich. Die Zuständigkeit für Recht und Ordnung war vielmehr verteilt auf die mehr als 300 Mitglieder, deren Größe von der Burg eines Freiherrn und den umliegenden Dörfern bis hin zu großen Fürstentümern wie Kursachsen oder dem Herzogtum Bayern reichte. Die gut 70 Reichsstädte, darunter Nürnberg und Augsburg, fungierten als quasi autonome Einheiten, manche Äbte und Bischöfe, auch der Fürstbischof von Bamberg, übten schon seit Langem neben der kirchlichen auch die weltliche Gerichtsbarkeit aus. Der Kaiser und seine alljährlich in einer der Reichsstädte abgehaltene Ständeversammlung, der Reichstag, verkörperten gewissermaßen das Reich und genossen in allen deutschen Landen eine symbolische Autorität, waren jedoch weitgehend machtlos, wenn es um die Verhinderung oder Beilegung von Fehden und kriegerischen Konflikten ging, die regelmäßig unter den Mitgliedstaaten ausbrachen.

Nur zwei Generationen vor Frantz Schmidts Geburt hatte der Reformkaiser Maximilian I. (reg. 1486–1519) selbst indirekt das gewaltsame Chaos eingeräumt, das im gesamten Reich herrschte, als er in seinem »Ewigen Landfrieden« von 1495 kundtat:

> Also das von Zeit diser Verkündung niemand, von was Wirden, Stats oder Wesens der sey, den andern bevechden, bekriegen, berauben, vahen, überziehen, belegern, auch dartzu durch sich selbs oder yemand anders von seinen wegen nicht dienen, noch auch ainich Schloß, Stet, Märckt, Bevestigung, Dörffer, Höff oder Weyler absteigen oder on des andern Willen mit gewaltiger Tat frevenlich einnemen oder gevarlich mit Brand oder in ander Weg dermassen beschedigen sol …[10]

Eine Zeichnung von Nürnberg aus dem frühen 16. Jahrhundert unterschlägt die armen Siedlungen außerhalb der Stadtmauern, gibt aber trefflich den Festungscharakter der Stadt wieder, die Schutz vor den unzähligen Gefahren der umliegenden Wälder versprach (1516).

Damals hatten insbesondere fehdeführende Adlige und ihr Gefolge für instabile Verhältnisse gesorgt, denn sie überfielen häufig ihre Widersacher – und brannten auf diesen Raubzügen auch Haus und Hof unbeteiligter Landbewohner nieder. Damit nicht genug: Manche Adlige betrieben als Raubritter auf eigene Faust ein auf Raub, Entführung und Erpressung gestütztes Geschäft, das wir heute als organisierte Kriminalität bezeichnen würden. Damals nannte man das *Plackerei* – eine weitere Gefahr für Dorfbewohner und Reisende.

Zu Frantz Schmidts Lebzeiten hatten diese Dauerfehden zwischen Adelsfamilien weitgehend aufgehört, was ebenso auf die stärkere wirtschaftliche Einbindung des Adels wie auf den Macht-

Ein deutscher Landsknecht (um 1550).

zuwachs der Territorialfürsten zurückzuführen war.[11] Nachdem diese ihre Kontrolle über entstehende Flächenstaaten wie das Herzogtum Württemberg oder das Kurfürstentum Brandenburg gefestigt hatten, schickten sie sich allerdings an, noch mehr Land zu erobern, und verwendeten einen großen Teil ihres Vermögens darauf, große Söldnerheere aufzustellen. Dieser Kriegsdurst fiel in eine Zeit des wirtschaftlichen Niedergangs mit einer außerordentlich langen Phase der Inflation und hoher Arbeitslosigkeit, die einfachen Leuten vom Kriegsdienst abgesehen oft keine Aussicht auf Beschäftigung bot. Die Historiker sprechen deshalb auch vom langen 16. Jahrhundert (um 1480–1620). In der Frühen Neuzeit wuchs die Zahl der Söldner um das Zwölffache. Land und Leute waren nun allerorten einer furchterregenden neuen Gefahr für die persönliche Sicherheit und den Besitz ausgesetzt: den ebenso berüchtigten wie verachteten Landsknechten.

Ein Zeitgenosse charakterisierte diesen Menschenschlag als raubendes, mordendes, saufendes und die Frauen schändendes seelenloses Gesindel ohne Gnade:

> ein newer orden der seelossen leuth, genant die Landsknecht welche on alles auffsehen auf ehre oder billigkeit, luffent on die ort, do sie hoffen gut zu uberkommen, geben sich mutwilliglich in geferligkeit yrer selen, und unzucht in schetten, schweren, schandworten, fluchen et., ya in hurerey, ehebruch, jungfrawschendung, fullerey, zusauffen, ya zu gantz vihischen sachen, stelen, rauben, moerden ist bey ynen wie teglich brot, ... Kurtz, sie stehen ganz gebunden in gewalt des teuffels, der zeucht sie wohin er will.

Sogar Kaiser Karl V. (reg. 1519–1556), dessen Macht sich nicht unwesentlich auf solche Männer stützte, räumte die »unmenschlich tiranney« der umherziehenden Banden von Landsknechten ein, die er gar für »lesterlicher und grawsamer als die Turcken« hielt.[12] Sobald die Söldner angeheuert hatten, verbrachten sie ihre Zeit damit, in Lagern herumzulungern und gelegentlich das Hinterland ihres vertragsmäßigen Gegners zu plündern. Nüchtern berichtet Grimmelshausen in seinem berühmten, 1668 erschienenen Roman *Simplicissimus* von solchen Gewalttaten:

> denn obzwar etliche anfingen zu metzgen, zu sieden und zu braten, daß es sah, als sollte ein lustig Bankett gehalten werden, so waren hingegen andere, die durchstürmten das Haus unten und oben, ja das heimlich Gemach war nicht sicher, gleichsam ob wäre das gülden Fell von Kolchis darinnen verborgen; Andere machten von Tuch, Kleidungen und allerlei Hausrat große Päck zusammen, als ob sie irgends ein Krempelmarkt anrichten wollten, was sie aber nicht mit zu nehmen gedachten, wurde zerschlagen, etliche durchstachen Heu und Stroh mit ihren Degen, als ob sie nicht Schaf und Schwein genug zu stechen gehabt hätten, etliche schütteten die Federn aus den Betten und fülleten hingegen Speck, andere dürr Fleisch und sonst Gerät hinein, als ob alsdann besser darauff zu schlafen gewesen wäre; Andere schlugen Ofen und Fenster ein, gleichsam als hätten sie

> ein ewigen Sommer zu verkündigen, Kupfer und Zinnengeschirr schlugen sie zusammen, und packten die gebogenen und verderbten Stück ein, Bettladen, Tisch, Stühl und Bänk verbrannten sie, da doch viel Klafter dürr Holz im Hof lag, Hafen und Schüsseln musste endlich alles entzwei, entweder weil sie lieber Gebraten aßen, oder weil sie bedacht waren, nur ein einzige Mahlzeit allda zu halten; unser Magd ward im Stall dermaßen traktiert, daß sie nicht mehr daraus gehen konnte, welches zwar ein Schand ist zu melden! Den Knecht legten sie gebunden auff die Erd, stecketen ihm ein Sperrholz ins Maul und schütteten ihm einen Melkkübel voll garstig Mistlachenwasser in Leib, das nenneten sie ein Schwedischen Trunk ... Da fing man erst an, die Stein von den Pistolen und hingegen an deren statt der Bauren Daumen aufzuschrauben, und die arme Schelmen so zu foltern, als wenn man hätt Hexen brennen wollen.[13]

In Friedenszeiten war die Lage nicht viel besser. Wenn sie keine Arbeit hatten oder schlicht keinen Sold bekamen (was häufig der Fall war), zogen Gruppen dieser meist jungen Männer auf der Suche nach Essen, Trinken und Frauen (nicht unbedingt in dieser Reihenfolge) durchs Land. Diesen marodierenden Landsknechten schlossen sich häufig flüchtige Diener und Lehrlinge, Schuldner, die ihre Frauen im Stich gelassen hatten, verbannte Verbrecher und andere Herumtreiber an. Diese »starken Bettler« lebten in erster Linie von Bettelei und kleineren Diebstählen. Manche wurden jedoch auch handgreiflich und terrorisierten Bauern, Dorfbewohner und Reisende mit der gleichen Plackerei wie Raubritter und berufsmäßige Räuber. Für die Opfer spielte die Unterscheidung zwischen Vollzeit- und Nebenerwerbsbanditen keine Rolle. So berichtet Frantz Schmidt im Februar 1596 von zwei berufsmäßigen Dieben, die von ihm aus der Stadt gepeitscht wurden. Die beiden hatten zusammen mit ihren Kumpanen, einigen bettelnden Söldnern, *uff dreyen Müllen garttet* [gebettelt] *die leuth genötigt ihnen zu geben ... hacken und büchsen genomen.*[14]

Ein einsamer Hausierer gerät in einen Hinterhalt von Straßenräubern; Detail aus einem Landschaftsgemälde von Lucas I. van Valckenborch (um 1585).

Von all den Verbrechen, die mit Räuberbanden und anderem umherstreifendem Gesindel in Verbindung gebracht wurden, fürchtete die Landbevölkerung eines am meisten: Brandstiftung. In einer Zeit lange vor der Gründung von Feuerwehren und Gebäudeversicherungen brachte allein das Wort die Gemüter in Wallung. Schon eine Fackel konnte, geschickt platziert, einen Bauernhof oder gar ein ganzes Dorf in Schutt und Asche legen und die wohlhabenden Bewohner binnen weniger als einer Stunde zu obdachlosen Bettlern machen. Tatsächlich wurde schon die Androhung, jemandem das Haus oder die Scheune anzuzünden, als gleichbedeutend mit der Tat selbst angesehen. Deshalb stand auch die gleiche Strafe darauf: Tod durch Verbrennen bei lebendigem Leib auf dem Scheiterhaufen. Mordbrenner genannte Banden erpressten von Bauern und Dorfbewohnern durch die Androhung von Bränden beträchtliche Lösegelder und machten dieses heimtückische Verbrechen zu ihrem einträglichen Geschäft.[15] Die Angst vor solchen Mordbrennern war auf dem Land weit verbreitet, doch die meisten Brandstiftungen gingen zurück auf die grassierenden Privatfehden oder waren Racheakte, denen gelegentlich das Warnzeichen eines auf die Wand gemalten roten Hahns oder des an die Tür genagelten Brandbriefs vorausgegangen war. Die Brandbekämpfung hatte in den meisten Städten seit dem Mittelalter kaum Fortschritte gemacht, Wohngebäude und Scheunen auf dem Land waren ohnehin noch völlig ungeschützt. Nur die reichsten Kaufleute konnten sich eine Versicherung leisten, und selbst diese deckte für gewöhnlich nur die Handelswaren ab. Ganz gleich ob ein Gebäudebrand natürliche Ursachen hatte oder von Menschenhand entfacht worden war, er trieb so gut wie jeden Haushalt in den Ruin.

Neben den genannten Gefahren fürchteten die Menschen jener Zeit ein weiteres, unsichtbares, potenziell überall lauerndes Unheil: das Gewimmel von Geistern, Feen, Werwölfen, Dämonen und anderen übernatürlichen Angreifern, die den alten Überlieferungen zufolge auf Feldern, in Wäldern, an Wegen und in Feuerstätten hausen. Kirchliche Reformer aller Konfessionen versuchten vergebens, solche uralten Vorstellungen auszurotten; zur gleichen Zeit schürten sie jedoch eine Angst viel größeren Ausmaßes vor der in ihren Augen wahren Gefahr durch übersinnliche Kräfte, indem sie lautstark und in den düstersten Farben vor einer satanischen Verschwörung warnten. Das Schreckgespenst der Hexerei schwebte zu Frantz Schmidts Lebzeiten drohend über allem und führte zu den tragischen Konsequenzen im wirklichen Leben vieler Menschen, die man heutzutage als den europäischen Hexenwahn bezeichnet. In den Jahren von 1550 bis 1650 wurden mindestens 60 000 Menschen wegen Hexerei hingerichtet.

Wohin sollte man sich in diesem irdischen Jammertal wenden, um Schutz und Trost zu finden? Familie und Freunde, die übliche Zuflucht vor den Grausamkeiten der Welt, mochten einem Einzelnen helfen, mit einem Unglück fertigzuwerden, konnten aber bei der Vorbeugung kaum helfen. Wundheiler, Bader, Apotheker und Hebammen vermochten hier und da Schmerzen zu lindern und Wunden zu heilen, aber sie waren gegen schwere Krankheiten und die meisten Gefahren der Geburt machtlos. Ärzte, die heutzutage wichtigsten medizinischen Ratgeber, waren selten, teuer und in ihren Fertigkeiten durch die begrenzten medizinischen Kenntnisse jener Zeit stark eingeschränkt. Sterndeuter und andere Wahrsager mochten beunruhigten Seelen ein gewisses Gefühl der Kontrolle und sogar des Schutzes der Vorsehung vermitteln, aber auch sie konnten nichts gegen die konkret drohenden Gefahren ausrichten.

Religion, eine der wichtigsten geistigen Ressourcen jener Zeit, bot Erklärungen für ein Unglück an, ja gelegentlich sogar vermeintliche vorbeugende Maßnahmen. Martin Luther und andere protestantische Geistliche lehnten von den 1520er-Jahren an jegliche Verwendung »abergläubischer« Schutzrituale ab, verstärkten aber den allgemeinen Glauben an ein moralisches Universum, in dem nichts zufällig geschieht. Naturkatastrophen und Seuchen wurden als Zeichen göttlichen Missfallens oder Zorns gedeutet, auch wenn die Ursache dieses Zorns nicht immer ersichtlich war. Manche Theologen und Chronisten erkannten in einer bestimmten ungesühnten Freveltat, Inzest etwa oder Kindsmord, den Katalysator des Unheils. Allgemein wurde kollektives Leid als ein göttlicher Aufruf zur Reue interpretiert. Martin Luther, Johannes Calvin und viele andere Protestanten lebten weiter in der apokalyptischen Erwartung, die letzten Tage der Menschheit seien angebrochen; sie rechneten folglich damit, dass die Mühsal dieser Welt schon bald ein Ende haben werde. Der Teufel und seine Diener waren weiterhin ein ebenso selbstverständlicher wie wesentlicher Bestandteil aller Versuche, Katastrophen zu erklären. Die Palette reichte von Behauptungen, Hexen hätten Hagelstürme heraufbeschworen, bis hin zu Geschichten über Dämonen, die Verbrechern übernatürliche Kräfte verliehen hätten.

Die am häufigsten angewandte Präventivmaßnahme gegen die verschiedenen »Todesengel« war ganz einfach das Gebet. Seit Jahrhunderten stimmten Christen es gemeinsam an: »Vor Pest, Hunger und Krieg bewahre uns, oh Herr!«[16] Bittgebete an Jesus Christus, die Jungfrau Maria oder einen gegen eine bestimmte Gefahr helfenden Schutzheiligen blieben im späten 16. Jahrhundert auch unter Protestanten weit verbreitet, die offiziell jede übernatürliche Fürsprache außer der von Christus ablehnten. Viele Gläubige schützten sich zusätzlich mit Talismanen wie Schmuckstücken, Kristallen oder Holzarbeiten vor natürlichen und übernatürlichen Gefahren. Das Gleiche galt für religiöse Dinge, die den Katholiken als Sakramentalien galten: Weihwasser, geweihte Hostien, Heiligenmedaillons, gesegnete Kerzen oder Glocken und die angeblich heiligen Reliquien, etwa ein Knochensplitter oder Körperteil eines Heiligen. Andere eindeutig für magisch erklärte Sprüche, Pulver oder Tränke (teils förmlich verordnet) versprachen Genesung von Krankheiten oder Schutz vor Feinden. Wenn Trost und Beruhigung die obersten Ziele waren, dürfen wir die Wirksamkeit derartiger Maßnahmen nicht so ohne Weiteres leugnen. Auch der Glaube an ein Leben nach dem Tod, in dem die Leidenden und Tugendhaften belohnt, die Bösen hingegen bestraft werden, mag viele getröstet haben, doch selbst der stärkste persönliche Glaube konnte keine Katastrophe verhindern oder abwenden.

Angesichts all dieser Gefahren sehnten sich Frantz Schmidt und seine Zeitgenossen verzweifelt nach einem Gefühl der Sicherheit und Ordnung. Weltliche Obrigkeiten, vom Kaiser über die Territorialfürsten bis hin zu den Stadtherren, teilten allesamt diese Sehnsucht und waren auch zu handeln bereit. Dieser Paternalismus war alles andere als altruistisch – da jedes Mehr an

Sicherheit immer auch eine Ausweitung ihrer eigenen Autorität mit sich brachte –, doch die Sorge um die öffentliche Sicherheit und das allgemeine Wohl war in den meisten Fällen echt. Anstrengungen der Obrigkeit, die Folgen von Erdbeben, Überschwemmungen, Hungersnöten und Seuchen zu lindern, haben die Lage der Opfer womöglich erleichtert. Doch selbst die ehrgeizigsten Verbesserungen der öffentlichen Hygiene zeigten vor der Neuzeit nur eine geringe Wirkung. Die Quarantäne, die manche Regierungen nach dem Ausbruch von Seuchen verhängten, hemmte zwar die Ausbreitung der Krankheit ein wenig, genau wie eine besser geregelte Müllentsorgung, aber die Flucht aus städtischen Regionen während des Ausbruchs einer Epidemie war für alle, die es sich leisten konnten, immer noch die wirksamste Methode, sich zu schützen.

Dagegen bot die Strafverfolgung eine im wörtlichen Sinne schlagende Gelegenheit, die Fähigkeit der Regierung unter Beweis zu stellen, die Gewalt in Schach zu halten und den Untertanen ein gewisses Maß an Sicherheit zu bieten. Überdies fand hartes Durchgreifen gegen Gewalttäter im Volk große Zustimmung und sicherte damit die Macht der Obrigkeit. Frantz Schmidt und seine Zeitgenossen nahmen gegenüber der Gewalt in ihrem Umfeld eine paradoxe Haltung ein. Einerseits neigen Menschen, die regelmäßig von Naturkatastrophen und Krankheiten heimgesucht werden, dazu, die Gewalt ihrer Mitmenschen mit einem ähnlichen Fatalismus zu betrachten. Andererseits steigerten die höheren Ansprüche der Obrigkeit, die Gewalt einzudämmen – oder zumindest drakonisch zu bestrafen –, die Erwartungen und Hoffnungen des Volkes. Als Gerichtsherren die Bevölkerung dazu aufforderten, auf private Vergeltung zu verzichten und sich an die zuständigen Gerichte und Amtsträger zu wenden, waren diese kaum auf die Flut von Petitionen und Klagen vorbereitet, die über die Amtsstuben hereinbrach. Die Gesuche reichten von Beschwerden über den Straßenzustand und die Mülleinsammlung über Bitten, dem öffentlichen Ärgernis der aggressiven Bettler und wilden Straßenkinder ein Ende zu bereiten, bis hin zu Anzeigen unziemlicher oder krimineller Tätigkeiten von Nachbarn. Für ihr Streben nach Herrschaftssicherung mussten die ehrgeizigen Landesherren den hohen Preis zahlen, ihre Untertanen anzuhören, und den Beweis erbringen, dass ihren Worten auch Taten folgten.

Der ausgebildete Scharfrichter war also ein absolut unentbehrliches Mittel der herrschenden Obrigkeit, die Angst ihrer Untertanen vor gesetzlosen Überfällen zu lindern. Mit seiner Hilfe konnten die Herrschenden in einer von Gewalt und Rechtsunsicherheit geprägten Gesellschaft, in der die große Mehrheit der schweren Straftäter niemals zur Verantwortung gezogen wurde, zumindest bis zu einem gewissen Grad Gerechtigkeit schaffen. Die ritualisierte Gewalt, die der Scharfrichter im Namen der Gemeinschaft ausübte, rächte erstens die Opfer, setzte zweitens der Gefahr ein Ende, die von dem betreffenden Verbrecher ausging, statuierte drittens ein abschreckendes Exempel und verhinderte viertens weitere Gewalt vonseiten wütender Verwandter oder Lynchmobs. Ohne die vom Henker gewissenhaft und öffentlich inszenierte, häufig grausame Durchsetzung der zivilen Autorität wäre das »Schwert der Gerechtigkeit« eine leere Metapher geblieben, und der selbst erklärte Anspruch der weltlichen Obrigkeit, Garant der öffentlichen Sicherheit zu sein, wäre als leeres Gerede angesehen worden. Als ihr Repräsentant übernahm der Henker die heikle Aufgabe, zumindest den Anschein herrschender Gerechtigkeit aufrechtzuerhalten, indem er einem anderen menschlichen Wesen körperlichen Schaden zufügte oder es tötete. Ein aufstrebender junger Henker wie Frantz Schmidt musste potenzielle Arbeitgeber nicht nur von seinen technischen Fertigkeiten überzeugen, sondern auch von seiner Fähigkeit, selbst in emotional überaus aufgeladenen Situationen ruhig und leidenschaftslos zu handeln. Für einen so jungen Mann war das eine schwere Aufgabe, der sich Meister Heinrich und sein Lehrling jedoch mit unerschrockener Entschlossenheit unterzogen.

Die relative Toleranz, die Heinrich Schmidt und seine Familie im Frühjahr 1573 erfuhren, war eine neuere gesellschaftliche Entwicklung. Und es war keineswegs gesagt, dass sie von Dauer war. Seit dem Mittelalter wurden Scharfrichter allgemein als käufliche, kaltblütige Killer verachtet und folglich vom Leben der angesehenen Gesellschaft vollkommen ausgeschlossen. Meistens waren sie gezwungen, außerhalb der Stadtmauern oder in der Nähe eines unreinen Ortes innerhalb der Stadt zu leben, in der Regel des Schlachthauses oder eines Siechenhauses (für Leprakranke). Auch von Rechts wegen waren sie ausgegrenzt: Kein Scharfrichter oder Familienmitglied eines solchen konnte das Bürgerrecht erlangen, Mitglied einer Zunft werden, ein öffentliches Amt übernehmen, als Vormund oder Zeuge vor Gericht auftreten und noch nicht einmal ein gültiges Testament aufsetzen. Bis zum Ende des 15. Jahrhunderts genossen diese Ausgestoßenen keinen gesetzlichen Schutz vor dem Zorn des Pöbels, wenn eine Hinrichtung einmal misslang; es kam also durchaus vor, dass Scharfrichter von den aufgebrachten Zuschauern gesteinigt wurden. In den meisten Städten war es Henkern – wie sie üblicherweise genannt wurden – verboten, eine Kirche zu betreten. Und wenn ein Scharfrichter sein Kind taufen lassen wollte oder die Letzte Ölung für einen sterbenden Angehörigen wünschte, so war er auf die Bereitschaft des gelegentlich wenig mitfühlenden örtlichen Priesters angewiesen, seinen Fuß in ein »unreines« Haus zu setzen. Ferner war ihnen der Zutritt zu Badehäusern, Schenken und anderen öffentlichen Gebäuden untersagt, und es kam so gut wie nie vor, dass ein Scharfrichter das Haus eines angesehenen Bürgers betrat. Die Menschen jener Zeit hegten eine panische Angst vor sozialer Ansteckung allein durch die Berührung der Hand eines Scharfrichters, sodass angesehene Personen schon durch einen zufälligen Kontakt mit ihm ihre Existenz aufs Spiel setzten. Unzählige Legenden beschworen das

Unheil, das über jene kam, die dieses Tabu brachen, und berichteten von zum Tod verurteilten schönen Jungfrauen, die diesen Tod einer Ehe mit dem willigen Henker vorzogen.[17]

Die Quelle dieser tief verwurzelten Angst ist in dem abstoßenden Gewerbe des Henkers zu finden. Noch heute ist der direkte Kontakt mit toten Körpern in vielen traditionellen Gesellschaften mit einem Stigma behaftet. Im Deutschland der Frühen Neuzeit gehörten folglich nicht nur die Scharfrichter einem »unreinen« Berufsstand an, sondern auch Totengräber, Gerber und Schlachter.[18] Die meisten Menschen betrachteten Henker außerdem als eine Art amoralische Söldner und schlossen sie deshalb ebenso aus der »anständigen« Gesellschaft aus wie Vagabunden, Prostituierte und Diebe sowie Zigeuner und Juden. Zeitgenossen unterstellten – und einige moderne Gelehrte folgen ihnen darin sogar –, dass jede Person, die einer so abstoßenden Beschäftigung nachging, selbst ein Verbrecher sein musste, auch wenn es dafür keinerlei Beweise gab. Zudem wurde Außenseitern der Gesellschaft häufig unterstellt, nichtehelich zu sein, womit die Unterscheidung zwischen »unehelich« und »unehrlich« aufgehoben wurde, sodass es selbst in manch amtlichem Dokument hieß: »Der Hurensohn der Hencker«.[19]

Es blieb Scharfrichtern und anderen unehrenhaften Personen also kaum etwas anderes übrig, als untereinander zu verkehren, sowohl beruflich als auch sozial. Im ganzen Reich entstanden deshalb regelrechte Henkerdynastien. Manche führten sogar unheilvoll klingende Familiennamen wie Leichnam, die meisten verschafften sich hingegen vor allem unter ihren Kollegen eine Reputation, etwa die süddeutschen Familien Brand, Fahner, Fuchs und Schwartz.[20] Im Lauf von Generationen entwickelten diese untereinander verbundenen Familien Initiationsriten und andere Formen des Standesbewusstseins, ähnlich denen, die in »ehrbaren« Handwerken wie dem des Goldschmieds oder Bäckers üblich waren. Genau wie die ehrbaren Handwerker, die sie ausschlossen, bauten Scharfrichter berufliche Netzwerke auf, beaufsichtigten die Ausbildung neuer Gesellen und waren bestrebt, ihren Söhnen eine lukrative Beschäftigung in diesem Gewerbe zu verschaffen.

Heinrich Schmidts Ambitionen, seinen Sohn betreffend, gingen jedoch weit darüber hinaus, was er einem Außenstehenden gegenüber aber vermutlich niemals zugegeben hätte. Gemeinsam trachteten er und sein Sohn danach, den Fluch der Familie aufzuheben, der sie und alle ihre Nachfahren dazu verdammte, als Henker sozusagen in der Gosse zu leben – ein kühner, eigentlich undenkbarer Traum vom gesellschaftlichen Aufstieg in der extrem standesbewussten Welt der Frühen Neuzeit. Den Grund für den Sturz seiner Familie in die Schande – eine Geschichte, die vom Vater an den Sohn weitergegeben wurde – sollte Meister Frantz erst im hohen Alter der Außenwelt enthüllen. Aber an jenem Tag, als der junge Frantz das Schwert über den zitternden Körper eines streunenden Hundes hob, brannte diese geheime Schande noch frisch in seinem Gedächtnis.

Bis zum Herbst des Jahres 1553 hatte Frantzens Vater Heinrich Schmidt ein angenehmes und angesehenes Leben als *ein forster und fluchren [Vogelfänger] ufm Waldt zum Hof* geführt. Hof lag in der Markgrafschaft Brandenburg-Kulmbach und wurde von dem fränkischen Hohenzollern Albrecht II. Alcibiades (geb. 1522) regiert. Schmidt und seine Familie hatten ihr Auskommen und waren sogar zu ein wenig Wohlstand gekommen – trotz der in der Markgrafschaft herrschenden unruhigen Zeiten, die dem Expansionsstreben des jungen Herrschers geschuldet waren. Der Markgraf, der auch den Beinamen Bellator (Krieger) trug, wechselte wie sein Athener Namensvetter in den Religionskriegen der 1540er- und 1550er-Jahre häufig die Seiten und machte sich mit seinen Fehden und Raubzügen am Ende sämtliche Nachbarn zum Feind. Gegen das aggressive Vorgehen des doppelzüngigen Bellators schlossen sich deshalb im Zweiten Markgrafenkrieg sogar protestantische Truppen aus Nürnberg, Böhmen und Braunschweig mit den katholischen Truppen der Fürstbischöfe von Bamberg und Würzburg zusammen. Albrechts unbeabsichtigter

Beitrag zur Ökumene erreichte mit dem Einmarsch der feindlichen Truppen in sein Gebiet und der Belagerung vieler Festungen, auch der Stadt Hof, seinen Höhepunkt.

Mit ihrer über dreieinhalb Meter hohen und knapp einen Meter dicken Stadtmauer war Hof eine der relativ stark befestigten Städte in Albrechts Gebiet. Der Markgraf selbst war nicht anwesend, als am 1. August 1553 die Belagerung begann, aber die nur etwa 600 Mann starke städtische Bürgerwehr hielt mehr als drei Wochen lang einem über 13 000 Soldaten starken Heer stand. Dann traf ein Brief von Albrecht ein, in dem er Verstärkung ankündigte, doch die versprochene Entsatztruppe kam nie an, und nach weiteren vier Wochen täglichen Bombardements und unablässiger Sturmangriffe sowie einer grassierenden Hungersnot kapitulierte die übel zugerichtete Stadt. Die anschließende Besatzung war milde. Doch die Eroberer mussten die wütenden Bürger Hofs geradezu zwingen, ihren eigenen Herrn förmlich zu begrüßen, als er mit einem Gefolge von 60 Rittern am 12. Oktober in die Stadt einritt. Nur wenige Wochen später nahm Albrecht die Kriegshandlungen gegen das siegreiche Heer, das noch vor den Mauern der Stadt lagerte, wieder auf und zog sich damit endgültig den Hass seiner Untertanen zu. Denn der törichte Feldzug endete in einem Fiasko und hatte zur Folge, dass die Eroberer der Stadt ein wesentlich strengeres Besatzungsregime auferlegten. Albrecht, der aus der Stadt hatte fliehen können, wurde mit der Reichsacht belegt und lebte noch vier Jahre lang wandernd im Exil in Frankreich, ehe er 1557 im Alter von 45 Jahren starb. Inzwischen lagen große Teile seiner Markgrafschaft in Trümmern, und sein Name wurde von den einstigen Untertanen bitter verflucht.

Heinrich Schmidt und sein Sohn hegten einen noch tieferen Groll gegen den in Ungnade gefallenen Markgrafen als andere Bewohner von Hof. Denn am Montag, dem 16. Oktober 1553, drei Tage nachdem Albrecht Alcibiades mit seinen Gefolgsleuten in das zerstörte Hof zurückgekehrt war, hatte sich Folgendes ereignet: Wie andere deutsche Städte dieser Größe konnte auch Hof

Der allgemein verhasste Albrecht Alcibiades von Brandenburg-Kulmbach, der Urheber des Unheils der Familie Schmidt in Hof (um 1550).

sich keinen eigenen Scharfrichter leisten. Als der allgemein verhasste Albrecht jedoch drei örtliche Waffenschmiede wegen einer angeblichen Mordverschwörung gegen ihn verhaften ließ, wollte er in seinem Eigensinn nicht darauf warten, bis ein fahrender Henker sie richtete – das übliche Verfahren –, sondern berief sich stattdessen auf einen alten Brauch und befahl einfach einem zufällig Zugegenen, auf der Stelle das Urteil zu vollstrecken. Der für diese zweifelhafte Ehre ausgewählte Mann war kein anderer als Heinrich Schmidt. Schmidt, der ein angesehener Bürger von Hof war, legte bei seinem Herrn dagegen energisch Protest ein und verwies darauf, dass dieser Akt über ihn und seine Nachfahren Schande bringen würde – aber vergebens. *Wo [mein Vater] es nit thun wurde,* erzählte der siebzigjährige Frantz Schmidt, *[drohte der Markgraf] Ime selber bona venia auf knipffen zulassen … und die 2 neben meinem Vatters auf Knipffen him.* Dem guten Heinrich Schmidt blieb also nichts anderes übrig, als den Befehl auszuführen, wenn er nicht selbst am Galgen baumeln wollte.

Warum traf es ausgerechnet den unbescholtenen Förster? Auch die Antwort darauf wusste sein Sohn, doch auch diese Geschichte gab er erst im hohen Alter preis: Grund war ein bizarrer und kaum nachvollziehbarer Streit um einen Hund. Ein paar Jahre vor der verhängnisvollen Begegnung mit Albrecht Alcibiades war an Frantzens Großvater, den Schneider Peter Schmidt, ein Webergeselle aus Thüringen herangetreten und hatte um die Hand seiner Tochter angehalten. Das junge Paar ließ sich nach der Hochzeit auf einem kleinen Gehöft bei Hof nieder. Eines Tages wurde der Weber, ein gewisser Günther Bergner, auf einem Spaziergang von einem großen Hund angefallen. Im Zorn packte Bergner das Tier, schleuderte es auf seinen Besitzer, einen Jäger, und tötete ihn *zu seinem und der unsern ungemach*, wie Frantz sieben Jahrzehnte später berichtete. Der Weber wurde zwar nicht vor Gericht gestellt, galt fortan aber als unehrenhaft und wurde von sämtlichen Handwerken ausgeschlossen. *Dahero niemandt mit ime umgehen wollen, ist er ex desperation & melancholia ein Nachrichter worden.* Das Stigma galt offenbar nicht für den Schwiegervater Peter Schmidt, der weiterhin seiner Arbeit als Schneider in Hof nachging. Einige Jahre später jedoch, als der um sein Leben besorgte Markgraf ad hoc jemanden für die Hinrichtung seiner Möchtegernmörder suchte, besiegelte die unrühmliche Beschäftigung von Heinrich Schmidts Schwager Bergner (der persönlich wohl nicht erreichbar war) die fatale Wahl.[21]

Wie Schmidt vorhergesagt hatte, wurden er und seine Familie von dem Moment an, wo er sich Albrechts Befehl gebeugt hatte, von ihren Nachbarn und bisherigen Freunden unerbittlich und unwiderruflich aus der ehrbaren Gesellschaft ausgeschlossen. Sie trugen das doppelte Stigma, mit einem anrüchigen Gewerbe und mit einem verhassten Tyrannen in Verbindung gebracht zu werden. Heinrich Schmidt hätte versuchen können, der Schande durch den Umzug in eine ferne Stadt zu entrinnen, um dort mit seiner Familie noch einmal von vorn anzufangen. Doch er blieb in seiner Heimatstadt und verdiente fortan seinen Le-

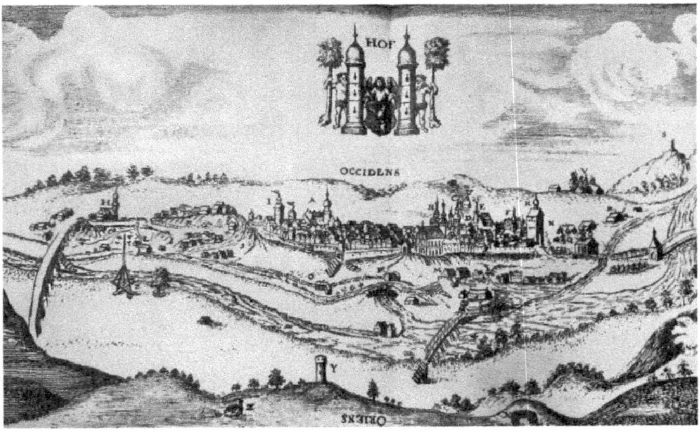

Die Stadt Hof, von Osten gesehen (um 1550).

bensunterhalt mit dem einzigen Gewerbe, das ihm in Hof noch offenstand. So wurde eine neue Henkerdynastie geboren – allerdings eine Dynastie von kurzer Dauer, falls Heinrichs Plan, in den er später seinen Sohn Frantz einweihte, aufgehen sollte.

Frantz Schmidt erblickte wenige Monate nach dem Sturz seines Vaters das Licht der Welt, irgendwann zwischen Ende 1553 und Mitte 1554.[22] Die Stadt Hof war zu dieser Zeit eine abgeschlossene Gesellschaft von allenfalls tausend Menschen, ihre Provinzialität und rigide Moral wurden durch die abgelegene Lage noch verschärft. Die Stadt an der Saale war von dichten, uralten Wäldern umgeben und wird von bis zu tausend Meter hohen Bergen überragt. Lange, harte Winter – deshalb kam Hof später zu seinem Beinamen Bayrisch-Sibirien – und ein von Kalk und Eisen durchsetzter Boden erschwerten den Ackerbau. Weberei und andere Textilgewerke bestimmten das Wirtschaftsleben der Stadt, auf dem Land dominierte die Rinder- und Schafzucht. Auch der Bergbau hat jahrhundertelang zum Wohlstand der Stadt beigetragen, zu Frantz Schmidts Lebzeiten wurden Gold-, Silber-, Eisen-, Kupfer-, Zinn-, Granit- und Kristallvorkommen entdeckt.[23]

Hof war kulturell gesehen eine Grenzstadt. Für Thüringer und Sachsen lag es weit im Süden, für Franken war es der nördlichste Ort ihrer Heimat. Eine Mischung aus slawischen und germanischen Einflüssen hatte die unmittelbar vor der böhmischen Grenze gelegene Stadt geprägt, die im Jahr 1430 von Hussiten geplündert worden war, radikalen Anhängern des böhmischen Reformators und Märtyrers Jan Hus. Noch am ehesten war die regionale Identität Hofs als vogtländisch zu bezeichnen, wobei das Vogtland, benannt nach den seit Friedrich Barbarossa eingesetzten kaiserlichen Vögten von Weida, im 16. Jahrhundert keine politische, sondern eine eher vage kulturelle Einheit bezeichnete, festzumachen in erster Linie am Dialekt, den Würstchen und dem außerordentlich starken Bier. Viel später, im 19. Jahrhundert, stilisierten deutsche Nationalisten diese malerische Landschaft von wilder Schönheit zu einer urgermanischen Wildnis. Für die verstoßene Familie Schmidt verstärkte die isolierte geographische Lage Hofs sicherlich den Zustand des inneren Exils und der Verzweiflung.

Warum Heinrich Schmidt, nachdem er in Ungnade gefallen war, am gleichen Ort blieb, ist unklar. Zumindest waren die politischen Umstände, die auf die katastrophale Herrschaft des Albrecht Alcibiades folgten, dem ihm auferlegten Gewerbe recht günstig. Nach Albrechts Tod im Jahr 1557 übernahm dessen Vetter Georg Friedrich, der Markgraf des benachbarten Brandenburg-Ansbach, auch die Herrschaft über Brandenburg-Kulmbach. Hofs neuer Herr war so solide und umsichtig wie sein Vetter unbesonnen. Sämtliche Bäume der Stadt hätten in jenem Herbst auf wundersame Weise erneut geblüht, berichtet der städtische Chronist Enoch Widman und deutet dies als ein ebenso vielsagendes Omen wie das Erdbeben, das seinerzeit Albrechts verhängnisvoller Angriffslust vorausgegangen war.[24] Von seinem Wohnsitz im benachbarten Bayreuth aus sorgte Georg Friedrich unverzüglich für den Wiederaufbau von Hof und den anderen beschädigten Städten und stellte wieder gute Beziehungen zu den benachbarten Herrschaften her. Er leitete auch umfassende Finanz- und Gesetzesreformen ein, angefangen mit neuen Polizeiordnungen und Neuregelungen der Strafgerichtsbarkeit. Das hatte unmittelbar zur Folge, dass die Zahl der Strafverfolgungen ebenso wie das Strafmaß drastisch anstiegen. In den zwölf Monaten vor dem Mai 1560 musste Heinrich Schmidt, der neue Scharfrichter des Markgrafen, allein im Bezirk Hof die Rekordzahl von acht Hinrichtungen ausführen.[25]

Heinrich Schmidts neue Tätigkeit garantierte ihm also immerhin ein sicheres Einkommen, das er durch die Erledigung von Aufträgen außerhalb Hofs und die für Scharfrichter traditionelle Nebenbeschäftigung als Wundheiler aufbesserte. Die Aussichten, die soziale Ächtung seiner Familie rückgängig zu machen, waren in Hof jedoch praktisch null. Er bewarb sich mindestens zweimal anderswo um die Stelle eines Scharfrichters, aber erst im Jahr 1572, als Frantz 18 Jahre alt war, bekam Heinrich endlich die Stelle des Scharfrichters beim Fürstbischof von Bamberg. Das war ein bemerkenswerter Karrieresprung.[26] Nach fast zwei Jahrzehnten in Hof, in denen er von ehemaligen Freunden und Nachbarn gemieden worden war, ließen die Schmidts das Provinznest endlich hinter sich, auch wenn sie ihre schmerzlichen Erinnerungen und die Fesseln des schmachvollen Vermächtnisses noch nicht abgelegt hatten.

Die Diözese (später Erzdiözese) Bamberg zählte zu den ältesten und angesehensten im ganzen Reich. Im Jahr 1572 blickten ihre Bischöfe auf vier Jahrhunderte weltlicher und kirchlicher Herrschaft zurück und regierten, trotz beträchtlicher Verluste im Zuge der Reformation, immer noch über ein Gebiet von über 10 000 Quadratkilometern und knapp 150 000 Untertanen. Die Verwaltung des Fürstbischofs war für die damalige Zeit hoch entwickelt, vor allem die Strafgesetzgebung wurde allgemein bewundert, insbesondere seit der Veröffentlichung der außerordentlich einflussreichen *Constitutio Criminalis Bambergensis*.[27] Bischof Veit II. von Würtzburg, Heinrich Schmidts neuer Herr, war bei seinen Untertanen vor allem wegen der hohen Steuern bekannt, aber letztlich hatte ohnehin der Vizekanzler die Aufsicht über den neuen Scharfrichter und andere Gerichtsbedienstete. Als Heinrich Schmidt sich im August 1572 zum Dienstantritt in der Domstadt meldete, konnte er einen persönlichen wie auch beruflichen Erfolg feiern.

Materiell ging es der Familie Schmidt in der neuen Stadt gut dank des beachtlichen Einkommens von im Schnitt 50 Gulden jährlich (dem Jahresverdienst eines Pfarrers oder Lehrers) sowie Vergünstigungen, die Meister Heinrich in dieser Position zustanden.[28] Für ihr geräumiges Haus auf einer Halbinsel im nordöstlichen Winkel der Stadt, dem heutigen Klein-Venedig, brauchten sie keine Miete zu zahlen. Nach der Ankunft der Familie im Spätsommer 1572 ließ die Stadt das Gebäude den Wünschen Heinrichs gemäß gründlich renovieren und ausbauen.[29] Freilich musste die Familie ihr Quartier mit Hans Reinschmidt teilen, dem Gehilfen des Scharfrichters, den man in Bamberg Peinlein nannte; da Frantz das einzige Kind im Hause war, konnte dennoch eine gewisse Privatsphäre gewahrt werden.

So heikel die Lage der Schmidts immer noch war, war die gesellschaftliche Stellung der Familie längst nicht mehr so bedrückend wie in der kleineren Gemeinde Hof. Bamberg war damals eine vergleichsweise weltoffene Stadt mit rund 10 000 Einwohnern, die in erster Linie für ihren Dom aus dem 13. Jahrhundert und die reichliche Produktion eines einzigartigen Rauchbiers bekannt war (und auch heute noch eben dafür bekannt ist). Die Einheimischen verglichen die sieben majestätischen Hügel Bambergs, jeder von einer Kirche gekrönt, mit den sieben Hügeln der Ewigen Stadt. Es ist vorstellbar, dass die neue Heimat den Schmidts eine größere Anonymität auf den Straßen und Märkten gestattete als das provinzielle Hof und womöglich sogar bis zu einem gewissen Grad eine nachbarliche Akzeptanz. Manche Kirchen in Städten dieser Größe stellten Scharfrichtern seit einiger Zeit eigene Bänke zur Verfügung, auch ein paar Schenken hatten eigene Schemel für sie, hier und da mit drei Beinen wie ein Galgen.[30] Der protestantische Glaube der Schmidts bildete in der überwiegend katholischen Stadt zweifellos eine zusätzliche Barriere, aber offenbar spielte er für die katholischen Arbeitgeber Heinrichs keine Rolle, ungeachtet des öffentlichen Bekenntnisses des Bistums zur Gegenreformation.[31]

Das sicherste Anzeichen für den vergleichsweise höheren (oder eher: nicht mehr ganz so degradierenden) Status in dieser Zeit war die größere Zahl reaktionärer Gesetze, die danach trachteten, die »traditionellen Werte« und die »natürliche« Gesellschaftsordnung wiederherzustellen. Wie die sogenannten Kleiderordnungen des vorigen Jahrhunderts schrieben die Reichspolizeiverordnungen von 1530 und 1548 Scharfrichtern (genau wie Juden und Prostituierten) das Tragen ganz bestimmter Kleidungsstücke vor, »damit sie vor den anderen erkannt werden mögen«.[32] An vielen Orten wird in Erlassen in ähnlicher Weise das Verwischen traditioneller Grenzen beklagt und versucht, die wahrgenommene Tendenz zur Toleranz gegenüber »unehrlichen« Menschen umzukehren, indem all jenen, die gegen die Vorschriften verstießen, hohe Bußgelder oder sogar Leibesstrafen auferlegt wurden.

Tief verwurzelte Vorurteile sind nur schwer aus der Welt zu schaffen, vor allem unter Menschen, die wegen ihrer sich verschlechternden wirtschaftlichen Situation und ihres unsicheren gesellschaftlichen Status in großer Sorge sind. In der zweiten Hälfte des 16. Jahrhunderts war das Entstehen eines zunehmend globalen Marktes zu beobachten, ein Wandel, der für traditionelle Handwerker und ihre Produkte oft schlimme Folgen hatte. Statt ihren Zorn gegen die neue Schicht außerordentlich reicher Bankiers oder Kaufleute zu richten, griffen die meisten »armen, aber ehrlichen« Handwerker wohlhabend erscheinende Scharfrichter wie Heinrich Schmidt und andere Personen (vor allem Juden) an, die sie von Rechts wegen für unter ihnen stehend hielten. Besessen von der Wahrung ihrer selbsterklärten »taubenreinen« Ehre, ignorierten deutsche Handwerker generell die vom Kaiser 1548 verordnete Öffnung der Zunftmitgliedschaft für die Söhne von Henkern und untersagten ihren Mitgliedern weiterhin jeglichen gesellschaftlichen Umgang mit ihnen. Jeder Handwerker, der diesen umfassenden Bann (der auch für Schlachter, Schuster, Gerber, Sackträger und andere »unehrliche« Beschäftigungen galt) missachtete, riskierte die gesellschaftliche Ächtung, den Verlust der Zunftmitgliedschaft oder noch Schlimmeres. Dem Vernehmen nach beging ein Basler Handwerker Selbstmord, weil er sich durch den engen Kontakt mit dem örtlichen Scharfrichter beschmutzt hatte; andere derart befleckte Zeitgenossen sahen sich gezwungen, die Stadt zu verlassen und anderswo von vorn anzufangen. Dieses strenge Achten auf den gesellschaftlichen Stand, den die Geburt weitgehend vorgab, sollte noch lange Zeit einen großen Einfluss auf die Denkweise und das Verhalten der meisten Menschen in Europa haben – bis weit in die Neuzeit hinein.[33]

Zum Glück für die Schmidts standen diese plumpen Versuche, Randgruppen gesetzlich auszugrenzen und ihren gesellschaftlichen Aufstieg zu verhindern, vor allem auf dem Papier und machten im Alltag kaum einen Unterschied; sie dienten im Grunde nur dazu, ängstliche Handwerker zu beruhigen. So waren, im Gegensatz zu heutigen Darstellungen, Heinrich Schmidt und später sein Sohn Frantz nicht gezwungen, eine Uniform zu tragen, weder im Dienst noch außerhalb. Und es finden sich nirgendwo Hinweise auf das Tragen der stereotypen schwarzen Maske oder Kapuze – vermutlich eine Erfindung der Romantiker im 19. Jahrhundert. Einige Städte verlangten von ihren Scharfrichtern, dass sie einen roten, gelben oder grünen Umhang oder ein gestreiftes Hemd oder auch einen bestimmten Hut trugen.[34] Von der zweiten Hälfte des 16. Jahrhunderts an sind Henker auf Abbildungen jedoch durchweg gut gekleidet, gelegentlich geradezu geckenhaft. Kurzum, sie kleideten sich genau wie andere Bürger der Mittelschicht, und genau damit hatten standesbewusste Handwerker ein Problem.

Diese Darstellung der Hinrichtung von Anna Peihelsteinin am 7. Juli 1584 durch Frantz Schmidt stammt aus einer Nürnberger Stadtchronik und wurde möglicherweise von einem Augenzeugen gezeichnet. Auf dem Original trägt der Scharfrichter die ungewöhnliche – und überaus auffällige – Kombination aus rosafarbenen Strümpfen, hellblauer Hose mit rosafarbenem Hosenlatz sowie einem Lederwams über einer blauen Jacke und weißem Hemdkragen. Das Wams bot einen gewissen Schutz vor Blutspritzern (1616).

Doch die Zahnlosigkeit solcher Verordnungen darf nicht darüber hinwegtäuschen, wie unsicher auch der leicht verbesserte gesellschaftliche Stand der Schmidts in Bamberg war. Die auf dem sozialen Rang und Ansehen fußende persönliche Ehre blieb weiterhin das kostbarste – und anfälligste – Gut. Beleidigungen des eigenen »Namens« (»Schelm« oder »Dieb« im Fall eines Mannes, »Hur« oder »Hexe« für eine Frau) zogen häufig einen tätlichen Angriff oder sogar Totschlag nach sich, und das in allen Ständen. »Hurensohn eines Henkers« war immer noch ein geläufiger Fluch (der auch in den Stücken Shakespeares auftaucht), und der Ausspruch »Das gehört an den Galgen« war die prägnanteste Formel, um eine verpönte Praxis zu verdammen. Die Schmidts wurden an sämtlichen Festtagen, bei jedem öffentlichen Umzug und auf all den anderen bürgerlichen Versammlungen an ihren niederen Rang erinnert, denn immer wurde bei diesen Gelegenheiten die soziale Rangordnung – und auch dass sie ausgeschlossen waren von dieser Gesellschaft – anschaulich zum

Ausdruck gebracht. Wie in jeder Gesellschaft mit Rassentrennung oder sonstiger Ausgrenzung untersagten die Gesetze und Bräuche den Scharfrichtern und ihren Familien ausdrücklich die Teilnahme an etlichen Anlässen und schränkten ihren Zugang zu Bildungseinrichtungen, Berufen und Unterkünften ganz erheblich ein – es sollte Generationen dauern, bis diese Diskriminierungen aufgehoben wurden.

Das wohl Tückischste an dem mit Heinrich Schmidts Beruf verbundenen Stigma war, dass man nie im Voraus sagen konnte, wie es sich auswirkte. Jeder Kontakt von Mitgliedern der Familie Schmidt mit ihren Bamberger Nachbarn war heikel. Wie andere soziale Vorstellungen auch – man denke nur an die berühmte »Mittelschicht«, der sich beinahe jeder zugehörig zu fühlen scheint – war Unehre ein dehnbarer Begriff, der von verschiedenen Personen und Gemeinschaften auf unterschiedliche Weise definiert und interpretiert wurde, gelegentlich auch gehässig. Ein Kaufmann aus Ulm hätte etwa bei einem Besuch in Lübeck seine Bestürzung darüber zum Ausdruck bringen können, dass der hiesige Nachrichter nicht nur mitten in der Stadt lebte, sondern dass »ehrliche« Leute regelmäßig mit ihm speisten und tranken und sogar sein Haus betraten. In einer anderen Stadt hingegen mochte jemand mit Bedauern, aber auch ein wenig erstaunt zur Kenntnis nehmen, dass die Frau des Scharfrichters bei der Geburt gestorben war, weil die Hebamme sich geweigert hatte, einen Fuß in ihr Haus zu setzen. Ein weithin geachteter Scharfrichter konnte dem Vernehmen nach »sehr viele Freunde im Dorfe« haben, aber bei seinem Tod fand sich womöglich keine einzige Seele, die bereit war, den Sarg zu tragen.[35]

Heinrich Schmidt wusste ganz genau, dass weder seine Stellung als gut bezahlter Diener der Obrigkeit noch sein bürgerlicher Lebensstandard oder sein auf seiner Ehrlichkeit beruhendes persönliches Ansehen ihm dauerhafte Anerkennung garantierten, geschweige denn eine gesicherte Zukunft für ihn oder seine Familie. Eine mehr oder weniger starke soziale Demütigung erlebten sie weiterhin Tag für Tag, die unablässige Erinnerung an seine Schande. Die Zeitgenossen betrachteten seine missliche Lage als unveränderbare Tatsache. Aber für Meister Heinrich und seinen ebenso entschlossenen Sohn sollte die unrühmliche Beschäftigung, die man ihnen beiden aufgezwungen hatte, lediglich dazu dienen, ihnen die Mittel zur Rehabilitierung ihrer Familie zu verschaffen.

DIE CHANCE EINES SOHNES

Der richtige Zeitpunkt und Glück sind wichtige Voraussetzungen für jeden persönlichen Erfolg. Frantz Schmidt hatte das große Glück, ausgerechnet in der Epoche das Mannesalter zu erreichen, die unter Historikern »das goldene Zeitalter des Scharfrichters« genannt wird. Denn der Prozess des schrittweisen, aber tief greifenden Wandels des deutschen Strafrechts, der seit mindestens zwei Jahrhunderten im Gange war, kam in dieser Zeit zum Abschluss. Seit den Tagen des Römischen Reiches hatten germanische Völker die meisten Verbrechen als private Konflikte behandelt, die durch eine finanzielle Entschädigung in irgendeiner Form (Wergeld) oder eine Vergeltungsstrafe wie den Verlust eines Arms oder durch Verbannung geschlichtet wurden. Verwaltungsaufgaben wahrnehmende Diener der Obrigkeit, von denen es bis ins späte Mittelalter hinein nur wenige gab, übernahmen in der Regel die Rolle des Schiedsrichters und sorgten für eine ordnungsgemäße Durchführung, überließen aber die Einleitung des Verfahrens, den Prozess und das Urteil den Ältesten oder anderen örtlichen Schiedsrichtern. Das Hauptziel dieser Vorgehensweise war recht bescheiden, nämlich Blutrache und die Fortsetzung der Gewalt zu verhindern; es ging gewiss nicht darum, sämtliche Übeltäter zu bestrafen, was ein ebenso abwegiges wie undurchführbares Unterfangen gewesen wäre. Für gewöhnlich wurde einem männlichen Verwandten eines Mordopfers gestattet, den Täter selbst zu richten; andere staatlich sanktionierte Tötungen wurden von freischaffenden Henkern oder von den der Obrigkeit als Vollstrecker dienenden Fronboten ausgeführt, die für jede Hinrichtung bezahlt wurden.[36]

Die spätmittelalterlichen Ursprünge einer aktiveren, geradezu interventionistischen Rolle der Obrigkeit in der Strafjustiz gingen auf zwei miteinander verflochtene, aber doch eigenständige Impulse zurück. Der erste war eine breitere, ehrgeizigere Definition von Souveränität an sich, die erstmals in wohlhabenden Reichsstädten wie Augsburg und Nürnberg aufkam. In dem Bestreben, die eigene Rechtsprechung zu sichern und die Stadt zu einem Handel und Produktion schützenden und stimulierenden Wirtschaftszentrum zu machen, fingen die städtischen Zünfte und herrschenden Patrizierfamilien an, Verordnungen zu erlassen, die eine breite Palette von bislang der Privatsphäre überlassenen Verhaltensformen regelten. Einige neue Verordnungen erscheinen aus heutiger Sicht seltsam oder gar bizarr, insbesondere die zahlreichen Kleiderordnungen, die angeblich dazu dienten, den öffentlichen Frieden zu wahren, indem bestimmte Kleidungsstücke und Tänze verschiedenen Gruppen verboten wurden. Beispielsweise durften nur Adlige Schwerter oder Pelz tragen, ihre Frauen und Töchter hatten das Exklusivrecht, Schmuck und bestimmte mehrfarbige Stoffe zu tragen. Noch wichtiger: Zu Beginn des 16. Jahrhunderts hatten mehr als 2000 Städte und andere Institutionen im Deutschen Reich das Monopol auf die hohe Gerichtsbarkeit beantragt, anders gesagt: das Recht, Todesurteile zu vollstrecken. Die meisten dieser örtlichen Gerichte setzten bei kleineren Verstößen weiterhin auf private Schlichtungen, achteten jedoch eifersüchtig auf das Privileg, Hinrichtungen selbst zu vollstrecken. Gegen Lynchjustiz, sei es durch Steinigen, Prügel oder Hängen, gerichtlich vorzugehen wurde zu einer fast ebenso wichtigen Aufgabe der Strafverfolgung wie die Aufklärung der eigentlichen Straftaten, weil derartige spontane Aktionen des Pöbels die Autorität der Obrigkeit untergruben.

Natürlich ist es eine Sache, neue Gesetze und staatliche Privilegien öffentlich zu verkünden, und eine ganz andere, sie auch durchzusetzen, insbesondere in einem extrem dezentral organisierten Reich. Zu diesem Zeitpunkt trat eine neue Generation reformorientierter Juristen auf den Plan, die das zweite zentrale Element für den Wandel des deutschen Strafrechts und der Rechtsprechung lieferten. Diese akademisch geschulten Juristen überzeugten ihre aus der örtlichen Geschäftswelt kommenden, als Laienrichter tätigen Kollegen, dass der alte Gesetzesapparat der steigenden Zahl und Komplexität neuer Gesetze und Verfahren nicht mehr gewachsen sei und durch den Aufbau eines Kaders professioneller Gesetzesdiener auf allen Ebenen ersetzt werden müsse.

Ähnliche Überlegungen hatten die die Stadt regierenden Patrizier von Augsburg und Nürnberg dazu gebracht, als die ersten Städte im Reich einen Fachmann in Vollzeit zu beschäftigen, der in den Methoden der gerichtlichen Befragung (einschließlich der Folter) und Vollstreckung ausgebildet war. Die Aufwertung der Stellung des Henkers zu einem ständigen städtischen Angestellten verlieh seiner Tätigkeit eine höhere Legitimität und stellte ihn, zumindest in der Theorie, eher mit den Schreibern und städtischen Inspektoren auf eine Stufe statt mit den Söldnern und deren »bösen unördenlichen begirde in vergiessung des menschen plut«.[37] Das Angebot eines langfristigen Arbeitsvertrags für den städtischen Scharfrichter gab den Autoritäten vor Ort auch ein stärkeres Gefühl der Sicherheit und Kontrolle über diesen mutmaßlich loyalen Vollstrecker ihrer erweiterten juristischen Ambitionen. Zu Beginn des 16. Jahrhunderts wies der Trend im ganzen Reich, wie es schien, unumkehrbar in Richtung fest angestellter Scharfrichter.

Der Wechsel vom Nebenerwerbshenker zum vollzeitbeschäftigten professionellen Scharfrichter vollzog sich jedoch, analog zur Entwicklung des deutschen Strafrechts, in einem mehrere Generationen in Anspruch nehmenden Prozess und war bei Frantzens

Geburt anno 1554 noch nicht abgeschlossen. In manchen Gegenden arbeiteten Henker noch im 18. Jahrhundert auf Honorarbasis, wurden also für jede Hinrichtung bezahlt.[38] Viele kleine Gerichtsbezirke konnten die Ausgaben für einen vollzeitbeschäftigten Scharfrichter schlicht nicht rechtfertigen, während andere sich an die mittelalterliche Tradition hielten, ein junges männliches Mitglied der Gemeinschaft kurzerhand zu zwingen, die anrüchige Aufgabe einer gerichtlichen Tötung zu vollstrecken – ein Szenario, das der Familie Schmidt nur zu bekannt war. Wenige abgelegene Orte blieben bei dem noch älteren Brauch, einem männlichen Mitglied der Opferfamilie das Recht zu gewähren, das Todesurteil zu vollstrecken. Selbst dort, wo man im 16. Jahrhundert einen bezahlten Scharfrichter beschäftigte, war die Verfolgung und Bestrafung von Verbrechen nur ein Teil der Stellenbeschreibung; darüber hinaus zählten etliche unangenehme Aufgaben dazu, von der Aufsicht über das städtische Bordell über die Müllentsorgung bis hin zur Verbrennung der Leichname von Selbstmördern.[39]

Das 16. Jahrhundert läutete dennoch eine Ära guter Berufschancen für ausgebildete Scharfrichter ein. Wie es der Zufall wollte, waren es ausgerechnet die beiden künftigen Arbeitgeber von Frantz, der Fürstbischof von Bamberg und die Reichsstadt Nürnberg, die an vorderster Front für die Reform des deutschen Strafrechts kämpften. Die im (römischen) Zivilrecht geschulten Juristen hatten in Franken besonders starken Einfluss; daraus gingen zwei außerordentlich wichtige Dokumente der Strafgesetzgebung hervor: Die *Constitutio Criminalis Bambergensis*, kurz *Bambergensis* genannt, von 1507 mit dem amtlichen Titel *Bambergische Halsgerichtsordnung* (schon am Namen lässt sich ablesen, dass das Augenmerk auf der Todesstrafe lag), und das Nachfolgewerk von 1532, die kaiserliche *Constitutio Criminalis Carolina* (Strafverfassung von [Kaiser] Karl V.), die meist nur *Carolina* genannt wird.[40] Die ältere Publikation, die der fränkische Adlige Johann Freiherr von Schwarzenberg zusammengestellt hatte, sollte als Handbuch für Laienrichter dienen, die genau wie Schwarzenberg selbst keine juristische Ausbildung absolviert hatten, und war deshalb in einer direkten, schnörkellosen Sprache geschrieben und mit etlichen Holzschnitten illustriert. Obwohl das Buch nicht offiziell bestätigt wurde, erfreute es sich großer Beliebtheit und wurde in den ersten zehn Jahren immer wieder nachgedruckt.

Die die kaiserliche Billigung bereits im Namen tragende *Carolina* übernahm weitgehend die Direktheit der *Bambergensis*, verfolgte aber ehrgeizigere politische Ziele. Zu Beginn des 16. Jahrhunderts hatten Territorialfürsten und auch der Kaiser den Nutzen, den standardisierte Rechtsverfahren für die Ausübung der Herrschaft bieten, durchaus erkannt, aber sie stießen aus etlichen Kreisen auf massiven Widerstand, als sie versuchten, die Anwendung des römischen Rechts auf dem Weg der Kodifizierung durchzusetzen. Die *Carolina* war ein tragfähiger Kompromiss zwischen innovativen Juristen, die das römische Recht ebenso seines Gehalts wie seiner Einheitlichkeit wegen besonders schätzten, und konservativen weltlichen Obrigkeiten, die misstrauisch gegenüber »frembden gesetzen und gebräuchen« waren und eifersüchtig auf ihre Vorrechte achteten.[41] Deshalb betonten die Autoren der *Carolina*, sie wollten »durch dise gnedige erinnerung Chürfürsten Fürsten vnd Stenden an jren alten wolherbrachten rechtmessigen vnnd billichen gebreuchen nichts benommen haben«, doch sie zielten auf die Festlegung fairer, einheitlicher Standards und Verfahren für die gesamte Gerichtsbarkeit des Reiches und bezogen so viele ausgebildete Juristen wie möglich in den Reformprozess ein. Statt lediglich eine Reihe von Verbrechen zu ächten, beschrieb der neue Kodex sehr genau Art und Ausmaß der Missetaten, setzte Standards für Verhaftung und Beweisaufnahme und gab Muster für die gerichtlichen Verfahren vor. Klarheit und Regelmäßigkeit in der praktischen Anwendung lauteten die Ziele. Mit den bemerkenswerten Ausnahmen der Zauberei und des (gerade erst zum Kapitalverbrechen aufgewerteten) Kindsmords veränderte die *Carolina* die gewohnheitsrechtlichen

Definitionen schwerer Straftaten nicht. Auch so gut wie alle mittelalterlichen Formen der Hinrichtung einschließlich des Vergrabens sowie des Verbrennens bei lebendigem Leib, des Ertränkens und des Vierteilens wurden beibehalten.

Frantz Schmidt dürfte an der *Carolina* besonders geschätzt haben, dass sie die detaillierten Richtlinien der *Bambergensis* für sämtliche Gerichtsdiener ausdrücklich billigte, auch für die zuvor Henker und nunmehr durchweg Nachrichter oder Scharfrichter genannten Rechtsvollstrecker.[42] Das Dokument empfahl dringend ein regelmäßiges, festes Gehalt für »billige leut«, ergänzt um eine variable Vergütung für bestimmte Formen der Hinrichtung (wobei Vierteilen das höchste Zusatzhonorar einbrachte). Ferner garantierte die *Carolina* dem Scharfrichter in Ausübung seines Amtes volle Immunität und verlangte von den Gerichten, diesen Status bei jedem Urteil öffentlich zu bestätigen. Grausame, korrupte oder anderweitig unprofessionell arbeitende Scharfrichter mussten sofort entlassen und angemessen bestraft werden. Um willkürliche Anwendung physischer Gewalt zu unterbinden, führte die neue Reichsverordnung schließlich in detaillierten Instruktionen auf, welche Indizien für die Anordnung einer Form der Folter vorzuliegen hatten (etwa die Aussage zweier unparteiischer Zeugen), welche Verbrechen überhaupt eine derartige »peinliche Befragung« rechtfertigten (in erster Linie Hexerei und Wegelagerei) und welche Form des Zwangs anzuwenden sei (nach Schweregrad steigend wurden die Standardmethoden aufgezählt, angefangen bei Daumenschrauben für Frauen).[43]

Die von der *Carolina* geforderten höheren beruflichen Standards für Scharfrichter führten in der Regel zu einer besseren Bezahlung, doch noch viel mehr war es die durch diesen Gesetzeskodex bewirkte neue Durchsetzungsfähigkeit des Rechts, die die Stellung Schmidts und seiner Kollegen erheblich verbesserte, vermutlich weit stärker, als dies in der Absicht der Verfasser gelegen hatte. Innerhalb einer Generation nach der Verkündigung der *Carolina* stieg die Zahl der Verhaftungen, Verhöre und Bestrafungen im ganzen Reich dramatisch an. Die Zahl der Hinrichtungen schnellte ähnlich stark in die Höhe, an manchen Orten um mehr als 100 Prozent gegenüber den vergangenen fünf Jahrzehnten (und wenn man die Hexenverfolgungen mitrechnet, gar um ein Vielfaches dessen), sodass ein gewaltiger Bedarf an gelernten Scharfrichtern bestand. Tatsächlich zählte die durchschnittliche Hinrichtungsquote von neun Hinrichtungen pro Jahr während Meister Frantzens Zeit in Nürnberg, einer Stadt mit 40 000 Einwohnern, zu den höchsten unter allen Städten des Reiches. In vielen größeren Gerichtsbezirken stiegen die Zahlen jedoch ähnlich stark an. Vater Heinrich Schmidt war während seines Dienstes in dem mehr Einwohner zählenden Fürstbistum Bamberg auf durchschnittlich knapp zehn Hinrichtungen im Jahr gekommen, für die noch bevölkerungsreichere Markgrafschaft Brandenburg-Ansbach lag die Zahl in derselben Zeit doppelt so hoch.[44]

Worauf ist dieser offensichtlich sprunghafte Anstieg der Verbrechen und Strafen zurückzuführen? Die steigende Arbeitslosigkeit und Inflation, die mehr Diebstähle und Gewalt verursachten, spielten natürlich eine Rolle, doch der wichtigste Grund war die *Carolina* selbst. Die neue Reichsgesetzordnung hatte wie viele wohlmeinende Reformen neben den gewollten auch ungewollte Konsequenzen, die die Lage in mehrfacher Weise verschärften. Erstens machte der neue Kodex die vor Ort Zuständigen anfälliger für Manipulationen durch das Volk; das wohl berüchtigtste Beispiel ist der Hexenwahn, als Pöbelhaufen, aber auch Einzelpersonen die Verfolgung einer mutmaßlichen Hexe beantragen konnten. Der armen Frau drohte nunmehr bei einer Verurteilung die Todesstrafe. Zweitens hatte der Versuch der *Carolina*, Willkür und »unnötige« Grausamkeit bei der Strafverfolgung abzuschaffen, also den Einsatz der Folter als sogenanntes letztes Mittel des Befragers einzuschränken, häufig genau den gegenteiligen Effekt. Der Gerichtsbezirk Nürnberg hielt sich recht eng an die Bestimmungen der *Carolina*. Anderswo interpretierten die örtlich Verantwortlichen die Fülle der Richtlinien und Einschränkungen der Reichsverordnung, die für einen angemessenen Einsatz *der peinlicher Frag* sorgen sollten, jedoch paradoxerweise als eine Billigung des physischen Zwangs während der Befragung.

Zudem verlangte ein anderer Abschnitt der *Carolina*, der eigentlich Rückfälle verhindern sollte, gegen seine Absicht die Hinrichtung von Wiederholungstätern – häufig wegen reiner Eigentumsdelikte wie Diebstahl, für die man zuvor niemanden an den Galgen gebracht hätte. Wie kam es dazu? Um Verbrecher von weiteren Straftaten abzuschrecken, schrieb die *Carolina* ein steigendes Strafmaß vor: öffentliches Auspeitschen für das erste Vergehen, Verbannung für ein zweites, und für den Fall, dass ein verbannter Übeltäter zurückkehrte und ein drittes Vergehen beging, die Hinrichtung. Diese detaillierten Festlegungen ließen den Richtern keine Wahl und hatten tragische Konsequenzen. Hatten Eigentumsdelikte zuvor weniger als ein Drittel der Hinrichtungen in deutschen Landen verursacht, waren sie zu Frantz Schmidts Zeiten für fast sieben von zehn Hinrichtungen verantwortlich.[45]

Diese neue Strenge war also weniger das Produkt neuer Grausamkeit als die Folge der Verbitterung über die Wirkungslosigkeit der bisherigen Strafen. Die meisten Diebe, die Meister Frantz in seiner Berufslaufbahn hängte, hatten ein langes Vorstrafenregister, das mehrere Gefängnisaufenthalte, verschiedene Leibesstrafen und Verbannungen umfasste. Das ebenso schmerzhafte wie erniedrigende Auspeitschen, gefolgt von der Verbannung aus dem Stadtgebiet, zeigte zwar gelegentlich den gewünschten Effekt. So verschwanden zwei Brüder im Teenageralter, die *hin und wieder uff dem mercken [Märkten] gestoln* hatten, nachdem Meister Frantz sie ausgepeitscht hatte, aus den Nürnberger Strafregistern.[46] Meist kehrten die öffentlich gedemütigten und verbannten Übeltäter, die nunmehr dauerhaft von ihrer Verwandtschaft und dem sozialen Netz, das sie einst gehabt haben mochten, ausgeschlossen waren, jedoch einfach zu dem Leben zurück, das sie kannten, und setzten die Diebstähle an einem anderen Ort, häufig in der Nachbarschaft, oder gar in der Stadt selbst fort.

Verurteilte Nürnberger Häftlinge auf ihrem Weg nach Genua, wo sie Galeerenstrafen von zwei bis zehn Jahren antraten. Diese Form der Verbannung wurde in Mittelmeerländern häufiger praktiziert (1616).

Die offensichtliche Wirkungslosigkeit lokaler Verbannungen führte dazu, dass einige europäische Staaten zu einer nachhaltigeren Form der Verbannung von Dieben und anderen unerwünschten Personen übergingen, zum sogenannten Transport. Doch das Verschicken von Gesetzesübertretern in Sträflingskolonien jenseits des Ozeans kam für deutsche Binnenstaaten wie Nürnberg und das Fürstbistum Bamberg, die weder Flotten noch Kolonien im Ausland hatten, nicht infrage. Der Herzog von Bayern überredete die Stadt Nürnberg, versuchsweise ihre verurteilten Diebe an die Stadt Genua als Galeerensklaven zu vermieten. Aber nach fünf Jahren brachen die sparsamen Stadtväter dieses Experiment ab. Auch die Zwangsrekrutierung durch das ungarische Heer des Kaisers wurde häufig als Lösung vorgeschlagen, wurde aber allem Anschein nach ebenfalls recht begrenzt und kurzlebig praktiziert.[47]

Bis sich die heutige Lösung des Problems (interne Verbannung oder langjährige Haftstrafe) durchsetzte, sollte es noch Jahrhunderte dauern, denn sie erforderte einen weit größeren Sprung in der Vorstellungswelt. Die meisten Obrigkeiten hielten eine langfristige Inhaftierung (außer im Fall gefährlicher Wahnsinniger) für zu kostspielig und zu grausam. Der populäre Vorläufer der heutigen Gefängnisse, das Arbeitshaus, gewann zwar im Lauf des 17. Jahrhunderts viele Fürsprecher, insbesondere mit dem Argument, dass es finanziell autonom sei. Aber Frantz Schmidts Vorgesetzte in Nürnberg hielten eine solche Einrichtung für ein Fass ohne Boden, womit sie die Dinge ganz richtig einschätzten, und wehrten sich ein Jahrhundert lang gegen den neuen Trend.[48] Stattdessen griffen sie zu einer angeblich wirkungsvolleren Strafe für bettelnde und stehlende Jugendliche und junge Männer, die zu der Zeit hauptsächlich in Frankreich angewandt wurde: Den sogenannten Spring- oder Schellenbuben wurden Fußfesseln angelegt oder Schellenhüte aufgesetzt, dann mussten sie für gewöhnlich mehrere Wochen die Gassen kehren, Straßen reparieren und den menschlichen und tierischen Müll sowie anderen Abfall einsammeln und entsorgen. Die Schellenhüte schreckten zwar einige junge Diebe von einer Fortsetzung ihrer kriminellen Machenschaften ab, aber längst nicht alle. Meister Frantzens Aufzeichnungen verzeichnen über ein Dutzend Fälle, die auf dem Galgen ihr Leben ließen.[49] Da sie sich außerstande sah, mit diebischen Wiederholungstätern und anderen »unverbesserlichen« nicht gewaltsamen Übeltätern fertigzuwerden, griff die Obrigkeit in der zweiten Hälfte des 16. Jahrhunderts verstärkt zum »letzten Mittel« des Hängens.

Für einen aufstrebenden jungen Lehrling wie Frantz Schmidt waren die steigende Nachfrage ebenso wie die verbesserten Verdienstaussichten gute Nachrichten. Die *Carolina* hatte sein Gewerbe zu einem unverzichtbaren Diener der Justiz aufgewertet. Vermutlich war der Protestant Frantz auch dem Vater der Reformation für die folgenden Worte von Herzen dankbar: »Were kein Missthäter/ wären auch keine Scharpffrichter«, hatte Martin Luther gepredigt und hinzugefügt: »Denn die hand, die solch schwerd füret und würget, ist auch alsdenn nicht mehr menschen hand sondern Gottes hand, und nicht der mensch sondern Got henget, redert, ethebt [enthauptet], würget und krieget.« Deshalb, so Luther, sei der allgemein verachtete Henker ein nützliches Mitglied der Gesellschaft:

> Darum is Meister hanns [der Name des Henkers im Volksmund] ein sehr müzzer [nützlicher] und darzu ein barmhertiziger Mann; denn er steuret dem schalck, dass er es nicht mehr thue, und wehret den andern, dass sie es nicht noch thun. Dem, für ihm, schlägt er den Kopff ab; den andern, hinter ihm, dräuet er, dass sie sich fürchten für dem Schwerdt, und Friede halten; das ist eine grosse Gnade und eitel Barrmhertzigkeit.

Während der Schweizer Reformator Johannes Calvin sich damit begnügte, den Scharfrichter als »Werkzeug Gottes« anzuerkennen, sprach der stets überschäumende Luther diesem Beruf eine mit seinem prominenten Namen versehene explizite Unterstützung aus: »Darumb wenn du sehest, das am henger, böttell, richter, herrn oder fursten mangellt und du dich geschickt fundest, solltist [du] dich dazu erbieten und darumb wenden, auff das iah die nöttige gewallt nicht veracht und matt würde oder untergienge.«[50]

Doch in der Praxis vollzog sich die von Theologen und Juristen angestrebte Aufwertung dieser Profession, so willkommen die Entwicklung für Schmidt und seine Scharfrichterkollegen war, nur langsam. Luthers eindringliche Worte klangen noch in der Verteidigung eines berühmten Juristen von 1565 nach: »Wiewohl eynes Nachrichters Name bei männiglichen verhaßt ist, dieweil es sich läßt ansehen, als ob er eyn unmenschlich, blutig und tyrannisch Ambt in Übung habe, so mißhandelt er dannoch darmit weder vor Gott, noch vor der Welte, demnach er aus Bevehl thut, was er thut, und also nicht seines eygenen Willens, sondern der Gerechtigkeyte, ja Gottes Diener ist.« Wie die am Prozess beteiligen Richter, Schöffen und Zeugen, so war auch der Scharfrichter ohne Schuld, sofern er nicht »aus Neid, Haß, Rachgirl[i]gkeyt, oder wolgefälligen Luste« handelte; zudem war er für Recht und Ordnung ebenso unverzichtbar wie die Fürsten. Ein anderer Rechtsgelehrter verglich die Abscheu gegen die Aufgabe des Henkers mit der Scham, die mit dem Vorgang der Ausscheidung verbunden ist – beide abstoßende, aber notwendige Bestandteile von Gottes Plan. Die Ursache für die anhaltende allgemeine Schmähung war, darin waren sich alle einig, weniger das Amt an sich als die Gefahr, dass dieser Posten »Gott- und Ruchlose Leute/ Hexenmeister/ Räuber/ Mörder/ Diebe/ Ehebrecher/ Hurer/ Gotteslästerer/ Spieler oder sonst mit anderen groben Sünden/ Schand- und Lastern behaftete« anlockte. Dabei bräuchten Gerichte, um effektiv arbeiten zu können, doch »fromme/ onbescholtene/ freundliche/ barmherzige/ unerschrockene/ und in dergleichen Wercken und Verrichtungen wohl erfahrne Männer ... die mehr zus [aus] Liebe zu GOTT und dem Rechten/ als aus vorgeschöpfften Haß und Zorn gegen den armen Sünder ihr Ambt verrichten«.[51]

Somit war die deutlich höhere Bezahlung und gesellschaftliche Akzeptanz, die Frantz im Vergleich zu seinen Vorgängern erfuhr, mit höheren Standards und Erwartungen verbunden. Eine oder zwei Generationen zuvor duldeten die Obrigkeiten notgedrungen noch den unrühmlichen Hintergrund vieler Kandidaten für das Amt und erlebten noch einige Scharfrichter, die am Ende auf der anderen Seite des Schafotts oder auf dem Scheiterhaufen landeten. Zu Frantzens Zeit spielte das Ansehen der Scharfrichter als »sehr ordentlich und gesetzestreu« bereits eine wichtige Rolle in der öffentlichen Wahrnehmung, wobei jeglicher Gesetzesverstoß eine rasche Entlassung und Bestrafung zur Folge hatte. Im Gegenzug erlangte die zuvor ironische Bezeichnung eines jeden Scharfrichters als Meister eine neue Würde. Einigen Scharfrichtern wurde jetzt gestattet, ein anderes Handwerk auszuüben, einige durften nun sogar ein eigenes Wappen führen.[52]

Über Jahrhunderte gewachsene Ängste, Aberglaube und Abscheu ließen sich jedoch nicht so ohne Weiteres ausrotten, und die vergleichsweise besseren Chancen für Frantz müssen gegen die immer noch beträchtlichen sozialen Einschränkungen aufgewogen werden. Was immer Ratsherren und Geistliche sagen mochten, die Zeitgenossen hielten Scharfrichter immer noch für verdächtige, wenn nicht finstere Gestalten. In einer von der Zurschaustellung von Rang und Ehre besessenen Gesellschaft waren fromme und ehrliche Henker zwar eine begrüßenswerte Entwicklung, aber die Vorstellung, dass diese Leute andere schon durch ihre Berührung verunreinigten, hielt sich hartnäckig. Viele Türen sollten dem Sohn von Heinrich Schmidt zeit seines Lebens verschlossen bleiben. Doch der wachsende Bedarf an professionellen Scharfrichtern öffnete dem jungen Frantz Möglichkeiten, die er hocherfreut zu nutzen verstand, um sich den Traum zu erfüllen, der seinem Vater verwehrt geblieben war: Er starb als ehrbarer Mann.

DIE KUNST DES SCHARFRICHTERS

Wir wissen nichts Konkretes über die Kindheit und Jugend von Frantz Schmidt in Hof. Trotz der unrühmlichen Tätigkeit seines Vaters dürfte er in vieler Hinsicht ganz ähnliche Erfahrungen gemacht haben wie andere Knaben der Mittelschicht im 16. Jahrhundert in Deutschland. Die ersten sechs oder sieben Jahre verbrachte er überwiegend in der Gesellschaft von Frauen sowie anderer Kinder. Frantzens Mutter starb irgendwann vor seinem sechsten Geburtstag, möglicherweise schon während oder kurz nach der Geburt, was damals häufig vorkam. Von da an übernahm vermutlich eine Tante oder Großmutter die Mutterrolle. Als der Vater 1560 Anna Blechschmidt heiratete, bekam Frantz eine Stiefmutter (auch das damals durchaus üblich), die vermutlich aus einer Henkersfamilie im benachbarten Bayreuth stammte.[53] Trotz des von den Gebrüdern Grimm überlieferten schlechten Rufs pflegten viele Stiefmütter in der Frühen Neuzeit eine gute, sogar liebevolle Beziehung zu ihren Stiefkindern. Man kann also hoffen, dass es dem jungen Frantz gut erging.

Wenn die Isolation der Familie in Hof tatsächlich so streng war, wie Frantz später andeutete, verbrachte er eine einsame

Kindheit. Kleinkinder blieben in jener Zeit weitgehend unbeaufsichtigt – zumindest gemessen am heutigen westlichen Standard – und konnten nach Belieben offene Brunnen, Feuerstellen und eine Vielzahl anderer gefährlicher Orte erkunden, denen viele Kinder zum Opfer fielen. Womöglich verschaffte gerade diese Freiheit Frantz doch einige Spielkameraden, die sich von den Vorurteilen ihrer Eltern nicht abschrecken ließen. Wir wissen, dass er mindestens eine ältere Schwester, Kunigunda, hatte, die das Erwachsenenalter erreichte; es ist möglich, ja wahrscheinlich, dass er noch weitere Geschwister hatte, die der hohen Kindersterblichkeit – sie betrug 50 Prozent, gerechnet auf Kinder unter zwölf Jahren – zum Opfer fielen.

Um die Zeit, als Heinrich Schmidt zum zweiten Mal heiratete, übernahm Frantz vermutlich mehr Arbeiten im Haus und lernte die Grundlagen des Lesens, Schreibens und Rechnens. In manchen Orten war es den Kindern des Scharfrichters gestattet, eine örtliche deutsche oder Lateinschule zu besuchen, stets gegen die Zahlung von Schulgeld. Frantzens Nürnberger Kollege Lienhardt Lippert beklagte sich später bitter über die Weigerung anderer Eltern, ihre Kinder in der Schule neben seinem Sohn sitzen zu lassen, doch die Vertreter der Stadt lehnten es ab einzugreifen und schlugen stattdessen vor, den Jungen zu Hause zu unterrichten.[54] In Hof gab es sowohl eine (deutsche) Konfessionsschule als auch eine Lateinschule (gegründet von einem Schüler Philipp Melanchthons), aber die Einschreiberegister sind nicht überliefert. Deshalb lässt sich nicht mit Sicherheit sagen, ob Frantz an der Schule, von einem Hauslehrer oder von einem Elternteil lesen und schreiben lernte. Seine Schrift als Erwachsener sowie seine schwungvolle Unterschrift lassen auf eine rudimentäre Ausbildung in Deutsch und womöglich ein wenig Latein schließen. Er schreibt ganz ohne Satzzeichen und benutzt eine eigenwillige Syntax und Rechtschreibung, sodass ihm offenbar weder ein literarischer Stil noch der nüchterne Notariatsstil bekannt waren. Wie viele »halbgebildete« Handwerker jener Zeit schrieb Frantz

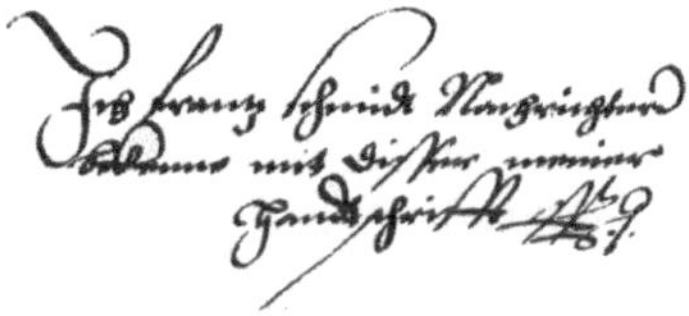

Die Unterschrift von Frantz auf seinem Arbeitsvertrag von 1584. Das Schriftbild ist für jene Zeit außergewöhnlich gefällig, hebt sich aber deutlich von der Hand des Notars ab, der das Dokument verfasst hat. Das spricht dafür, dass es sich um eine echte Unterschrift handelt.

Schmidt, wie er redete, freiheraus ohne Schnörkel. Er war ein praktischer Chronist, der Fakten und Zweckmäßigkeit überaus schätzte, gelegentlich selbst auf Kosten der Klarheit.

Seine religiöse Ausbildung erhielt Frantz vermutlich zu Hause, und falls sich ein Pfarrer bereitgefunden hatte, das Haus der Schmidts zu betreten, brachte dieser dem Knaben die strenge Lehre des Katechismus bei. Der lutherische Glaube prägte die ersten religiösen Empfindungen des Knaben. Die Stadt Hof hatte sich schon 1529 der Reformation angeschlossen. Als Frantz geboren wurde, also knapp eine Generation später, war Hof zu einer Bastion des Luthertums geworden, so gut wie jeder Bürger der Stadt hatte den protestantischen Glauben angenommen. Der erwachsene Meister Frantz hatte feste religiöse Überzeugungen; wahrscheinlich hatte er von seinen Eltern oder anderen Mitgliedern des Haushalts, die ihm ein Vorbild waren, gelernt, seinen Glauben ernst zu nehmen. Damals fand die religiöse Erziehung ganz überwiegend im Elternhaus statt. In der Tat predigten die Kirchenführer, dass jeder Hausvater Gott gegenüber die Pflicht habe, seine Kinder in den religiösen Dingen zu unterweisen. So wurden Frantz und seiner Schwester Kunigunda von klein auf die zentralen christlichen Glaubenslehren aus Sicht des Luthertums vermittelt; sie hörten von der Erbsünde und der göttlichen Vergebung, von der zentralen Stellung des Glaubens und von dem Gebot, ein gottgefälliges Leben zu führen.

Die Ausbildung zum Scharfrichter begann für Frantz vermutlich im Alter von zwölf Jahren. Wie intensiv sich Heinrich Schmidt bis dahin mit seinem Sohn befasst haben mochte, von nun an wurde er zum persönlichen und beruflichen Vorbild des Jungen. Für ehrbare Handwerke wie Schneiderei oder Tischlerei war in der Regel ein förmlicher Ausbildungsvertrag über zwei bis vier Jahre bei einem anerkannten Meister nötig, der von der Familie des jungen Mannes ein stattliches jährliches Lehrgeld bekam. Manche Söhne von Scharfrichtern verließen das Elternhaus, um bei einem Verwandten oder einem anderen Scharfrichtermeister zu solchen Bedingungen zu arbeiten. Aber es gab nur wenige geeignete Meister, und deshalb blieben die meisten Henkersöhne zu Hause und erlernten »von Jugent auff« unter der Aufsicht des eigenen Vaters das Handwerk.[55] Dem Sohn eines Scharfrichters war es verwehrt, ein anderes, ehrbares Handwerk zu erlernen, ebenso wenig konnte er ein Studium an der Universität anstreben, schon gar nicht das Theologiestudium – das waren ausnahmslos tief verwurzelte Verbote, die noch zwei Jahrhunderte später weitgehend in Kraft waren. Diese realen Gegebenheiten hielten Frantz jedoch nicht davon ab, von einem anderen Leben für sich und seine Kinder zu träumen.

Was lernte Frantz in seiner Lehrzeit von seinem Vater, über das Handwerkszeug hinaus? Vor allem erwarb er eine grundlegende Vorstellung davon, was es hieß, ein Mann zu sein. Der Männlichkeitsbegriff der Frühen Neuzeit stützte sich auf den Ehrbegriff, die persönliche ebenso wie die kollektive Ehre. Immer wieder hatte Heinrich seinem Sohn eingeschärft, dass der verhasste Markgraf der Familie seinerzeit alles genommen hatte, was ihr lieb und teuer war: den ehrbaren Beruf, das Recht auf Bürgerschaft, die Gesellschaft von Freunden und sogar ihren Namen. Die Details, die der siebzigjährige Meister Frantz in seine Erzählung aufnahm – also den vollen Namen seines verstorbenen Großvaters wie seines Onkels (zu einer Zeit, als die wenigsten ihre Großeltern überhaupt kannten), die unselige Begegnung mit dem Jäger und seinem Hund, die genauen Worte des Markgrafen an seinen Vater, die Zahl der Möchtegern-Attentäter und dergleichen mehr –, tragen allesamt die Merkmale einer häufig erzählten Familiengeschichte. Die Menschen der Frühen Neuzeit nahmen jeden Angriff auf ihre Ehre überaus ernst; und die Schmidts waren von diesem Thema geradezu besessen, nicht zuletzt weil sie tagtäglich an ihre Unehre erinnert wurden. Frantzens Auffassung von Ehre veränderte sich im Lauf seines Lebens, aber genau wie sein Vater hegte er einen brennenden Zorn gegenüber dem Unrecht, das seiner Familie widerfahren war. Man fragt sich in der Tat: War es reiner Zufall, dass Heinrich und Frantz später den Städten Bamberg und Nürnberg dienten, die einst die erbittertsten Gegner des verhassten Albrecht Alcibiades gewesen waren?

Was Heinrich Schmidt über diese Familienerzählung hinaus mit Sicherheit seinem Sohn weitergab, betraf die praktische Seite dessen, was es bedeutete, ein Mann zu sein: ein Handwerk. Die Kunst des Scharfrichters umfasste weit mehr als handwerkliche Fertigkeiten. Die unabdingbare Voraussetzung war die technische Kompetenz: Wie wendet man wirkungsvoll Folter und eine Reihe von Leibesstrafen an, vom Ausstechen eines Auges und Abhacken eines Fingers über das Auspeitschen mit Birkenruten bis hin zu verschiedenen Formen der Hinrichtung. Zunächst einmal führte Frantz die niederen Tätigkeiten aus, die stets an Lehrlinge delegiert werden: das Schwert und die Foltergeräte seines Vaters putzen und instand halten, die Utensilien für öffentliche Hinrichtungen (Ketten, Strick, Holz) zusammenstellen und vorbereiten, Vesper und Trinken für den Vater und die Gehilfen holen, womöglich auch bei der Entsorgung der Leichname (und Köpfe) der enthaupteten Übeltäter helfen.

Als Frantz älter und stärker wurde, war es auch seine Aufgabe, die Gefangenen für ein Verhör oder eine Hinrichtung zu fesseln, und er begleitete den Vater nun auf Reisen zu verschiedenen Richtplätzen im ganzen Frankenland. Indem er dem erfahrenen Meister Heinrich zusah und zuhörte, lernte Frantz, wo er beim Hängen die Doppelleiter aufstellen musste und wie man Seil oder Ketten an einem widerspenstigen Opfer anbrachte. Er half beim Bau der provisorischen Holzplattformen für das Ertränken im Fluss und beobachtete, wie man diese häufig langwierige Tortur beschleunigen konnte. Und ganz wichtig: Heinrich Schmidt brachte seinem Sohn bei, wie man die verschiedenen Folterwerkzeuge, die ihm zur Verfügung standen, bei einer peinlichen Befragung anwandte und wie man lernte, das Durchhaltevermögen eines Opfers richtig einzuschätzen, um einen frühzeitigen Tod zu vermeiden.

Ein Betätigungsfeld des typischen Scharfrichters verblüfft uns heutzutage zunächst: die Nebentätigkeit als Heiler. Manche Henker machten sich die magische Aura ihres Handwerks zunutze, um Klienten anzulocken, aber zunächst einmal sorgte ihre Vertrautheit mit der menschlichen Anatomie, insbesondere mit bestimmten Wunden, dafür, dass Henker als Heiler gefragt waren. So gab auch Meister Heinrich an Frantz sein ihm vermutlich durch andere Scharfrichter vermitteltes Wissen weiter, welche Heilkräuter und Salben auf die Wunden eines Folteropfers aufzulegen waren und wie man die gebrochenen Knochen eines Gefangenen zur Vorbereitung der öffentlichen Vollstreckung des Urteils richtete. Dank dieses Fachwissens verdiente Frantz Schmidt sein Leben lang als Heiler und medizinischer Berater ein beträchtliches Nebeneinkommen – und fand, nachdem er sein Amt als Scharfrichter aufgegeben hatte, sogar eine neue berufliche Identität.

Schließlich brauchte ein erfolgreicher Scharfrichter, insbesondere in dieser Zeit der gestiegenen Erwartungen, soziale Kompetenz, wie wir heute sagen würden, und ein psychologisches Grundwissen oder schlicht Menschenkenntnis. Diese Fähigkeiten zu unterrichten war naturgemäß schwieriger als die Vermittlung technischer Fertigkeiten, aber Heinrich Schmidt gab seinem Sohn zumindest ein Beispiel, wie man zum einen mit standesbewussten Vorgesetzten aus der städtischen Oberschicht und zum anderen mit wenig zuverlässigen Angehörigen der Unterschicht umging und wie man aufgeregte arme Sünder in der Folterkammer oder am Galgen behandelte. Für Heinrichs Arbeitgeber in Bamberg waren Gehorsam, Ehrlichkeit und Diskretion die wichtigsten Eigenschaften eines guten Scharfrichters, die allesamt ausdrücklich in seinem Amtseid aufgezählt werden:

> Ich soll und will meines gnädigen Herren von Bambergs und seiner Gnaden Stift Schaden warnen, Fromen werben, in meinem Amt getreulich dienen, peinlich fragen und strafen, wie mir von siner Gnaden weltlichen Gewalt jedesmals befohlen wurdet, auch darum nit mehr dann ziemlich Belohnung nehmen: alles nach laut dieser Ordnung. Was ich auch in peinlicher Frag, höre oder mit sunst in geheim zu halten befohlen wirdet, dasselbig will ich niemannt ferrner eröffen, auch ohn Erlaubung genanntes meines gnädigen Herren Hoffmeisters, Marschalls oder Hausvoigts niendert [nirgendwohin] ziehen und derselben Geschäften und Geboten gehorsam und willig sein, alles getreulich und ohn allerlei Gefährde: Also helf mir Gott und die Heiligen![56]

Frantz erlebte mit eigenen Augen, dass jedes Kapitalverbrechen, das vor seinen Vater gebracht wurde, eine Geschäftsbeziehung begründete. Das umfasste das schwierige Ausbalancieren verschiedener Interessen und Ziele sowie die konkrete wirtschaftliche Dimension der Strafgerichtsbarkeit. Ob Heinrich auf diesen verschiedenen Feldern der beruflichen Praxis nun immer ein positives Vorbild war, lässt sich nicht sagen, aber der junge Frantz erkannte schnell, dass die technischen Fertigkeiten nicht so entscheidend für sein berufliches Fortkommen waren wie die Fähigkeit, zu seinen Arbeitgebern Vertrauen aufzubauen, den Verdächtigen beim Verhör Angst einzuflößen und sich unter den Nachbarn Respekt zu verschaffen. Mit anderen Worten, der

Aspekt der Außendarstellung beschränkte sich nicht auf die dramatischen (und natürlich höchst wichtigen) Minuten auf dem Schafott. Ein Scharfrichter hatte in allen Lebenslagen seine Rolle zu erfüllen und musste unablässig Selbstbewusstsein und Wachsamkeit zeigen.

Soziale Kompetenz kam auch bei den Beziehungen eines Scharfrichters zu seinen Berufskollegen zum Tragen. Wie alle Spezialisten auf einem Gebiet benutzten auch Meister Heinrich und seine Kollegen in anderen Städten einen Fachjargon, der zu großen Teilen auf der Gaunersprache jener Zeit basierte, dem sogenannten Rotwelsch. Unter Berufskollegen wurde Hängen als »schnüren« und Köpfen als »dillen« bezeichnet. Ein besonders geschickter Henker wurde dafür bewundert, dass er »einen feinen knoten machen«, »artlich mit dem Rade spielen«, oder »nett tranchieren« konnte.[57] Scharfrichter hatten auch ein Wort für eine verpfuschte Enthauptung (putzen) und nannten sich Casperer, Dalcher oder Dallinger, Demmer, Dieler, Freimann oder Knusperer. Diese Selbstbezeichnungen klingen zwar alles andere als schmeichelhaft, sind aber längst nicht so herablassend (und malerisch) wie die Dutzende Fremdbezeichnungen, die im Umlauf waren, etwa Abkürzer, Angstmann, Blutrichter, Böser Mann, Diebhenker, Hans, Knüpfauf, Kurzab, Meister Hammerling, Hämmerlein, Räcker, Schnürhänslein, Krawattenmacher, Heiliger Engel, Meister Au-Weh, Meister Fix oder schlicht Fleischmann.[58]

Wie in anderen Zünften und Bruderschaften nannten sich die frühneuzeitlichen Scharfrichter gegenseitig Vetter und pflegten Umgang miteinander; sie trafen sich bei Hochzeiten und Festen oder hier und da in größerer Zahl bei organisierten Zusammenkünften. Die berühmteste Versammlung dieser Art in deutschen Landen, das sogenannte Kohlenberger Gericht, begann im 14. Jahrhundert in Basel und fand dort in unregelmäßigen Abständen bis ins frühe 17. Jahrhundert statt. Dieses für das späte Mittelalter typische »Gericht unter Gleichen« verband die Streitschlichtung mit eigenartigen Ritualen, reichlich Essen und Trinken und dem Austausch von Geschichten. Nicht nur Scharfrichter, sondern auch viele zum ebenfalls als unehrlich bezeichneten »fahrenden Volk« gehörende Mitglieder anderer Randgruppen, die weder eine eigene Zunft geschweige denn eine Gerichtsbarkeit hatten, nahmen an diesen Treffen teil. Im 16. Jahrhundert wurden sie jedoch klar von den Scharfrichtern und Sackträgern dominiert. Laut einer Schilderung von 1559 kam das Gericht auf dem Platz vor der Wohnung des Scharfrichters auf dem Kohlenberg zusammen, »unter einem großen Lindenbaum« – üblicherweise wurde im Mittelalter in Deutschland unter Bäumen Gericht gehalten, der meistverbreitete Gerichtsbaum war die Linde – und einem weiteren hohen Baum dort, Essigbaum genannt. Der vorsitzende Richter, der von der Versammlung gewählt wurde, »muoß alle Zeit, so lang er zuo Gericht sitzt, es sey Sommer oder Winter, den rechten Schenckel bloß in einem neuen Ziber mit Wasser haben«. In dieser Haltung hörte er sich die Fälle von Verunglimpfung und andere Streitigkeiten unter seinen Kollegen an. Nach der Befragung der sieben Schöffen verkündete der Richter seine Entscheidung und leerte den Zuber aus, nun konnten die Festlichkeiten des Tages beginnen. Ein unzufriedener Ehemann, der vom Liebhaber seiner Frau, einem Henker, vor das Gericht zitiert worden war, sprach verächtlich über diese Zusammenkunft »voller frembden Ceremonien«, die von den Einheimischen nicht anerkannt werde, außer von jenen, die Böses im Schilde führten (darunter offenbar seine eigene Frau).[59]

In Frantz Schmidts Tagebuch ist keine Rede davon, dass er jemals an dem Kohlenberger Gericht – oder einer anderen derartigen Zusammenkunft – teilgenommen hätte. Womöglich hat Heinrich ihn einmal nach Basel oder zu einer anderen Konferenz mitgenommen. Wahrscheinlich betrachteten jedoch Vater und Sohn eine so ausgelassene und wahllose Vermischung mit Prostituierten und Bettlern als unziemlich, als unwillkommene Erinnerung an die schmählichen Assoziationen, die ihr Handwerk weckte. Der karnevaleske und irreguläre Charakter des Gerichts passte außerdem besser in eine frühere Zeit, vor der Einführung eines ausgereifteren Gesetzesapparats und der Professionalisierung des Henkerhandwerks. Frantz kannte über seinen Vater viele Kollegen und korrespondierte sicher mit einigen. Er und seine Altersgenossen in diesem Gewerbe zogen es jedoch vor, im privaten Kreis das Standesbewusstsein hochzuhalten und die Geheimnisse des Gewerbes auszutauschen, statt mit Abdeckern, Gerbern und anderen unehrlichen Leuten zusammenzusitzen, von denen man sich so sehnlich distanzieren wollte.

Der Höhepunkt der Lehrzeit von Frantz Schmidt führt uns zu den Übungen mit dem Richtschwert zurück. Im Gegensatz zum Beil, das mit Söldnern und Waldarbeitern in Verbindung gebracht wurde, symbolisierte das Schwert im Europa der Frühen Neuzeit Ehre und Gerechtigkeit. Das Schwert stand für die dem Kaiser, den Fürsten und anderen weltlichen Herrschern von Gott gegebene gesetzliche Autorität, und die Waffe selbst spielte bei der Krönung und anderen offiziellen Zeremonien eine wichtige Rolle. Das Recht, ein Schwert zu tragen, war immer noch ein eifersüchtig gehütetes Privileg des Adels, ein unmittelbar sichtbares Zeichen ihres hohen Standes. Das Enthaupten mit dem Schwert war folglich seit der Zeit der Römer das Privileg der Bürger und Adligen sowie die allgemein bevorzugte Form der Hinrichtung, wegen der Ehre wie wegen des schnellen Todes und weil nur ein mit dem Schwert Hingerichteter in geweihter Erde, also auf einem christlichen Friedhof bestattet werden durfte.

Auch das Schwert eines Scharfrichters war zu einem Gegenstand von besonderem symbolischem und monetärem Wert geworden. Es war groß (im Durchschnitt über einen Meter lang und etwa sieben Pfund schwer) und häufig eindrucksvoll verziert. Um die Mitte des 16. Jahrhunderts war das Kampfschwert, das von den mittelalterlichen Henkern noch benutzt worden war, bereits weitgehend durch eine eigens dafür angefertigte Waffe verdrängt worden: Sie lief eher gerundet aus als spitz zu und hatte eine sorgsam ausbalancierte Gewichtsverteilung, die eigens für den Zweck des Köpfens gedacht war. Viele Richtschwerter sind erhalten geblieben und zeugen von der außerordentlichen Kunstfertigkeit und Sorgfalt ihrer Anfertigung. In der Regel waren die Schwerter mit einer Inschrift versehen wie: »Durch Gerechtigkeit muß das Land bestehen/ durch Unrecht wird es ganz vergehen«, oder: »Hüte dich/ thu kein Böses nicht/ wenn du willst fliehen das Gericht«, oder noch knapper: »Die Herren judizieren, Ich tue exequieren«.[60] Oft waren in die Schwerter auch Bilder eingraviert: die Waage der Justitia, Christus, die Heilige Jungfrau mit dem Kind oder der Galgen, ein Rad oder ein abgeschlagener Kopf. Manche Henkerdynastien ließen die Namen und Daten von jedem Besitzer eingravieren, und eine Familie kerbte auf ihrem Schwert sogar die Zahl der Hingerichteten ein.

Folglich war Meister Heinrichs Richtschwert mehr als nur ein Arbeitsinstrument: Es war das letzte zarte Band zwischen seiner geächteten Familie und der Ehre. Für den in seine Fußstapfen tretenden Sohn galt es außerdem als Symbol des neuen, professionellen, sogar angesehenen Scharfrichters – im krassen Gegensatz zum käuflichen Schlachter, wie er in der Vorstellungswelt vieler Menschen immer noch lebte. Als Erwachsener schwang Frantz ein Schwert, das man nach seinen eigenen Vorgaben angefertigt hatte. Es wurde während fast der gesamten Zeremonie in seiner Scheide aus Holz und Leder getragen und erst im letzten Moment des öffentlichen Schauspiels gezogen. In seinem Tagebuch dokumentierte Frantz gewissenhaft die Daten seines *erst Gerichten mit dem Schwerdt, mein erstes Richten alhie [in Nürnberg] mit dem Schwerdt,* und *mein erster so sich stehent gericht,* also die erste Hinrichtung eines Stehenden mit dem Schwert.[61]

Im Frühjahr 1573 musste Frantz Schmidt auf seinem Weg zum Meister nur noch zwei Hindernisse überwinden. Wie alle Handwerker musste er mehrere Jahre als Wandergeselle durch das Land ziehen, auf Honorarbasis arbeiten und unterwegs wertvolle Erfahrungen sammeln. Aber bevor er seine Wanderung antreten konnte, musste er die Gesellenprobe bestehen. Im 18. Jahrhundert verlangte Preußen von angehenden Scharfrichtern tatsächlich, dass sie eine schriftliche und praktische Prüfung bestanden, nach der beurteilt wurde, ob der Bewerber Foltermethoden anwenden konnte, ohne die Knochen zu brechen, ob er einen Leichnam vollständig zu Asche verbrennen konnte und ob er im Umgang mit all den Folter- und Hinrichtungsgegenständen eine ausreichende Geschicklichkeit erworben hatte.[62] In Bamberg war das Verfahren nicht ganz so gründlich und nicht so festgelegt, aber es war doch lebenswichtig für einen Lehrling, in einer ritualisierten Form die Billigung seines Meisters zu erlangen, wenn er sich für die Zukunft eine gute Stelle erhoffte.

Für den neunzehnjährigen Frantz schlug am 5. Juni 1573 die Stunde der Wahrheit. Als er fünf Jahre später sein Tagebuch begann, war dies das einzige Datum aus jener Zeit, an das er sich genau erinnerte. Das unterstreicht die enorme Bedeutung dieses Augenblicks für sein Leben. Mit dem Vater machte er eine zweitägige Reise in das Dorf Steinach, über 60 Kilometer nordwestlich von Bamberg. Der Verurteilte war ein gewisser Lienhardt Russ aus Zeyern, über den im Tagebuch nicht mehr steht, als dass er *ein dieb* war. Es ist durchaus möglich, dass mit Blick auf die große Bedeutung für Vater und Sohn einige Kollegen Heinrichs oder Freunde der Familie der Hinrichtung beiwohnten, einem an und für sich routinemäßigen Hängen. Diese Methode der Hinrichtung wurde unter Berufsscharfrichtern wohl am geringsten geschätzt, aber bei ihr war auch die Wahrscheinlichkeit am geringsten, dass etwas schiefging. Was mochte dem jungen Frantz durch den Kopf gegangen sein, als er Russ zum Galgen führte, ihm die Hände und Füße in der vorgeschriebenen Weise fesselte und ihn die Leiter hinauf zur wartenden Schlinge schaffte? Zitterte seine Stimme, als er den Verurteilten aufforderte, sein letztes Wort zu sprechen? Machte einer der versammelten Dorfbewohner eine Bemerkung zur Jugend des Scharfrichters, oder stellte jemand gar seine Fertigkeiten infrage? Darüber können wir nur spekulieren. Wir wissen immerhin, dass Frantz die Aufgabe ohne Fehler erledigte. Als der Körper des Verurteilten leblos am Galgen hing, trat Meister Heinrich oder ein anderer Meister vor den jungen Frantz. Mit zeremonieller Gelassenheit versetzte er ihm nach altem Brauch drei Schläge ins Gesicht und verkündete allen an der Hinrichtungsstätte Versammelten, dass der junge Mann »sein Gesellenstück ohne allen Fehl recht geschickt verrichtet« habe und künftig als Geselle anerkannt werden solle. Später erhielt Frantz eine beglaubigte Urkunde, seinen Gesellenbrief, die er potenziellen Arbeitgebern vorzeigen konnte und die bestätigte, dass der neue Geselle seine Aufgabe mit Bravour und zur absoluten Zufriedenheit ausgeführt habe und deshalb nunmehr als Geselle angestellt – und bezahlt – werden durfte.[63] Die bestandene Gesellenprüfung wurde häufig mit Familienangehörigen und Freunden gefeiert. Falls der stolze Vater für Frantz solch ein Fest ausgerichtet hat, fand dies höchstwahrscheinlich später in Bamberg statt.

Ein halbes Jahrhundert nach diesem Tag schwingt in der Erinnerung des betagten ehemaligen Scharfrichters immer noch Bitterkeit mit, wenn er schreibt: *der erzehlter massen unshuldiger weiß darzu gezwungen worden, des Nachrichters Ampt, wie gern ich auch gewollt, nicht entshutten [entrinnen] können.*[64] Aber seiner Schilderung ist auch ein Gefühl der Erfüllung zu entnehmen, da er sein Leben lang im Land *fried, ruhe, und einigkeit* wiederhergestellt hatte. Schon im Alter von 19 Jahren, frisch nach *mein erstes richten,* empfand der künftige Meister Frantz für seine Profession ebenso Abscheu wie Stolz. Gerade dieser Zwiespalt der Gefühle sollte ihn in den folgenden Jahren auf der Karriereleiter nach oben bringen, aber er machte dem jungen Scharfrichter das Leben nicht leicht und hinderte ihn für lange Zeit daran, persönliche und berufliche Befriedigung zu finden.

KAPITEL 2

DER WANDERGESELLE

Aus dem Umgang mit Land und Leuten gewinnt die menschliche Urteilskraft einen ungemeinen Klarblick.

MICHEL DE MONTAIGNE,
Über die Knabenerziehung (1580)[1]

Zur Grausamkeit zwingt bloße Liebe mich;
Schlimm fängt es an und Schlimmres nahet sich.

WILLIAM SHAKESPEARE,
Hamlet, 3. Aufzug, 4. Szene, 177f. (1600)[2]

Mit bestandener Prüfung war der neunzehnjährige Frantz Schmidt offiziell in die Bruderschaft der Scharfrichter aufgenommen und konnte nunmehr seine eigene Berufslaufbahn antreten. Unmittelbar nach seinem ersten öffentlichen Auftritt in Steinach im Juni 1573 wurde der junge Wandergeselle in die Stadt Kronach auf halbem Weg zwischen Bamberg und Hof zu seinem ersten Richten mit dem Rad gerufen. Seine Aufzeichnungen zu dem Ereignis sind, wie fast alle Aufzeichnungen zu den Wanderjahren, sehr knapp. Wir erfahren, dass man den fraglichen Räuber, einen Barthel Dochendte, gemeinsam mit seinem nicht namentlich genannten Komplizen mindestens dreier Morde für schuldig befunden hatte und dass dessen qualvoller letzter Tortur der im Vergleich dazu unspektakuläre Vorgang des Hängens eines Diebes vorausging – eine Doppelhinrichtung also und damit ein weiteres Novum für den frisch gekürten Scharfrichter. Der junge Schmidt feierte diesen Berufseinstand jedoch nicht, zumindest ist das nicht dokumentiert.

Mit der Unterstützung seines Vaters erledigte Frantz eine eindrucksvolle Gesamtzahl von sieben Aufträgen in den ersten zwölf Berufsmonaten. In den meisten Fällen handelte es sich um die Hinrichtung von Dieben mit dem Strang, die Frantz ausnahmslos in knappen, nüchternen Worten dokumentiert. Das Hängen war eine vergleichsweise simple, aber grausige Hinrichtungsmethode: Der Scharfrichter stieg mit dem armen Sünder eine Doppelleiter empor, legte ihm die Schlinge um den Hals und stieß das Opfer dann von der Leiter. In manchen Gerichtsbezirken kamen Tritthocker oder Stühle zum Einsatz, aber eine Plattform mit einer Falltür benutzte man in Europa erst ab Ende des 18. Jahrhunderts. Deshalb fielen die Opfer nicht ruckartig nach unten und brachen sich das Genick, sondern erstickten langsam und qualvoll. Der Scharfrichter oder sein Gehilfe konnten den Todeskampf abkürzen, indem sie an den Beinen des zappelnden Opfers zogen. In der Regel trugen sie für diesen Zweck Spezialhandschuhe aus Hundeleder. Sobald der Todeskampf zu Ende war, entfernte Frantz die Leiter und ließ den Hingerichteten so lange am Galgen hängen, bis der Leichnam zu verwesen anfing. Dann warf er die Überreste in die Knochengrube unter dem Galgen.

Gleich drei Mal im ersten Jahr musste Frantz die Verurteilten mit dem Rad richten – eine langwierige Prozedur, die ihm eine weit größere physische Ausdauer und Nervenstärke abverlangte als das Hängen. Das Rädern war der gewalttätigste, ja grausamste Akt, den der junge Henker in seinem Berufsleben ausführen musste. Diese Hinrichtungsmethode wurde in der Regel gegen berüchtigte Räuber und Mörder verhängt und entsprach im Grunde einer öffentlichen Folter, vergleichbar mit dem noch gefürchteteren (und selteneren) Vierteilen. Während die häufig angewandte Folter im Verlauf eines Verhörs der Nachrichtenbeschaffung diente, also eine Verurteilung oder einen Freispruch bewirken konnte, hatte das Brechen aller Knochen mit dem Rad vor einer Menge Schaulustiger keinen anderen Zweck, als dem Zorn der Gemeinschaft ein ritualisiertes Ventil zu verschaffen und allen potenziellen Nachahmern ein abschreckendes Beispiel zu geben.

Alle drei Männer, die Frantz in seinem ersten Jahr mit dem Rad richtete, waren mehrfache Mörder, aber nur seinem insgesamt siebten Opfer Klaus Renckhart aus Veilsdorf widmete er im Tagebuch mehr als ein oder zwei Zeilen. In der zweiten Hälfte des Jahres 1574 arrangierte Meister Heinrich für seinen Sohn eine Reise in das Dorf Greiz, über 60 Kilometer nordöstlich ihrer Heimatstadt Hof. Nach der viertägigen Reise von Bamberg aus stand Frantz dem Renckhart persönlich gegenüber, den man für drei Morde und zahlreiche Raubüberfälle verurteilt hatte. Ihre erste Begegnung war vermutlich kurz, doch in der letzten Stunde des Verurteilten waren der Wandergeselle und sein Opfer ständig beisammen.

Unmittelbar nach der Bekanntgabe des Todesurteils durch das örtliche Gericht trieb Frantz den gefesselten Renckhart zu einem von Pferden gezogenen Karren. Während des langsamen Zuges zum Richtplatz führte Frantz die gerichtlich vorgeschriebene Zahl von *grieffen* mit einer glühenden Zange durch und riss aus dem Arm oder Körper des Verurteilten Fleischstücke heraus. Frantz äußert sich in seinem Tagebuch kaum zu diesem Aspekt der Tortur, aber er dürfte allenfalls vier Mal zugepackt haben, denn das galt gemeinhin bereits als tödlich. Nach der Ankunft auf dem Richtplatz zwang Frantz den geschwächten und blutenden Renckhart, alle Kleider bis auf die Unterwäsche abzulegen. Dann musste sich der Verurteilte auf den Boden legen, der Scharfrichter pflockte ihn an und schob unter jedes Gelenk Hölzer, damit die Knochen leichter brachen. Die Zahl der Schläge mit einem schweren Wagenrad oder einer eigens angefertigten Eisenstange war vom Gericht ebenso vorgeschrieben wie die Richtung der Prozedur. Wenn der Richter und die Schöffen Gnade hatten walten lassen, dann ging Frantz »von oben nach unten« vor und versetzte Renckhart einen »Gnadenstoß« gegen den Hals oder das Herz, ehe er die Gliedmaßen des Leichnams zertrümmerte. Wenn den Richtern das Verbrechen jedoch besonders niederträchtig erschienen war, verlief die Prozedur »von unten nach oben«. Der Todeskampf wurde auf diese Weise in die Länge gezogen, und Frantz schlug mit dem Wagenrad dreißig Mal oder noch öfter zu, ehe der verurteilte Mörder sein Leben aushauchte. Frantz dokumentiert nicht, ob der Tortur in diesem Fall ein Gnadenstoß vorausging, aber das ist eher unwahrscheinlich in Anbetracht der Gräueltaten, die Renckhart begangen haben soll. Zum Schluss band der junge Henker Renckharts zerschlagenen Leichnam los und flocht ihn auf das Rad an einem Pfahl, der aufgerichtet wurde, sodass der Leichnam ein Festmahl für Aasvögel war und allen Neuankömmlingen als schauerliche Ermahnung diente, dass die örtlichen Strafverfolgungsorgane keine Gnade kannten.

Was mochte Frantz ob seiner eigenen Rolle bei diesen makabren, blutigen Ritualen empfunden haben? Seine Tagebucheinträge geben darüber kaum Auskunft, allenfalls spricht ebendiese Kürze für sich. War sein Auftritt in den Wanderjahren ebenso zurückhaltend wie die spätere Dokumentation des Ereignisses? Immerhin war es etwas ganz anderes, ein so grausames Schauspiel mit eigenen Händen auszuführen, als es zu beobachten. Genau wie die entsprechenden technischen Fertigkeiten musste ein Scharfrichter unbedingt auch die Nervenstärke entwickeln, verurteilten Verbrechern wie Renckhart ins Gesicht zu sehen, ehe er ihrem irdischen Dasein ein Ende setzte. Besiegte der Ehrgeiz des jungen Wandergesellen die angeborene Abscheu vor dieser abstoßenden Arbeit, oder entwickelte er andere Mittel und Wege, um diese Tätigkeit auszuhalten? Und vor allem: Wie verhinderte er, dass die Gewalt, die er regelmäßig anwandte, ihn vereinnahmte?

Der kurze Absatz, den Frantz über Renckhart in sein Tagebuch schreibt, gibt darauf eine Antwort: Statt das Hinrichtungsritual selbst zu beschreiben, wie er es später häufiger tut, konzentriert er sich auf die Verbrechen Renckharts und weist insbesondere auf eine vor Kurzem begangene Gräueltat hin, die den jungen Henker bis ins Mark erschüttert hat. Nach einer

Die auf einem Flugblatt dargestellte Hinrichtung des Vatermörders Frantz Seuboldt durch Frantz Schmidt anno 1585. Oben links sind der »unmenschliche« Hinterhalt Seuboldts und der Mord an seinem eigenen Vater zu sehen, der gerade mit dem Aufstellen von Vogelfallen beschäftigt war. Im Vordergrund setzt Meister Frantz während der Prozession zum Richtplatz die glühende Zange an. Nach der Ankunft auf dem Rabenstein wird Seuboldt angepflockt und mit dem Rad gerichtet, sein Leichnam wird danach auf das Rad gehoben und in der Nähe des Galgens aufgestellt (im Hintergrund, mit Köpfen auf Pfählen).

knappen Aufzählung der anderen Morde des Verurteilten schildert Frantz, wie Renckhart und ein Komplize eines Nachts ein abgelegenes ländliches Gehöft überfielen, die Fuchsmühle. Bei diesem Überfall hatte Renckhart *den milner [Müller] erschossen, die frau und Maydt zu Ihrem Willen gezwungen und genötigt ein Ayr [Ei] im schmaltz zu machen, das uff den toden Müller gesetzt und gessen, des Mülners Frau [hat] helffen müssen. [Renckhart hat] zu toden Mülner gesagt [und] mit fussen gestossen, »Müllner wie gefelt dir daß?«*. Dieser krasse Verstoß des Räubers gegen jeden menschlichen Anstand genügte Frantz als Rechtfertigung für das harte Urteil. Sich die schändlichen Verbrechen vor Augen zu führen, die die von ihm vollstreckten Strafen verursacht hatten, und diese Verbrechen zu dokumentieren, das war ein Mittel, sich in seinem Tun zu bestätigen, das Frantz während seiner gesamten Laufbahn anwandte.

UNTERWEGS

Frantzens Lebensmittelpunkt während der fünf Jahre seiner Wanderzeit im Alter von 19 bis 24 Jahren war weiterhin das Elternhaus in Bamberg, von dem aus er von einem zeitlich befristeten Auftrag zum nächsten durch die fränkischen Lande zog. Wie die meisten Wandergesellen seines Alters trachtete er danach, sich einen Namen zu machen und eine Dauerstellung zu finden. Meister Heinrichs Ruf und seine beruflichen Beziehungen verschafften dem Sohn in dieser Phase Zutritt zu Orten, die für ein Verhör oder eine Bestrafung kurzfristig einen Scharfrichter benötigten. Keine dieser kleinen Gemeinden bot Frantz die Hoffnung auf eine Festanstellung, aber all diese Aufträge zusammengenommen, konnte er seinen Lebensunterhalt verdienen und wertvolle Erfahrungen sammeln.

Seine die Wanderjahre betreffenden Tagebucheinträge dokumentieren 29 Hinrichtungen in 13 Städten, am häufigsten in Hollfeld und Forchheim, beide eine knappe Zweitagereise von Bamberg entfernt (siehe vordere Vorsatzkarte). Darüber hinaus vollstreckte er in Bamberg drei Hinrichtungen anstelle seines Vaters, eine im Jahr 1574, die anderen beiden 1577.[3] In späteren Jahren schreibt Frantz gelegentlich lange, nachdenkliche Tagebucheinträge und spekuliert unter anderem über die Motive der von ihm hingerichteten Menschen. Aber in Bezug auf die frühen Jahre widmet er nur der Hinrichtung von Renckhart mehr als ein, zwei knappe Zeilen. Ansonsten dokumentiert Frantz lediglich die Zahl der vollstreckten Hinrichtungen und die Vielfalt der Tötungsmethoden, die er in seinem Repertoire hatte.

Wie viele ehrgeizige junge Männer war sich offensichtlich auch Frantz darüber im Klaren – wohl nicht zuletzt dank väterlichen Rates –, dass technisches Geschick allein nicht ausreichen würde, um die begehrte Festanstellung zu erlangen. In der zunehmend lukrativen und deshalb auch hart umkämpften Welt der beruflichen Scharfrichter musste ein Bewerber darüber hinaus ein soziales Netzwerk knüpfen und sich einen guten Namen machen. Heinrich Schmidt konnte seinem Sohn helfen, den Fuß in die Tür zu bekommen, aber ob er am Ende Erfolg hatte, hing davon ab, inwiefern es Frantz gelang, die maßgeblichen Justizorgane durch professionelles Können und persönliche Integrität zu beeindrucken. Er musste also nicht nur auf dem Richtplatz Erfahrungen sammeln, sondern sich zugleich den Ruf eines ehrlichen, zuverlässigen, verschwiegenen und auch frommen Mannes erwerben. Später gelang es Frantz sogar, sich einen so guten Ruf zu erwerben, dass er einige der Barrieren, die seinen Berufsstand von der ehrbaren Gesellschaft trennten, überwand. Zu Beginn seiner Laufbahn konnte es ihm jedoch nur darum gehen, jede Berührung mit der verrufenen Gesellschaft nach Möglichkeit zu meiden. Durch dieses Self-Fashioning – so lautet der Fachterminus der historischen Forschung für solch eine ganz bewusst vollzogene Lebensausrichtung – waren die Wanderjahre des frühreifen jungen Mannes vermutlich schwieriger und mit Sicherheit einsamer als üblich – aber gerade das förderte die Ausbildung von Gewohnheiten und Charakterzügen, für die Meister Frantz später bekannt und geachtet wurde.

Auf seinen Reisen als »Wandervogel« begegnete Frantz Menschen aus so gut wie allen Gesellschaftsschichten. Wir stellen uns die Europäer der Frühen Neuzeit tendenziell als ortsgebunden vor, aber in Wirklichkeit herrschte eine beachtliche geographische Mobilität. Der junge Scharfrichter konnte die meisten Reisenden auf Anhieb an ihrer Kleidung und dem Transportmittel identifizieren. In Pelz gehüllte Adlige und Patrizier in Reisekleidern aus Seide waren – ganz in ihrem Sinn – die auffälligsten Zeitgenossen und reisten zu Pferde oder in einer Kutsche, für gewöhnlich mit einer Eskorte aus mehreren bewaffneten Gefolgsleuten. Kaufleute, Bankiers, Ärzte und Anwälte reisten in der Regel ebenfalls zu Pferde und kleideten sich in elegante Wollmäntel. Frantz selbst hat möglicherweise ab und zu das Reitpferd seines Vaters genutzt, aber wahrscheinlich reiste er genau wie andere ehrliche Leute mit bescheidenen Mitteln auf Schusters Rappen. Entlang der schmutzigen Wege und schlammigen Straßen Frankens wurde er wohl häufig von galoppierenden Kurieren und rumpelnden Karren voller Manufakturwaren, Wein oder Lebensmitteln überholt. Pilger auf dem Weg zu einem Wallfahrtsort hüllten sich in ein weißes oder sackleinenes Büßergewand und bewegten sich gemessenen Schrittes voran, Familien auf dem Weg zu einer Hochzeit oder Bauern unterwegs zum Markt eilten hingegen unter munterem Geplapper vorwärts. Ein junger Wanderbursche mit einem einfachen Hut und Reisemantel, womöglich mit einem Wanderstab in der Hand, war ein vertrauter Anblick.

Reisen übers Land waren, wie Frantz nur zu gut wusste, mit vielen Gefahren verbunden. Welche Bekanntschaft er persönlich auf der Wanderschaft mit Wegelagerern oder Raufbolden gemacht haben mochte, ist nicht überliefert. Allerdings ist eine tückischere Gefahr bekannt, die dem jungen Scharfrichter beständig drohte und die er nach Möglichkeit zu vermeiden trachtete: mit dem unehrenhaften »fahrenden Volk«, das ebenfalls auf der Landstraße unterwegs war, in Verbindung gebracht zu werden.[4] Am wenigsten marginalisiert war die große Gruppe der wandernden Landarbeiter und fahrenden Händler: Hausierer, Straßenhändler, Kesselflicker, Kannengießer, Messerschleifer und Lumpensammler. Die Scharfrichter wurden, genau wie Schlachter und Abdecker, immer noch überwiegend dieser Gruppe zugeordnet, das galt auch für die verschiedenen Gaukler: Akrobaten, Pfeifer, Puppenspieler, Schauspieler und Bärenfänger. Wenn Frantz sich auf seinen Reisen mit diesen Leuten in der Öffentlichkeit zeigte, bestand die Gefahr, dass er ebenjenes Stigma auf sich zog, dem er eigentlich entrinnen wollte.

Weil er mit der kriminellen Unterwelt, der sogenannten Diebsgesellschaft, von Berufs wegen vertraut war, geriet Frantz in eine noch unangenehmere Lage. Viele Gehilfen seines Vaters stammten aus anrüchigen Kreisen, genau wie ein großer Teil der Verurteilten. Wie alle Scharfrichter beherrschten Heinrich und Frantz Schmidt Rotwelsch, den malerischen Straßenjargon der Vagabunden und Gauner, der Elemente des Jiddischen, der Zigeunersprache und verschiedener deutscher Dialekte miteinander vereinte. Ein Mitglied der Unterwelt, der »den Affen gekauft« hat (betrunken war), sollte sich möglichst hüten, einem »Puhler« (Polizisten) über den Weg zu laufen, vor allem wenn er unlängst »fechten« (betteln), »beramschen« (schwindeln), oder »brennen« (erpressen) war.[5] Frantz kannte auch die eingeritzten oder mit Kreide aufgemalten Zeichen und Symbole, mit denen Vagabunden für ihresgleichen gastfreundliche Häuser und Schenken kennzeichneten.[6] Des engen persönlichen Kontakts wegen, den der junge Schmidt zu abgebrühten Berufsverbrechern unterhielt, wenngleich streng beruflich und nicht im gesellschaftlichen Sinn, wurde auch er eher ihrer »aufgeklärten« (kocheme) Gesellschaft als der »unwissenden« (wittische) Welt der Allgemeinheit zugeschlagen. Die Vertrautheit mit Bewohnern beider Welten verschaffte ihm freilich einen Vorteil beim Erkennen und Meiden von zwielichtigen Gestalten, aber die Jahre als Gehilfe seines Vaters hatten ihn auch gelehrt, dass die Grenze zwischen ehrlich und unehrlich weder für alle Zeiten festgelegt noch auf den ersten Blick ersichtlich ist.

Ein junger Mann jener Tage, der sich einen Namen machen wollte, musste sich in erster Linie vor seinen Altersgenossen hüten. Wohin Frantz auch kam, überall stieß er auf unverheiratete Männer – ob nun ehrliche Wandergesellen wie er selbst oder Menschen, die sich zwielichtigen Geschäften widmeten –, also auf ein Milieu, in dem sich fast alles um Trinken, Frauen und Sport drehte. Vor allem der Alkohol war ein zentraler Bestandteil der Männerfreundschaften im Deutschland der Frühen Neuzeit und hatte eine besondere Bedeutung für das Erwachsenwerden. Junge Männer tranken damals reichlich Bier oder Wein, sangen dazu vulgäre Lieder und deklamierten anstößige Gedichte. Auf diese Weise entstanden kurzlebige Freundschaften unter Saufkumpanen, häufig war Trinken auch Teil des Initiationsritus einer lokalen Jugendgruppe, militärischen Einheit, Berufsvereinigung oder gar einer Form von Blutsbruderschaft. Schenken mit sprechenden Namen wie »Der Blaue Kelch« oder »Goldenes Beil« waren für männliche Reisende nach der Ankunft in einem Dorf oft die erste Station. Und wollte sich ein Neuankömmling Respekt verschaffen und neue Freundschaften, wie oberflächlich diese auch sein mochten, schließen, so bot es sich an, im Lokal eine Runde auszugeben.

Wie heute entwickelten sich Männerfreundschaften auch in jener Zeit über alle möglichen Wettkämpfe. Karten- und Glücksspiele gehörten dazu; in Ringkämpfen oder im Bogenschießen konnte man die eigenen körperlichen Fähigkeiten unter Beweis stellen und Wetten abschließen. Die Männer frönten damals ausgedehnten Trinkgelagen und »Duellen« mit Wein und Bier, die gelegentlich schwere innere Verletzungen oder seltener gar den Tod nach sich zogen. Die Saufkameradschaft der Schenken verleitete viele zu großer Prahlerei, was die eigene Manneskraft anging. Und natürlich löste die gefährliche Kombination aus Alkohol und Testosteron Gewalttätigkeiten aus, nicht nur Schlägereien und Messerstechereien unter den jungen Männern, sondern auch Angriffe auf andere, insbesondere sexuelle Übergriffe gegen Frauen.[7]

Eine Teilnahme an diesem ungezügelten Treiben kam für einen ehrgeizigen jungen Scharfrichter nicht infrage. Er musste diese Gesellschaft sowie jede Verbindung mit unehrenhaften Personen nach Möglichkeit meiden. Die daraus folgende Vereinzelung war für Frantz sicher nicht einfach zu ertragen, vor allem weil

Frühneuzeitliche Schenken boten jungen Männern wie Frantz die Gelegenheit zu trinken, zu spielen und zu kämpfen sowie ihre sexuellen Begierden zu befriedigen. Manche Moralisten hielten Schenken für »Schulen des Verbrechens«, wo unter dem Schutz der Wirte Diebstähle und andere Straftaten geplant wurden und »Diebeshuren« ahnungslosen und berauschten Kunden die Taschen leerten (um 1530).

ihm zu der damaligen Zeit die ehrbare Gesellschaft noch verschlossen war. Ehrbare Gastwirte hüteten sich, einen Mann seiner Herkunft einzuquartieren, unabhängig davon, ob sein Auftrag vom Fürstbischof stammte, wie nobel er sich kleidete und wie wohlerzogen er sich benahm. Unterwegs konnte Schmidt versuchen, seinen Beruf zu verheimlichen, sogar zu einer Notlüge greifen oder anderweitig ein Quartier suchen: im Haus oder in der Scheune eines gastfreundlichen Fremden. Nach der Ankunft in dem Ort der Hinrichtung war es jedoch unmöglich, seine Identität zu verbergen; also war er dort de facto von allen ehrbaren gesellschaftlichen Zusammenkünften ausgeschlossen. Die einzigen jungen Männer, die bereit waren, mit Frantz den Tisch – und die

Zeche – zu teilen, waren ebenjene Figuren, die er mied: Bettler, Landsknechte und mutmaßliche Verbrecher. Sein Zugang zu weiblicher Gesellschaft war genauso eingeschränkt: Die Töchter ehrbarer Handwerker wollten nichts mit ihm zu tun haben, und der Verkehr mit Prostituierten und anderen losen Frauen würde ihm statt des angestrebten guten Rufes einen schlechten Ruf eintragen.

Folglich nahm Frantz kein allzu großes Opfer auf sich, als er die für einen Mann seiner Zeit bemerkenswerte Entscheidung traf: nie einen Tropfen Wein, Bier oder anderen Alkohol zu trinken. An diesen Eid hielt er sich offenbar sein Leben lang, und dafür sollte er später weithin gerühmt und bewundert werden. Bei der Entscheidung mochten auch seine religiösen Überzeugungen eine Rolle gespielt haben, aber völlige Abstinenz war im 16. Jahrhundert selbst unter gottesfürchtigen Männern und Frauen selten. Eine mögliche Erklärung für diesen Schritt könnte sein, dass Frantz extrem peinliches oder auch gewalttätiges Verhalten eines ihm nahestehenden Menschen im Vollrausch hatte ertragen müssen – womöglich gar seines eigenen Vaters, aber das ist reine Spekulation. Was immer seine religiösen oder sonstigen Gründe waren, Schmidts Eid, nicht zu trinken, war auch eine kluge Karriereentscheidung. Die Europäer der Frühen Neuzeit hielten es für selbstverständlich, dass sich ein Henker bis zum Exzess betrank – ein Klischee, das ein beträchtliches Körnchen Wahrheit enthielt. Viele Kollegen von Frantz tranken sich vor einer Hinrichtung mit einem oder zwei Krug Bier Mut an oder suchten nach der Tat Vergessen im Wein. Indem er öffentlich der sprichwörtlichen Liebe seiner Scharfrichterkollegen zur Flasche entsagte, unterstrich Frantz im wörtlichen wie im übertragenen Sinn auf eine sehr persönliche Weise die Nüchternheit der von ihm gewählten Lebensweise. Durch diese bewusst getroffene Lebensentscheidung machte Frantz aus seiner gesellschaftlichen Isolation eine Tugend, die ihn in den Augen künftiger Arbeitgeber auszeichnete, wenn nicht in den Augen der ganzen Gesellschaft. Der stille Wandergeselle, der ohne Kameraden – oder Krug – in einem hinteren Winkel der Schenke saß, mag vielleicht einsam gewesen sein, aber er wusste genau, was er tat.[8]

GEWALT AUF DER SUCHE NACH DER WAHRHEIT

Für die angestrebte dauerhafte Anstellung musste Frantz seine Geschicklichkeit auf zwei Gebieten der Strafverfolgung unter Beweis stellen: Verhör und Bestrafung. Beide waren mit einem weit größeren Ausmaß an physischer Gewalt verbunden, als die meisten heutigen Justizbehörden (zumindest offiziell) für zulässig halten würden. Wir mögen uns zur eigenen Beruhigung einreden, dass dieser Gegensatz auf die größere Sensibilität für menschliches Leid und auf die höhere Achtung vor der Menschenwürde in der heutigen Zeit zurückzuführen ist – doch die täglichen Schlagzeilen sprechen solch einer arroganten Geste der Überlegenheit Hohn. Die gleiche explosive Mischung aus Mitgefühl und Vergeltung, die heutzutage Diskussionen über die Gerechtigkeit der Strafjustiz prägt, trieb auch die Verfolger von Verbrechen zu Frantz Schmidts Zeiten um. Wie kam es dann, dass die Strafjustiz der Frühen Neuzeit so offensichtlich grausam war? Und warum bestand ein so großer Bedarf an willfährigen Werkzeugen jener Staatsgewalt wie Frantz Schmidt?

Einmal mehr bemühten sich die Justizorgane, insbesondere in einer so »fortschrittlichen« Stadtgesellschaft wie Nürnberg, vergeblich, die Kluft zwischen ihrem Anspruch, ein neues, effektiveres System der Strafverfolgung umzusetzen, und ihrem Festhalten an traditionellen und weitgehend ineffizienten Mitteln der Strafverfolgung zu überbrücken. Ungeachtet der reichsweiten Kodifizierung in *Bambergensis* und *Carolina* kamen die Verfahren vor Ort noch weitgehend durch Klageeinreichung von Privatpersonen zustande und kaum auf Veranlassung staatlicher Stellen;

dem entsprach die Mentalität der Vollzugsorgane wie der Bevölkerung. In manchen Fällen wurden Strafgerichte, die vor neuem Tatendrang strotzten, in tragischer Weise empfänglich für Vorurteile und persönliche Rivalitäten. Man denke nur an den berüchtigten Hexenwahn jener Zeit. Allzu häufig taten die zuständigen Stellen nichts weiter, als ihre doppelte Unfähigkeit zu verbergen, sie versagten oft sowohl bei der Verhinderung von Straftaten als auch bei der Ergreifung von Straftätern. Frantzens Chronik erwähnt etliche Fälle berüchtigter Vogelfreier, die mit Leichtigkeit den Behörden entkommen waren und manchmal *offentlich in einer frembder Herrschaft lebten*, bis sie schließlich von einem Opfer, einem Angehörigen des Opfers oder von einer Art Bürgerwehr *(posse comitatus)* vor Gericht gebracht wurden.[9]

War ein mutmaßlicher Täter endlich gestellt, dann hing der Ausgang des Verfahrens ganz entscheidend davon ab, wie nüchtern und zuverlässig der Scharfrichter seines Amtes waltete. Er war derjenige, der das Verfahren einleitete, indem er von widerspenstigen Verdächtigen Informationen beschaffte; und er brachte den Prozess auch zu Ende, indem er das ritualisierte öffentliche Schauspiel der Bestrafung inszenierte. Wenn mindestens zwei unparteiische Zeugen im Alter von mindestens zwölf Jahren gegen jemanden aussagten, legte der Verdächtigte in der Regel ein Geständnis ab, dann wurde Frantzens Geschicklichkeit in der Folterkammer nicht benötigt. Natürlich erleichterten auch konkrete Beweise wie gestohlene Ware oder eine blutige Mordwaffe die Ermittlungen. Leider fanden die Gerichte aber allzu häufig weder Zeugen noch materielle Beweise; die Verurteilung eines Verdächtigen hing in solchen Fällen fast ausschließlich davon ab, dass die angeklagte Person sich selbst belastete. An diesem Punkt war der professionelle Scharfrichter gefragt. War Frantz in Bamberg als Gehilfe seines Vaters tätig, so war er an den Orten, die er allein aufsuchte, sein eigener Herr.

Wie heutige Vernehmungsbeamte kannten Frantz Schmidt und seine Vorgesetzten die Wirksamkeit von Einschüchterung

Die alte Bahrprobe, wie sie von einem spätmittelalterlichen Gericht durchgeführt wurde. Im 16. Jahrhundert hatte dieses Überbleibsel aus der Praxis des Gottesurteils jede offizielle Unterstützung verloren, aber viele Menschen glaubten weiterhin, dass der Leichnam eines Mordopfers bei Berührung durch die Hand seines Mörders bluten oder sich regen würde (1513).

und anderen Formen des emotionalen Drucks. Eine nicht gewaltsame, aber enormen psychischen Druck ausübende Methode, einen Mörder zum Geständnis zu bewegen, war die sogenannte Bahrprobe. Diese alte germanische Sitte, die den Lesern des Nibelungenliedes und anderer mittelalterlicher Sagen vertraut ist, war immer noch eine wirksame Waffe im Arsenal des Vernehmungsbeamten. Vor einer Schar von Zeugen zwangen der Henker und seine Gehilfen den Angeklagten (oder auch eine Gruppe Angeklagter), sich dem auf einer Bahre liegenden Leichnam des Opfers zu nähern und ihn zu berühren. Falls der Leichnam zu bluten anfing oder andere Zeichen erkennen ließ (etwa eine vermeintliche Regung), legte der Angeklagte üblicherweise ein Geständnis ab.[10]

Kein Jurist dieser Zeit hielt die Bahrprobe noch für einen ausreichenden oder auch nur glaubwürdigen Beweis, doch das traumatische Erlebnis führte häufig dazu, dass sich ein Mörder selbst entlarvte. Frantz beschreibt nur eine Anwendung der Bahrprobe während seiner Laufbahn, und diese trug sich lange nach seinen Wanderjahren zu. Die angeklagte Dorothea Hoffmennin bestritt energisch, ihre neugeborene Tochter erdrosselt zu haben: *alß man ir [aber] daß tode kind fürtragen, die hant dem kindt uff daß haubt zu legen, welches sie mit erschrocken hertzen getun, hat daß kindt an demselben Ort ein Roten Plutflecken bekomen.* Da die junge Frau jedoch ruhig blieb und sich weiter weigerte, ein Geständnis abzulegen, wurde sie »nur« *mit Ruten außgestrichen*, also aus der Stadt gepeitscht. Schon allein die Angst, diese Tortur durchzumachen, gab dem erfahrenen Scharfrichter ein Mittel an die Hand, das er nutzen konnte. Jahre später beschrieb Frantz, wie sich eine verdächtigte Mörderin selbst belastete, indem sie ihrem Komplizen in Gegenwart von Zeugen mit vernehmlicher Stimme verbot, das Haus der alten Jungfer zu betreten, die sie unlängst im Schlaf ermordet hatten, weil sie fürchtete, dass der Leichnam »Blut schwitzen« werde, wenn er sich ihm näherte.[11]

Waren die ersten Vernehmungen unbefriedigend verlaufen und hatten die den Fall beratenden Juristen genügend belastende »Indizien« gesammelt, um mit der Folter zu beginnen, erhielt Frantz den Befehl, den Verdächtigen »ernstlich [zu] binden und bedrohen« – das war der erste von fünf den Schmerz auf jeder Stufe erhöhenden Foltergraden.[12] Der Wandergeselle Schmidt hinterließ uns keine Informationen über seine Verhörmethoden, aber höchstwahrscheinlich glichen sie weitgehend denen, die er später in Nürnberg nach genau festgelegten Abläufen anwandte. Zuerst begleiteten er und sein Gehilfe den Angeklagten aus seiner Zelle in einen geschlossenen Raum, in dem die Folterwerkzeuge offen ausgelegt waren. In Nürnberg fand dies im sogenannten Loch statt, in einer eigens eingerichteten Folterkammer, die wegen ihrer gewölbten Decke und vielleicht auch in einem Anflug schwarzen Humors auch »Kapelle« genannt wurde. Der kleine, fensterlose Raum von knapp zwei mal fünf Metern befand sich unmittelbar unter einem Sitzungssaal im Rathaus. Dort saßen, abgeschirmt von dem grausigen Prozedere unter ihnen, zwei patrizische Schöffen, die, gestützt auf ihre Notizen zu dem Fall, den Verdächtigen über einen eigens angelegten Luftschacht, der den Saal mit der Folterkammer verband, befragten.

In diesen Momenten setzte der Scharfrichter eher auf emotionale Verwundbarkeit und psychischen Druck als auf physischen Zwang. In der »Kapelle« banden Meister Frantz und sein Gehilfe die Verdächtigen fest – in der Regel nicht auf der Folterbank, sondern auf einem im Boden verankerten Stuhl – und erklärten anschließend sehr penibel die Funktion der ausliegenden Folterwerkzeuge. Ein erfahrener Jurist riet Berufsanfängern wie dem jungen Frantz, sich in diesem Moment keinesfalls bescheiden oder zurückhaltend zu geben, »sondern er muß Rumoren und Spalck machen [prahlen] … und diesem Wunder-Dinge sagen, was er vor ein Mann sey, was er vor große Thaten gethan, und daß er der Mann sey, der Künste gelernt und practisiret, daß kein Mensch leicht fähig sey, bey seinen Kunst- und Handgriffen die Wahrheit zu verhelen … die er aller Welt an der verstocktesten Bößewichtern schon glücklich bewiesen«.[13] Womöglich brachte Vater Heinrich seinem Sohn sogar eine Variante des Spielchens »Guter Cop, böser Cop« bei, in dessen Verlauf die beiden Männer einen eingeschüchterten Verdächtigen abwechselnd bedrohten und ihm Trost zusprachen. Um sowohl die Schmerzen als auch das Stigma der Folter zu umgehen, legte ein Großteil der Verdächtigen zu diesem Zeitpunkt in der einen oder anderen Form ein Geständnis ab.[14]

Bei den wenigen, die sich renitent zeigten, zumeist abgebrühten Räubern, wandten der Scharfrichter und sein Gehilfe daraufhin die Methode des physischen Zwanges an, die ihre Vorgesetzten genehmigt hatten. In Bamberg und Nürnberg zählten folgende Instrumente zu den erlaubten Optionen: Daumenschrauben (üblicherweise weiblichen Verdächtigen vorbehalten), »Spanische Stiefel« (Stiefel mit Schrauben), »Feuer« (Kerzen oder Fackeln in der Achselhöhle), »Wasser« (Kopf untertauchen, heute besser bekannt als Waterboarding), »die Leiter« oder auch Folterbank (der Verdächtige wird auf eine Leiter gebunden und entweder gestreckt oder auf einer mit Stacheln besetzten Trommel vor- und zurückgerollt) und »der Kranz«, auch »die Krone« genannt (ein Band aus Metall und Leder, das um den Kopf gelegt und langsam enger gezogen wird). Die in Bamberg und Nürnberg am häufigsten angewandte Foltermethode war »der Stein«, besser bekannt als Strappado. Die Hände des Verdächtigen wurden auf dem Rücken zusammengebunden und langsam über einen Flaschenzug in die Höhe gezogen; während er so am Wippgalgen hing, zog ein an den Füßen befestigter Stein, der unterschiedlich schwer sein konnte, den Körper nach unten. Die menschliche Erfindergabe und der Sadismus brachten eine Fülle weiterer ritualisierter Methoden hervor, anderen Schmerzen zuzufügen (die Pommersche Mütze, den Polnischen Bock, das Englische Hemd), zudem all die primitiven, aber wirkungsvollen Mittel der Erniedrigung, etwa das Opfer zu zwingen, Würmer oder Fäkalien zu essen, oder ihm kleine Holzkeile unter die Fingernägel zu treiben.[15] Frantz Schmidt kannte zweifellos die meisten Methoden, wenn nicht gar alle. Aber wendeten er oder sein Vater – womöglich aus lauter Verbitterung über einen besonders widerspenstigen Delinquenten – jemals solche nicht sanktionierten Methoden an? Verständlicherweise ist weder seinem Tagebuch noch den amtlichen Unterlagen darüber etwas zu entnehmen.

In seltenen Fällen war genau vorgeschrieben, wie lange eine Folter angewandt werden durfte, bei Müttern unmittelbar nach der Entbindung beispielsweise höchstens 15 Minuten. Generell war es aber allein Sache des Scharfrichters, die »Foltertauglichkeit« eines Verdächtigen zu beurteilen. Erst zwei Jahrhunderte später, zu einer Zeit, als die Folterpraxis in Deutschland kurz vor der Abschaffung stand, nahmen Ärzte an Foltersitzungen teil.[16] Frantzens nicht in einem akademischen Studium, sondern in der Praxis erworbene Kenntnisse der menschlichen Anatomie befähigten ihn, dem Angeklagten die für ein Geständnis nötigen Schmerzen zuzufügen, ohne schwere Verletzungen oder gar den Tod herbeizuführen. Mit der Ernennung zum Meister war er

Die Strappado genannte Verhörmethode: Das Bild zeigt den Verdächtigen, bevor ihm ein Stein an die Füße gehängt wird (1513).

befugt, eine Foltermethode auszulassen, zu verschieben oder zu lindern; gelegentlich wurde seinen Einschätzungen allerdings kein Gehör geschenkt. Ein diebischer Landsknecht, der »nicht allein am kopf, sondern auch an beiden henden und zweien painen heftig verwundt worden«, würde nach dem Urteil des älteren Frantz eine Strappado-Sitzung am Wippgalgen kaum überleben. Als die Aussage dieses Angeklagten unter den Daumenschrauben die Leiter des Verhörs jedoch nicht zufriedenstellte, wurde der Scharfrichter angewiesen, schärfere Methoden anzuwenden: am Ende zwei Foltersitzungen mit Feuer und vier mit dem Kranz. Der noch widerspenstigere Schwager dieses Angeklagten musste sechs Mal die Leiter ertragen, einschließlich wiederholter Folter mit brennenden Kerzen unter der linken Achselhöhle. Auf diesen Druck hin legten beide schließlich ein Geständnis ab und wurden *auß gnaden mit dem Schwerdt gerichtet.*[17]

Der Scharfrichter war für die Gesundheit der Angeklagten verantwortlich, und zwar sowohl vor als auch nach dem Verhör. Frantz wusste genau, wie grausam eine Inhaftierung sein konnte, insbesondere für Frauen, und beschwert sich in seinem Tagebuch darüber, dass eine Verdächtige gezwungen wurde, mehrere

Wochen lang die »squalor incarcerationis«, also die Qual der Einkerkerung in einer winzigen Zelle zu ertragen, die eigentlich nur für einen kurzen Aufenthalt vor dem Verhör oder der Vollstreckung des Urteils gedacht war.[18] Er versorgte persönlich die gebrochenen Knochen und offenen Wunden der Gefangenen und holte Hebammen für Kindsmörderinnen, die gerade erst entbunden hatten, oder andere kranke Frauen. Diese väterliche Sorge um das Wohl der Inhaftierten mag uns aus heutiger Sicht widersprüchlich oder sogar grausam erscheinen, insbesondere wenn dem oder der Betreffenden ganz bewusst eine gewisse Zeit der Genesung zugestanden wurde, nur damit er oder sie erneut gefoltert oder fachgerecht hingerichtet werden konnte. Die Ironie dieser Situation war Frantz und seinen Kollegen sehr wohl bewusst. Ein Gefängniskaplan schildert, dass ein Wundarzt, der dem Scharfrichter assistieren sollte, ihm gegenüber »soll haben verlauten lassen während der Cur, er trage leider Sorge, das [was] er eine lange Zeit gut gemacht habe, das würde Meister Franz wiederumb verderben«.[19]

Es war nicht einfach, einen verurteilten Täter in einem zufriedenstellenden Zustand zur öffentlichen Hinrichtung zu führen, selbst als Frantz bereits einige Jahre Erfahrung gesammelt hatte. Ein Bauer, der 1586 unter dem Verdacht, sein Stiefkind ermordet zu haben, verhaftet und gefoltert worden war, hatte kaum das Verbrechen gestanden, da »solt GOTT alsbalden ein sichtbarlich zeichen an ihm thun, und ist darauf unhörzlich gestorben«, vermutlich an einem Herzschlag.[20] Folter konnte auch psychische Schäden verursachen, die eine reibungslose und wirkungsvolle öffentliche Hinrichtung wenigstens ebenso sehr gefährdeten. Nachdem »ain verstockten hartnäckigten dieb« in einer einzigen Sitzung drei Mal mit Feuer gefoltert worden war – und immer noch bei Gott seine Unschuld beteuerte –, fing er an, sich in seiner Zelle »sehr unnuz und verwenth«, also seltsam und ungezogen zu benehmen. Abwechselnd weinte er unkontrolliert, schlug gewaltsam um sich und versuchte sogar, den Gefängniswärter zu beißen. Bislang hatte er immer »fleißig gebetet«, aber jetzt weigerte er sich, zu beten oder mit jemandem zu sprechen. Stattdessen kauerte er in einer Ecke der Zelle und murmelte vor sich hin: »Dittel, dietel lump; lieber teufel kumb!«[21]

Manch junger Mann betrat die Folterkammer mit einer gehörigen Portion Bauernschläue und Draufgängertum, solche Kandidaten erwiesen sich oft als besonders widerspenstig und zäh. Da weder das Tagebuch noch die Vernehmungsprotokolle jemals Äußerungen des Scharfrichters erwähnen, wissen wir nicht, ob besonders lange Foltersitzungen in Frantz Unmut gegenüber dem hartnäckig leugnenden Verdächtigen oder gegenüber den unerbittlichen Patriziern, die dem Verhör vorsaßen, erregte. Der sechzehnjährige Hensa Kreuzmayer, der wegen Brandstiftung und versuchten Mordes angeklagt war, wurde im Lauf eines einzigen Tages mehrfach gefoltert, mit Strappado, dem Kranz und Feuer. Doch am Ende kam lediglich heraus, dass er »aus Zorn ein Sacrament schwur gethane habe«, und zwar gegen etliche unfreundliche Dorfbewohner.[22] Jörg Mayr, ein erstaunlich geschickter Dieb des gleichen Alters, wehrte im Lauf von sechs Wochen mehrere ähnliche Anklagen ab, bis er sich am Ende voller Verzweiflung buchstäblich der Gnade der vernehmenden Schöffen auslieferte.[23] Alte Hasen erkannten dagegen in der Regel, dass jeder Widerstand zwecklos war, und gaben früher auf. Sogar ein einschlägig bekannter Wegelagerer, der sich besonders hartnäckig gewehrt und Frantz und seinen Vorgesetzten versichert hatte: »man thue ime noch einmal, wie man wölle, und wenn man in gleich zue stücken zerreißen ließe, so könne er es doch nicht bekennen, daß er eine mordthat gethan«, sah am Ende ein, wie hoffnungslos seine Situation war, und legte ein volles Geständnis ab.[24]

Wie fühlte sich Frantz in seiner Rolle als Folterknecht? Als der Beteiligte mit dem geringsten Dienstalter wurden dem jungen Wandergesellen die grausamsten Aufgaben in diesem Prozedere übertragen: an der Strappado-Winde drehen, die Schrauben anziehen, einem kreischenden Opfer eine Brandwunde zufügen.

Scharfrichtermeister beaufsichtigten meist nur die Prozedur und überließen die eigentliche schmutzige Arbeit den Gehilfen. Ob auch Frantz diese Aufgaben delegierte, als er seinerseits Meister wurde, ist nicht überliefert – hauptsächlich weil er in seinem fast ein halbes Jahrhundert umfassenden Tagebuch selten seine eigene Rolle bei der Anwendung von Folter dokumentiert. Es existiert keine Liste der Foltersitzungen neben seiner Aufzählung der Hinrichtungen und Leibesstrafen, obwohl die peinliche Befragung seine Zeit länger und häufiger in Anspruch genommen haben dürfte als diese beiden öffentlichen Spektakel zusammengenommen.[25] Wenn nicht einige Verhörprotokolle überliefert wären, wäre uns seine Beteiligung an diesen monatlich, gelegentlich sogar wöchentlich stattfindenden Foltersitzungen völlig verborgen geblieben.

Schämte sich Frantz für seine Arbeit in der Folterkammer, oder wollte er nur nicht die Aufmerksamkeit darauf lenken? Die Aufgabe an sich war nicht unehrenhafter als öffentliches Auspeitschen, Hängen oder Rädern, Strafen, die er bis zu seiner Pensionierung viele Jahrzehnte später weiterhin persönlich vollstreckte. Allem Anschein nach hielt er eine dem vorgeschriebenen Maß folgende Anwendung von Gewalt auch nicht für ungerechtfertigt. An den wenigen Stellen, wo Frantz über Folter schreibt, wirkt er überzeugt, dass so gut wie alle Personen, die die Folter erdulden mussten, insbesondere einschlägig bekannte Räuber und Diebe, bis zu einem gewissen Grad auch schuldig waren. Nur ein einziges Mal äußert Frantz sein Bedauern über die Praxis, nämlich als der Massenmörder Bastian Grübel jemanden fälschlich und aus Bosheit der Komplizenschaft bezichtigte, um sich selbst zu entlasten: *Ime zum steln [Stehlen] und Morthaten gehollfen haben solt, man denselben herein gefürt und ihm in gegenwart seiner mit der Tortur angriffen. [Er] hat Ime unrecht thun und sein di Morthaten nicht war gewessen, sondern gelogen, damit vermeindt dieweil er den baurn unrecht gethan und die Mordt sich nicht funden, dadurch ledig zu warden und solchen burger nur auß feindschafft angebben.*[26] Aus der spürbaren Empörung des Scharfrichters spricht das Mitgefühl, das er allen Opfern entgegenbringt, implizit schwingt darin auch die Überzeugung mit, dass eine ungerechtfertigte Folter doch die Ausnahme blieb. Ansonsten kam das Thema Folter vor allem zur Sprache, als der ältere Frantz Schmidt die Gräueltaten beschrieb, die marodierende Räuber bei Überfällen auf vereinzelte Höfe begingen – ein bemerkenswerter Exkurs seitens eines Henkers.[27]

Glaubte Frantz wirklich an das juristische Axiom jener Zeit, dass »Schmerz die Wahrheit ans Licht bringt«? Das ist schwer zu sagen. Fast immer versuchte er, mithilfe von psychischem Druck und anderen nicht gewaltsamen Mitteln an ein Geständnis zu kommen, bevor er dem Verdächtigen körperliche Schmerzen zufügte. Das legt die Vermutung nahe, dass er Folter als ein in manchen Fällen notwendiges Übel ansah, aber keineswegs für einen unverzichtbaren Bestandteil auf der Suche nach der Wahrheit hielt. Und die wiederholten Äußerungen von Mitgefühl für das Leiden eines Verdächtigen machen deutlich, dass Frantz Schmidt kein Sadist war.

Noch schwieriger ist zu beurteilen, für wie zuverlässig Frantz die unter Folter gemachten Aussagen hielt. Einmal merkt er beiläufig an, dass eine angeklagte Kindsmörderin unter der Folter hartnäckig die Tat bestritt, bei der Bahrprobe sich aber ein Blutfleck an dem Kind zeigte. Das ist allerdings ein Einzelfall.[28] Dagegen fällt auf, und zwar im gesamten Tagebuch, wie leichtgläubig Frantz unter Folter gemachte Aussagen hinnahm; die Schilderung etwa von Details, die ein Verdächtiger im Grunde überhaupt nicht hätte wissen können, machte ihn nicht stutzig. Doch selbst diese Kleinigkeiten, hätte er womöglich erwidert, hatten keinen Einfluss auf die einzig maßgebliche Frage der Schuld.

Hatte Frantz jemals die Befürchtung, dass ein unter Folter abgelegtes Geständnis die Hinrichtung eines Unschuldigen zur Folge haben könnte? Das können wir nicht mit Sicherheit sagen. Der stets auf seinen Platz in der sozialen Hierarchie und die

Bedeutung für seinen beruflichen Aufstieg bedachte junge Wandergeselle konnte sich damit trösten, dass die Verantwortung für die Anordnung von Folter bei seinen Vorgesetzten lag, denen er schon aufgrund seines Amtseids (und aus Eigeninteresse) gehorchen und gefällig sein musste. Ein erfahrener Scharfrichter in gesicherter Stellung hat vielleicht Beweggründe wie die folgenden ins Feld geführt, um das nagende Gewissen zu besänftigen: Wenn der oder die Angeklagte nicht dieses Verbrechens schuldig war, so hatte er oder sie doch vermutlich andere begangen; für einen möglicherweise unschuldigen Verdächtigen Partei zu ergreifen war es nicht wert, die Stellung und damit die Sicherheit der Familie aufs Spiel zu setzen; sein Job war es, Befehle auszuführen, nicht über Schuld oder Unschuld zu entscheiden.

Vor allem hielt Frantz sich nicht für den unerbittlichen Gegner eines gefolterten Delinquenten, der um jeden Preis auf ein belastendes Geständnis aus war. Sein offizielles Vorrecht, die Folter abzubrechen oder auf eine Foltermethode zu verzichten, verlieh ihm eine beträchtliche Entscheidungsbefugnis in Fällen, wo er Zweifel an der Schuld des Verdächtigen hatte. Gelegentlich führte dies sogar dazu, dass die Anklage vollständig fallen gelassen wurde. Zum Beispiel empfahl er in mindestens zwei Fällen später in seinem Leben erfolgreich die Freilassung von älteren Frauen, die der Hexerei verdächtigt wurden. Er begründete dies damit, dass sie nicht einmal die physische Belastung der mildesten Form der Folter aushalten würden.[29] Frantz konnte sich außerdem mit dem Wissen trösten, dass nur eine winzige Minderheit der vielen Verdächtigen, die vor den Rat gebracht wurden, tatsächlich gefoltert wurde, dass diesen wenigen in der Regel überaus grausame Verbrechen vorgeworfen wurden und dass selbst unter denen, die gefoltert wurden, nur ganz wenige mehr als eine Sitzung lang leiden mussten. Schließlich wusste er, dass den meisten Gefolterten am Ende die Todesstrafe erspart blieb und dass vielleicht jeder Dritte ganz ohne spätere Strafe entlassen wurde.[30] Diese starken Zeichen der Mäßigung und eines rechtmäßigen Verfahrens sind wohl die Gründe dafür, dass ein mitfühlender, intelligenter und frommer Mann seinen Frieden mit einer Rolle schließen konnte, in der er routinemäßig grausame Formen der Gewalt gegen Menschen anwandte und diese folterte.

GEWALT AUF DER SUCHE NACH GERECHTIGKEIT

Dass Frantz die ihm übertragenen Aufgaben während des als Spektakel inszenierten öffentlichen Strafvollzugs erfolgreich vollzog, war die unabdingbare Voraussetzung für sein berufliches Ansehen. Viele vormoderne Bestrafungen erscheinen aus heutiger Sicht entweder barbarisch oder seltsam. In der Art, wie die Bestrafung dem Verbrechen angepasst wurde, könnte man eine geradezu kindliche Buchstabentreue entdecken. Jacob Grimm sprach in diesem Zusammenhang von der »Poesie im Recht«.[31] Einige wesentliche Bestandteile der damaligen Rechtspraxis – insbesondere die kollektive und öffentliche Vergeltung – waren noch im alten germanischen Recht verwurzelt, andere alte Einflüsse, insbesondere das *lex talionis* oder Mosaische Gesetz (»Auge um Auge, Zahn um Zahn«), waren dank der Reformation und der mit ihr einhergehenden Rückbesinnung auf das Evangelium in den beiden vorangehenden Generationen wiederbelebt worden. In der religiös aufgeladenen Atmosphäre jener Tage lastete ein erhöhter Druck auf dem gerichtlichen Verfahren, weil man glaubte, dass ungesühnte Verbrechen den göttlichen Zorn auf eine ganze Gemeinde heraufbeschwören könnten – die sogenannte Landstrafe in Form von Überschwemmung, Hungersnot oder Pest. Zu Frantz Schmidts Lebzeiten (und noch bis weit ins 18. Jahrhundert hinein) wurden Kampagnen zur Durchsetzung von Recht und Ordnung weiterhin häufig mit Verweis auf den himmlischen Vater, dem man eine wirkungsvolle Strafverfolgung schuldig sei, gerechtfertigt, zum Teil hatte diese

Begründung sogar ganz konkrete Auswirkungen auf einzelne Gesetzesentscheidungen.

Wirkungsvoll eine Leibesstrafe zu vollstrecken war ein wesentlicher Teil von Frantzens Stellenbeschreibung. Noch galt die mittelalterliche Vorliebe für bildkräftige und »angemessene« öffentliche Demütigungen: Zänkische Hausfrauen wurden mit Hausdrachenmasken oder »Geigen« (verlängerten Holzklammern für den Hals und die Handgelenke) ausstaffiert, unzüchtige junge Frauen mussten den »Lasterstein« (mit einem Gewicht von gut 15 Kilo) schleppen, und natürlich der Pranger oder Schandstock, an dem Missetäter Beschimpfungen, Bespucken und gelegentlich auch Wurfgeschosse ertragen mussten. Unter den wohlhabenderen Mitgliedern der Gesellschaft waren hingegen privat ausgehandelte finanzielle Entschädigungen die Regel.

Brutalere Strafen wie das Abhacken der beiden Schwurfinger (Zeige- und Mittelfinger) bei Eidbruch oder das Ausreißen der Zunge für Gotteslästerung waren vor dem 16. Jahrhundert noch relativ weit verbreitet. Aber zu Frantz Schmidts Zeit hielt man solche Rechtstraditionen zunehmend für wirkungslos und zugleich für eine potenzielle Gefährdung der Autorität der Justiz, weil sie der Bevölkerung oft als grotesk oder als unnötig grausam erschienen. Nach Ansicht eines Nürnberger Juristen war die harte Praxis des Ausstechens der Augen für versuchten Mord »nit ein geringer straf … dann kopf abhawen«, und in den meisten Teilen des Reiches wurde sie um 1600 nicht mehr angewandt.[32] Von ähnlich grausamen Verstümmelungen wie der Kastration oder dem Abhacken einer Hand hörte man um diese Zeit ebenfalls so gut wie nicht mehr.

Ungeachtet dieses Trends blieb es Frantz Schmidt nicht erspart, entstellende Leibesstrafen zu vollstrecken. In Bamberg und Nürnberg wurden Eidbrechern und Wiederholungstätern weiterhin die Finger abgehackt und in den Fluss geworfen, lange nachdem andere Gerichtsbezirke diese uralte Sitte bereits aufgegeben hatten. Im Lauf seiner Dienstzeit stand Frantz insgesamt

Im späten 16. Jahrhundert wurde die traditionelle Strafe des Ausstechens der Augen in deutschen Landen kaum noch vollstreckt (um 1540).

neun Mal auf der Nürnberger Fleischbrücke und hackte Missetätern die Finger ab, darunter Prostituierten und Kupplerinnen, Falschspielern, Wilddieben und falschen Zeugen. Er brannte ein großes N (für Nürnberg) in die Wangen von vier Zuhältern und Betrügern, schnitt vier Diebshuren die Ohren und einem gotteslästerlichen Glaser die Zungenspitze ab.[33]

Seit dem Rückgang der gerichtlich verordneten Verstümmelungen um die Mitte des 16. Jahrhunderts bis zum Aufstieg der Arbeitshäuser und Gefängnisse im 17. Jahrhundert – kurzum zu Meister Frantzens Lebzeiten – war die Verbannung die häufigste Leibesstrafe in deutschen Landen, der häufig ein Auspeitschen mit Ruten, das sogenannte *ußhauen* oder Ausstreichen voranging. Da es kaum Optionen für die Bestrafung geringfügiger Vergehen wie kleiner Diebstähle oder Unzucht gab, passten die Vorgesetzten von Frantz in Bamberg und auch später in Nürnberg diesen mittelalterlichen Brauch an ihre Bedürfnisse an. Eine Verbannung galt nunmehr lebenslang (statt für zehn Jahre), umfasste »sämtliche Städte und Felder« der jeweiligen Rechtshoheit (statt nur die betroffene Stadt selbst) und wurde immer häufiger durch eine schmerzhafte öffentliche Auspeitschung oder zumindest eine gewisse Zeit am Pranger verschärft. In großen deutschen Städten wurde das Ausstreichen aus der Stadt ein regelmäßiges, zeitweise wöchentlich stattfindendes Ereignis. Vom Herbst 1572 bis zum Frühjahr 1578 assistierte Frantz seinem Vater oder beobachtete diesen bei 12 bis 15 Auspeitschungen im Jahr.[34] Während seiner anschließenden Tätigkeit in Nürnberg peitschte er persönlich mindestens 367 Personen aus, im Durchschnitt etwa neun pro Jahr, von 1579 bis 1588 aber doppelt so viele. Interne Verweise im Tagebuch deuten darauf hin, dass weitere Auspeitschungen stattgefunden haben, die Frantz in seiner Aufzählung nicht erwähnt, und dass auch sein Gehilfe weitere Auspeitschungen vornahm.[35] Die verschiedensten Formen der Leibesstrafen kamen in Nürnberg so häufig vor, dass einmal alle sechs Pranger der Stadt besetzt waren, deshalb musste Meister Frantz für einen wiederholt ertappten Falschspieler einen Schandstock *auf der Stainin [Steinernen] Brucken* (der heutigen Maxbrücke) improvisieren und dem Missetäter die beiden Schwurfinger abhacken, bevor er ihn einmal mehr aus der Stadt peitschte.[36]

Die ritualisierte Vertreibung unerwünschter Personen aus der Stadt umfasste alle wesentlichen Bestandteile, auf die die Stadtherren des 16. Jahrhunderts so großen Wert legten: zunächst die starke Bestätigung ihrer Autorität, wenn der Büttel das Urteil laut verlas und die Kirchen die Arme-Sünder-Glocken läuteten; die demütigende Entkleidung des Verurteilten durch den Henker bis zur Taille (gelegentlich wurde Frauen aus Gründen des Anstands Kleidung gestattet); und die schmerzhafte Auspeitschung des Täters am Pranger oder während des Zugs zum Stadttor, um nicht nur ihm, sondern auch den Einwohnern eine Lektion zu erteilen; schließlich die Gelegenheit für den Übeltäter, sich zu bessern, und aus Sicht der Strafverfolger zumindest die Aussicht, weitere Verbrechen dieses Übeltäters innerhalb ihres Gerichtsbezirks verhindert zu haben. Wie bei öffentlichen Hinrichtungen drohte auch hier die Gefahr von Ausschreitungen des Pöbels. Bei

Eine Nürnberger Chronik zeigt Meister Frantz, wie er gleichzeitig vier Missetäter aus der Stadt peitscht. Man beachte, dass die Rücken der Männer zwar völlig entblößt sind, aber alle Hüte aufhaben, genau wie Meister Frantz, der zu diesem Anlass einen roten Umhang trägt (1616).

einer Auspeitschung von drei schönen jungen Frauen in Nürnberg sammelte sich hinter dem Zug eine so gewaltige Menschenmenge, dass einige unter dem Frauentor verletzt wurden.[37] Ungeachtet dieser Gefahren war für die Stadtväter die sich zumindest auf den ersten Blick perfekt ergänzende Kombination aus Vergeltung und Abschreckung, die in diesen ritualisierten Vertreibungen ihren Ausdruck fand, zu attraktiv, um darauf zu verzichten – insbesondere weil es an Alternativen mangelte.

Das Auspeitschen selbst übernahm für gewöhnlich ein Gehilfe des Scharfrichters oder ein Scharfrichter auf Wanderschaft wie der junge Frantz Schmidt. In Bamberg vollstreckte Heinrich Schmidt die Strafe persönlich, vermutlich um sicherzugehen, dass er für seine auf Honorarbasis vergütete Arbeit auch wirklich bezahlt wurde. Aus Achtung vor seinem Vater oder aufgrund seiner Arbeitsmoral führte Frantz die Auspeitschungen auch dann noch persönlich aus (und dokumentierte sie fein säuberlich), als er längst ein jährliches Gehalt bezog und die unerfreuliche Aufgabe eigentlich hätte delegieren können. Er verwendete Birkenruten, die dem Vernehmen nach schmerzhafter als andere Werkzeuge sind und dauerhafte Wunden verursachen, in seltenen Fällen gar zum Tod führen können.[38] Nichtdestotrotz räumte der Scharfrichter ein, dass diese Rituale aus Schmerz und Demütigung häufig wirkungslos blieben, und hält in seinem Tagebuch fest, dass sehr viele Übeltäter, mit denen er zu tun hatte, bereits zuvor mit Ruten ausgestrichen worden waren. Ähnlich klang der Rat seiner Vorgesetzten in Nürnberg an die Augsburger Kollegen, diese Strafe bei weniger abgebrühten Verbrechern wie arbeitsfähigen Bettlern und anderen Landstreichern sparsam einzusetzen, um nicht zu riskieren, aus diesen Hungerleidern berufsmäßige Verbrecher zu machen.[39]

Die offiziell sanktionierte Gewalt, für die der Scharfrichter der Frühen Neuzeit am bekanntesten war und wo seine Geschicklichkeit am dringendsten benötigt wurde, war natürlich die öffentliche Hinrichtung. Ein deutscher Historiker zu Beginn des 20. Jahrhunderts bezeichnete die Strafjustiz jener Zeit als »die grausamste, gedankenloseste Straffenjustiz«, die man sich nur vorstellen konnte, dabei machten sich die betreffenden Personen in Wirklichkeit über jede Form und jeden Fall der Bestrafung sehr viele Gedanken – insbesondere was den angemessenen Grad der Grausamkeit oder ritualisierten Gewalt betraf.[40] Wie bei der Abwandlung der traditionellen Leibesstrafen strebte die weltliche Obrigkeit im späten 16. Jahrhundert auch bei öffentlichen Hinrichtungen ein Gleichgewicht aus angemessener Härte und Gnade an. Das sollte nicht zuletzt die Autorität der Obrigkeit, die Rechtsordnung zu setzen und durchzusetzen, stärken. Verfahren, denen auch nur der leiseste Hauch einer Herrschaft des Pöbels oder der Selbstjustiz anhaftete (etwa Massenhinrichtungen von Juden oder Hexen) konnten in »fortschrittlichen« Gerichtsbezirken wie Nürnberg nicht länger geduldet werden. Mittelalterliche Traditionen, die den Magistrat der Gefahr aussetzten, sich lächerlich zu machen, wurden ebenfalls abgeschafft. Dazu zählten öffentliche Prozesse gegen Leichen ebenso wie gegen mörderische und »abscheuliche« Tiere (die in weniger aufgeklärten Regionen noch weit bis ins 18. Jahrhundert stattfanden).[41] Ein geschickter, zuverlässiger Scharfrichter war die Verkörperung des Richtschwerts in Aktion: geschmeidig, unfehlbar, tödlich, aber niemals empfänglich für willkürliche oder unnötige Grausamkeit.

Die neuen Standards, die der ehrgeizige Frantz Schmidt erfüllen musste, hatten Auswirkungen auf so gut wie jede Form der Hinrichtung in seinem Repertoire. Die Bestrafung der Frauen veranschaulicht besonders eindrücklich die Anpassung der germanischen Bräuche, die »mild und grausam zugleich« waren.[42] Im Mittelalter und bis in die Zeit Frantz Schmidts hinein wurden die meisten weiblichen Täter durch eine Kombination aus öffentlicher Demütigung und Schmerz oder durch ein Bußgeld bestraft. Die zeitlich begrenzte Verbannung war für etliche Verstöße ebenfalls eine beliebte Option. In den Fällen, wo eine Frau zum Tod verurteilt wurde, konnte die Strafe hingegen überaus grausam sein. Weil das Hängen von Frauen als unziemlich galt (die Zuschauer könnten ihnen ja unter die Röcke schielen) und das Köpfen für gewöhnlich ehrbaren Männern vorbehalten war, war vor dem 16. Jahrhundert das Begraben bei lebendigem Leib unter dem Galgen die häufigste Form der Hinrichtung von Frauen. Lange vor Frantz Schmidts Geburt erklärte der Rat der Stadt Nürnberg jedoch diese Strafe für ebenso grausam wie beschämend rückständig: »soliche pen des tods [Todesstrafe] an wenig orten im heiligen reich [noch] fürgenommen wirdet«. Diese Entscheidung lag nicht zuletzt an dem oft chaotischen Ablauf solcher Hinrichtungen, selbst wenn sie durch Pfählen des Herzens abgekürzt wurden. Eine verurteilte junge Frau »hat sich so sehr gesträubt, daß sie sich ihre Haut an den Armen, Händen und Füßen so sehr aufgerissen«, dass der Henker sich ihrer schließlich erbarmte und die Ratsherren bat, diese Form der Hinrichtung abzuschaffen. Offiziell kamen sie dieser Bitte im Jahr 1515 nach. Erstaunlicherweise wurde in der *Carolina* noch das Begraben bei lebendigem Leib als Strafe für den Kindsmord genannt, zur Abschreckung oder, wie es dort heißt: »umb mer forcht willen, solcher boßhafftigen weiber auch zulassen« – doch angewandt wurde diese Hinrichtungsform nur noch selten.[43]

Die vielerorts stattdessen eingeführte Hinrichtungsmethode erscheint aus heutiger Sicht nicht gerade als eine Verbesserung. Das Ertränken in einem groben Sack war ebenfalls eine alte germanische Strafe, die schon Tacitus in der zu Beginn des 2. Jahrhunderts n. Chr. verfassten *Germania* erwähnt. Dieser Methode gab man im 16. Jahrhundert oft deshalb den Vorzug, weil der Todeskampf für die Zuschauer nicht sichtbar unter Wasser stattfand, wohingegen das sichtbare Sträuben der Verurteilten gegen das Begraben häufig unter den Zuschauern ein gewisses Maß des Mitgefühls aufkommen ließ, das die Stadtherren unbedingt vermeiden wollten. Für diejenigen, die die Arbeit auszuführen hatten, also die Scharfrichter, war das Ertränken genauso schwierig zu bewerkstelligen wie das Begraben, es zog sich in manchen Fällen sogar noch länger hin. Im Jahr 1500 gelang es einer verurteilten Frau, unter Wasser zu überleben, sich aus dem Sack zu befreien und zurück zur Plattform zu schwimmen, von der aus man sie ins Wasser gestoßen hatte. Ihre findige Erklärung: »Da het ich vor vier Maß Wein getrunken, vor demselben Wein kunt kain Wasser in mich kumen« ließ die anwesenden Ratsherren jedoch kalt. Sie ordneten kurzerhand an, die Frau bei lebendigem Leib zu begraben. Nicht lange vor Frantzens Ankunft in Nürnberg benutzte der Gehilfe seines Vorgängers eine lange Stange, um die zappelnde, arme Sünderin unter Wasser zu halten, aber: »Ist ime ein stang abgebrochen, die Arm wider über sich [aus dem Wasser] geschwumen und [sie hat] sehr geschryen, auch schier dreiviertl stund unter Wasser gelebt.«[44]

Frantz selbst gibt keinen Kommentar zum reibungslosen Ablauf seiner ersten Ertränkung ab, einer jungen Frau aus Lehrberg, die im Jahr 1578 wegen Kindsmords verurteilt wurde.[45] Doch zwei Jahre später äußert er sich in ungewöhnlicher, sogar etwas angeberischer Weise, als er und die Gefängniskapläne die

Selbst im Mittelalter galt das Begraben von Frauen bei lebendigem Leib als ein grauenvolles Spektakel, das häufig durch das Pfählen des Herzens des sich sträubenden Opfers abgekürzt wurde. So auch bei der auf dieser Illustration zu sehenden letzten Hinrichtung dieser Art in Nürnberg 1522 (1616).

Abschaffung dieser Hinrichtungsform in Nürnberg durchsetzen – ein juristischer Präzedenzfall, der nach und nach im ganzen Reich Schule machte. Geschickt hatte Schmidt das ursprüngliche Gesuch an seine Vorgesetzten pragmatisch begründet: Die Pegnitz sei an den meisten Stellen schlichtweg nicht tief genug und momentan (Mitte Januar) auf jeden Fall »sehr überfroren«. Einige Ratsherren wehrten sich gegen jede Änderung und argumentierten, dass »die weibspersonen aus plödigkeit zur Erde sinken würden« – was einen Schwerthieb erschwerte – und dass der junge Scharfrichter lediglich besser darauf achten solle, den Ablauf zu beschleunigen. Als Frantz später den Vorschlag machte, drei wegen Kindsmords verurteilte Frauen zu köpfen – eine bei Frauen bislang nicht übliche Strafe –, nannten einige Räte das Vorhaben zu gnädig und nicht abschreckend genug für dieses »schockierende und allzu häufige Verbrechen« – insbesondere mit Blick auf die zu erwartende große Menschenmenge, die dieser Dreifachhinrichtung vermutlich beiwohnen werde. Zum Glück brachten die beiden Geistlichen, mit denen Frantz sich verbündet hatte, das zusätzliche Argument vor, dass Wasser in Wirklichkeit »dem bösen Feind« Kraft verleihe und dadurch ungewollt die Qual verlängert werde. Seine Unterstützer aus dem Justizwesen lieferten dann das entscheidende Argument. Sie räumten ein, dass Ertränken »ein harter Tod« und zweifellos auch verdient sei, hielten dem aber entgegen, dass Köpfen eine weit stärkere abschreckende Wirkung habe, denn »mit dem ertrenken sehe man der Persohn nit unter Augen, wie sie sich biss ans Ende verhielt«, während das Köpfen vor allen Anwesenden ein sichtbareres und damit wirkungsvolleres »Exempel« gebe. *Die Brucken [war] schon aufgemacht zum ertrencken welcher ich zu weyen gebracht,* schreibt Frantz in sein Tagebuch, als der Rat endlich nachgab – allerdings unter der besonderen Auflage, dass nach Vollstreckung des Urteils *alle dreyen häubter uff daß hohe gericht genagelt* werden.[46]

Dieser Kompromiss bot Frantz ein Muster für zukünftige Eingaben und Verbesserungsvorschläge, weil auf diese Weise sowohl das vom Rat gewünschte »abschreckende« öffentliche Beispiel gegeben als auch ein reibungsloser, ordnungsgemäßer Ablauf gewährleistet und damit dessen Macht demonstriert wurde. Das Annageln der Köpfe oder Gliedmaßen der hingerichteten Täter an den Galgen befriedigte das atavistische Bedürfnis nach Vergeltung und Demütigung, doch zugleich erhielt das gesamte Verfahren eine stärkere gesetzliche, geradezu heilige Aura, indem die die meisten überlieferten Hinrichtungsformen prägende Ähnlichkeit mit einer öffentlichen Folter beseitigt wurde. Bis auf zwei arme Sünder wurden alle, die in Meister Frantzens späterer Amtszeit zum Tod auf dem Scheiterhaufen verurteilt wurden, erst nach dem Köpfen verbrannt oder blieben vom Feuer ganz verschont.[47] (Freilich war das Verbrennen wegen Hexerei in anderen Teilen Deutschlands noch gang und gäbe, und in den wenigsten Fällen wurden die Opfer vorher erdrosselt.) Nur eine Frau wurde jemals von Frantz ertränkt – Mitglied einer besonders grausamen und berüchtigten Räuberbande –, und keine einzige wurde in Bamberg oder Nürnberg jemals wieder bei lebendi-

In manchen Gerichtsbezirken, wie hier in Zürich, wurden die armen Sünder von einem Boot aus ertränkt. In Nürnberg baute der Scharfrichter zu diesem Zweck eine behelfsmäßige Plattform (1586).

gem Leib begraben oder gepfählt (auch wenn sich beide Methoden in einigen Schweizer und böhmischen Orten mindestens noch ein Jahrhundert lang hielten).[48] Stattdessen wurden die Köpfe von Mörderinnen häufig auf dem Galgen oder benachbarten Pfählen ausgestellt, genau wie alle vier Gliedmaßen eines Verräters, der zum Tod durch Vierteilen verurteilt worden war, aber *auß gnaden Alhie mit dem Schwerdt gerichtet* wurde.[49]

Damit blieb nur noch eine traditionelle Form der öffentlichen Hinrichtung, die die Folter in den Mittelpunkt rückte: das Rädern. Brutale Gewaltverbrecher wurden auf diese Weise bestraft. Wie im Fall des Kindsmords wogen die Emotionen der Bevölkerung, also die tiefen Ängste vor Raubmord und brutalen Überfällen und die damit korrespondierende große Empörung gegenüber den gefassten Tätern, schwerer als der Anspruch der Obrigkeit, ein einheitliches Bild staatlicher Ordnung und Mäßigung abzugeben. Die Menge johlte vor Begeisterung, als der junge Wandergeselle den bösartigen Niklaus Stüller, genannt *Schwartze Kracker, zu Bamberg uff einer Schleiffen ausgeschleifft [und] drey griff mit einer glüenden Zangen in sein leib geben.* Gemeinsam mit seinen Komplizen, den Brüdern Phila und Görgla von Sunberg, hatte er acht Menschen ermordet, darunter zwei schwangere Frauen, denen sie lebendige Föten aus dem Leib geschnitten und diese dann auf grausamste Weise umgebracht hatten: Laut Stüller habe *görgla von Sunberg gesagt, sie hetten einer grosse Sündt gethann [und] er wolle sie zu einem Priester tragen und solche tauffen lassen. Aber sein brudern Philla von Sunsberg [habe] gesagt er wolle Priester sein und solche [die Säuglinge] tauffen und solche bey den beinnen genommen und solche wieder [gegen] die Erden geschlagen.* Stüllers Tod *mit dem Rad* unter Frantzens Händen erscheint noch mild im Vergleich zur Strafe seiner Komplizen, die später von einem anderen Scharfrichter *zu Koburg geviertheilet* wurden.

Das Herausreißen von Fleisch mit glühend heißen Zangen und das sorgfältige Brechen aller Knochen mit dem Rad waren zweifellos die grausamsten Handlungen, die Frantz als Scharfrichter ausführen musste. Auch wenn im Todesurteil genau vorgeschrieben war, wie häufig er mit der glühenden Zange zuzupacken und wie viele Schläge mit dem Rad er auszuführen hatte, hatte der Scharfrichter offenbar einen gewissen Spielraum, insbesondere was die Wucht der Schläge betraf. Einmal wiesen seine Vorgesetzten in Nürnberg Frantz ausdrücklich an, »die misstettigen Personen nicht schlecht anzudupffen, sondern ernstlich mit den zangen zugreifen, dass sie den schmerzen empfinden«.[50] Aber selbst im Fall des Hans Dopffer, der seine hochschwangere Frau ermordet hatte, stimmten Richter und Schöffen dem Gesuch um eine gnädigere und ehrenhaftere Enthauptung zu, unter der Bedingung, dass dem Leichnam anschließend die Knochen gebrochen und er aufs Rad gebunden der Verwesung überlassen wurde.[51]

Wie er zu seiner Foltertätigkeit schweigt, nennt Frantz auch fast keine Einzelheiten zu den Hinrichtungen mit dem Rad: sieben während seiner Wanderjahre und insgesamt 30 in seinem Berufsleben. Nur in einem Fall erwähnt er die Zahl der Schläge, die verabreicht wurden, den Großteil dieses Eintrags widmet er aber der Aufzählung der zahlreichen Gewaltverbrechen dieser Person.[52] Aus verschiedenen Darstellungen ist jedoch bekannt, dass die grausame Todesqual verlängert werden konnte und dass sie gefangene Räuber tatsächlich in Angst und Schrecken versetzte. Meister Frantz berichtet von einem ihn schrecklich fürchtenden Verurteilten, *welcher ein Messer bey sich gehabt, zwen stich uff dem bauch geben und letzlich an daß Messer geloffen; hat aber Nie keinmahl eingehen wöln. Auch das hemte zurissen, sich damit zu erstecken, welches er auch nicht [hat] verbringen kennen.* Trotz aller Bemühungen schaffte der Delinquent es also nicht, sich umzubringen. Magister Hagendorn, der Kaplan, erwähnt in seinem Tagebuch einen weiteren Schwerverbrecher, der auf ähnliche Weise seinem Schicksal zu entrinnen trachtete: Er habe sich mit einem spitzen Gegenstand »drei Stiche in den Leib gegeben, unter welchen der dritte durchgegangen, aber nicht tödlich gewesen«. Beide überlebten, wurden von Meister Frantz gesund gepflegt und erhielten dann die vorgeschriebene Strafe auf dem Rabenstein.[53]

Der Tod durch Hängen war zwar längst nicht so gewaltsam wie das Rädern, aber diese Hinrichtungsmethode galt als schändlich, in mancher Hinsicht mehr noch als andere Formen. Die Erniedrigung, in aller Öffentlichkeit an einem Strick oder einer Kette langsam zu ersticken, war schon schlimm genug; dass der Leichnam anschließend den Raben und anderen Tieren überlassen wurde, machte das Ganze noch schmachvoller. Viele Scharfrichter delegierten diese unangenehme Aufgabe an Untergebene, aber Frantz Schmidt bestand über all seine vierzig Dienstjahre hinweg darauf, auch die anrüchigsten Arbeiten eines ohnehin schimpflichen Berufs eigenhändig auszuführen. Angefangen mit der allerersten Hinrichtung im Alter von 19 Jahren dokumentiert seine Arbeitschronik das Hängen von 14 Männern in den Jahren von 1573 bis 1578 und 172 Personen während seiner gesamten Laufbahn, überwiegend erwachsenen Dieben, aber auch zwei jungen Frauen und fast zwei Dutzend Jugendlichen im Alter von 18 Jahren oder jünger. Frantz war offensichtlich bestürzt darüber, als ihm im Jahr 1584 befohlen wurde, die beiden Frauen zu hängen: *Ist vor niemals gesheen,* schreibt er, dass in Nürnberg eine Frau mit dem Strang gerichtet wurde. Allem Anschein nach war ihm noch weniger wohl dabei, als er »unverbesserliche« junge Burschen hängen musste, aber in allen Fällen erledigte der gewissenhafte Scharfrichter seine Pflicht ohne überlieferte Pannen.[54]

Meister Frantz dürfte, wie die meisten Vertreter seines Berufs, das Hängen als keine allzu große technische Herausforderung betrachtet haben. Beim Hängen bestand die Aufgabe des Scharfrichters im Grunde lediglich darin, dem Verurteilten die Schlinge um den Hals zu legen und ihn von der Leiter zu stoßen. In Städten, die keinen ständigen Galgen hatten, wurde Frantz gelegentlich gebeten, das errichtete Gerüst zu inspizieren, der Aufbau selbst wurde von einem gelernten Zimmermann ausgeführt. Wie bei allen Hinrichtungen war es Sache des Scharfrichters, den Verurteilten während der gesamten Prozedur unter Kontrolle zu halten; beim Hängen bestand die Hauptschwierigkeit darin, den Todeskandidaten dazu zu bewegen, die Leiter bis zur Schlinge hochzusteigen. In Nürnberger Chroniken sind Meister Frantz und sein Gehilfe zu sehen, wie sie zu diesem Zweck eine Doppelleiter verwendeten, gelegentlich unterstützt von einem Flaschenzug. Der Höhepunkt dieser Hinrichtungsform war der Moment, wenn der Scharfrichter den armen Sünder von der Leiter stieß, »also daß zwischen dem Leib und der Erde die Sonne durchscheinen möge«.[55] Manche Scharfrichter wollten den Tod für den Verurteilten so schmerzhaft und schimpflich wie möglich gestal-

Paul Hector Mair, 38 Jahre lang Stadtkämmerer von Augsburg, wird wegen Unterschlagung gehängt, gleichzeitig mit einem dem Aussehen nach jugendlichen Delinquenten. Der Scharfrichter bleibt auf der Doppelleiter, bis das Opfer tot ist, während die Kapläne unten stehen und Gebete sprechen (1579).

ten und hängten ihn nach dem Erdrosseln an einer Kette mit dem Kopf nach unten auf. Auch der Nürnberger Galgen hatte an einer Ecke eine Markierung zu diesem Zweck, die sich nur auf Juden bezog, aber Meister Frantz benutzte sie nicht. Vielmehr garrottierte er *auß sonder Gnade* einen Juden auf einem Stuhl vor dem Galgen und hängte einen anderen auf »christliche« Weise.[56]

In den ersten drei Jahren als fahrender Henker musste Frantz bei zehn von elf Hinrichtungen die beiden unehrenhaftesten Hinrichtungsformen vollstrecken: Hängen und Rädern. Er zahlte durch die Erledigung dieser niederen Aufträge im übertragenen Sinne noch einmal Lehrgeld und erwarb sich damit in der Region den Ruf eines professionellen Scharfrichters. In den folgenden drei Jahren wurde er fast genauso oft gerufen, um Verurteilte mit dem Schwert zu richten (zehn Mal), wie für die Hinrichtung mit dem Strang (elf Mal) – ein eindeutiges Zeichen für sein gestiegenes Ansehen. Insgesamt machten das Hängen und das Köpfen über 90 Prozent der 394 Hinrichtungen aus, die er insgesamt vollstreckte.[57]

Tatsächlich lag das Köpfen zu Frantzens Zeit im Deutschen Reich ganz allgemein im Trend, zum einen weil die Zahl der Hinrichtungen wegen Diebstahls (also Hängen) allmählich zurückging, zum anderen aber, weil, wie bereits erwähnt, härtere Hinrichtungsformen wie Rädern damals oft abgemildert wurden. Musste Schmidt in der ersten Hälfte seiner Laufbahn noch fast doppelt so oft hängen wie köpfen, so war zu Beginn des 17. Jahrhunderts das Verhältnis bereits umgekehrt.[58] Dementsprechend stiegen die Würdigung des Geschicks eines ausgebildeten Scharfrichters und damit die allgemeine Anerkennung des Berufsstands.

Der geschickte Umgang mit dem Schwert, nicht die unrühmliche Tätigkeit am Galgen, machte Frantzens berufliche Identität aus. Dementsprechend mied er geradezu peinlich die abschätzige Berufsbezeichnung »Henker«. In seinen Schriften nennt er sich immer *Nachrichter*, ein Titel, der die enge Verbindung zum Gericht unterstreicht, statt auf die abstoßenden Aufgaben, die er in der Folterkammer oder mit dem Rad oder Strang erledigte, Bezug zu nehmen. Die beiden Hinrichtungen am Galgen während seiner Wanderjahre, die Frantz näher datiert, sind *mein Erstes Richten* (1573) und *mein Erstes Richten zu Nürnberg* (1577). Hingegen wird *mein erst Gerichten mit dem Schwerdt* (1573) als großer persönlicher Erfolg gefeiert, dem kein anderer Kommentar zu einem anderen ersten Mal in seiner Laufbahn gleichkommt.[59]

Bei jener Strafe, die bei den Römern *poena capitis* hieß – und Leute von Frantzens Fach schlicht als »kappen« bezeichneten –, stand der Scharfrichter wesentlich stärker im Rampenlicht als beim Hängen.[60] Zuallererst entschied er, ob der arme Sünder knien, sitzen oder stehen sollte. Stand der Verurteilte, konnte er eine schnelle Bewegung machen; der Scharfrichter musste das also beim Schwingen des Schwertes einkalkulieren. Deshalb notierte Frantz sorgfältig seine fünf erfolgreichen Hinrichtungen auf diese

Weise, die alle stattfanden, noch ehe er dreißig wurde.[61] Nachdem er sein Geschick unter Beweis gestellt und sich einen Namen gemacht hatte, kehrte er zur üblicheren Praxis zurück und ließ die Verurteilten wieder knien oder sitzen. Im Lauf von Schmidts Karriere saßen die Delinquenten immer häufiger festgebunden auf dem »Richtstuhl«, insbesondere bei Frauen wurde diese Methode bevorzugt, die sich angeblich im entscheidenden Moment häufiger bewegten. Nach dem letzten Gebet des Kaplans brachte der hinter dem Verurteilten stehende Scharfrichter seine Füße in Position (durchaus vergleichbar mit einem Golfspieler, der sich auf einen perfekt berechneten Schlag vorbereitet) und richtete die Augen auf die Mitte des Nackens. Dann hob er die Klinge und führte den gnädigen Schlag aus, meist von hinten rechts. Er durchschnitt beide Halswirbel und trennte den Kopf vollständig vom Körper ab. In einem Gesetzestext heißt es dazu: »also daß er ihm soll abhauen sein haupt und aus ihm mit einem schlag zwei Stücke machen, daß zwischen Haupt und Leib mag passieren frei ein Wagenrad«.[62] Nach einem sauberen Schlag fiel das Haupt dem Rumpf des armen Sünders oder der Sünderin vor die Füße, während aus der durchtrennten Halsschlagader des sitzenden Torsos das Blut spritzte und den Scharfrichter und seinen Gehilfen befleckte. Frantz rühmt sich nicht besonderer Heldentaten mit dem Schwert – etwa des Abschlagens von zwei Köpfen mit einem Streich, wie einer seiner Nachfolger. Allerdings vermerkt er voller Bedauern die wenigen Gelegenheiten, wo ein zweiter Schlag erforderlich war, um den Kopf vollständig abzutrennen – eine gefährliche Unterbrechung der dramatischen Inszenierung, die wir uns im Folgenden genauer ansehen.

DIE INSZENIERUNG EINES SCHÖNEN TODES

Öffentliche Hinrichtungen verfolgten, genau wie Leibesstrafen, zwei Ziele: erstens die Abschreckung der Zuschauer und zweitens die Bestätigung der göttlichen und weltlichen Ordnung. Ein ruhiger, zuverlässiger Scharfrichter spielte durch seine ritualisierte, streng geregelte Anwendung von Gewalt im Namen der Obrigkeit eine zentrale Rolle für die Herstellung dieses prekären Gleichgewichts. Das Gerichtsurteil, die Prozession zum Richtplatz und die Hinrichtung selbst bildeten drei Akte in einem sorgfältig inszenierten Sittentheater, das der Historiker Richard van Dülmen »Theater des Schreckens« genannt hat.[63] Jeder Teilnehmer – allen voran der leitende Scharfrichter – war ein integraler Bestandteil der Inszenierung und trug dazu bei, dass sie ein Erfolg wurde. Der »schöne Tod«, den Frantz und seine Kollegen ins Werk setzen wollten, war im Wesentlichen ein Drama der religiösen Erlösung, in dem der arme Sünder, der seiner Verbrechen schuldig gesprochen worden war und sie nun büßen musste, freiwillig als mahnendes Exempel diente. Im Gegenzug wurden ihm oder ihr ein rascher Tod und die Erlösung versprochen. So gesehen, war die Hinrichtung die letzte Transaktion, die ein verurteilter Gefangener in dieser Welt noch ausführte.

Nehmen wir Hans Vogel aus Rasdorf, *welcher alda ein[en] Feind und ein Stadel abgebrennt [und] ist mein erstes Richten alhie [in Nürnberg] mit dem Schwerdt gewesen,* und zwar noch als Wandergeselle am 13. August 1577. Wie bei allen öffentlichen Auftritten war die Vorbereitung hinter den Kulissen von entscheidender Bedeutung. Drei Tage vor der Hinrichtung wurde Vogel in eine etwas größere Todeszelle verlegt. Wäre er schwer verwundet oder anderweitig erkrankt gewesen, hätten Frantz und vielleicht noch ein weiterer medizinischer Berater ihn gepflegt, bis er wieder die nötige Kraft für den letzten Gang gehabt hätte. Während der meisten Zeit konzentrierte sich der Scharfrichter in dieser

Phase jedoch auf den Zustand des Richtplatzes, in diesem Fall also des Rabensteins, beschaffte das nötige Zubehör und ging noch einmal den Ablauf des Prozesses und der Prozession zum Richtplatz durch.

Während Vogel auf den Tag der Hinrichtung wartete, durfte er Familienangehörige und andere Besucher im Gefängnis empfangen und – sofern er lesen konnte – Trost im Lesen eines Buches oder im Schreiben von Abschiedsbriefen suchen. Es kam sogar vor, dass sich ein Verurteilter mit einigen seiner Opfer und ihren Verwandten versöhnte. Ein Mörder nahm beispielsweise einige Orangen und Pfefferkuchen von der Witwe des Opfers an, die sie ihm »zum Zeichen, dass sie ihm von Herzensgrund vergeben habe«, schenkte.[64] Die häufigsten Besucher in Vogels Zelle waren in diesen Tagen die Gefängniskapläne. In Nürnberg arbeiteten die beiden Geistlichen zusammen, gelegentlich herrschte aber auch eine Art Wettstreit untereinander. Sie versuchten, »sein Herz zu erweichen« mit Appellen, die Elemente von Angst, Trauer und Hoffnung in sich vereinten. Wenn Vogel nicht lesen konnte, zeigten die Geistlichen ihm vermutlich eine illustrierte Bibel und brachten ihm das Vaterunser bei sowie die Grundlagen des lutherischen Katechismus; wenn er ein wenig Bildung genossen hatte, sprachen sie mit ihm womöglich über die göttliche Gnade und Erlösung. Vor allen Dingen boten die Kapläne, gelegentlich gemeinsam mit dem Gefängniswärter oder Angehörigen, dem armen Sünder Trost, sangen gemeinsam mit ihm Choräle und sprachen ihm aufmunternde Worte zu, während sie dickköpfige und hartherzige Menschen wiederholt ermahnten.

Ein fügsamer Gefangener durfte offensichtlich einen raschen Tod erwarten, aber die beiden Geistlichen hatten edlere Motive. Dass seine Schützlinge »im Glauben« starben, war dem mit Frantz zusammenarbeitenden Magister Hagendorn ein echtes Anliegen. Abgesehen davon, dass er einen Gefangenen darauf vorbereitete, mit gefasster Resignation zum Richtplatz zu gehen, hoffte Hagendorn auch, in dem Verurteilten ein gewisses Maß an Frömmigkeit und Einsicht zu wecken. Aus seinen Tagebucheinträgen geht eine besondere Zärtlichkeit für junge Frauen hervor, die wegen Kindsmords verurteilt worden waren. Anfangs beunruhigte es den Kaplan, dass die 1615 verurteilte Margaretha Lindtnerin während ihrer siebenwöchigen Gefangenschaft so wenig aus ihrem Katechismus lernte. Am Ende fügte sie sich jedoch bereitwillig, und ihre Hinrichtung wies alle Zeichen eines schönen Todes auf:

> Sonsten ist sie gar geduldtig in ihrem Creuz gewesen, fleissig gebetet, und so offt ich ihres Kindleins oder Eltern erwehnet habe, so offt hat sie bitterlich angangen zu weinen, hat sich vor den zeitlichen Todt sehr entsezet, ist gar schweifferlich hinaus gegangen, die bekandten Leute unterwegens fleissig geseegnet (dann weil sie 8 ganzer Jahr allhier an unterschiedlichen Orten gedienet hat, ist sie ziemlich bekandt gewesen) und fleissig mit uns gebetet. Wie wir mit ihr auf die Wahlstatt kommen, da fienge sie von sich selbsten an und sprach: O Gott stehe mir bey und hilff mirs überwinden. Demnach sie mir aber nachsprechen, die Umstehenden geseegnen und um Verzihung bitten solte, stunde sie da, quasi attonita, und konte nicht reden, biss ich ihr 2 biss 3 mahl zugesprochen, da fienge sie wieder an zu reden, geseegnete die Umstehenden, bate sie um Verzeihung, befahle ihre Seele in die Hände der Allmächten, sezte sich in den Sessel und hielte dem Nachrichter den Nacken redlich dar. Weil sie dann im rechten wahren Glauben biss an ihr Ende verharret, wird sie auch das Ende ihres Glaubens, welches [laut] 1 Petr 1 ist der Seelen Heil und Seeligket, davon gebracht haben.[65]

Wie erfolgreich die innere Bekehrung auch sein mochte, von den Geistlichen wurde zumindest erwartet, dass sie den Verurteilten, in diesem Fall also Hans Vogel, ausreichend auf den letzten Teil der Vorbereitungsphase hatten einstellen können, das berüchtigte »Henkersmahl«. Ausgerechnet an dieser alten Sitte war Frantz nicht unmittelbar beteiligt (womöglich wegen des abschätzigen Namens) und überließ die Beaufsichtigung des Ablaufs dem Gefängnisaufseher und seiner Frau. Die eigens dafür reservierte Zelle mit Tisch, Stühlen und Fenster wurde in Nürnberg »arme Sünder Stüblein« genannt. Wie noch heute in den Ländern, die an der Todesstrafe festhalten, konnte Vogel zu seiner letzten Mahlzeit bestellen, was immer er wollte, selbst große Mengen an Wein. Der Kaplan Hagendorn wohnte einigen Mahlzeiten bei und war häufig bestürzt über das rüpelhafte und gottlose Betragen, das er beobachtete. Ein unwirscher Räuber spuckte den Wein des Wärters aus und verlangte warmes Bier, während sich ein anderer Dieb »mehr um die Bauch- als um die Seelenspeis bekümmert, inmaßen er greulich soll gefressen haben: in einer Stund einen 24 Kreuzer-Laib und noch zwei 6 Kreuzer-Laib dazu ohne die andere Speis«. Am Ende stopfte er so viel in sich hinein, dass sein Körper dem Vernehmen nach »mitten entzwei geborsten«, als er am Galgen baumelte.[66] Andere arme Sünder, vor allem junge Kindsmörderinnen, waren hingegen oft außerstande, überhaupt etwas zu sich zu nehmen.

Sobald Vogel hinreichend gesättigt (und berauscht) war, zogen ihm die Gehilfen des Scharfrichters das weiße Hinrichtungsgewand aus Leinen an und riefen Frantz, der von da an das Verfahren leitete, das in Kürze zu einem öffentlichen Schauspiel werden sollte. Seine Ankunft vor der Zelle wurde vom Wärter mit den traditionellen Worten angekündigt: »Der Nachrichter vorhanden«, worauf Frantz an die Tür klopfte und in seinem nobelsten Gewand die Kammer betrat. Nachdem er den Gefangenen um Verzeihung gebeten hatte, nahm er gemeinsam mit Vogel den traditionellen Johannistrunk des Friedens ein und begann ein kurzes Gespräch, um sich ein Urteil zu bilden, ob dieser bereit war, vor den Richter und die Schöffen zu treten.

Einige wenige arme Sünder waren in diesem Moment in Hochstimmung und freuten sich auf die bevorstehende Erlösung aus der irdischen Welt, ob nun aus religiöser Überzeugung, Erschöpfung oder schlichter Berauschung. Manchmal entschloss Frantz sich zu einem kleinen Zugeständnis, um den Gehorsam des Todeskandidaten zu gewährleisten, etwa wenn er einer verurteilten Frau ihren geliebten Strohhut auf dem Weg zum Galgen zu tragen erlaubte oder einem Wilddieb den Kranz, den ihm seine Schwester ins Gefängnis geschickt hatte. Er bat gelegentlich auch einen Gehilfen, noch mehr Alkohol zu beschaffen, in manchen Fällen vermischt mit einem Beruhigungsmittel, das er selbst zubereitet hatte. Allerdings konnte diese Maßnahme auch nach hinten losgehen, wenn Frauen womöglich in Ohnmacht fielen oder jüngere Männer noch aggressiver wurden. Der Wegelagerer Thomas Ullmann schlug in diesem kritischen Moment Frantzens Nachfolger beinahe tot, bevor der Lochhüter und mehrere Wärter ihn endlich überwältigen konnten. Sobald Frantz zu der Überzeugung gelangt war, dass Vogel ausreichend beruhigt war, fesselten er und seine Gehilfen dem Gefangenen mit einem Strick (bei Frauen mit einer Kordel) die Hände. Nun begann mit dem »Rechtstag« der erste Akt der Hinrichtung.[67]

Das Blutgericht, bestehend aus dem vorsitzenden Richter und den Schöffen, die wie dieser dem Patriziat angehörten, verkündete hier lediglich das Urteil, die Entscheidung über Schuld und Strafmaß war bereits zuvor gefallen. Vogels Geständnis, das man ohne Folter erlangt hatte, hatte sein Schicksal besiegelt. Im Mittelalter war die Urteilsverkündung der entscheidende Augenblick eines Strafverfahrens und fand in der Regel auf dem Marktplatz statt. Im 16. Jahrhundert genoss dagegen die Hinrichtung den höheren Stellenwert, während sich der Rechtstag nun in einem eigens dafür hergerichteten Raum im Rathaus abspielte, unter Ausschluss der Öffentlichkeit. Wie die anschließende Prozession und auch die Hinrichtung sollte diese Vorbereitungsphase die Legitimität des Verfahrens unterstreichen, allerdings bestand das Publikum, dem dies bestätigt wurde, aus den ausführenden Organen selbst.

Das kurze Verfahren war hierarchisch, förmlich und stark ritualisiert. Am Ende des Saals saß der Richter auf einem erhöhten Kissen, er hielt einen weißen Stab in der rechten Hand und in der linken ein kurzes Schwert, an dessen Heft zwei Handschuhe baumelten. Jeweils sechs Schöffen saßen ihm in fein geschnitzten Stühlen links und rechts zur Seite, wie er gekleidet in die rotschwarzen Gewänder des Blutgerichts. Während der Scharfrichter und seine Gehilfen den Gefangenen festhielten, verlas der Schreiber das letzte Geständnis sowie die Aufzählung der Verbrechen und endete laut der *Carolina* mit dem formelhaften Urteil: »Nach laut Keiser Carolls des funfften [Karl V.] und des heiligen Reichs Ordnunge geschehenn, Ist durch die urtheiller unnd scheffen dies gerichts endtlich zu Recht erkannt, Dass [der Angeklagte] so gegenwertig vor diesem gericht steet, der ubelltat halben, so er mit [Komplizen] geubt hatt, mit dem [Strang/Schwert/Feuer/Wasser/Rad] vom leben zum Tod gestrafft werden soll.« Anschließend bat der Vorsitzende alle zwölf Schöffen, angefangen beim jüngsten, um ihre Zustimmung, die einer nach dem anderen mit einer standardisierten Formel gab: »Was nach dem Gesetz und gerecht ist, gefällt mir.«

Bevor der Richter das Urteil bestätigte, wandte er sich nun zum ersten Mal direkt an Vogel und forderte ihn zu einem letzten Wort an das Gericht auf. Von einem gehorsamen Sünder wurde erwartet, dass er sich nicht mehr in irgendeiner Form verteidigte, sondern den Schöffen und dem Richter für ihre gerechte Entscheidung dankte und sie von jeder Schuld an dem gewaltsamen Tod freisprach, den sie soeben gebilligt hatten. Erleichterte Seelen, deren Todesstrafe in Enthauptung abgemildert worden war, flossen geradezu über vor Dankbarkeit. Einige abgebrühte Schurken verfluchten jedoch dreist das versammelte Gericht. Eingeschüchterte Gefangene standen oft einfach da und brachten keinen Ton heraus. Darauf wandte sich der Richter an Frantz und gab ihm den Auftrag: »Scharfrichter, ich befehle dir im Namen des Heiligen Römischen Reiches, dass du [den armen Sünder] zum Richtplatz führst und die genannte Strafe vollstreckst.« Danach brach er den weißen Richtstab entzwei und gab den Verurteilten wieder in die Obhut des Scharfrichters.[68]

Der zweite Akt des Dramas, die Prozession zum Richtplatz, brachte die versammelte Menge von Hunderten oder gar Tausenden Zuschauern ins Spiel. Es war üblich, die Hinrichtung im Voraus auf Flugblättern und in anderen offiziellen Proklamationen anzukündigen, nicht zuletzt durch das Aufhängen eines blutroten Tuchs an der Brüstung des Rathauses. Von Vogel, dessen Hände immer noch vor dem Körper gefesselt waren, wurde erwartet, dass er die Strecke zum Galgen, rund eine Meile, zu Fuß zurücklegte. Wenn der oder die Verurteilte körperlich geschwächt war oder ein Gebrechen hatte, trugen Frantzens Gehilfen den armen Sünder in einem erhöhten Stuhl. Häufig verfuhr man bei älteren und körperlich behinderten Frauen so, etwa bei der Betrügerin Elisabeth Aurholtin, die *hat nur ein bein gehabt*.[69] Gewalttätige männliche Verbrecher und solche, die gemäß dem Urteil mit glühenden Zangen gepackt werden mussten, wurden festgebunden und in einen Karren oder Schlitten gesetzt, der von einem Arbeitspferd gezogen wurde. Das Pferd stand sonst im Dienst der örtlichen Müllmänner und wurde in Nürnberg Pappenheimer genannt. Mit zwei berittenen Bogenschützen an der Spitze und dem feierlich gekleideten Richter, meist ebenfalls zu Pferde, mussten sich Frantz und seine Gehilfen ziemlich sputen, um das Tempo zu halten, während Wachen die Menge zurückhielten. Ein oder zwei Kapläne liefen auf der ganzen Strecke an der Seite des Verurteilten, lasen aus der Schrift und beteten laut. Die religiöse Aura der ganzen Prozession war mehr als Fassade, in Frantzens Amtszeit wurde nur der dem jüdischen Glauben anhängende Mosche Judt »ohn einichen Priester, der ihn beglaidt und zusprachen, zue Gericht gefüert und … gehenkt«.[70]

Es war die Pflicht des Scharfrichters, die letzten Wünsche des Verurteilten zu achten, dabei aber die Menge möglichst nicht

Eine Hinrichtungsprozession noch in der Nürnberger Innenstadt, angeführt von zwei Wächtern zu Pferde, gefolgt von dem armen Sünder zu Fuß mit einem Kaplan zu beiden Seiten (um 1630).

zu brüskieren, das erforderte eine beträchtliche Disziplin von Frantzens Seite. Hans Vogel leistete offenbar kaum Widerstand, aber der Dieb und Falschspieler Hans Meller, genannt *der Reutter Hennsa, hat vor gericht zu den Schöpffen gesagt wie er weg gangen, »behiet euch Gott; wie ihr ietzt mit mir handelt, also werdet Ihr ein Mal ein Schwartzen Teuffel sehn müssen«, und in hinaußführen allerley hochmuth erzeigt.* Dennoch wartete der Scharfrichter geduldig, während Hans Meller sich nicht mit einem Lied begnügte, sondern gleich zwei beliebte Todeslieder am Galgen sang: »*Wann mein Stündlein vorhanden ist*«, und »*Was mein Gott wil, das geschehe alzeit*«. Die Diebe Utz Mayer, genannt *der Kielblone* (der raffinierte Gerber) und Georg Sümler, genannt *der Gatzet* (der Schwätzer), verhielten sich ähnlich *Im außfuhren frech und muetwillig gewesen*, aber auch ihnen wurde gestattet »*Ein Aichen Kershbaum*« zu singen, bevor ihnen die Schlinge um den Hals gelegt wurde.[71]

Da seine Vorgesetzten erwarteten, dass die Zeremonie würdevoll und ordnungsgemäß ablief, lastete auf dem Regisseur des »Theaters des Schreckens« ein erheblicher Druck. Abgesehen von den Schimpfwörtern und Wurfgeschossen der Menge musste der Scharfrichter auch auf die feierliche Stimmung der Prozession achten. Frantz war verständlicherweise verärgert, als ein altes Inzestpaar aus dem Todesmarsch ein geradezu groteskes Wettrennen machte und versuchte, sich gegenseitig zu überholen: »ist eines heftiger als das andere geloffen, er hat den Vorsprung gehabt bis fast zum Frauentor, da sie ihm etlichemal vorgebogen [überholt].«[72] Häufig beklagt sich Frantz, wenn ein Gefangener *sich gar unnütz gemacht [und] sich gar wildt gestellet*, aber von dem Totschläger Lienhard Deürlein wurde seine Geduld offenbar besonders stark auf die Probe gestellt: Deürlein war *ein verwegener tropff*, der während der ganzen Prozession unablässig aus der Flasche trank und alle, an denen er vorüberging, mit Flüchen bedachte – statt mit den üblichen Segenswünschen. Am Galgen angekommen, gab er dem Kaplan die Weinflasche, während er in aller Öffentlichkeit urinierte. *Da man ihn sein Urtheil verlass, [sagte er] er wolte gern sterben, man solt ihn nur zuvor vergünnen, daß er sich mit vier schützen solte hauen und balken. Sein bitt*, bemerkt Meister Frantz lapidar, *war aber vergebliche*. Dem empörten Kaplan zufolge schnappte sich Deürlein danach wieder die Flasche, »und dieses Trinken dauert so lange, daß ihm der Scharfrichter schließlich, während er die Flasche noch am Munde hat, den Kopf abschlägt, ohne dass er noch ›Herr in deine Hände befehle ich meinen Geist‹ hat sprechen können«.[73]

Äußere Zeichen der Reue waren für Frantz von besonderer Bedeutung, vor allem während des dritten Akts nach Ankunft an der Richtstätte. Er notiert billigend, wenn ein reuiger Mörder *hat den gantzen weg geweinet, bis er nieder kniet [auf dem Rabenstein]*, oder wenn ein bußfertiger Dieb *ein Christlichen Abschidt genommen* hat. Im Unterschied zu seinen geistlichen Kollegen schätzte er solche sichtlichen Zeichen eines gewandelten Herzens sehr viel mehr als die Beherrschung der Feinheiten der evangelischen Glaubenslehre. Man kann sich ohne Weiteres vorstellen, dass er in der folgenden Szene heimlich die Augen verdrehte: Der demütige und reuige Paulus Kraus verkündete an der Leiter zum Galgen, dass er in Kürze für seine Sünden büßen werde; Meister Hagendorn korrigierte ihn daraufhin für alle hörbar und ermahnte ihn pedantisch, dass der Herr Christus bereits für sie gebüßt habe und dass er seine Seele seinem himmlischen Vater befehlen solle.[74]

Das letzte Abendmahl veranschaulichte besonders deutlich den Akt der Unterwerfung unter die christliche Ordnung. Wenn sich arme Sünder in diesem Punkt widerspenstig zeigten, ärgerte das Frantz ganz besonders. Vogel nahm bereitwillig das Sakrament an, ein Hans Schrenker dagegen, genannt *der Holtsch* (der Schleicher), weigerte sich, das lutherische Abendmahl anzunehmen, *da er Cathollish gewest*. Hingegen war der Scharfrichter erleichtert, als Kuntz Kunagel, genannt *der derbst, hat erstlich daß Nachtmal nicht empfangen woln, sich gar unitz gemacht mit worten, aber letzlich sich willig darin ergeben*. Selbst der Räuber Georg Prückner, den Schmidt zusammenfassend als *gar ungerathen* charakterisiert, *[und der] zum offtermals uff den thurn [Turm] gelegen [aber] mit versprechung gut zu thun sich herab gelogen*, habe sich am Ende *Christlich gehalten* und auf dem Rabenstein das Abendmahl empfangen. Vor der versammelten Menge verkündete er seine Reue.[75]

Der schlimmste Tod, den Frantz Schmidt beschrieb, war die langwierige Todesqual des berüchtigten Wegelagerers Hans Kolb, genannt *der Lang Ziegler* oder *Bruder Weichmit*:

> *Weil er aber [hier aus dem Gefängnis] nicht außbrechen könen, hat er sich in den lincken Arm di Leber Adern [Venen] entzwey bissen. Als er geheilt, den letzten tag alß man ihn hinaus führen sollen, sich wiederumb in den rechten Arm bissen eins Patzen [gemeint ist die Münze] groß, ein stuck aus dem Arm*

bissen und eins Zolls dieff das Loch gewesen. Vermeint sich also zu verblutten. Deßwegen als ein Merder, Rauber, und landzwinger, falschen Müntzer, und Dieb, so hin und wieder viel gestoln, mit dem Ratht erstlich di vier glieder abgestossen, nachmals gericht, den Corber [Körper] verbrendt. Hat sich gestellt als kene er nicht gehen, daß man ihn [hat] tragen missen. Gar nicht gebetet. Di Prister schweigen heisen, er weiß vor wol, er mege es nicht hörn, machen ihm den Kopff tholl. Wie er gestorben, das weiß Gott wol.[76]

Dieser Fall ereignete sich erst spät in Meister Frantzens Berufsleben. Probleme bei der Hinrichtung räumte er fast ausnahmslos erst ein, seit er eine gesicherte Stellung innehatte. Und selbst dann noch hielt er sich in diesem Punkt zurück, insbesondere bei Pannen, die den Eindruck vermitteln konnten, er sei nicht Herr der Lage gewesen. Über den erfolgreichen Dieb Georg Mertz, genannt *der Schlegel*, schreibt der Scharfrichter beispielsweise lediglich, dass der Verurteilte *aller Voll im hinaußführn gar seltzam gestelt, den kopff geschüdelt und nur gelacht. [Er hat] Nicht beten wolln, zu den Pastoren gesagt, »Mein glaub hat mir geholffen.« Gott weiß, wie er gestorben.* Der Gefängniskaplan und der Gerichtsnotar hingegen schilderten dieses klägliche Schauspiel weit ausführlicher. Laut Magister Hagendorn bestand der 22-jährige Mertz darauf, getragen und in seinem schwarzen »Mutzen«, einem Wollhemd, hingerichtet zu werden. Er versprach, friedlich aus dem Leben zu scheiden, sofern ihm dieser letzte Wunsch erfüllt werde.

Denn sobald er vom Loch heraufgekommen, ist alsobald sein Spiritus ebrietatis vel vertiginis [sein böser Geist der Trunk- oder Schwindelsucht] in ihm lebendig geworden, hat angefangen zu schreien und zu geckern: »Der Tag ist mein, seid getrost«, ist das Geschrei gewesen, »ihr lieben Leut« und noch anderes mehr, dass ich dreimal habe müssen zurücktreten und ihn forttreiben helfen. Wie er auf den

> [Gerichts-]Saal hinaufgekommen, hat er kurz zuvor erzehlte Worte mit großem Geschrei wiederholet, also dass ich ihm [habe] einhalten und zur Bescheidenheit vermahnen müssen. Vor Gericht hat er sich nicht anders erzeiget als ein Lächler und Tor, eine Weil zur rechten, eine Weil zur linken Hand sich gewendet, das Maul gefletscht oder gekrümmet, deswegen ich ihn dann zweimal gestrafet und zur Bescheidenheit vermahnt habe ... Demnach er verurteilt worden, hat er sich bücken und denen Herren eine Reverenz machen wollen; da wäre er schier gar über einen Haufen gefallen. Wie wir nun mit ihm für das Rathaus herunterkamen, da konnten wir ihn weder für sich noch hinter sich bringen, sprange in alle Höhe auf, wütete und tobete, als wann er rasend und unsinnig wäre ... Bald aber darauf gibt er Befehl, man solle den Sessel bringen, auf welchem, nachdeme er sich daraufgesetzet und gebunden worden, er mit den Füßen gestrampfelt hat als wie ein Pferd, den Kopf niedersinken lassen und wieder in die Höhe gehebet, etliche Male gejuchzet und geschrien: »Ich bin getrost; mein Glaub hat mir geholfen.« Hat die Leute Engelein geheißen, etlichemal begehret, man solle ihm seinen Hut wegtun, damit er seine Engel sehen könnte.

Laut den Notizen des Notars zwang Mertz die Gehilfen von Frantz nicht nur, ihn während der Prozession zu tragen, sondern:

> als er von dem Rathjaiss herabgekommen, keinen tritt oder begritt weiters mehr gegangen, sondern [einen Stuhl] haben die Schützen bringen und ihm auff dem selbigen zu der Richtstadt hinaus tragen mussen und hat unter weges die Schützen grausamlich und so sehr mit füssen gestossen, dass sie geshrien und ihn zum öffnen hier von fallen lassen, und darbey solchen närrische Mäuler gemachet, sie [z]ähren gegen die Leuthen, gebläcket, die Zunge weit über den

> Mund heraus geshlageen und solche wunderliche und selzame Narrenbösen getrieben, dergleichen von keinem armen sunder weder zuvor noch herainer fast gehöret und gesehen worden. Als er nun auff die gewöhnliche Richtstadt kam, und ihn der Nachrichter oder der Henker auff die Leitern steigen hiess, fung er an und sprach zu ihm: was eilest du lang so gesheind [geschwind] mit mir, so ist doch alle zeit noch gut zu hencken, inns [es] mag gleich vor- oder nachmittag, früher oder späth sein, und wird darob einn shlechte zeit versaumert. Und da vor auf derr leither vom herrn M. Hagundorn gefraget wurde, Wenn er doch aniezo seinen armen seele anbefehlen worde, hat er hierauff mit einen sehr wunderlichen und überlautig heruntier gegrinn: Pfaff! Was fragst du lang wann anderst als meinen Sauffbruder, dem Strick und der Ketten.

Frantz beeilte sich, das peinliche Schauspiel zu beenden, aber die zwei Kapläne ermahnten Mertz noch immer zu bereuen und entlockten ihm damit lediglich seine letzten Worte: »Ich wolte sehr gerne mein Maul weiters brauchen, allein ich kanns nicht mehr, kun ihr sehent ja wohl, dass ich viel hauff essen und daran ersteicken muss, dass ich nicht mehr redden [kann].«[77] Nachdem Mertz die beabsichtigte Würde und erlösende Botschaft seines eigenen Todes gründlich zunichtegemacht hatte, starb er dem Vernehmen nach mit einem Grinsen im Gesicht.

Der größte Albtraum eines jeden Scharfrichters – vor allem eines jungen Wandergesellen – war die Sorge, dass ein von ihm begangener Fehler das sorgsam inszenierte Drama von Sünde und Erlösung ruinierte und seine Anstellung gefährdete oder noch Schlimmeres bewirkte. Von der großen Zuschauermenge, unter der immer viele laut grölende Betrunkene waren, ging ein hoher Erwartungsdruck aus. Lange Abschiedsreden oder Lieder mit vielen Strophen erhöhten für die Menge die Spannung, stellten jedoch zugleich die Geduld und die Nerven des Scharfrichters auf eine harte Probe. Ein Chronist merkte wohl, wie sehr Meister Frantz die Erlösung durch das Köpfen der Mörderin Margaretha Böckin herbeisehnte. Sie hielt sich zwar nach drei *grieff mit einer gliенden Zangen in leib* immer noch aufrecht, war aber so schwach, dass sie kaum sprechen konnte. Da bedeutete der Scharfrichter, dass er an ihrer Stelle zu den Leuten sprechen werde, doch kaum hatte er drei Worte gesagt, da schlug er ihr sauber den Kopf ab und richtete sie hin.[78] Elisabeth Mechtlin trat ihren Weg zu einem schönen Tod in der erwünschten Weise an, weinte unaufhörlich und teilte Magister Hagendorn mit, dass sie »frohe wäre, dass sie einmal von der argen, schnöden Welt kommen solte, und wolte zum Tod gehen nicht anderst als zu einem Tanz. Allein das Blättlein hat sich umgewendet; je näher sie zu dem Tod gehabt, je betrübter und kleinmütiger ist sie geworden.« Bei der Prozession zum Richtplatz schrie Mechtlin unablässig und kreischte auf dem Weg zum Galgen unkontrolliert. Ihr unablässiges Herumzappeln, während sie im Richtstuhl saß, machte offenbar sogar den inzwischen erfahrenen Frantz Schmidt nervös, sodass er drei Schläge benötigte, um die hysterische Frau zu richten.[79]

Zum Glück verlief Hans Vogels Hinrichtung ohne Zwischenfälle. Von verpfuschten Enthauptungen berichten die Chroniken der Frühen Neuzeit jedoch häufig, auch in Nürnberg mehrere Male vor und nach Frantz Schmidts Amtszeit. Dagegen benötigte Meister Frantz in seinen in 45 Dienstjahren absolvierten 187 Hinrichtungen mit dem Schwert nur vier Mal einen zweiten Schlag (eine eindrucksvolle Erfolgsquote von 98 Prozent), aber jeden Fehler räumt er im Tagebuch pflichtschuldig durch den schlichten Zusatz *putzen*, also verpfuscht, ein.[80] Er brachte auch nicht die für eine misslungene Enthauptung üblichen Entschuldigungen vor: dass der Teufel ihm drei Köpfe vorgehalten habe (in welchem Fall es ratsam war, auf den mittleren zu zielen) oder dass ein armer Sünder oder eine arme Sünderin ihn auf irgendeine Weise behext habe. Manche Scharfrichter trugen einen

Splitter des zerbrochenen Gerichtstabs bei sich, um sich gegen solche magischen Einflüsse zu schützen, oder bedeckten den Kopf des Opfers mit einem Tuch, um sich vor dem bösen Blick zu schützen. Da Frantz Schmidt für seine Besonnenheit und Abstinenz bekannt war, konnte man ihm auch nicht nachsagen, was Zeitgenossen gerne als Grund für verpfuschte Hinrichtungen vorbrachten: nämlich dass der Scharfrichter zur Flasche oder zu einem angeblich »magischen« Trank gegriffen habe, um sich Mut für den großen Augenblick anzutrinken.[81] Entscheidend war aber, dass ihm die wenigen Patzer nicht in den Wanderjahren unterliefen und auch nicht in seinen ersten Jahren in Nürnberg, sondern erst lange nachdem er zu einer im Ort etablierten angesehenen Person aufgestiegen war, als solche Patzer also weder seinen Ruf noch seine persönliche Sicherheit gefährdeten.

> Diese arme kindern war sehr kranck und schwach, dass man sie biss zum [f]rizzel [Galgen] oder rabenstein genannt, hat führen und bringen müssen, und wie sie sich auff den stuhl hat nieder gesezt, da ist meister Valentin, umb sie herumgangen, wie eine kaf [Katze] umb den heisen brey und hit das schwerd eine spann von holztz und haut ihr ein stuk so gross als ein thaler von Kopzs [Kopf] weg und schlug sie uber den stuhl herunder und hätte ihr der leib nichts geshadet, da hirn [fing] sie an zu bitten, weil sie topffer schalten [sich tapfer gehalten] hat, man sollte sie lauffen lassen.

Der unerfahrene Scharfrichter Deuser wollte davon jedoch nichts wissen. Von ihrem Versteck unter dem Stuhl aus rief die Voglin daraufhin:

> »Ach, helft mir doch umb Gottes willen«, welches sie offtermals gesaget und wiederholet; da sie dann der [Gehilfe des Scharfrichters] angefasset und wieder auf den Stuhl gesezet, worauff der Scharpfrichter den andern hieb getan

Nach einer verpfuschten Enthauptung im Schweizer Kanton Chur steinigte die aufgebrachte Menge den unfähigen Scharfrichter. Auf missglückte Hinrichtungen reagierten Zuschauer eigentlich immer mit Ausschreitungen, aber nur selten fiel der Scharfrichter selbst der Gewalt zum Opfer (1575).

> und sie das andere mal in die Nacken hinden in den Kopf gehauen; darauf sie abermals vom Stuhl herunter gefallen, noch gelebet und überlaut wieder geschrien »Ey, das Gott erbarm!« Hernacher aber hat ihr der Henker den Kopf auf der Erden liegend gar abgehauen und heruntergeschnitten, über welche grausame Zermezlung und schändliche Hinrichtung, er der Nachrichter, in dem hereingehen, von den Leuten bald wäre zu Tod gesteiniget worden, wann ihnen die hiesigen Stadschützen, nicht w[ä]ren zu hülfe kommen und den Leuten abgewehret hätten. Massen ihnen dann das Bluth, schon über den Kopf und beede backen häufig herunter gelauffen.

Nach diesem unwürdigen Schauspiel und den dadurch ausgelösten Unruhen wurde der junge Scharfrichter verhaftet und dann auch aus seinem Amt entlassen. Die Behauptung, er sei von der Verurteilten »verblendt oder verzubert worden«, half ihm nicht.[82]

Pannen, die Krawalle und Lynchjustiz auslösten, untergruben die beiden Kernbotschaften, die von einer Hinrichtung ausgehen sollten, die der religiösen Erlösung und die der staatlichen Autorität. In manchen deutschen Städten gestattete man einem Scharfrichter allerdings tatsächlich drei Schläge, bevor er von der Menge gepackt und gezwungen wurde, an der Stelle des armen Sünders zu sterben. Frantz war die *gefahr meines Lebens* bei jeder Hinrichtung bewusst; ob es seiner Geschicklichkeit oder schlicht dem Glück zu verdanken war, jedenfalls sah er persönlich sich nur ein einziges Mal mit einem völligen Zusammenbruch der öffentlichen Ordnung konfrontiert, und das erst lange nach seinen Wanderjahren: während einer Auspeitschung kam es zu Krawallen und tödlich endenden Steinigungen.[83] Wie jede Enthauptung endete auch die Hinrichtung des Brandstifters Vogel damit, dass Frantz sich an den Richter oder seinen Stellvertreter wandte und ihm die Frage stellte, welche die gesamte Zeremonie formell abschloss: »Herr Richter, habe ich recht gerichtet?« »Du hast gerichtet, wie Urteil und Recht mitgebracht«, lautete die formelhafte Antwort, worauf der Scharfrichter erwiderte: »Davor danke ich Gott und meinem Meister, der mich solche Kunst gelehret.«[84] Anschließend leitete der immer noch, tatsächlich nun sogar buchstäblich im Mittelpunkt stehende Frantz die Aufräumarbeiten: das Aufwischen des Blutes und die ordnungsgemäße Entsorgung von Kopf und Leichnam – stets in dem vollen Bewusstsein, dass immer noch Hunderte Augen auf ihn gerichtet waren. Schon Heinrich Schmidt hatte seinem Sohn eingeschärft, dass der öffentliche Auftritt eines Scharfrichters niemals endet.

DIE CHANCE SEINES LEBENS

Der große Durchbruch in Frantzens Karriere kam am 15. Januar 1577, als er fast 23 Jahre alt war. Es war zwar gewiss auch eine Portion Glück dabei, doch die geschickten Manöver seines Vaters hatten diesen Coup gründlich vorbereitet. Heinrich Schmidt hatte schon früh erkannt, dass sich der Posten des Nürnberger Scharfrichters von den meisten abhob. Womöglich war dies die angesehenste Stelle im ganzen Reich und folglich die vielversprechendste, wollte man die Rehabilitation der Familienehre erwirken. Im Jahr 1563 bewarb sich Heinrich, nachdem er mehrfach für den häufig abwesenden Conrad Vischer eingesprungen war, um die Anstellung, wurde allerdings vom Nürnberger Rat barsch abgewiesen.[85] Sechs Monate später, als die Stelle erneut frei war, wurde Schmidt wiederum abgelehnt, dieses Mal zugunsten des zurückgekehrten Vischer. Möglicherweise bewarb sich Heinrich noch einmal nach Vischers Tod im Juni 1565 oder ein Jahr später, als dessen Nachfolger Gilg Schmidt verstarb. Auf jeden Fall sicherte sich Lienhardt Lippert aus Ansbach 1566 die begehrte Stelle und hatte sie viele Jahre lang inne.

Vater und Sohn Schmidt ließen sich davon nicht entmutigen, sondern schafften es, diese Enttäuschung zum eigenen Vorteil zu nutzen. Nur ein Jahr nach seiner Ernennung zum Nürnberger Scharfrichter bat Lienhardt Lippert den Rat um die Erlaubnis, seine Haushälterin zu heiraten, die keine andere als Frantzens Schwester Kunigunda war. Wann und wie diese strategisch wichtige Konstellation zustande gekommen war, ist nicht überliefert, aber eine so günstige Entwicklung kam für die Schmidts sicher nicht überraschend. Anfangs lehnte der Rat Lipperts Gesuch ab, »weil er noch ein ehweib hat« (vermutlich noch in Ansbach lebend), aber weil sie den ständigen Wechsel des vergangenen Jahrzehnts satthatten, erlaubten die Vorgesetzten dem Scharfrichter, weiterhin »dise leichtfertige Dirn« zu beschäftigen, solange es keinen öffentlichen Skandal gab. Irgendwann in den nächsten anderthalb Jahren wurden Lippert und Kunigunda Schmidt im kleinen Kreis getraut, und im Oktober 1568 brachte die Ehefrau das erste von sieben Kindern auf die Welt. Da Lipperts Arbeitgeber vermutlich weder eine Scheidung noch Bigamie geduldet hätten, spricht alles dafür, dass seine verstoßene Gattin in der Zwischenzeit das Zeitliche gesegnet hatte.[86]

Nunmehr saß also ein Angehöriger auf ebenjenem Posten, den Frantzens Vater so sehnlich begehrte (inzwischen für seinen Sohn). Der strebsame Wandergeselle hatte zudem das Glück, das Gegenteil seines unverbesserlichen Schwagers zu sein. Da die Nürnberger Ratsherren unbedingt einen weiteren Wechsel auf diesem Posten vermeiden wollten, duldeten sie lange Zeit Lipperts persönliche wie berufliche Schwächen. Selbst seine dritte misslungene Enthauptung hintereinander am 3. Dezember 1569 (dieses Mal benötigte er drei Schläge) zog lediglich einen milden Tadel nach sich sowie die Versicherung, dass der Rat Lippert immer vor Racheakten des Pöbels schützen werde. Im November 1575 erkrankte der Scharfrichter jedoch schwer. Vier Monate später erklärte er sich immer noch für zu schwach, die Leiter zum Galgen hochzusteigen, und schlug vor, seinem Schwager, dem jungen Frantz Schmidt, zu erlauben, an seiner Stelle die Hinrichtung durchzuführen. Stattdessen wandelte der Rat jedoch die

Strafe in Enthaupten um und forderte Lippert nachdrücklich auf, sich sein Gehalt zu verdienen und seinen Pflichten nachzukommen. Einwände aus der darauf folgenden Zeit, er sei noch zu schwach, jemanden zu foltern, wurden ebenso zurückgewiesen, und bis auf Weiteres musste sein Gehilfe für ihn einspringen.[87]

Ob die Schwäche Lipperts nun echt oder vorgetäuscht war, seine plötzliche (und nicht genehmigte) zweiwöchige Reise »zu seinem Schweher [Schwiegervater] gen Bamberg« im Januar 1577 zwang den Rat, »seinen schwager der frembde Nachrichter« für das Hängen des Diebes Hans Weber zu engagieren.[88] War diese Gelegenheit ebenfalls von Heinrich Schmidt eingefädelt worden? Wie dem auch sei, als Ergebnis schrieb Frantz später in sein Tagebuch: *mein Erstes Richten zu Nürnberg.* In den folgenden sechzehn Monaten richtete der »neue junge Nachrichter« sieben weitere arme Sünder im Namen der Stadt, in allen Fällen ohne besondere Vorkommnisse – laut Angaben des Notars »sehr wohl« – und sämtlich auf Honorarbasis.[89] Da sich den Ratsherren endlich eine vielversprechende Alternative zu dem unzuverlässigen Amtsinhaber bot, ermahnten sie Lippert nunmehr deutlich schärfer und drohten ihm sogar mit Entlassung: »wo seinem ampt nicht besser vorstehen, so werde man verursacht warden, enderung mit ime furzunemen, und nach ainem andern Maister zu trachten«. Als dieser seinen Vorgesetzten am 25. April 1578 mitteilte, dass er zu krank sei, um weiterzuarbeiten, nahmen sie seinen Rücktritt sofort an, wiesen seine Gesuche um Gewährung einer Pension oder eines Mietzuschusses ab und wollten für die nächsten zwölf Jahre nichts mehr mit ihm zu tun haben – kaum einen Monat später starb er. Noch am selben Tag berief der Rat der Stadt Nürnberg einen neuen Scharfrichtermeister: Frantz Schmidt aus Hof.[90]

Zwei Wochen nach der Ernennung erhielt Frantz von seinen neuen Vorgesetzten die Erlaubnis, für »vier oder fünff tag« nach Bamberg zu fahren.[91] Die feierliche Heimkehr war für Vater und Sohn sicher ein sehr emotionaler Moment. Frantz hatte soeben den Posten bekommen, nach dem der Vater lange vergeblich getrachtet hatte, und einen großen Schritt nach vorn gemacht, um ihren gemeinsamen Traum zu verwirklichen: die Wiederherstellung der geraubten Familienehre. Was für eine Mischung aus Stolz, Neid und Erleichterung mochte Heinrich empfunden haben, als er die Neuigkeit erfuhr? Genau zu diesem Zeitpunkt beschloss Frantz, möglicherweise auf Drängen des Vaters, eine Arbeitschronik zu führen. Zunächst zählte er darin sämtliche Hinrichtungen auf, die er für seinen Vater ausgeführt hatte, um dann zu behaupten, die Leibesstrafen wisse er nicht mehr. In der Gegenwart angekommen, wählte der junge Scharfrichter den ihn auszeichnenden nüchternen Stil, aber seine Freude über den errungenen Sieg schimmert durch die fetten Buchstaben seiner stolzen Verkündigung hindurch: ***Nun volgen die Person, als ich Walburgi [1. Mai] diesses 1578 Jahr im Ampt Albie zu Nürnberg bestelt und angenommen wordenn.***

KAPITEL 3

DER MEISTER

Der wahre Spiegel unserer Gedankengänge
ist der Gang unseres Lebens.

MICHEL DE MONTAIGNE,
Über Knabenerziehung (1580)[1]

Tun und sehen lassen. Die Dinge gelten nicht für das, was sie sind, sondern für das, was sie scheinen. Wert haben und ihn zu zeigen verstehen heißt zweimal Wert haben.

BALTASAR GRACIÁN,
Handorakel und Kunst der Weltklugheit (1647)[2]

Am 11. Oktober 1593 fand der berüchtigte Fälscher und Hochstapler Gabriel Wolff unter der Hand von Meister Frantz sein Ende. Schmidt würdigte das Ereignis mit einem der längsten Einträge des gesamten Tagebuchs. Im Lauf von drei Jahrzehnten hatte Wolff, ein gut ausgebildeter Sprössling aus dem Nürnberger Bürgertum, in Adelshäusern ganz Europas dreiste Betrügereien unter verschiedenen Falschnamen begangen: *sonst glasser genandt, welcher sich auch Georg Windholtz, Curfürstlicher Sekretär zu Perlin [Berlin]*, sowie *Jacob Führer, Ernst Haller, und Joachim Fürnberger genandt*. Eine von Wolffs vielen Betrügereien wird in Frantzens Bericht herausgehoben: Dieser Sohn aus guter Familie hatte in seiner Vaterstadt von einem *Erbarn Ratht mit einem falschen Schreiben uff deß Churfürstlich Marggraff Johan Georg zu Perlin Namen 1500 Ducaten ufgenomen*, sprich geliehen. Zu den weiteren Opfern seiner Machenschaften zählten *ein Ratsherr zu Danzig, der Graf von Öttingen, sein herr zu Constanz, zwey Kaufmener zu Danzig, ein [holländischer] herr* sowie etliche

Würdenträger in Lissabon, Malta, Venedig, auf Kreta, in Lübeck, Hamburg, Messina, Wien, Krakau, Kopenhagen und London. Wolff stahl dem Herzog von Parma 1400 Kronen und setzte sich nach Konstantinopel ab, wo er die Identität des kürzlich verstorbenen Jacob Führer annahm sowie dessen *betschafft [Siegel-] Ring, Bücher, und kleider zu sich genomen, auch etliche taller.* Seine Reise ging weiter nach Italien, wo er mit einer Äbtissin schlief. Er hat *sie hinweg führen wollen, aber het es nit schaffn könen. Ihrer Schwester aber het er ein Silberes verguls [vergoldetes] schlag Ührlein entpfremdet. Wiederumb einen Johaniter, Herrn Georg genandt, het er auch ein Silbers ührlein und ander ding und auch ein gaul genommen und entritten. Zu Brag [Prag] wehr er des Keissers Ratschir [eine Art Sekretär] gewessen het er einer frauen zwen Silbere becher und ein girtel umb 12 fl. versetzen sollen; hat er daßelbige hinweg gefihrt und umb 40 fl verkaufft.* Geradezu erschöpft ob dieser Litanei der Verbrechen von Wolff, kürzt Meister Frantz schließlich seinen Bericht mit folgenden Worten ab: *und sich sonsten noch mehr solcher falschen Stuck gebraucht, auch viel herrn Sigel nachschneiden lassen und viel falscher handschrifften gemacht.* Doch auf zwei Dinge weist er noch ausdrücklich hin: erstens dass Wolff sieben Sprachen fließend beherrschte (*bey Sieben Sprachen köndt*) und zweitens dass er *zu Nürnberg auß gnaden mit dem Schwerdt gericht, Nachmals verbrendt worden. Man hat ihm auch zuvor die rechter hand abgeschlagen sollen wie dann schon all ding bestelt und zugericht gewest; ist ihm aber auß gnaden wiederumb erlassen worden.*[3]

Warum übte ausgerechnet dieser unverbesserliche und schamlose Betrüger eine so große Faszination auf den Scharfrichter aus? Die pikaresken Abenteuer von Wolff konnten es bestimmt mit jedem seiner aus Romanen bekannten Brüder im Geiste aufnehmen und bescherten den vielen Zuschauern bei seiner Hinrichtung zweifellos über Jahre hinaus Stoff für Geschichten. Auch das Ausmaß seiner Diebstähle war beeindruckend, die Gesamtbeute belief sich auf mehrere Tausend Gulden (das Hundertfache des durchschnittlichen Jahreseinkommens eines

Handwerkers). All dieses Geld hatte Wolff während des lange Jahre geführten luxuriösen Lebens unter den Reichen und Mächtigen Europas verprasst. Viele in der Menge, die sich zu Wolffs Hinrichtung versammelte, werden einen Schauder schuldbewussten Stolzes empfunden haben, dass dieser raffinierte Sohn Nürnbergs die Weltbürger jener Zeit so glänzend an der Nase herumgeführt hatte.

Welches voyeuristische Vergnügen Meister Frantz bei dem berühmten Fall auch empfunden haben mochte, ihn beschäftigte eine viel ernstere – und persönlich bedeutendere – moralische Frage. Der in eine streng hierarchische Gesellschaft mit zwei Startvorteilen – nämlich hoher Intelligenz und zahlreichen, dem Status seiner Familie geschuldeten Privilegien – hineingeborene Wolff hatte beschlossen, seine bevorzugte Stellung aufs Spiel zu setzen und so gut wie jeden zu betrügen, der ihm über den Weg lief: Familie, städtische Obrigkeit, adlige Arbeitgeber, Bankiers, Kaufleute, Äbtissinnen und so weiter und so fort. Wenn man seine Verbrechen in einen größeren Rahmen einordnet, untergruben solche Schwindeleien ebenjenes zarte Vertrauen, das ein Funktionieren von Handel und Regierung in dem ganzen Flickenteppich aus Königreichen, Fürstentümern und Stadtstaaten, den Europa damals bildete, überhaupt erst ermöglichte. Noch wichtiger: Wolffs Verbrechen erschütterten das Vertrauen der Menschen in die Fähigkeit ihrer Gesetzesvertreter (und Scharfrichter), derartige Missetaten aufzudecken und zu bestrafen. Aus diesem Grund stellte Betrug, insbesondere in diesem Ausmaß, eine weit größere Bedrohung für die Autorität Frantz Schmidts und seiner Arbeitgeber dar als für die heutige Justiz – deshalb auch die gesetzlich vorgeschriebene Strafe des Verbrennens auf dem Scheiterhaufen. Doch am Ende kamen diesem Großbetrüger sein Bürgerrecht und seine familiären Beziehungen zu Hilfe – und vermutlich auch seine Redegewandtheit, denn ein Chronist schrieb: »Er sprach wohl.«[4] So blieb Wolff das demütigende und schmerzhafte Abhacken der rechten Hand erspart, und er starb nicht den qualvollen und schimpflichen Tod des Feuers, sondern durch den schnellen und ehrenhaften Schwerthieb des Meister Frantz.

Die Verstörung, mit der Frantz Schmidt 14 Jahre nach seiner Berufung nach Nürnberg über Gabriel Wolffs Untaten und dessen Bestrafung berichtet, verrät, dass die frisch erlangte berufliche Sicherheit und der erreichte Wohlstand die ihn unablässig quälende Angst um seine gesellschaftliche Stellung kaum zu lindern vermochten. Diese Sorge war keineswegs ungewöhnlich. Denn die Vorstellung von der Ehre ist, darauf weist der Historiker Stuart Carroll ausdrücklich hin, »nicht einfach ein Moralkodex, der das Benehmen regelt; wie Magie oder Christentum ist sie eine Weltsicht«.[5] Weil Frantz dieser Weltsicht anhing, tobte in ihm wegen des Falls Wolff ein innerer Konflikt: Auf der einen Seite empfand er, der niemals soziale Privilegien genossen hatte, Abscheu gegen den Wohlgeborenen, der all seine sozialen Vorteile einfach vergeudete und *über 24 Jahr* dieser durch und durch unmoralischen Lebensweise treu geblieben war. Die Enthauptung dieses Hochstaplers, die er eigenhändig vollstreckte, verschaffte dem Scharfrichter die doppelte Genugtuung, endlich der Gerechtigkeit Genüge getan zu haben und in dem Glauben an die herrschende Ordnung bestätigt worden zu sein. Als man Wolff jedoch Gnade erwies – wegen seines privilegierten Standes – und ihm die vom Gericht zugewiesene Strafe des Handabschlagens ersparte, richtete sich Schmidts Zorn nicht so sehr gegen die heuchlerische Doppelmoral ganz allgemein, die Einzelnen besondere Zugeständnisse machte, sondern gegen die in diesem spezifischen Fall ungerechtfertigte Milde. Aus dem sein gesamtes Berufsleben umfassenden Tagebuch geht klar hervor, dass Meister Frantz Personen von höherem Stand über all diese Zeit hinweg große Hochachtung entgegenbrachte. Er vermerkt nämlich jedes Mal gesondert, wenn ein Adliger oder Patrizier das Opfer oder der Täter eines Verbrechens ist – deswegen auch der ausführliche Bericht über Wolff –, und verwendet sogar in seinen privaten Unterlagen die vollständigen Ehrentitel. Obwohl er selbst von ehrbaren Leuten ausgegrenzt wurde, wetterte der ehrgeizige Scharfrichter nicht gegen die in seinen Augen unveränderliche gesellschaftliche Realität, sondern trachtete danach, seinen eigenen Platz in ihr kontinuierlich zu verbessern. Er würde diesen Traum aber nur verwirklichen können, wenn ihm das eher unwahrscheinliche Kunststück gelang, seine unrühmliche Tätigkeit statt zum Haupthindernis zum Wegbereiter dieses Ziels zu machen.

EIN MANN MIT GROSSER VERANTWORTUNG

Der Umzug aus dem provinziellen Hof in das städtische Bamberg bot Frantz lediglich einen kleinen Vorgeschmack auf den Kulturschock, der ihn 1578 bei der Ankunft in der berühmten Reichsstadt Nürnberg erwartete. Mit einer Bevölkerung von über 40 000 Menschen innerhalb der Stadtmauern zählte die Stadt an der Pegnitz zu den größten Metropolen des Reiches, übertroffen lediglich von Augsburg, Köln und Wien. Der französische Jurist Jean Bodin sprach von der »großartigsten, berühmtesten und am besten geordneten Reichsstadt«, und der Sohn der Stadt Johannes Cochlaeus erklärte sie patriotisch zum »Mittelpunkt Europas und Deutschlands«.[6] Andere Bürger bezeichneten ihre geliebte Heimatstadt großspurig als Athen, Venedig oder Florenz des Nordens – nicht zuletzt wegen des Ruhms, den Nürnberg dem gefeierten Albrecht Dürer (1471–1528) und einer Fülle anderer bedeutender Künstler und Humanisten wie Willibald Pirckheimer (1470–1530) und Conrad Celtis (1459–1508) verdankte.

Selbst bescheidenere Beobachter räumten ein, dass die Reichsstadt zu den politisch und wirtschaftlich mächtigsten Staatswesen jener Zeit zählte. Obwohl Nürnberg 1525 offiziell den lutherischen Glauben angenommen hatte, unterhielten die Stadtväter weiterhin eine privilegierte Beziehung zu den katholischen Herrschern

Karl V. und Maximilian II., sodass der politische Einfluss der Stadt nach dem Augsburger Religionsfrieden von 1555 ungeschmälert erhalten blieb. Nürnbergs Banken und Handelshäuser machten weltweit den Medici in Florenz und den Fuggern in Augsburg Konkurrenz, und die Druckindustrie war über die Landesgrenzen hinaus für ihre zuverlässigen Karten und die auch »Erdapfel« genannten innovativen Erdkugeln berühmt, die auf den aktuellsten Meldungen aus der Neuen Welt basierten. Einen ebenso guten Ruf genoss die Vielzahl der von Nürnberger Handwerkern gefertigten hochwertigen Waren und Präzisionsinstrumente, darunter Uhren, Waffen und Navigationsgeräte, sowie Lebkuchen und Spielwaren (zwei Produkte, für die die Stadt noch heute bekannt ist). »Was gut sein sollte, wurde aus Nürnberg verschrieben«, war im ganzen Reich und im Ausland zu einer Redensart geworden. Damit war der Name der Stadt zu einem Markennamen geworden, auf den auch heute jede Handelskammer neidisch wäre.[7]

Die Lebensdaten von Frantz Schmidt decken sich ziemlich genau mit dem Zenit des Wohlstands und Ansehens sowie der Macht dieser Stadt. Von Bamberg kommend, trat der frisch ernannte Scharfrichter einige Kilometer nördlich der Stadt aus dem Wald und erblickte die vertraute, aber dennoch beeindruckende Silhouette der Stadt. Hoch auf einem Hügel innerhalb der Stadtmauern überragte die majestätische Kaiserburg alle Bauten. Diese riesige Festung mit einer Höhe von über 60 Metern und einer Länge von knapp 200 Metern – ungefähr die Größe des Kolosseums in Rom – diente dem Kaiser bei seinen Besuchen in der Stadt als Residenz und war bis ins späte 18. Jahrhundert der Aufbewahrungsort der Reichskleinodien. Sich der Stadt nähernd, erblickte Frantz einen Flickenteppich aus Ziegeldächern an den Hängen des Burghügels – das war nur ein kleiner Teil der Hunderte von Häusern und Geschäften, die die Straßen der Stadt dicht gedrängt säumten. Und jenseits der Burg ragten die Türme der größten Stadtkirchen auf: die des heiligen Sebald

Nürnberg von Südosten aus gesehen, mit der Kaiserburg hoch aufragend im Hintergrund und dem Galgen und dem Rabenstein deutlich sichtbar unmittelbar vor der Stadtmauer (1533).

nördlich der Pegnitz und südlich des Flusses die des heiligen Lorenz, die schon bald zu Frantzens Gemeinde werden sollte. Nur noch wenige Kilometer Fußmarsch, dann kam der junge Schmidt bereits durch die armen Vororte der Stadt, eine Gegend aus verfallenen Häusern und Höfen, hier und da ein Wäldchen, das auch Räubern und anderen Banditen Unterschlupf bieten konnte. Schließlich erreichte er den 30 Meter breiten und ungefähr ebenso tiefen Stadtgraben. Auf der anderen Seite ragte eine massive Sandsteinmauer auf, die fast 15 Meter hoch, 3 Meter dick und gut 5 Kilometer lang war und Stadt und Burg vollständig umschloss. Entlang dieser eindrucksvollen Befestigung ragten 83 Türme auf, jeweils in einem Abstand von knapp 50 Metern, in ihnen wimmelte es von bewaffneten Wächtern. Das Bild einer Inselfestung kam der Auffassung der Nürnberger Ratsherren von ihrer Heimat ziemlich nahe, und sie hätten sich bestimmt geschmeichelt gefühlt, wenn sie gewusst hätten, dass die Stadt ihrem neuen Diener ein Gefühl der Ehrfurcht und Bewunderung einflößte.

Am Stadtgraben machte Frantz kurz an einem kleinen Wachhaus halt und ging nach der Kontrolle über die schmale Holzbrücke, die sich über den Graben erstreckte. Die nächste Station war ein größeres Wachhaus, wo ihm nach einer gründlicheren Prüfung seiner Papiere erlaubt wurde, die Stadt durch jenes der acht massiven Stadttore zu betreten, das er sich ausgesucht hatte – vermutlich das Vestnertor im Norden. Hinter dem gut befestigten Torbogen trat er in einen engen Tunnel, der ihn durch die Befestigungsmauern führte und in die Stadt selbst mündete. Vor Frantz lag ein Labyrinth aus mehr als 500 Straßen und Gassen, die meisten eng und verwinkelt, überfüllt mit Tausenden von Bauten: öffentlichen Gebäuden, eindrucksvoll verzierten Bürgerhäusern, bescheidenen Fachwerkhäusern der Handwerker und unzähligen Lagerhallen, Ställen, notdürftigen Unterkünften und Verkaufsbuden. In den durchweg gepflasterten Straßen wimmelte es nur so von Verkäufern, fahrenden Künstlern und Händlern, Dienstmädchen auf Botengängen, herumlungernden Jugendlichen, spielenden Kindern, Prostituierten, Taschendieben und Dorfbewohnern mit ihrem Vieh – nicht zu vergessen die unzähligen Pferde, Hunde, Katzen, Schweine und Ratten. Trotz der dichten Konzentration von Mensch und Tier waren Nürnbergs Straßen für die damalige Zeit bemerkenswert sauber – ein krasser Gegensatz zu den stinkenden Wagenspuren im Hof von Frantzens Kindheit. Das war einem gut entwickelten Wasser- und Abwassersystem zu verdanken (mit 118 öffentlichen Brunnen) sowie einem Heer von Müllmännern, die den Abfall außerhalb der Stadtmauern deponierten oder manchmal auch illegal in die Pegnitz kippten. Im Rat kam es immer noch häufig zu Beschwerden über unansehnliche Müllhaufen, aber gemessen an den Standards der Frühen Neuzeit erschien die Stadt geradezu grün und liebenswürdig dank der öffentlichen Parks, Gärten, Springbrunnen und schön gestalteten Plätze.

Wie Frantz aus vorherigen Besuchen wusste, wurde der Rat der Stadt von einem geschlossenen Kreis aus 42 herrschenden Patrizierfamilien dominiert, und diese Ratsherren legten größten Wert auf den hart erkämpften Ruf Nürnbergs als einer Bastion von Recht und Ordnung. Die acht Stadtbezirke hatten jeweils zwei Viertelmeister, denen rund 40 Stadtknechte und Schützen und 24 Nachtwächter zur Seite standen.[8] Gemeinsam mit mehreren ehrenamtlichen Straßenaufsehern waren diese städtischen Vertreter für die Lagerung der Waffen, Munition, Pferde, Laternen, Leitern und sonstigen Dinge verantwortlich, und sie mobilisierten im Fall eines Feuers, feindlichen Angriffs oder anderer Notfälle die kampftüchtigen Männer in der Nachbarschaft. Der Rat der Stadt beschäftigte außerdem Gesundheitsinspektoren und achtete sorgsam auf die Warenproduktion und die Preise, wobei sämtliche Meister dem Rat rechenschaftspflichtig waren, nicht den unabhängigen Zünften, wie es damals in den meisten Städten Brauch war.

Besonders wichtig für Frantz Schmidt war: Die Nürnberger Polizei unterhielt ein sehr reges Zuträgernetz, darunter mehrere bezahlte Spitzel, und konnte sich der höchsten Quote an Todesurteilen im ganzen Reich rühmen. Jeder, der nach Sonnenuntergang in den Straßen oder Gassen der Stadt ertappt wurde, konnte wegen mutmaßlichen Diebstahls verhaftet werden, und selbst Verstöße wie öffentliches Urinieren wurden – zumindest laut Vorschrift – mit einem saftigen Bußgeld in Höhe von 20 Talern (17 fl.) geahndet, dem doppelten Jahresgehalt der meisten Hausbediensteten. Ein bewundernder (wenn auch etwas überschwänglicher) englischer Bewohner schrieb einmal: »So treu und gerecht sind sie, dass Sie, wenn Sie Ihre volle Geldbörse auf der Straße verlieren oder einen Ring oder ein Armband oder so etwas, sicher sein können, es zurückzubekommen. Ich wünschte, das wäre auch in London so.«[9] Wenn alle Nürnberger Bürger so ehrlich gewesen wären, dann hätte die Stadt freilich kaum einen neuen Scharfrichter gebraucht.

Die unmittelbaren Vorgesetzten von Frantz waren die 14 Herren, die im Rahmen ihrer Ratstätigkeit das Amt des Schöffen ausübten. Wie in allen Verwaltungsgremien der Stadt schwankte die genaue Zusammensetzung dieses Kreises von Jahr zu Jahr, aber alle seine Mitglieder wurden ohne Ausnahme aus dem gleichen kleinen Pool der örtlichen Patrizier und geschulten Juristen rekrutiert. Das Kriminalamt wurde im Alltag von einem Stadtrichter geleitet, der zumeist auf Lebenszeit ernannt wurde. Der Patrizier Christoph Scheurl, der Sohn des berühmtesten Juristen der Stadt, hatte dieses Amt seit drei Jahren inne, als er »den jungen Nachrichter aus Hof« auf diese Stelle berief. Scheurl sollte das Amt noch weitere 15 Jahre bekleiden, ehe er von Alexander Stokamer abgelöst wurde, der seinerseits 17 Jahre lang diente. Frantz hatte wie in seinen übrigen Geschäftsbeziehungen auch mit seinen Vorgesetzten das große Glück stabiler, kontinuierlicher Beziehungen.

Der neue Scharfrichter handelte bereits in seinem ersten Fünfjahresvertrag eine, gemessen an der damaligen Norm, geradezu üppige finanzielle Vergütung aus. Zusätzlich zu einem wöchentlichen Gehalt in Höhe von 2,5 Gulden (130 fl. jährlich) erhielt Frantz eine kostenlose, geräumige Unterkunft (mit eigenem beheizbarem Bad), eine regelmäßige Ration an Wein und Feuerholz, Erstattung aller Reisekosten und sonstiger Spesen im Zusammenhang mit seiner Tätigkeit und eine lebenslange Befreiung von Steuern. Darüber hinaus sollte ihm für jedes Verhör ein Taler (0,85 fl.) gezahlt werden, und es wurden ihm Nebentätigkeiten als fahrender Scharfrichter (mit Erlaubnis des Rates) und als medizinischer Berater gestattet – insbesondere letztere verschaffte ihm beträchtliche Einkünfte. Allein mit seinem Grundgehalt, das um 60 Prozent höher lag als das seines Münchner Kollegen, zählte er bereits zu den obersten 5 Prozent der Geldverdiener in Nürnberg. Vermutlich war er damit der bestbezahlte Scharfrichter im ganzen Reich und stand – zumindest finanziell – auf einer Stufe mit einigen medizinischen und juristischen Ratgebern. Er verdiente im Jahr mindestens drei Mal so viel wie sein Vater.[10]

Wie konnte es einem 24-jährigen Wandergesellen – wenn auch mit herausragenden Referenzen für sein Alter – gelingen,

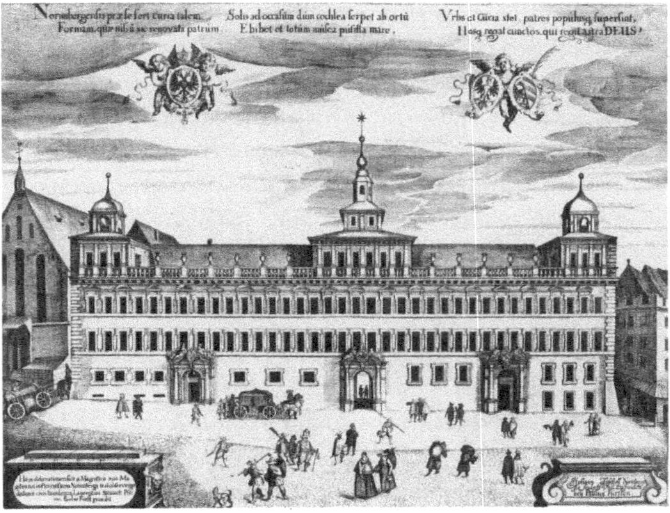

Nürnbergs prachtvoll ausgestattetes Rathaus, von Westen betrachtet. Der Gerichtssaal befand sich im Erdgeschoss. Verurteilte Verbrecher warteten im darunter gelegenen »Loch« auf ihren letzten Prozess. Der Marktplatz liegt auf diesem Bild rechts (südlich) vom Rathaus (um 1650).

einen so sensationellen Coup zu landen? Einmal mehr waren der Zeitpunkt, der Charakter und die Beziehungen von entscheidender Bedeutung. Der Nürnberger Rat war offensichtlich von Frantzens Berufserfahrung und Geschicklichkeit beeindruckt, hinzu kam Lienhardt Lipperts Empfehlung, aber höchstwahrscheinlich gaben die ihm nachgesagte Nüchternheit und Zuverlässigkeit sowie seine Jugend letztlich den Ausschlag. Unter den Scharfrichtern des 16. Jahrhunderts war es eher die Ausnahme, dass sie lange im Amt blieben, die Gründe dafür waren meistens eine Neigung zur Gewalttätigkeit oder körperliche Gebrechen. Unter Frantzens Vorgängern in Nürnberg wurde einer von seinem eigenen Gehilfen wegen Verrats hingerichtet, ein anderer wurde entlassen, nachdem er seinen Gehilfen in einem Streit um das Gehalt erschlagen hatte, ein dritter wurde bei einem Hinterhalt umgebracht, ein vierter entlassen, nachdem er beinahe die Frau des Abdeckers erstochen hatte; zwei weitere, darunter Lippert, mussten wegen ihres Alters oder einer schweren Krankheit zurücktreten.[11] Als junger, aber voll ausgebildeter und allem Anschein nach frommer Scharfrichter versprach Schmidt die Stabilität und Ernsthaftigkeit, die dem Amt des Scharfrichters in der Stadt bislang gefehlt hatte. Über seine familiären Beziehungen hatte er den Fuß in die Tür bekommen, aber Frantz hat diese Chance ergriffen und seine befristeten Einsätze in Nürnberg dazu genutzt, die Beobachter mit seiner Fertigkeit und Haltung zu beeindrucken. Außerdem schmeichelte er sich während der kurzen Begegnungen bei den Justizorganen ein.

Meister blieben selten ledig, das galt für jedes Handwerk. Und Frantz schickte sich unverzüglich an, diesen sozialen Mangel zu beheben. Irgendwann in den 18 Monaten nach seinem ersten Besuch in Nürnberg lernte der junge Scharfrichter eine Frau namens Maria Beckin kennen, die neun Jahre älter war als er. Maria war die Tochter des verstorbenen Jorg Beck, eines Lagerarbeiters, genauer *Pallenbinders*, der bei seinem Tod im Jahr 1561 eine Witwe und sieben minderjährige Kinder hinterlassen hatte.[12] Wann und wie der junge Mann aus Hof fast zwei Jahrzehnte später um Marias Hand anhielt, ist nicht bekannt. Die wenigsten ehrbaren Frauen, selbst aus niederem Stand, hätten ernsthaft die Heirat mit einem Scharfrichter in Betracht gezogen, aber eine 34-jährige Jungfer ohne Mitgift und mit drei weiteren Schwestern im Heiratsalter hatte kaum eine andere Wahl. Eine echte Zuneigung zwischen den beiden ist durchaus möglich, aber die Wahl war eindeutig zu ihrem beiderseitigen praktischen Nutzen, insbesondere in Anbetracht des hohen Gehalts und der Unterkunft Frantzens. Am 15. November 1579, also 18 Monate nach Antritt des Amtes als ständiger Scharfrichter in Nürnberg, wurde die Verlobung mit Maria Beckin der Kirchengemeinde St. Sebald öffentlich angezeigt. Drei Wochen danach billigte der Rat das Gesuch des Meisters Frantz, in seiner neuen Wohnung (eine Zeremonie in der Kirche kam nicht infrage) die Ehe zu schließen, und am 7. Dezember wurden er und Maria offiziell getraut.[13]

Das städtische Gebäude, das zum Heim des frisch vermählten Paares wurde, hieß (und heißt noch heute) nur Henkerhaus. Die meisten deutschen Städte erlaubten es dem Scharfrichter nicht, innerhalb der Stadtmauer zu leben. Folglich konnten sich Frantz und seine Braut glücklich schätzen, auch wenn ihr Haus in einem Bezirk stand, in dem sich noch andere schimpfliche Orte befanden, etwa ein Schlachthaus, der Schweinemarkt und ein städtisches Gefängnis. Das aus dem 14. Jahrhundert stammende Gebäude war ursprünglich ein kleiner Turm mit drei Stockwerken (und wurde deshalb auch Henkerturm genannt), den man auf einer kleinen Insel im südlichen Arm der Pegnitz errichtet hatte. Im Jahr 1457 baute die Stadt eine große Holzbrücke für Fußgänger (seither der Henkersteg genannt) und integrierte den Turm in die Brücke. Dann erweiterten Bauleute den Turm um ein langes Fachwerkhaus, dessen Grundmauern direkt auf der Brücke lagen. Nun bot das Henkerhaus mit sechs Zimmern und einem eigenen Abort einem jungen Alleinstehenden also reichlich Platz: insgesamt über 140 Quadratmeter zu einer Zeit, als eine vierköpfige Familie normalerweise mit einem Drittel dieser Fläche auskommen musste. Es lag zugleich zentral und doch isoliert, weil es mitten in der Pegnitz stand. Am einen Ufer befand sich ein verrufenes Gefängnisviertel, am anderen ein richtiges Bürgerviertel. Gewiss, Frantz musste auf dem Weg zum Rathaus jeden Tag an den stinkenden Ställen des Schweinemarkts vorbeigehen, aber er hatte durch seine Glasfenster einen unverstellten Blick auf die prächtigen Gebäude der Innenstadt.[14]

Womöglich teilte sich der junge Scharfrichter anfangs den Wohnraum mit seiner kürzlich verwitweten Schwester und ihren fünf noch lebenden Kindern. Aber eine derartige Regelung dürfte nach der Heirat mit Maria, spätestens jedoch nach der Geburt ihres ersten Kindes, des am 14. März 1581 geborenen Sohnes Vitus, nicht mehr bestanden haben. Im Gegensatz zu den meisten Kindern von Scharfrichtern wurde Vitus sofort in einer Kirche getauft, nämlich in der des heiligen Sebald, genau wie alle späteren Sprösslinge der Familie Schmidt. Hat es eine Bedeutung, dass Frantz weder seinen Ältesten noch einen der weiteren Söhne nach deren Großvater Heinrich nannte, wie es damals durchaus üblich war? Liebäugelte er womöglich mit künftigen Gefälligkeiten des Arbeitgebers seines Vaters, des Bischofs Veit von Bamberg, dessen Name die deutsche Form von Vitus ist? Oder ehrte der nebenbei als Heiler tätige Schmidt, trotz seines protestantischen Glaubens, damit den heiligen Vitus, den Schutzpatron der Heilberufe? Einmal mehr bleiben uns Frantzens Gedanken verborgen. Die Gründe für die Namen seiner zwei nächsten Kinder sind hingegen nicht so schwer nachzuvollziehen, denn Margaretha (getauft am 25. August 1582) und Jorg (getauft am 2. Juni 1584) zählten zu den beliebtesten Mädchen- und Jungennamen jener Zeit.

Als frischgebackener Hausvater und gut bezahlter Handwerksmeister verfügte Frantz Schmidt endlich über die solide gesellschaftliche Basis, die er für die Wiederherstellung seiner Ehre brauchte. Eine Voraussetzung für die höhere Würde, die er und seine Vorgesetzten dem Amt des Scharfrichters in der öffentlichen Wahrnehmung verleihen wollten, war die bereits unter seinen Vorgängern erfolgte schrittweise Neubestimmung seiner Aufgaben. Einige besonders abstoßende und unehrenhafte Pflichten wie die Aufsicht über das städtische Bordell (das 1543 aufgrund des hartnäckigen Drängens protestantischer Reformer geschlossen worden war) waren längst überholt. Andere Aufgaben hatte man schlicht anderen, noch stärker verachteten Personen übertragen; vor allem waren das Gassenkehren und die Müllentsorgung nunmehr Sache zweier großzügig entlohnter »Mistmeister« (auch unter dem Namen »Nachtherren« bekannt).[15]

Der wichtigste Gehilfe des Scharfrichters, der in Nürnberg »Löwe« (eine Ableitung aus *lêvjan*, dem gotischen Wort für Büttel) genannt wurde, sollte eine besonders bedeutende Rolle bei der Erfüllung von Frantzens Traum von einem ehrbaren Leben spielen. Für ein zusätzliches Einkommen nahm der Löwe bereitwillig die große Masse des Stigmas auf sich, das frühere Scharfrichter allein hatten tragen müssen. Ursprünglich hatte die Aufgabe des Löwen lediglich darin bestanden, die vom Gericht verurteilten Gefangenen zu übergeben, aber zur Zeit der Ankunft Frantzens in Nürnberg hatte er bereits die Aufsicht über das Verbrennen der Leichen von Selbstmördern, das Einsammeln toter Tiere und die Entsorgung verdorbener Lebensmittel, auch Öl und Wein (die er in der Regel in die Pegnitz kippte), übernommen. Er stellte außerdem die Vorladungen zu und assistierte dem Scharfrichter bei allen Foltersitzungen, Auspeitschungen und Hinrichtungen, sprang gelegentlich sogar als dessen Stellvertreter ein.[16] Vor allem fungierte der Löwe als ein Puffer zwischen Meister Frantz und den vielen anrüchigen Gestalten, die mit seiner Arbeit zu tun hatten: Hundschlager, Abdecker, Totengräber, Kerkermeister und vor allem die städtischen Schützen, sozusagen die Streifenpolizisten der Stadt, die für ihre Brutalität und Bestechlichkeit berüchtigt waren.

Frantz hatte allem Anschein nach ein gutes Arbeitsverhältnis zu seinen Löwen und erlebte während seiner vierzigjährigen Dienstzeit in Nürnberg nur einen einzigen Wechsel. Augustin Amman hatte schon 13 Jahre Erfahrung, als er dem neuen, jungen Scharfrichter zu assistieren begann, und übte das Amt bis zu seiner Pensionierung (oder seinem Tod) im Jahr 1590 aus. Sein Nachfolger Claus Kohler arbeitete an Meister Frantzens Seite bis zu dessen Pensionierung und dann unter Frantzens Nachfolger noch weitere drei Jahre bis zu seinem Tod im Jahr 1621.[17] Schmidt entwickelte zweifellos eine enge berufliche Beziehung zu seinen Gehilfen. Immerhin verbrachte er jeden Tag etliche Stunden an ihrer Seite, mehr Zeit als mit einem anderen Menschen, allenfalls abgesehen von den Familienangehörigen. Mit Blick auf die körperliche Härte und den öffentlichen Charakter ihrer Tätigkeit in einem gesellschaftlich äußerst sensiblen Bereich mussten sich

Scharfrichter und Löwe bei der Arbeit sorgfältig abstimmen und einander ergänzen. An einer Stelle in seinem Tagebuch spricht Frantz sogar von den *Nachrichtern* im Plural. Das lässt darauf schließen, dass er den Löwen eher als Partner betrachtete denn als Untergebenen.[18] Der neue Scharfrichter wusste ganz genau: Ohne einen zuverlässigen und vertrauenswürdigen Löwen war sein Trachten nach einem ehrbaren Leben von Anfang an zum Scheitern verurteilt.

Eine enge Arbeitsbeziehung hieß jedoch nicht unbedingt auch enger privater Kontakt. In Bamberg hatte der Gehilfe von Meister Heinrich tatsächlich bei der Familie gelebt, aber in Nürnberg hatte der Löwe ein separates Quartier in einem benachbarten Gebäude der Stadt. Welchen privaten Umgang die Löwen mit den Schmidts gepflegt haben mochten, er spielte sich jedenfalls diskret und zumeist hinter verschlossenen Türen ab. Als sich zwei Jahre nach Frantzens erstem Amtseid im Nürnberger Rathaus mehrere neue Bürger darüber beschwerten, dass sie ihren Eid an der Seite des unehrlichen Löwen ablegen mussten, war der Scharfrichter jedenfalls außerstande (oder nicht willens), seinen treuen Kollegen davor zu bewahren, künftig gemeinsam mit den verhassten städtischen Schützen den jährlichen Amtseid leisten zu müssen.[19]

Nürnberg ersparte seinem Scharfrichter auch die Aufsicht über das Gefängnissystem, eine weitere zeitraubende und mühsame Arbeit, die für viele Kollegen von Frantz im Reich die Regel war. Die meisten städtischen Gefängnisse, auch das Loch, waren als Zellen für Tatverdächtige gedacht, die auf ihr Urteil warteten, wobei die Hälfte aller Verdächtigen innerhalb einer Woche entlassen wurde, und neun von zehn innerhalb eines Monats.[20] Zellen im Turm Luginsland der Kaiserburg und innerhalb des Rathauses waren patrizischen Gefangenen vorbehalten. Während Frantzens Amtszeit wurden sechs eigenständige Baracken errichtet (mit den Namen A bis F), um unbotmäßige Jugendliche und andere kleinere Übeltäter unterzubringen. Schuldner, die auf finanzielle Unterstützung von Freunden oder Verwandten warteten, wurden in das Männer- oder Frauengefängnis gebracht. Die übrigen Stadttürme nahmen Kriegsgefangene und andere Gefangene auf, die im Loch keinen Platz fanden; ein paar wenige wie der Froschturm und der Wasserturm dienten gleichzeitig als langfristige Heime für Geisteskranke.[21] (Siehe die Karte von Nürnberg auf dem hinteren Vorsatz.)

Jedes Gefängnis, jeder Turm hatte seinen eigenen Hüter, der – wie Frantz – unmittelbar dem Kriminalamt unterstellt war, sowie eine eigene Truppe Wärter, die Eisenmeister genannt wurden. Auch wenn die Arbeit im Gefängnis nicht als unehrlich galt, kamen die meisten Mitarbeiter aus niederem Stand, wurden schlecht bezahlt und gemeinhin verachtet. Sie standen im Ruf der Bestechlichkeit und Unfähigkeit, was nicht zuletzt dadurch geschürt wurde, dass die Gefangenen für ihren eigenen Unterhalt zahlen mussten und auf diese Weise das Maß an »Luxus« beeinflussen konnten, das man ihnen gewährte. Die extrem hohe Mindestrate von 36 Pfennigen am Tag (mehr als 2 Gulden pro Woche) garantierte den Insassen lediglich eine morgendliche Suppe, ein »ordentliches Stück« Weißbrot und einen Liter Wein. Eine größere Ration sowie andere Privilegien – wie eine zweite Decke oder ein Kissen, Trinkwasser, der häufigere Wechsel des Eimers für die Notdurft – waren jeweils mit zusätzlichen Kosten verbunden. Arme Häftlinge konnten sich natürlich nicht einmal die Grundgebühr leisten, diese Kosten wurden am Ende ihrer Haft, unabhängig von Schuld oder Unschuld, vom Almosenamt der Stadt oder einer wohltätigen Stiftung übernommen.[22]

In den ersten zwanzig Jahren seiner Tätigkeit in Nürnberg arbeiteten Frantz Schmidt und sein Löwe häufiger mit dem langjährigen Hüter des Lochs Hans Öhler zusammen als mit den anderen Gefängnishütern. Da Öhler gesetzlich verpflichtet war, sich zu verheiraten und direkt im Gefängnis zu wohnen, teilte er eine winzige Wohnung mit seiner Frau, der Tochter, dem Sohn und zwei Mägden. Abgesehen von der Ehe waren die Erwartungen an einen Anwärter für einen so unattraktiven Posten verständlicherweise gering. Die Bemühungen des Kriminalamts um eine Verbesserung der Haftbedingungen beschränkten sich offenbar auf die alljährliche Ermahnung an den Hüter und seine Frau, jedem neuen Mitarbeiter sorgfältig ihre Pflichten zu erklären.[23] Das Amt tadelte Öhler häufig wegen zahlloser Unzulänglichkeiten seiner Mitarbeiter, von denen viele aus dem gleichen verrufenen Milieu wie die Insassen selbst kamen; allerdings wurde er nicht entlassen.

Es dauerte nicht lange, bis Frantz die Unfähigkeit (oder Bestechlichkeit) seiner neuen Kollegen im Gefängnis kennenlernte. In der Nacht des 20. Juni 1578 gelang dem Dieb, der eigentlich das erste Opfer des neuen Scharfrichters hätte sein sollen, eine tollkühne Flucht aus dem Loch. Laut einer zeitgenössischen Darstellung machte Hans Reintein seinen Wärter, der nicht mehr der Jüngste war, betrunken und flüchtete dann durch einen geheimen unterirdischen Gang zur Kaiserburg, an dessen Bau er als Maurer selbst mitgearbeitet hatte. Mithilfe einer Eisenstange brach er alle Schlösser auf und schlug unter der Sebalduskirche ein Loch in die Decke eines Ganges, durch das er schließlich in die Freiheit kletterte.[24] Wie üblich bekam der Wärter eine Standpauke, behielt aber seine Stelle. Zwei Jahre später hatte ein weiterer tollkühner Ausbruch – dieses Mal gelang es einem Häftling, dem Wärter eine Eisenstange abzunehmen und sich mit ihrer Hilfe Zutritt zu dem unterirdischen Gang zu verschaffen – nur eine »ernstliche Red« zur Folge.[25] Derart dreiste Ausbrüche kamen während Meisters Frantzens langer Amtszeit immer wieder vor, darüber hinaus Selbstmorde der Insassen und gelegentlich auch tödliche Handgemenge unter den Häftlingen. Der Rat reagierte auf solche Störungen stets verhalten und wies den Hüter und seine Wärter lediglich an, neue Gefangene gründlicher nach »messer, negel oder anders« zu durchsuchen und sie demselben abzunehmen, »damit ymand ihm selbs am leib oder zu siner erledigung möcht schaden oder vorteil bringen«.[26]

Frantz Schmidt war es sicher nicht recht, dass er mit so verrufenen Personen und Örtlichkeiten in Verbindung gebracht wurde, aber da er für die körperliche Gesundheit der Gefangenen verantwortlich war, musste er dem Loch häufig einen Besuch abstatten und gelegentlich auch einem der Türme. Zudem fanden alle Verhöre, die er leitete, ob mit oder ohne Folter, im Loch unter dem Rathaus statt: einem engen, dreckigen, finsteren, wirklich beängstigenden Ort, der den schlimmsten Klischeevorstellungen eines mittelalterlichen Kerkers entsprach. In den 13 Zellen, jede rund drei Quadratmeter groß, ausgestattet mit einer schmalen Holzbank, einem Strohlager und einem Eimer, fanden kaum die zwei Gefangenen Platz, die sich die Zelle teilen mussten, geschweige denn ein Vernehmungsteam aus zwei bis fünf Personen. Diese blieben auf dem Gang stehen und stellten von dort im flackernden Schein einer kleinen Öllampe ihre Fragen. Eine primitive Kohlenheizung linderte kaum die strenge Winterkälte, und die wenigen schmalen Luftschächte nach außen verbesserten nur geringfügig die faulige, nasskalte Luft in der Tiefe. Lediglich die zum Tod verurteilten Insassen genossen die etwas geräumigere Unterkunft der Zellen für arme Sünder oder in den letzten drei Tagen den relativen Luxus der sogenannten Henkerstube, des einzigen Raumes im Lochgefängnis mit Fenstern nach draußen. Wenn er sich fast täglich auf den Weg in dieses unterirdische Labyrinth machte (sei es, um einen widerspenstigen Verdächtigen zu foltern oder dessen Wunden zu behandeln), tröstete sich Frantz wohl damit, dass seine Besuche in diesem Pfuhl der Sünde und des Elends zumindest der Öffentlichkeit verborgen blieben.

Eine unangenehme Aufgabe, um die Meister Frantz nicht umhinkam und die er auch nicht verheimlichen konnte, war die Instandhaltung der Richtstätten, also des Galgens und des Rabensteins, einer erhöhten Plattform, die für das Enthaupten oder Rädern genutzt wurde. Seit 1441 befanden sich sowohl der Galgen als auch der Rabenstein außerhalb der Stadtmauern, nicht weit vom Frauentor, wo sie auch blieben, bis die Stadt fast vier Jahrhunderte später dem Herzogtum Bayern eingegliedert wurde. Zu Schmidts Zeit hatte man den einst dreibeinigen Galgen und den benachbarten kleinen Hügel bereits zu zwei stattlichen Bauwerken aus Ziegelstein ausgebaut: zum einen ein solide gebautes Schafott mit vier Pfählen und zum anderen eine erhöhte, mit einer Grasnarbe bedeckte Bühne. Gesetz und Brauch machten den Richtplatz zu einer Stätte des Schreckens, übersät mit verwesenden Leichnamen armer Sünder, die wochenlang im Wind schaukelten, bis man sie endlich wie Abfall in die darunter liegende Knochengrube fallen ließ. In der Nähe stand eine Reihe angespitzter Pfähle, die mit Köpfen und anderen abgeschlagenen Körperteilen dekoriert waren, gelegentlich war auch ein geschundener Leichnam dabei, der mit dem Rad gerichtet und anschließend auf das Werkzeug seines Todes geflochten worden war. Das abergläubige Volk wusste die abstrusesten Geschichten zu jedem Detail der verfluchten Richtstätte zu erzählen. Die unheimliche Stille wurde lediglich durch das Krächzen hungriger Raben und das häufig bemerkte Pfeifen des Windes durch die Befestigungsanlagen gestört.

In der Woche nach seinem ersten Auftritt als Nürnberger Scharfrichter (drei Hinrichtungen durch den Strang) leitete Meister Frantz eine vollständige Renovierung der bestehenden Konstruktion ein. Innerhalb zweier Wochen Ende Juni und Anfang Juli 1578 führten der Löwe und seine Helfer die unehrenvolle Aufgabe aus, den alten Galgen und den Rabenstein abzureißen und zu entsorgen. Weil jeder, der mit einer Richtstätte in Berührung kam – und sei es auch eine völlig neue, noch unbefleckte –, eine lebenslange Verunreinigung und Unglück riskierte, arbeiteten alle Maurer und Zimmermänner der Stadt gemeinsam an dem Projekt, um die Gefahr auf möglichst viele Menschen zu verteilen und so zu verringern. Am Morgen des 10. Juli versammelten sich 336 Meister und Gesellen zu einem ganztägigen »Galgenfest«. Es begann mit einer malerischen, lautstarken Prozession aus Pfeifern, Trommlern und Repräsentanten aller patrizischen Familien und

Die berüchtigte Stätte des Nürnberger Galgens (links) und des Rabensteins (rechts) (1648).

Handwerke der Stadt, ausgewählten Geistlichen und vielen anderen. Nachdem der Platz der künftigen Richtstätten drei Mal umrundet worden war, schafften die Handwerker mehrere Karrenladungen Steine und Holz heran und machten sich an die Arbeit. In einer vereinten Kraftanstrengung, wie sie heutzutage noch beim Aufrichten eines Dachstuhls durch Zimmerleute zu beobachten ist, vollendeten sie bis zum späten Nachmittag sowohl den Galgen als auch den Rabenstein. Dann setzten sie sich mit ihren Mitbürgern zu Tisch und feierten das Ereignis mit reichlich Essen und Trinken. Sämtliche Aktivitäten dieses Tages – auch die Löhne für die Handwerker – wurden aus der Stadtkasse bezahlt. 1605, also 27 Jahre später, wurde das Ritual wiederholt, und auch in den folgenden zwei Jahrhunderten etwa alle dreißig Jahre.[27]

Der Nürnberger Galgen, gezeichnet von einem Gerichtsnotar (1583).

Die Instandhaltung des Galgens war eine weit weniger feierliche Angelegenheit. Ungeachtet der bösen Geister und der Schande, die mit den Richtstätten in Verbindung gebracht wurden, raubten Übeltäter regelmäßig die Leichen aus, die am Galgen baumelten, oder schändeten sie in anderer Weise. Ein Vandale mochte des Nachts die Hand, den Daumen oder gar die Männlichkeit eines Hingerichteten abschneiden, Körperteile, denen man magische Kräfte nachsagte. Ein anderer holte einen abgeschlagenen Kopf vom Pfahl herunter und nahm ihn als gruseliges Andenken mit nach Hause. Wieder andere brachen aus noch profaneren Gründen ein uraltes Tabu. Im Herbst 1588 schnitt jemand zunächst den Leichnam von Georg Solen nach acht Tagen vom Galgen ab und einige Zeit später den von Hans Schnabel, der vierzehn Tage am Galgen gehangen hatte, in beiden

Fällen, um dem Toten Wams und Hose abzunehmen. Der Leichnam von Leinhard Bardtmann (genannt *der Reitter*) hatte erst drei Tage gehangen, als ihn jemand am Hals *abgeschnieden und den Körper herab gefallen* ist. Diebstahl war auch hier das naheliegende Motiv, aber in diesem Fall hatte der Verurteilte selbst listig ein Gerücht in die Welt gesetzt, um seinem Leichnam eine verlängerte Schande am Galgen zu ersparen: *dan etliche leichtfertige gesellen [haben] erfahren und vermeint er habe viel gelt bei ihme, vermeinen eine gutte beut zu bekommen; ist aber nichts gewesen.*[28] Die Leichenschänder gingen leer aus, doch der Reitter bekam ein ordentliches Begräbnis, wie er es beabsichtigt hatte.

Offenbar graute es selbst Meister Frantz und seine Vorgesetzten beim Anblick solch krasser Leichenschändungen. In Solens Fall etwa war nur die untere Hälfte der Leiche entfernt worden *und das ander also hangen blieben*, sodass *den andern tag nacher volgents alles in den galgen geworffen, dann es sahe gar zu abscheulich [aus]*. Und als sich die Nachricht herumsprach, dass der gehängte Dieb Matthes Lenger *die erste nacht nacket außzogen worden biß uff die strimpff*, kam ein so großer Strom neugieriger Zuschauer, insbesondere »fürwitzige Weibspersonen«, wie der Gefängniskaplan schreibt, dass die Ratsherren Meister Frantz anwiesen, *ihme wider ein hemt und geseß an[zu]zihen.*[29] Ob der Scharfrichter diese abstoßende Aufgabe wie so viele dem Löwen auftrug, ist nicht überliefert.

EIN GUTER NAME

Der 24-jährige Frantz Schmidt trat als lediger Fremder in die Nürnberger Gesellschaft ein, der noch dazu in einem verachteten Beruf arbeitete. Es wäre gewiss eine Untertreibung zu sagen, dass die Alteingesessenen ihm mit einer deutlich größeren Skepsis als anderen Zugewanderten begegneten. Selbst nachdem Frantz eine Tochter der Stadt zur Braut gewählt hatte und im Ort bekannt war, war ihm nur zu bewusst, dass es nicht genügte, die in der Nürnberger Gesellschaft geltenden Normen des Anstands zu erfüllen, wenn er von ihren Bürgern und Stadtherren akzeptiert werden wollte. Er musste darüber hinaus Mittel und Wege finden, sich Schritt für Schritt den Ruf eines ehrenhaften Mannes aufzubauen, und diesen auch offiziell absichern. »In einer auf den Ehrbegriff gegründeten Gesellschaft«, stellt der Rechtshistoriker William Miller fest, »gibt es keine Selbstachtung unabhängig von der Achtung anderer«; deshalb birgt jede Interaktion einer Person auch die Gefahr des Ehrverlusts.[30] Frantz konnte vermutlich die Vorbehalte gegenüber einem in der Fremde geborenen Berufsmörder niemals vollständig überwinden, aber zumindest konnte er den Widerwillen abbauen, den Makel der Schande seines Vaters lindern und vor allen Dingen jenen keine Munition liefern, die ihn am liebsten wieder in den Abschaum der Gesellschaft zurückgestoßen hätten. Dieses Vorhaben würde lange dauern und viel Geduld und Stehvermögen erfordern. Der junge Scharfrichter aus Hof musste sich darin als ebenso zielstrebig und genau erweisen wie bei seinen Schwerthieben auf dem Rabenstein.

Wenn sich Meister Frantz ganz bewusst um einen guten Ruf bemühte, so akzeptierte er damit zwar die bestehende Gesellschaftsordnung, lehnte sich aber gleichzeitig dagegen auf. Er war kein Rebell; seine Vision für die eigene Zukunft blieb innerhalb der eng gesteckten Grenzen der Konventionen seiner Zeit. Aber aus seinem Tagebuch geht hervor, dass er wie viele ehrgeizige Menschen über die nötige soziale Vorstellungskraft verfügte, die ihn befähigte, diese Konventionen an seine individuellen Verhältnisse anzupassen. Für die meisten Menschen jener Zeit war das persönliche Ansehen untrennbar mit der eigenen Identität verbunden, und ein großer Teil dieser Identität war ererbt, nicht zuletzt der Geburtsort und der gesellschaftliche Status. Auch Frantz Schmidt leugnete die Bedeutung dieser Aspekte seiner Identität nicht, aber in seinen Augen waren es der Charakter und die

Taten – zwei Faktoren, auf die er selbst Einfluss hatte –, die das Ansehen eines Menschen bestimmten, nicht die Geburt. Diese klare Unterscheidung, die jedoch keineswegs allgemein akzeptiert war, bot dem jungen Scharfrichter aus der Fremde zumindest eine kleine Aussicht auf Erfolg.

Das erste Hindernis, das Frantz überwinden musste, war seine Fremdheit. Der jeweilige Geburtsort, die Stadt oder das Dorf, war in der Frühen Neuzeit ein zentraler Bestandteil der Identität eines Menschen. In einer Ära, in der Reisen lange dauerten, die Bräuche von Region zu Region variierten und Dutzende unterschiedlicher Dialekte im Gebiet des heutigen Deutschland gepflegt wurden, ergab das durchaus Sinn. Insbesondere die Dialekte waren häufig selbst für Besucher, die aus einem wenige Tagereisen entfernten Ort kamen, kaum zu verstehen. Durchgängig und von Anfang an identifiziert Frantz in seinem Tagebuch jeden Missetäter mit seinem Heimatort: *von Bürg* oder *aus Ansbach*. Er selbst war in Nürnberg lange Zeit nur als »der Nachrichter von Hof« oder »von Bamberg« bekannt (obwohl er dort nur kurz gelebt hatte). Eine Person, die man nicht buchstäblich einordnen konnte, blieb anderen nicht nur schwerer im Gedächtnis, sondern war automatisch sofort verdächtig. Auch wenn Frantz hier und da den richtigen Namen in seinem Tagebuch weglässt oder falsch im Gedächtnis behalten hat, versäumt er es – mit Ausnahme von ein paar vagabundierenden Prostituierten – an keiner Stelle, den Heimatort einer Person zu notieren.

Frantz war sich ferner darüber im Klaren, dass die geographische Herkunft stets auch eine politische Dimension hatte, indem eine Person entweder als Einheimischer – also geboren in oder um Nürnberg – oder als »Fremder« – woanders geboren, unabhängig von Entfernung, Sprache oder derzeitigem Wohnsitz – identifiziert wurde. Folglich blieb der Kuhhirt Heinz Neuner, der als Töpfer im Nürnberger Vorort Gostenhof arbeitete, ein Untertan des benachbarten Markgrafen von Ansbach und somit ebenso ein Fremder wie *Steffan Rebweller von Maschstal in Saphoien* …

auch Heinrich Hausmann von Kalka, 14 Mayl [Meilen] unter Cöln.[31] Frantz vermerkt immerhin 45 Mal (von insgesamt 778 Fällen), wenn eine Person nicht nur aus Nürnberg stammt, sondern auch Bürger der Stadt ist, ein besonderer gesetzlicher Status, der nur bestimmten Bewohnern gewährt wurde. Das Bürgerrecht brachte zahlreiche Privilegien mit sich, darunter das im Zusammenhang des Strafvollzugs besonders wichtige Recht, für Kapitalverbrechen mit dem Schwert gerichtet zu werden (wie im Fall des Hochstaplers Gabriel Wolff geschehen). Sogar eine Milderung des Urteils zu Auspeitschen konnte das Bürgerrecht bewirken, so in den Fällen des Nürnberger Falschmünzers Endres Petry oder der inzestuös lebenden Barbara Grimmin, genannt *Schory Mory.*[32] Die Bürgerin Margaretha Böckin, die wegen eines besonders heimtückischen Mordes verurteilt wurde, genoss zwar das Privileg, im Stehen geköpft zu werden, nachdem sie zuvor *uff einem Wagen außgeführt, 3 grieff mit einer glienden Zangen in leib geben.* Nach der Hinrichtung wurde ihr Kopf jedoch auf einen Pfahl gespießt und ihr Leichnam unter dem Galgen begraben.[33]

Eine geschäftige Metropole wie Nürnberg war voller Zuwanderer, von denen sich einige für Jahrzehnte in der Stadt niederließen. Das war an sich kein Makel, insbesondere auf den unteren Ebenen der Gesellschaft. Verschärfte Frantzens Fremdheit seine soziale Isolation? Und welchen Ort betrachtete er als seine Heimat? Das ist nicht ganz klar. Der »junge Nachrichter aus Hof« lebte schon seit Langem nicht mehr in seiner Heimatstadt und hatte keinerlei Hemmungen, Übeltäter aus Hof auszupeitschen – von denen er einige womöglich sogar persönlich kannte. Aber ebenso wenig äußerte er jemals eine persönliche Zuneigung zu der Stadt an der Pegnitz, die ihn angestellt hatte.[34] Erst nach zehn Jahren in Nürnberg fing er an, von *unserer statt* zu sprechen oder vom Mord am Sohn *eines unserer* Bürger, und selbst danach, als abzusehen war, dass er sich hier für immer niedergelassen hatte, sind solche Zeichen von Verbundenheit im Tagebuch selten.[35] Die Wandlung zu einem »Frantz Schmidt aus Nürnberg« erforderte Zeit, Geduld und sichtbarere Anzeichen einer gegenseitigen Akzeptanz zwischen ihm und den Stadtvätern.

Dass der gesellschaftliche Stand aufgrund von Familie und Beruf definiert wurde, war offenbar für den jungen Wandergesellen ein weit größeres Problem gewesen als nun für den Meister. Hier erscheint Frantzens Interpretation von Ehre und Stand den heutigen Empfindlichkeiten gleichzeitig fremd und vertraut. Obwohl er selbst das Opfer des Befehls eines launischen Fürsten war, akzeptierte er offensichtlich nicht nur die Vorstellung eines Privilegs höherer Stände, sondern glaubte auch wirklich aus tiefstem Herzen an die Heiligkeit dieser Ordnung. Er schreibt durchgängig in einer Form der Hochachtung über seine Vorgesetzten, die mehr als reine Gewohnheit erkennen lässt, sogar mehr als die Vorsicht eines Mannes, der im Hinterkopf hat, dass seine Arbeitgeber eines Tages diese Aufzeichnungen lesen könnten. Wenn Frantz ein Verbrechen schildert, in dem ein Täter aus einem niederen Stand einem Patrizier oder Adligen Schaden zufügt, dann könnte man in der Tat meinen, dass er ebenso entrüstet ist über die Unverfrorenheit, mit der der Täter Standesgrenzen überschreitet, wie über das Verbrechen selbst. Er regt sich beispielsweise merklich auf, als der Hochstapler Gabriel Wolff die Dreistigkeit hat, die Reichen und Hochwohlgeborenen aus Nürnberg und anderen Städten zu hintergehen.[36] Und in einem anderen Eintrag schäumt er vor Empörung, als er den Mord an *Albernius von Wipenstein, ein Edelman und soldat* durch *Dominicus Korn, burgerskindt, ein lantzknecht, des wirdts bey hürrenlein Sohn* schildert.[37]

Vielen nach der Französischen Revolution geborenen Menschen fällt es schwer, den offenbar tiefen Glauben früherer Generationen an die angeborene Überlegenheit der Reichen und Adligen nachzuvollziehen. Unsere heutige Kultur des Neids geht davon aus, dass der ererbte Wohlstand und die Privilegien anderer Groll oder Neid auf sich ziehen können, aber gewiss nicht als von Gott gegeben geachtet werden müssen. Für Schmidt und seine Zeitgenossen existierte die Hierarchie der Geburt als eine

Art Naturgewalt wie das Wetter oder die Pest – launenhaft, ja sogar zerstörerisch, aber unausweichlich. Es ist also nicht ungewöhnlich, dass Meister Frantz diesen Status quo akzeptierte. Immerhin diente er als ein wichtiger Hüter dieser Ständegesellschaft – und er war überzeugt, dass er über die nötige Intelligenz und Entschlossenheit verfügte, um innerhalb dieser Grenzen seine sozialen Ziele zu erreichen. Dafür zahlte er einen beachtlichen Preis: Der junge Scharfrichter musste sich tagtäglich an seinen niederen Status erinnern lassen, angefangen bei beiläufigen Kränkungen oder verschleierten Beleidigungen bis hin zum offiziellen Ausschluss von jedem Fest, von Tanz, Prozessionen und anderen öffentlichen Zusammenkünften, abgesehen von jenen, die unmittelbar mit seinem unrühmlichen Beruf zusammenhingen. Selbst diejenigen Männer, die mit ihm an den Kriminalfällen arbeiteten (der städtische Arzt, die untersuchenden Ratsherren, der Gerichtsschreiber), durften auf der Straße nicht offen mit ihm reden oder auf andere Weise soziale Verbundenheit signalisieren. Solche und andere Demütigungen musste Meister Frantz, der dies vermutlich als das natürliche Schicksal eines Mannes in seiner besonderen sozialen Stellung ansah, einfach ertragen. Ob diese täglichen Kränkungen in ihm Wut oder Scham oder Verzweiflung auslösten, das wusste nur er allein.

Wie tief in Frantz der Respekt vor hohem Amt und edler Geburt verwurzelt war, veranschaulicht ein spektakulärer Kriminalfall aus der zweiten Hälfte seiner beinahe 40 Jahre währenden Amtszeit. Im Dezember 1605 wurde der Rechtskonsulent des Nürnberger Rates Doktor Niklaus von Gülchen (bei Schmidt *Gilgen* geschrieben) wegen Hochstapelei und Betrugs vieler bekannter Nürnberger und der Stadt selbst verurteilt. Ungeachtet des Todesurteils kam von Gülchen in den Genuss sämtlicher Privilegien einer Hinrichtung erster Klasse: eine komfortable Zelle im Luginsland statt im Loch, besondere Mahlzeiten, Verschonung von Folter während des Verhörs (das Adelsprivileg des *non torquendo*), ein ehrenvoller Tod durch das Schwert und ein

Die Hinrichtung des Niklaus von Gülchen, Rechtskonsulent des Nürnberger Rates, im Jahr 1605. Der wegen Unterschlagung und anderer Vergehen verurteilte von Gülchen wurde, anders als in dieser Chronik von 1616 dargestellt, in einen Richtstuhl gesetzt, nicht auf Knien enthauptet.

Begräbnis im Familiengrab auf dem Friedhof des heiligen Johannes.[38] Der tiefe Widerwille des Scharfrichters ist in der ganzen Passage zu spüren, die er den verschiedenen *bösen sachen* von Gülchens widmet. Dazu zählte der Bruch seines Eides als juristischer Berater des Rates, indem er in mehreren Angelegenheiten den gegnerischen Parteien Rechtsbeistand leistete, Veruntreuung von Geldern aus der Stadtkasse, die Plünderung der städtischen Vorräte an Bier und Wein, das Zeugen von fünf Kindern mit der Dienstmagd seiner Frau, Vergewaltigung seiner Magd, versuchte Vergewaltigung einer Schwiegertochter und Bestechung der anderen, damit sie sich auf eine Affäre einließ, Betrug vieler adliger und patrizischer Familien und die eigenhändige Verleihung des Doktortitels mithilfe eines gefälschten Siegels. Wie im Fall des wohlgeborenen Hochstaplers Gabriel Wolff regte sich der Nürnberger Scharfrichter vor allem über die Unverfrorenheit von Gülchens auf, seine herausgehobene Stellung zu missbrauchen und die Ehre seiner Familie zu besudeln, was fast schon einem Sakrileg gleichkam. Dennoch konnte auch von Gülchen auf seine Standesprivilegien pochen. Meister Frantz musste notgedrungen mit dem verurteilten Edelmann in dessen Zelle über die für die

Hinrichtung angemessene Kleidung verhandeln. Am Ende riss den Vorgesetzten Schmidts der Geduldsfaden. Sie stellten dem Verurteilten aus dem städtischen Zeughaus einen langen Trauermantel und einen Hut zur Verfügung, die von Gülchen mit majestätischer Ruhe während der öffentlichen Prozession zum mit einem feinen, schwarzen Seidentuch bedeckten Richtstuhl trug.[39]

Was die große Masse der Menschen unterhalb des Adels und des Patriziats anging, so hielt Frantz Schmidt die Verknüpfung von sozialem Stand und Ansehen für noch zweifelhafter. Argwöhnisch verfolgte er insbesondere die Versuche der Handwerkerzünfte, den Verlust an Rang und Einfluss ihrer Mitglieder durch Verunglimpfung all derer zu kompensieren, die wie die Scharfrichter einen unehrenhaften Beruf ausübten oder gar keinen Beruf hatten. Frantz wusste von Anfang an, dass die Ausbildung oder Beschäftigung in einem sogenannten ehrbaren Handwerk aus einem Menschen noch lange keinen ehrlichen Mann machte. Somit hielt er sich in seinem Tagebuch zwar an die damals gültige Konvention, jeden Täter mit dessen Beruf zu nennen – *ein kürßner (Kürschner); ein bauer; ein drotziher (Drahtzieher)* –, aber er erklärt niemals, dass ein bestimmtes Handwerk oder eine Zunft ehrenhaft sei. Tatsächlich wird das Wort »ehrbar« nur in Zusammenhang mit Adligen oder Patriziern verwendet, und das Gegenteil »unehrlich« taucht im ganzen Tagebuch nicht auf. Die Handwerksbezeichnung diente Frantz, genau wie die Angabe des Heimatorts und des Namens, lediglich dazu, eine Person in der Lebenswirklichkeit zu verorten. Diese formale Identität sagte nach seiner Auffassung nichts über den Charakter aus, darüber ob jemand gut oder böse ist – entsprechend wird selbst der Serienmörder Nickel Schwager einfach nur als *ein Steinmetz* bezeichnet.[40]

Frantz Schmidt unterscheidet jedoch durchaus zwischen gesellschaftlichem Stand und persönlichem Ansehen, meist indem er als Identitätsnachweis in einem Atemzug den Beruf und das Verbrechen der Person erwähnt, etwa wenn er *ein kremer und Morder, ein reitter … und ein dieb, ein reftreger [Hausierer] und dieb* schreibt oder, noch weitere Attribute aufzählend, *ein Dachdecker … ein dieb und falscher spiller so auch drei Weiber genomen.* So hält er es vor allem in den ersten Jahren in Nürnberg, wenn auch nicht immer ganz konsequent, einen Georg Götz etwa bezeichnet er eingangs als *ein [städtischer] Schütz, dieb, und hurer,* später aber schlicht als *ein schitzer [Schütze]* – eine absolut verständliche Auslassung, wenn man bedenkt, dass er sein Tagebuch aus eigenem Antrieb führte.[41] (Der am Ende geköpfte Götz dürfte seine Vorliebe fürs Stehlen und für lose Frauen in der Zwischenzeit kaum abgelegt haben.) Die steigende Verwendung zusammengesetzter Identitäten *(Michel Gemperlein von Micheldorff, ein Metzgehr, lantzknecht, Rauber, und Mörder, und Dieb)* lässt darüber hinaus vermuten, dass der Scharfrichter mit zunehmender Lebenserfahrung die Tradition, die soziale Identität einer Person ausschließlich an deren Handwerk festzumachen, infrage stellte – jedenfalls in Bezug auf Aussagen zum Charakter der Person.[42]

Die seltenen Fälle, wo Frantz die Missetäter lediglich mit ihrem Verbrechen näher bezeichnet, sagen noch mehr über seine Ansichten zu Moral und Charakter aus: eine *Kindsmerderin, ein viehe rötzer* (Sodomie), *eine brennerin* (Brandstiftung) oder *eine Ketzerin* (Inzest). Im Gegensatz zu einfacher Unzucht oder gar Totschlag löschten diese Verbrechen in den Augen des Scharfrichters offenbar alle anderen Aspekte der Identität. Menschen, die die Ausübung von Verbrechen zu ihrem Beruf gemacht hatten, werden hier und da ebenfalls lediglich als *Dieb* oder *Rauber* bezeichnet – hier gewiss nicht wertneutral gemeint.

Frantzens Weigerung, gesellschaftlichen Stand und Ansehen einer Person miteinander zu verschmelzen, hatte offensichtlich viel mit seiner eigenen Situation zu tun. Selbst die Bezeichnung »Meister Frantz« konnte ihn in den Augen anderer auf die Stufe seines unrühmlichen Handwerks zurückwerfen. Im Allgemeinen sagte jedoch der Name eines Menschen wenig über dessen Identität, geschweige denn dessen Ansehen aus. Adlige und patrizische Namen waren natürlich in der Regel sofort erkennbar, insbesondere wenn sie, wie gelegentlich auch im Tagebuch, mit Ehrentiteln wie *der Ersamer* oder *seine hoheit* einhergingen. Jüdische Namen waren meist ebenfalls leicht zu erkennen, weil ihre Rufnamen typischerweise hebräischen Ursprungs waren (z. B. Mosche oder Moses) und die Familiennamen (z. B. Judt) oft gewissermaßen als Erkennungszeichen dienten. Sonst sagten die Namen an sich wenig aus. Eine Protestantin konnte durchaus auf den Namen der Jungfrau Maria oder einer Heiligen getauft sein; ein Schuster konnte Fischer heißen, eine langjährige Nürnberger Familie Frankfurter. Offensichtlich hatten im konkreten Fall je nach Ort bestimmte Familiennamen einen besseren Klang als andere, aber selbst die Namen vieler Nürnberger Patriziergeschlechter tauchen auch in den Armenverzeichnissen und Gerichtsunterlagen auf.

Waren Namen also im Regelfall uneindeutig, gab es jedoch eine große Ausnahme: nämlich wenn eine Person mit einem Spitz- oder Decknamen bezeichnet wurde. Gewiss ging nicht jeder, der einen Spitznamen hatte, automatisch einer anrüchigen Tätigkeit nach, aber so gut wie alle zwielichtigen Gestalten führten mindestens einen weiteren Namen. Waren sie zu Berufsverbrechern geworden, hatten so gut wie alle jugendlichen Diebe, die es mit Meister Frantz zu tun bekamen, bereits vielsagende Namen erworben wie *der Frösh Hennsle, der Schwartzpeck [schwarze Bäcker], der Rote Lienl, der Stopfer, der Haugk, der Packele*. Spitznamen gingen häufig auf den Beruf des Trägers zurück – *kremer, Steinmetz, beckenbibla [Bäckerjunge]* – oder auf den Geburtsort – *der shweizer, Cunz von Pommersbrun* – oder auf die Kleidung – *Grünhuttlein, der Reutter Hensa, handtshuh georg* –, oder diese Attribute wurden kombiniert – *der Geigen schuster, der Lauffenholtzer, der Schwartz von Bayrdorff*. Manche waren komisch – *Hünerbain, Hasen, Schneck* –, andere herablassend – *Gatzet [Schwätzer], Stamlet Barthel [Stotterbart], bubla* – oder sogar kränkend – *Roßkefferin [Pferdekäferin], Rabenröder [Rabenfutter]*. In einem Zeitalter, das von Konventionen politischer Korrektheit vollkommen frei war, spielten Spitznamen häufig auf das Äußere einer Person an: *Spitzkopf, der lang ziegler, der Roth Petterla, der dürer Georg* und *der Kleiner Dick* – oder auf die Reinlichkeit wie *Pufferla [der Staubige]*.[43] Ein Deckname konnte auch eine Anspielung auf einen bestimmten Namen sein wie im Fall der *Katherina Schwertzin*, die auch als *das kohl Meidlein* bekannt war.[44] Aber wie immer sie entstanden sein mochten, Spitz- und Decknamen hatten durchaus einen praktischen Zweck: Sie vermieden eine Verwechslung in einer Gesellschaft, die sich allzu sehr auf relativ wenige Rufnamen (allen voran Hans) beschränkte.

Nürnbergs erfahrenem Scharfrichter zeigte häufig schon allein die Existenz eines Spitznamens eine gewisse Verbindung mit dem »losen Gesindel«, wenn nicht mit der Unterwelt an. Es ist nicht ganz so sicher, ob dem Tragen eines Spitznamens ganz generell solch ein sozialer Makel anhaftete – das hing selbstredend auch von dem Namen ab. Die Zeitgenossen dürften bei Personen namens *Lantzknecht Hans* oder *der Schneitla [Schnitter]* mit gewalttätigen Neigungen gerechnet haben, und wenn ihnen ein *kielblone [raffinierter Gerber]* oder *Achtfinger* vorgestellt wurde, besonders auf ihre Börse aufgepasst haben. Frauen mit Spitznamen wie *Spilkundl, die Peltz Kathra, das schleiffer Maidlein* oder – ein Beispiel von nicht zu übertreffender Direktheit – *das Moser [Möse] Annala* dürften kaum ehrbare Beschäftigungen gefunden haben.[45] Mit Sicherheit musste auch Meister Frantz wenig schmeichelhafte, ihn herabsetzende Spottnamen ertragen, aber er hat sie der Nachwelt nicht überliefert.

Wie auch immer die Umstände der Herkunft einer Person waren, was er auch für einen Beruf ausübte (oder für einen Spitznamen trug), alle Zeitgenossen Frantz Schmidts wären sich wohl einig gewesen, dass der zuverlässigste Indikator für das Ansehen einer Person der Umgang war, den der oder die Betreffende pflegte – für den Nürnberger Scharfrichter, der sich weder seine Herkunft noch seine Kollegen aussuchen konnte, wohl aber seine Freunde, ein nicht zu verachtender Trost. Aber wer konnte zu dem zwangsläufig kleinen Bekanntenkreis gehört haben, wenn man bedenkt, dass Frantz immer noch überall auf soziale Schranken stieß? Und wo traf er seine Freunde überhaupt? Gewiss nicht am häufigsten Ort männlicher Geselligkeit, weil Schenken für Scharfrichter im Allgemeinen tabu waren, und für einen, der sich nicht betrank, geschweige denn spielte, kamen sie schon gar nicht infrage. Öffentliche Feste, Hochzeitsfeiern und dergleichen blieben ihm ebenfalls verschlossen, genau wie die Häuser der Juristen und Ärzte, mit denen er beruflich zu tun hatte, oder anderer Bekannter, die Gefahr liefen, ihren guten Ruf zu verlieren, falls sich herumsprach, dass sie mit einem Scharfrichter verkehrten. In Anbetracht seiner langen Amtszeit ist anzunehmen, dass Frantz mit einigen Ratsherren, Juristen, Ärzten und Apothekern zumindest eine freundschaftliche Geschäftsbeziehung unterhielt. Er pflegte mit anderen Scharfrichtern der Region einen Briefwechsel und war diesen möglicherweise auch in Freundschaft verbunden.[46] Seine Beziehung zu den Gefängniskaplänen hingegen war allem Anschein nach nicht sonderlich eng: In ihren Tagebüchern nennen Magister Hagendorn und Magister Müller ihn selten beim Namen, meist sprechen sie von ihm nur als »der Nachrichter« oder »der Henker«. Schmidt bezeichnet die beiden ähnlich unpersönlich als *Priester*. Wer immer die engsten Gefährten von Frantz waren – es ist zu hoffen, dass er zumindest einige Freunde hatte –, ihre Begegnungen fanden vermutlich in der Privatsphäre seines eigenen Hauses statt, obwohl Besucher ein gewisses Risiko eingingen, falls sie dort gesehen wurden.

Schlechte Gesellschaft zu meiden war hingegen längst nicht so schwierig; zudem hatte der Sohn von Heinrich Schmidt bereits einige Übung darin. Dank der Arbeit seines Löwen kam Frantz selbst wenig mit den städtischen Schützen und anderen niederen Vollzugsorganen in Berührung. Auf diese Weise zog er nicht den allgemeinen Unmut auf sich, den sie ob der ihnen nachgesagten Bestechlichkeit und Brutalität erregten. Ohne viel Federlesen ging der neue Scharfrichter gegen jeden bettelnden

Büttel oder städtischen Schützen vor, der mit Prostituierten verkehrte oder in seine Obhut gegebene junge Mädchen vergewaltigte, entweder durch Auspeitschen oder durch Hinrichtung.[47] Teilnahmslos notiert er die von ihm persönlich vollzogene Hinrichtung an vier ehemaligen Zuarbeitern wegen Mordes und Diebstahls, darunter dem Abdecker Hans Hammer, genannt *der Rissel* oder *Schuster Jung*, und dem Schützen Carl Reichardt, genannt *Eckerlein*, der *bey den Nachrichtern [und] ihren knechten und uff der schinderey, wo man in beherbegt, gestolen [hat]*. In Anbetracht der zusätzlichen Schande, die solche Mit- oder Zuarbeiter seiner Profession und damit auch ihm zufügten, ist das Bestreben Frantzens, sich von ihnen zu distanzieren, durchaus verständlich. Bezeichnenderweise versucht er gar nicht erst, sich einzureden, derartige Missetäter wären in diesem Berufsstand die Ausnahme, sondern vermerkt über einen ehemaligen Büttel, der wegen Mordes verurteilt wurde, voller Verwunderung, dass dieser ihm sonst als ein *wolbedachter Man* erschienen sei. Das Urteil, den Verbrecher zu rädern, wurde entsprechend in Enthaupten gemildert.[48]

Wurde ein Mann in Verbindung mit »losem Gesindel« gebracht, so war das ein dehnbarer Begriff, schloss aber in der Regel den Umgang oder sogar die Zusammenarbeit mit Berufsverbrechern ein. Schon eine zufällige Beziehung zu einem bekannten Kriminellen konnte, wenn es um die Verfolgung einer schweren Straftat ging, eine ausreichende Begründung für Folter sein. Die bestätigte Mitgliedschaft in einer Räuberbande war noch vernichtender. Folglich braucht Meister Frantz nur wenige Worte, um die ganze Verruchtheit des Joachim Waldt, genannt *der Lehrstützen*, zum Ausdruck zu bringen: *so grausam viel gestollen und einbrochen bey etlich 30. Gesellen gehabt*; oder im Fall Hennsa Walters, genannt *der Keßheckel*, der mit *14 seiner geselln und zweyen hurn* in Verbindung gebracht wird. Meist begnügt sich Frantz mit dem Hinweis, dass ein verurteilter Räuber *viel geseln* hatte, und begründet so kurz und bündig den schlechten Ruf eines Mannes als *ein Schelm* und dessen spätere wohlverdiente Hinrichtung.[49]

Übermäßiges Trinken, Spielen, Kämpfen und Verkehr mit Prostituierten waren weitere typische Merkmale eines Mannes mit schlechtem Ruf wie auch schlicht die »anstößige und saumäßige Sprache«.[50] Wenn man bedenkt, wie verbreitet solches Verhalten in der Bevölkerung war, deutete ein unziemliches Benehmen lediglich auf eine verbrecherische Neigung hin und bildete für sich noch keinen Beweis. Vielmehr erwähnte Frantz solche Gewohnheiten, um die Missetäter in einen bestimmten Kontext einzuordnen, und häufig auch, um den schlechten Charakter und die gerechte Strafe eines Mannes, den er vor Kurzem gerichtet hatte, zusätzlich zu unterstreichen, etwa: Hans Gerstacker, genannt *der Rot, hat gar viel gestollen [und] auch in einem bader ein frauw erschlagen.* Oder der Taschenmacher und Zöllner Andreas Weyr ist zu Recht ausgepeitscht worden, *wegen daß er mit dreyen gemeinen hurn Unzucht trieben,* obwohl er verheiratet war, und hat *auch vom zoll abtragen [unterschlagen]*.[51]

Auch den Ruf einer Frau beurteilte der Scharfrichter ganz im Rahmen der üblichen Konventionen. Wie den Männern haftete vielen Frauen, die Frantz auspeitschte oder richtete, durch ihren Kontakt zu bekannten Verbrechern, häufig als die Gefährtin oder Frau eines berüchtigten Räubers, ein Makel an. Wenn sich herausstellte, dass sie bei einem Diebstahl oder Mord unmittelbar beteiligt war, konnte die Strafe härter ausfallen, vom Abhacken der Finger bis zum Ertränken wie im Fall der Margaretha Hörnlein, *welche Ihrem Mann Hörnlein und Knauer und Weißkopf zu ihren unthaten geholfen, dieb und rauben beherberget, auch zu den zweyen neugebornen Kindlein [die] in ihrem Hauß umbgebracht worden geholffen, auch den mörd und dieben zu essen geben, daß sie nicht bekennen sollen.* Eine Frau, die so ein Leben führte, gehörte in Frantzens Augen schon ganz der Schattengesellschaft aus Dieben, Mördern und Räubern an. Maria Canterin war bereits mehrmals ausgepeitscht und verunstaltet worden, weil sie die Gefährtin zweier hingerichteter Räuber gewesen war (*der Schöner zu Lengenfelt* und *der Hendtschuh Georg*), als sie und ihr derzeitiger

Liebhaber, *der Schuler von Bayreuth*, beide wegen wiederholten Diebstahls hingerichtet wurden.[52]

Aber ganz unabhängig davon, ob sie an Diebstählen oder Gewaltakten beteiligt gewesen sein mochte, es war die unsittliche Lebensweise, die eine Frau unweigerlich in Verruf brachte. Mit einem einzigen Wort konnten Frantz und seine Zeitgenossen den Ruf einer der Promiskuität verdächtigen Frau ruinieren – dieses Wort war weit wirkungsvoller als die gebräuchlichen Schimpfwörter *Schelm* oder *Hurer* für Männer. Prostituierte, »Soldaten Anhänger« und andere »lose Weibspersonen« (die häufig die Opfer von Vergewaltigungen oder Inzest waren) werden im Tagebuch des Henkers regelmäßig als *ein gemeiner strassenhur, ein diebshur* oder schlicht *ein hur* bezeichnet.[53] Wie Männer, die ihre eigene Mutter schlugen oder vor Gericht einen Meineid schworen, wurden Frauen, die mit allen möglichen Männern ins Bett gingen, automatisch schwererer Vergehen verdächtigt. In manchen Fällen schlägt sich dies im Tagebuch in einer doppelten Bezeichnung nieder – *drey burgerskindt und hurn; ein beckschlagers [Flaschners] tochter [und] ein hur; ein Kochin und hur; eine schutzn Weib und ein hur* –, aber weit häufiger verlieren solche Frauen in der Erinnerung des Scharfrichters jede andere Identität, in manchen Fällen sogar ihre Namen.[54]

Weil im Zuge der Reformation auf eine sittliche Lebensweise sehr großen Wert gelegt wurde, schwebten alle Frauen (verheiratete ebenso wie ledige oder verwitwete) in der Gefahr, der Unzucht angeklagt zu werden – mit verheerenden Konsequenzen. In den schlimmsten Fällen trug dieser Vorwurf zu einer Anklage wegen Hexerei oder Kindsmords bei – den beiden häufigsten Gründen für die Hinrichtung von Frauen in der Frühen Neuzeit. Üblicherweise hatte jede entdeckte außereheliche Aktivität von Frauen ein Auspeitschen und die Verbannung zur Folge, nur in ganz seltenen Fällen (meist wenn der Vorwurf des Diebstahls hinzukam) die Hinrichtung. Insgesamt machten Frauen zwar nur 10 Prozent der Personen aus, die Frantz in seiner Laufbahn hinrichtete, aber sie stellten 80 Prozent derjenigen, die er wegen Sittlichkeitsdelikten an den Pranger stellte und anschließend mit Ruten ausstrich.[55]

Frantz war sich darüber im Klaren, dass Männer und Frauen hier mit zweierlei Maß gemessen wurden, notierte sich sogar, wenn Männer, die wegen Unzucht verurteilt wurden, geringere Strafen bekamen als ihre Partnerinnen, selbst bei Inzest.[56] Allerdings wirkt er eher amüsiert als mitfühlend, wenn er folgende Zeilen zitiert, die der verzweifelte Ehemann einer Frau auf eine Kirchenmauer gekritzelt hat: »*Vatter und Sohn solt man thun wie ihr und den Kuplern deßgleichen. Keiser und König anzuruffen und in jenner Welt zu klagen wilß furbringen. Ich armer Mann unschuldig dahinkumb. Alde zu gutter Nacht.*« Die Frau war wegen *Unzucht und hurerey … mit 21 Ehemennern und Jungen gesellen*, darunter bewusstem Vater samt Sohn, hingerichtet worden.[57] Für den Nürnberger Scharfrichter war jeder Mensch das Produkt seiner eigenen Taten, und wenn eine Frau *vor funff Jahrn durch ein lantzknecht umb Ehr [ihre Jungfräulichkeit] komen* oder *so drey hurenkinder tragen*, so war sie nun mal *eine Hur*.[58]

Es ist erstaunlich für jene Zeit und für einen frommen Lutheraner wie Frantz Schmidt, dass die Religionszugehörigkeit in seiner Bewertung von Ansehen und Charakter überhaupt keine Rolle spielt. Er lässt keine Animositäten gegenüber von ihm gerichteten Katholiken erkennen (die er niemals als Papisten bezeichnet), sondern vermerkt lediglich die Bitte um ein bestimmtes Gebet oder die Kommunion auf dem Schafott.[59] Hans Schrenker unternahm den dreisten Versuch, seinen katholischen Glauben für eine Verschiebung der Hinrichtung zu nutzen, und bat um die Erlaubnis, eine Wallfahrt *nach Goßmannßstein … zu seinem beicht Vatter* zu machen, *darnach so wol er sich wider einstellen*. Selbstverständlich wurde die Bitte abgelehnt. Die einzigen Fälle, in denen Schmidt die Wörter *Ketzer* und *gottlos* verwendet, beziehen sich beide auf die jeweilige Missetat des Verbrechers, nicht auf seine Konfession.[60]

In Frantzens Kindheit in Hof waren die Juden an jedem Karfreitag rituell gedemütigt worden, und aus der Stadt Nürnberg waren sie seit 1498 offiziell verbannt, doch im Tagebuch werden Juden häufiger mitfühlend als Opfer gerichteter Diebe oder Räuber genannt denn als Täter.[61] Als Meister Frantz befohlen wird, den Spion und Dieb Moses den Juden aus Otenfoss *aus Gnade* öffentlich zu erdrosseln, da vermerkt er gewissenhaft: *[Es] ist eben 54. Jahr daß man auch einen Juden (so der Ambsel geheissen) gericht hat.* An keiner Stelle ist vom Vorwurf der »Blutschande« die Rede, wie er von Antisemiten späterer Tage erhoben wurde, auch wird keine schwerere Bestrafung als Auspeitschen für *Hay Judt* gefordert, der wegen Vergewaltigung mehrerer Frauen verurteilt wurde, oder wie Schmidt schreibt: *[weil er] di Christenweiber hinderwartz überfallen zu seinen Mutwillen nöten gebrauchen wollen [und] alle weil an ihnen genoldt, biß ihm auß frechheit seine Natur entgangen.* Julius Kunrad, ein Jude, der zum Christentum konvertiert war und auf mehrere Schirmherren wie den Bischof von Würzburg verweisen konnte, bekam ebenso das übliche Auspeitschen und Verbannung als Strafe für Bigamie und Ehebruch, obwohl er zudem ein illegitimes Kind mit *ein[er] gemeine hur* gezeugt hatte, *vor er getauft* wurde. Als ein Jahr später ebendieser Kunrad (der sich inzwischen Kunrad aus Reichensachsen nannte) wegen Raubes, mehrfachen Diebstahls und Mordes hingerichtet wird, gibt Schmidt keinen Kommentar zu seiner Religionszugehörigkeit ab, abgesehen von der Feststellung, dass er auf dem Schafott *daß Nachtmal nicht empfangen, sondern nur uf Catolisch.*[62]

Da Frantz Schmidt sich mit großer Sorgfalt einen guten Namen erarbeitete, reagierte er sehr empfindlich auf jede Form der Vortäuschung von sozialem Ansehen. Besonders empörten ihn Personen, die sich einen fremden Namen oder Stand anmaßten – in einer Ära, der die heute üblichen Personenfeststellungsverfahren unbekannt waren, war das nicht schwer.[63] Was moderne Gelehrte bewundernd als Self-Fashioning bezeichnen, Juristen dagegen kriminelle Hochstapelei nennen, verstörte und empörte den Nürnberger Scharfrichter. Es ärgert ihn, dass Lienhard Dischinger, *welcher [sich] uff falsche brief und Sigel für einen Vertriebenen Schulmeister od. Prister zu Maurbach auß dem Stifft Bamberg* ausgegeben hatte, mit einem kurzen Auspeitschen davonkam. Und es beruhigt ihn, dass Kunrad Krafft, der unter falschem Namen etliche Betrügereien begangen und *sich für ein burger zu [Forchheim] außgeben [und] ein Rath zu [Forchheim]*, am Ende wegen seiner Lügen geköpft wurde.[64] Der Diebstahl eines guten Namens – wie im Fall des berüchtigten Hochstaplers Gabriel Wolff – bedrohte die Grundfesten von Schmidts Weltsicht stärker als die Entwendung von Geld oder Besitz. Als er über die Webertochter Maria Cordula Hunnerin schreibt, die für ihre Verbrechen geköpft wurde, stehen nicht die beträchtlichen Diebstähle, begangen an ihren ehemaligen Herren, im Zentrum, sondern ihr schmählicher und skandalöser Schwindel:

> *[Sie hat] zu Altdorff ein tuchmachers Sohn von Schweinfurt genomen, dan [hat] sie sich für eines wirdths tochter von beyreitht [Bayreuth] zum Schwartzen bern [Bären] außgeben, ein fuhr bestelt mit dem breitigam neben ihrer Frauen, so zu einer Einspennigerin [die Frau eines berittenen Söldners] dahin gefahrn. In das wirtshauß Essen und trincken bestelt zu kochen, auch ein alten Man der damalß Im wirdtshauß gewest für Ihren Vatter außgeben, auß dem Wirdthaus gangen, ihr Schwester zu holen. [Sie hat sich] davon gemacht, die Leuth im Wirdtshauß sitzen lassen, da denn di Einspen[nig]erin 32 fl. [hat] zalen missen.*[65]

Die Verwendung mehrerer Identitäten war unter professionellen Dieben natürlich gang und gäbe – eine Praxis, die ihren anrüchigen Status nur noch bestätigte. So gut wie jeder Berufskriminelle, dem Frantz im Lauf seiner Karriere begegnete, konnte sich mindestens eines Decknamens rühmen, häufig gleich mehrerer. Der Räuber und Söldner Linhardt Reißweter etwa wird *sonst linhardt lubing, linhart von Kornstatt, der Sichen lindl, auch Mosel lindl genandt*; und ein junger Dieb hat schon im Alter von 16 Jahren fünf Decknamen. Ein ehrlicher Mann hat hingegen nur eine, nämlich seine wahre Identität; deshalb deutet Meister Frantz es als ein Zeichen echter Reue, dass der Dieb und Räuber Fritz Musterer, genannt *Klein fritzlein* oder *Schneck, erst seinen Namen anzeigt wie man ihn [hat] hinauß füren wollen [zum Galgen], dann er [hat] sich zuvor georg stengel von bachhaussen, genandt.* Die Gefährtinnen der Räuber und anderer Berufsverbrecher waren ebenfalls bekannt dafür, dass sie mehrere Namen führten; manchmal wechselten sie ihren Namen, wenn sie ihren Partner wechselten. Die *Diebhur* Anna Gröschlin, auch *die Rascherin* genannt, gestand Frantz, dass sie zuvor drei Jahre lang *sich alß Margaretha Schoberin außgeben* und damit den Familiennamen ihres damaligen Gefährten Georg Schober angenommen hatte (sowie einen anderen Rufnamen).[66]

Auf Verleumdung, eine andere Form des Angriffs auf das Ansehen einer Person, reagierte der standesbewusste Scharfrichter mit noch heftigeren Gefühlen, weil ihm schmerzlich bewusst war, welches Leid üble Nachrede und Vorurteile auslösen können. Wie Frantz hielten viele seiner Zeitgenossen eine Beschmutzung des guten Namens für ein schwerwiegenderes Vergehen, als jemanden körperlich zu verwunden. Bastian Grübel, genannt *der schlack, hat viel gestolen darneben bey 20 Mordt bekent,* aber am meisten macht es Schmidt zu schaffen, dass Grübel einen Feind belastete, indem er ihn zu seinem Komplizen erklärte. Der unschuldige Mann wurde prompt verhaftet und gefoltert. Noch stärker regte sich Meister Frantz offenbar über den ehemaligen Scharfrichtergehilfen Friedrich Stigler auf, weil *er etlichen burgersweibern Alhie bezichtigt, sie warden Hexen, er kennt bey Ihrem Zeichen, welcher er doch wissentlich Unrecht gethan* – ein schweres Verbrechen, für das Stigler am Ende von dem empörten Meister Frantz geköpft wurde. Da er die psychischen Folgen, die eine Diffamierung auslöste, nur zu gut kannte, hat Schmidt nichts übrig für den gescheiterten Frauenschänder Valentin Sundermann: Aus reiner Bosheit hatte dieser behauptet, er habe die Dame des Hauses beobachtet, wie sie *bey den geselln geschlaffen.* Umgekehrt lässt Frantz unerwartetes Mitgefühl erkennen für den Berufsdieb Georg Mötzela, dem sein eigener illegitimer Sohn fünf Morde anhängen wollte: *[Er hat] ¾ Jahr gefangen gelegen, wegen daß seine Jung, so seiner hurn bruder, bey 9. Jahren alt, fünff Mord auf ihme außgeben … ist aber alles nichts gewessen.*[67]

Die Ehrbarkeit konnte von den Herrschenden verliehen oder entzogen werden, von Männern, die unter Umständen launisch, ja sogar grausam waren. Die Ehrlichkeit – und damit auch das persönliche Ansehen – hingegen verdankte sich einem Akt der Selbstbestimmung. Frantz lehnte sich gegen die Schicksalsergebenheit seiner Zeitgenossen auf, den eigenen Stand als gegeben hinzunehmen, und hielt zielstrebig nach Mitteln und Wegen Ausschau, die ihm eines Tages, wie er hoffte, wieder eine ehrbare Stellung verschaffen würden. Mit dieser Auffassung einer individuellen Identität vertrat er, auch wenn ihm das nicht bewusst war, ein moderneres Identitätskonzept als in seiner Zeit üblich. Für einen halbgebildeten Autodidakten war diese geradezu humanistische Herangehensweise erstaunlich. Seine in späteren Jahren angestellten Überlegungen zur menschlichen Natur und zum freien Willen decken sich in einigen wichtigen Punkten mit Einsichten der größten Denker jener Tage, ungeachtet der schlichten und fragmentarischen Weise, in der Frantz sie zum Ausdruck bringt. Doch philosophische Betrachtungen interessierten ihn allenfalls an zweiter Stelle, ihm ging es zunächst und vor allem um ein einfaches, lebenspraktisches Ziel, und das hatte absolute Priorität: der Aufbau eines ehrenhaften Namens.

Die wesentlichen Bestandteile eines guten Namens waren in jeder Gesellschaftsschicht allgemein bekannt. Ein raffinierter und skrupelloser junger Mann hätte sich durch Manipulation der Wahrnehmung ohne Weiteres einen Namen machen können, einfach indem er sich den Anschein der Schicklichkeit gab, ohne tatsächlich die moralischen Grundsätze zu akzeptieren. Als Augenzeuge all der menschlichen Grausamkeit und Täuschung, die er von Amts wegen zu sehen bekam, hätte Frantz durchaus auch apathisch oder gar zynisch gegenüber der Strafjustiz und ihrer Doppelmoral werden können. Immerhin wurden, wie er wohl wusste, längst nicht alle Missetäter gefasst oder bestraft, und nicht alle Opfer waren völlig schuldlos an ihrem eigenen Unglück. Für eine zufriedenstellende Ausübung seiner Pflichten war überdies weder ein leidenschaftliches Eintreten für Gerechtigkeit noch die innere Überzeugung von der Richtigkeit seines Tagewerks erforderlich. Schon früh hätte er beschließen können, sich allein auf seine Karriere und die dafür benötigte äußerliche Anpassung zu konzentrieren.

Die Tagebucheinträge bestätigen hingegen, dass Frantz Schmidt nicht nur ein bereitwilliger, sondern auch ein leidenschaftlicher Scharfrichter war. Seine Empörung über die von Räubern und Brandstiftern begangenen Gräueltaten wirkt echt und sein Einsatz für die Wiederherstellung der gesellschaftlichen Ordnung aufrichtig, nicht zähneknirschend oder berechnend. Sein Mitgefühl für die Opfer, insbesondere für jene, die *all ihr hab und Baarschaft* beraubt wurden, bringt er häufig und überzeugend zum Ausdruck. Mit anderen Worten, statt seine Gefühle zu unterdrücken oder zu leugnen, beschloss Meister Frantz, sie zu kanalisieren, indem er den einzigen Trost gewährte, den er den Opfern von Verbrechen anbieten konnte: gesetzliche Vergeltung.

Frantzens persönliche Definition von Gerechtigkeit war extrem traditionell und unterschied sich somit erheblich von der

Skizze eines Gerichtsschreibers von den abgeschlagenen Gliedmaßen und dem Kopf des Hans Ramsperger, die am Galgen öffentlich zur Schau gestellt wurden (1588).

etwa in der *Carolina* zum Ausdruck gebrachten offiziellen Rechtsvorstellung, die ihn leiten sollte.[68] Die reformorientierten Juristen und Theologen des 16. Jahrhunderts beriefen sich zwar auf »alten Brauch« und »göttliches Gebot«, doch sie trachteten nach einer neuen konzeptionellen Einheitlichkeit im Strafrecht, gestützt auf die jeweiligen Institutionen, die sie repräsentierten. In diesem abstrakteren Modell waren nicht mehr das Opfer und seine Angehörigen die wichtigsten betroffenen Parteien bei einem Verbrechen, sondern der gesetzliche Souverän und Gott. Für Frantz Schmidt hingegen blieb jegliches Verbrechen im Wesentlichen ein Akt des persönlichen Verrats, entweder an einer anderen Person oder an einer Gruppe. Vertrauen, nicht Gehorsam gegenüber Gott oder dem Staat, war das heilige Band, das die Verbrecher verletzten, und je größer das Ausmaß dieses Vergehens, desto verruchter war der Kriminelle in Frantzens Augen.

Fachjuristen weiteten beispielsweise die Definition von Verrat dahin gehend aus, dass sie nicht nur den Verrat an einem Vorgesetzten betraf, sondern auch eine Vielzahl von Gesetzesverstößen, die sie als Rebellion gegen die von Gott gegebene weltliche Obrigkeit werteten – schon bald dem Fokus der meisten neuen Gesetze. Aber Frantz und der Großteil seiner Zeitgenossen betrachteten Verrat immer noch als persönliche Kränkung, nicht als Schändung abstrakter Begriffe. So setzten in dem fortwährenden kalten Krieg zwischen der Stadt Nürnberg und dem Markgrafen von Ansbach beide Seiten regelmäßig Waldhüter, Spione und andere Landsknechte ein, um sich Informationen zu beschaffen oder Agenten zu fangen.[69] Die Tagebucheinträge zu diesen verschiedenen »verräterischen« Akten lassen jedoch keinerlei Gefühle erkennen, bis Frantz auf den Verräter Hans Ramsperger zu sprechen kommt, der

> *viel Nürnbergische und andern Wiltschutzen verrathen, daß sie bey 10 darunter gericht worden und nichts bey ihnen gefunden [also keine belastenden Beweise]. Auch die Statt Nürnberg bey den Alten Margraffen verrathen, wo di am Sch[w]echsten an den maueren zu gewinnen sey, anzeigt wo es miglich. Sein bestes dabey zu thun, so es darzu käme. Auch herrn hannß Jacob hallern uff Werhauß und herrn Schmidtern und Weyerman zu verrathen [und] in die gefengniß zu bringen.*

Ramsperger wurde zwar am Ende *auß gnaden alhie mit dem Schwerdt gericht*, doch sein Scharfrichter fügt mit unüberhörbarer Befriedigung hinzu, dass *den Cörper [danach] zu vier theilen gehauen und solche an den hohen gericht an die vier Eck geheft [wurde], den Kopff an einer stangen uber sich gesteckt.*[70]

Ganz ähnlich beurteilte der Nürnberger Scharfrichter das Fälschen – von den Autoren der *Carolina* ebenfalls zu einem Kapitalverbrechen aufgewertet, zu bestrafen durch das Verbrennen bei lebendigem Leib – nach dem Ausmaß des persönlichen

Schadens des Opfers. Von der Kränkung des Nürnberger Rates abgesehen fällt es ihm deshalb schwer, eine große Empörung über dieses nicht gewaltsame Verbrechen zu äußern, und er berichtet darüber genauso nüchtern wie über Diebstähle. Selbst die Nürnberger Ratsherren legten gegenüber der offiziell vorgeschriebenen Bestrafung eine gewisse Zurückhaltung an den Tag und milderten die schwere Strafe des Verbrennens bei lebendigem Leib ab in Enthauptung und anschließende Verbrennung.[71]

Vertrauensbrüche im Rahmen eines Herr-Diener-Verhältnisses – ebenfalls ein Verbrechen, das die Juristen nun als Verrat neu fassten – riefen hingegen bei Meister Frantz durchweg eine emotionale Reaktion hervor, aber nicht weil er sie für eine ernste Bedrohung der gesellschaftlichen Ordnung hielt. Er billigt, dass einer Magd, die ihre patrizische Herrin ermordet hatte, *zwen grief mit einer klienten [glühenden] zangen an bede Arm* zugefügt wurden, bevor sie mit dem Schwert gerichtet und ihr Leichnam *in das hochgericht geworfen [wurde], den kopffen [an] einen eissen uff dem gericht uber sich gesteckt.*[72] Am meisten empörte den Scharfrichter jedoch der persönliche Verrat an einer vertrauensseligen Arbeitgeberin, einer alten Dame, die eines Nachts im eigenen Bett erstochen wurde. Die Nürnberger Ratsherren urteilten erwartungsgemäß sehr streng über Bedienstete, die ihren Herren große Summen stahlen, doch auch hier scheint Frantz stärker den persönlichen Verrat zu verurteilen, der mit der Tat verbunden war. Maria Cordula Hunnerin etwa hat nicht nur *ihrem herrn den Stadtschmidt … bey 800 fl. an tallern [und] drey-Kreutzern auß einem kalter [abschließbaren Kasten] gestolen*, sondern von einem Herrn, *bey deme sie halb Jahr gediendt*, wie Schmidt ausdrücklich betont. Noch schlimmer trieb es Hans Merckel, genannt *der hirschen hannß: So bey 22. Jahren gedient*, verdingte Merckel sich bei verschiedenen Herren und ist ein bis zwei Jahre *an ein Ort blieben, hernachmals so er davon zogen [nahm er] alweg hosen, wammes, stieffel, wiln [wollenes] hembd, und anders mehr an gelt.*[73]

Der Vatermord stellte in einer patriarchalischen Gesellschaft die höchste Stufe des Verrats dar, vergleichbar dem Königsmord; zumindest in diesem Punkt war sich Meister Frantz völlig mit den Rechtsexperten einig. Er war fassungslos ob des Verhaltens von Peter Köchl, der *seinen eigen Vatter* über viele Jahre hinweg immer wieder schwer schlug, ehe er ihm schließlich an einer Straße auflauerte *und ihme sieben Wunden geschlagen und gehauen und vor Todt ligen lassen.* Die übliche Hinrichtung mit dem Rad blieb Köchl nur deshalb erspart, weil sein Vater diesen Anschlag überlebte. Der Vatermörder Frantz Seuboldt hatte nicht solches Glück, da er mit Vorsatz und großer Heimtücke handelte, als er zunächst versuchte, seinen Vater zu vergiften, und ihn am Ende, versteckt hinter Büschen, erschoss. Über die Motive hinter den beiden Verbrechen verliert Frantz kein Wort. Erst viel später in seinem Leben äußert er offen eine gewisse Sympathie für eine Frau, die versucht hatte, ihren Vater zu vergiften, weil dieser *ein hefftiger besser [böser] Mann [war, der] sie hart gehalten.*[74] Er hatte sie missbraucht.

Der Verrat an einem oder einer Angehörigen schockierte Meister Frantz im Allgemeinen viel stärker als alle anderen Vertrauensbrüche, von den verruchtesten Gewaltakten einmal abgesehen. Auch diese Reaktion lässt auf ein dem althergebrachten Recht verhaftetes Gerechtigkeitsempfinden schließen. Frantz war entsetzt über die Kaltblütigkeit und Heimtücke des Brudermörders Ulrich Gerstenacker, der *mit ihme in daß Holtz gefahren, [ihn] fürsetzlicher Weiß erschlagen und ermordet* und die Tat danach als Unfall ausgegeben hatte. Auch Hans Müllner lauerte seiner Schwester im Wald auf, wobei erschwerend hinzukam, dass sie schwanger war und er mit ihrem Leichnam *unzucht getrieben* hat. Kann es irgendwelche Zweifel an der gerechten Strafe für Menschen geben, die so niederträchtig sind, dass sie die eigenen Cousinen bestehlen, oder für einen Mann, *welcher seinen freunden und vormundern ire heusser in Aschen zu legen gedrohet, welche ihm nicht haben wollen gelt geben, der doch vorhin mit weibern und hurn verthan hat?*[75] Wohl am schändlichsten handelte Cunz Nenner, der *seiner Freund zu Perngau einem biß in di 60 fl. werdt gestolen [und] als [dies]er ihn solches bezüchtigt, hat er in bethrohet abzubrennen, daß er sich mit ihme vertragen und [noch] 50 fl. geben missen. Und wieder seiner Freundt (einen so sein töchterlein vier Jahr auß barmherzigheit erzogen) denselben bethroet abzubrennen, wo er seinem kind (welches bey acht Jahren alt) die vir Jar [lang] keinen Lohn gebe. Und wieder seiner Freundt einen zu Rockstock, deme er ein kuhe gestoln, derselbe ihme solche wieder abjagt, deme er zueboden [gedroht], so er ihm nicht 15. fl. gebe, so wol er ihm Hauß und Hoff abbrennen.*[76]

Die schamlose, viele Jahre währende Verletzung der heiligen Blutsbande steht im Mittelpunkt der Beschreibung von Laurenz Schropp, einem *Mihlknecht von liechtenauw, so 22. Jahr bey seinem Vettern den Milner gewwessen, ihme daß Korn abgestolen, [doch nach] seinem fürgeben* nuhr bey 400 fl. *[Hervorhebung des Autors] gelöst* – eine beträchtliche Summe, selbst über mehr als zwei Jahrzehnte hinweg.[77] »Welchen Preis haben Ehre oder Anstand?«, lautet die unausgesprochene Frage des empörten Scharfrichters.

Da sich Meister Frantz stets mit den Opfern identifizierte, hegte er die größte Sympathie für Menschen niederen Standes, die von Personen in gehobenen Positionen und Vertrauensstellungen hintergangen wurden. Vor allem Übergriffe gegen Kinder erfüllten ihn mit einem brennenden Hass und mit Empörung. Unter den sonst lakonischen Einträgen der ersten Jahre schildert Frantz detailliert den durch und durch verwerflichen Angriff des Hans Müllner, genannt *der Mode*, der *ein Meidlein von 13. Jahren Notzwungen, ihr daß maul mit Sand gefillt, daß Es nicht schreien kennen.* Seine Bestürzung über einen ähnlichen Missbrauch des kindlichen Vertrauens durch Endres Feuerstein wird daran deutlich, dass er das jeweilige Alter von fünf Mädchen aufzählt, die der junge Mann in der Privatschule seines Vaters vergewaltigt hatte (sechs, sieben, acht, neun und zwölf Jahre), darüber hinaus hebt Meister Frantz hervor: *unter welchen Meidlein er zwey dermassen so verderbet, daß di eine kein wasser mehr halten können und damit offenbar worden, wie dan di geschwornen Weiber [Hebammen] lang zu ihnen gangen, dan man gemeindt, es werde die eine gar sterben.* Je verstörender die Freveltat ist, desto genauer gibt Frantz das Alter des Opfers an, wie bei seiner Beschreibung eines Landarbeiters, *so ein Meidlein bey 3½ Jahr alt [hat] Nothzwingen woln, die Mutter [ist] darzu kommen und [hat sie] eretet.*[78] Der Scharfrichter vermerkt befriedigt, dass er den Räuber Georg Taucher mehrmals mit der glühenden Zange packte. Der Betreffende war in ein Haus eingebrochen und *so ein Kelners Jungen … mit einem bey sich gehabten messer, so er bey ihme getragen, die trossel oder halß abgeschnieden und ermordet, daß gelt auß dem tischlein genommen.* Jahre später bestrafte Frantz Georg Müllner, genannt *der dürr Georg*, genauso qualvoll, der mit seinen Komplizen nachts in ein Bauernhaus eingebrochen war, dem Bauern die Kehle durchgeschnitten hatte und *denselben bauren Sohn … in den schenckel gestochen und viel abgeraubt; Uber ac[h]t Tag hernach daß bauren Sohn gestorben.*[79]

Abgesehen von dem brutalen Missbrauch des kindlichen Vertrauens und der Unschuld regte sich der mitfühlende Scharfrichter vor allem über einen großen Altersunterschied zwischen Missetäter und Opfer auf. Zunächst stellt er fest, Gabriel Heroldt, ein *Schneider und burger alhie und thurnhütter uff dem Fröschturm*, sei *ein alter betagter man* gewesen, bevor er berichtet, dass Heroldt im Turm eine Frau gefangen gehalten und ihr Gewalt angetan hat und sich darüber hinaus auch an einem dreizehnjährigen Mädchen vergriffen hat: *Katharina Reichlin so ihme uffem Thurn gefenglich zu halten vertrainet und gewalt genotigt unzucht mit ir getriben. Und for einem Jahr mit ein Maidlein bey 13 Jahren so zu ihme erst gangen mit gewalt zu etlich maln unzucht mit ihr getrieben gezwungen und treiben woln, aber wegen ihrer Jugent ihr an Ehren nichts angewinnen können.*[80] Im Fall des Fälschers und Hochstaplers Kunrad Krafft schlägt es dem Fass den Boden aus, dass er sich über die Vormundschaft für Kinder Geld erschwindelte; und auch der Tischler Georg Egloff hat in Frantzens Augen die Hinrichtung verdient, weil er *seinen Lehr Jungen, deme er 9 fl. schuldig [war], fürsetzlich im buchholtz erschlagen mit seinem Zimer Peyhl [Zimmererbeil].*[81]

Fiel es Meister Frantz schon schwer, jegliche Form der Gewalt gegen Kinder zu verzeihen, so war ihm Gewalt gegen das eigene Fleisch und Blut vollkommen unverständlich und ganz und gar unverzeihlich. In seiner langen Amtszeit richtete er 20 Frauen wegen Kindsmords, und jedes Mal entsetzte ihn die grauenvolle Tat. Zumeist schreibt er, die Mutter habe *das Genicklein [des Kindes] eingedruckt* oder *den hirnlein eingedruckt;* in einem Fall wurde dem Knäblein *fursetzlicher mordlicher weiß ein stich mit einem Messer in die Brust geben, letzlich noch darzu den halß abgeschnieden.*[82] Wie in Frantzens Beschreibungen grausamer Räuber wird auch hier der Gegensatz zwischen Unschuld des Opfers und Brutalität des Verbrechens betont. Anschaulich führt er vor Augen, wie Dorothea Meüllin *daß Maul vol Erden gestopfft und mit der handt ein gruben gemacht, daß kindt darin also zaplet graben [hat].* Eine andere *hertzlose Mutter* erscheint ebenso grausam: Margaretha Marranti entband in der Nacht in der Nähe eines Schuppens an der Pegnitz und *alßbalden wiewol [daß kindt] sich gereget und zappelt, in [den Fluss] geworffen und erdrencket.* Es gab noch etliche ebenso grauenvolle Methoden, ein Kind loszuwerden: in einer Scheune begraben, in eine Truhe einsperren, auf einen Misthaufen werfen oder, noch abscheulicher, bei lebendigem Leib ins stille Örtchen plumpsen lassen.[83] Da der Scharfrichter an den Befragungen all dieser Frauen beteiligt gewesen war, die zum Teil unter Androhung von Folter stattfanden, wusste er wohl, dass viele Frauen emotional oder geistig gestört waren, insbesondere die Mörderinnen von älteren Kindern wie Anna Strölin und Anna Freyin. Er erhob jedoch nicht den Anspruch, sich mit medizinischen oder juristischen Fragen auseinanderzusetzen, sondern schäumte vielmehr vor Wut über den grausigen Anblick der Strölin, die *ihr e[i]gen Kindt (ein Bublein bey 6 Jahren)*

Titelbild einer Flugschrift von 1561. Rechts ein Vater, der seine Frau und zwei kleinen Kinder erdrosselt und sich danach selbst erhängt. Links wird sein Leichnam durch die Straßen von Schaffhausen geschleift und anschließend beim Richtplatz aufs Rad geflochten.

vorsetzlich mit einer Schrodhacken erschlagen und die anderen vier Kinder erst im letzten Moment verschont hatte.[84]

Angriffe auf Alte und Kranke erschütterten Meister Frantzens Grundvertrauen in die soziale Ordnung so sehr wie jeden normalen Menschen jeder beliebigen Gesellschaft. Ohne Weiteres kann man sich seine Entrüstung angesichts des Überfalls und Vergewaltigungsversuchs zweier betrunkener Wandergesellen an *ein alte frau (Uber die 80. Jahr)* sowie anderer Gewalttaten, deren Opfer betagte Menschen waren, ausmalen.[85] Frantz zeigt sich überrascht, aber zugleich hochzufrieden, als Hans Hoffman, den man schon sechs Mal aus Nürnberg verbannt hatte, *so im Lasareth hauß den Krancken inficierten Leuthen ihre Kleyder gestollen. Dieweill er im Lasareth uff warer [frischer] that ergriffen worden, ist ihme kein Proceß wie sonsten derbei gehalten worden sondern ein Erbarer Rath hat das Urtel durch einen Stattknecht bey dem Lasareth hauß verläsen lassen. [Und] ist also von dem Lasareth hauß auß-*

geführt worden, alhie zu Nürnberg mit dem Strang gericht. Eine derartige Verurteilung an Ort und Stelle sei, wie der Scharfrichter ausdrücklich hinzufügt, *nie erhört worden od. gesheen.* Nur eine Woche später, am 21. Oktober 1585, wurden vier Diebe für ein vergleichbares Verbrechen gehängt: Sie waren in die Leichenschauhäuser eingebrochen. Von einer Ausnahme abgesehen wurde mit derartigen Übeltätern in den folgenden Jahren ähnlich verfahren.[86] Den verurteilten Dieb und Ehebrecher Heinz Teurla erwarteten keine so drastischen Maßnahmen, aber Meister Frantz bringt seine persönliche Abscheu darüber zum Ausdruck, *daß er einer armen Meidt so kein bein gehabt ein kind gemacht.*[87]

Verglichen mit den starken Gefühlen, die Meister Frantz bei Verrat an Verwandten zeigt, befremdet die Knappheit seiner Schilderung des Verbrechens von Georg Preisigel ein wenig, *welcher sein Weib erschlagen, Nachmals gehenckt zu vermeinen als wann sie sich selbsten erhenckt hete. Zuvor auch Einen mit einen Spieß erstochen;* oder noch kürzer über Hans Dopffer, genannt *der Schilling: welcher sein weib so groß Schwangers Leibs [gewesen] one alle Ursachen … fürsetzlicher weiß erstochen.* Meister Frantz billigte keineswegs den Ehegattenmord, aber er zeigte wenig Interesse daran, den Beweggrund für häusliche Streitigkeiten näher zu erkunden (vor allem in dieser Phase seines Lebens), und fasste sich bei Verbrechen dieser Art ebenso kurz wie bei den alltäglichen Diebstählen. In einem, wie man meinen sollte, aufsehenerregenden Fall erfahren wir lediglich, dass Margaretha Brechtlin *ihrem Mann Hannßen Brechteln Zimmermann im Gostenhoff Mucken bulffer [Insektengift] in einem Grüßbrey auch in einem Ayer Schmaltz zu Eßen geben, wiewoll er darvon nicht gestorben.*[88] Handlungsverläufe dramatisch zu bearbeiten, etwa durch die Verknüpfung von Untreue und Habgier, überließ Frantz Moritatensängern, populären Flugschriften und dem Theater, die damit erwartungsgemäß großen Erfolg hatten.[89]

Wenn weder für Leib noch Leben Gefahr bestand, ließ das Interesse des Scharfrichters an den Opfern häuslicher Gewalt spürbar nach. Ehebruch etwa, ein gravierender persönlicher Verrat, versetzte ihn nicht in Empörung. Im 16. Jahrhundert stand auf dieses Verbrechen Auspeitschen und Verbannung; Bigamie wurde von der *Carolina* und einer Fülle deutscher Rechtsverordnungen als Kapitalverbrechen bezeichnet (in Nürnberg allerdings ohne Ausnahme genau wie Ehebruch bestraft). Aus den knappen Tagebucheinträgen zu diesem Thema geht jedoch hervor, dass sich Schmidt für diese Form der Untreue kaum interessierte, hier einige Beispiele in ansteigender Reihenfolge: *Peter Ritler von Steinpühl welcher zwey Weiber genommen, alhie mit Rutten außgestrichen; hat drey weiber genomen; so vier Weiber genommen [und] zwey geschwengert; so vünff Weiber zur Ehe genomen und Unzucht mit ihnen getrieben.*[90] Jedes Mal wird dieses, wie man meinen sollte, schockierende Vergehen in höchstens zwei Sätzen zusammengefasst, ohne dass sich Frantz die Mühe macht, die Namen aller Beteiligten aufzuzählen, geschweige denn die näheren Umstände. Nur wenn ihm bekannt ist, dass auch Kinder betroffen sind, lässt er sich dazu herab, noch eine Zeile einzufügen.[91] Hier und da scheint er Bigamie sogar nur als eine Art Nachklapp zu erwähnen, wie beim Abschluss der langen Liste von Verbrechen, die ein hingerichteter Verbrecher begangen hatte: *letzlich im leben seines ersten weibs ein andere genommen, alß die erste gestorben im Leben der andern die dritte genommen.* Er erinnert sich nicht einmal an den Namen des *baurnknecht so zum Stadt hilboltstein ein keten [Kette] auß dem Galgen gestolen, und zwey Weiber genommen.*[92]

Sollten wir wegen der scheinbaren Gleichgültigkeit des Meisters Frantz gegenüber Ehebruch womöglich eine Unzufriedenheit oder gar eheliche Zwietracht zwischen dem Scharfrichter und seiner Frau Maria vermuten? Oder kann man gar implizit auf Untreue seinerseits schließen? In Anbetracht des großen Wertes, den Frantz auf das Äußere legte, erscheint Letzteres unwahrscheinlich, denn schon eine kurze Affäre hätte seine jahrzehntelangen Bemühungen um einen guten Namen buchstäblich über Nacht zunichtemachen können. Was das Glück oder Unglück seiner Ehe mit Maria angeht, so kann man darüber nichts sagen. Der Scharfrichter erwähnt sein Familienleben im Tagebuch mit keinem Wort, und aus anderen historischen Quellen erfahren wir lediglich, dass aus der Vereinigung sieben Kinder hervorgingen und sie 22 Jahre lang bestand, bis zu Marias Tod im Alter von 55 Jahren. Wie immer sich seine eheliche Beziehung entwickelt haben mochte, Frantz teilte die allgemeine Ansicht jener Zeit, dass alles, was sich im eigenen Haushalt abspielte – einmal abgesehen von Mord oder tödlicher Gewalt –, eine streng private Angelegenheit war. Ob ein Mann, dem seine Frau Hörner aufgesetzt hatte, sein treuloses Weib mehrmals wieder aufnimmt oder lieber ins Gefängnis stecken lässt, hielt Frantz für deren Sache. Ein Einschreiten von staatlicher Seite war nur dann erforderlich, wenn die Angelegenheit zu einem öffentlichen Ärgernis geworden war.[93]

EIN NÜRNBERGER WERDEN

Sich umgeben von argwöhnischen Einheimischen einen Namen machen, das wurde für Meister Frantz zu einer Lebensaufgabe. Die Familie finanziell abzusichern gelang ihm hingegen wesentlich schneller. Im Dezember 1579, also nicht einmal zwei Jahre nach seinem ersten Arbeitsvertrag, verlangte Frantz einen Neujahrsbonus (diesen Brauch kannte er von seinem verstorbenen Schwager), den seine Vorgesetzten ihm bereitwillig gewährten. Als er im nächsten Winter um eine beträchtliche Gehaltserhöhung von 0,5 Gulden bat, wurde er abgewiesen, zunächst mit dem Versprechen einer weiteren jährlichen Bonuszahlung und später mit einer zusätzlichen Prämie in Höhe von 6 Gulden.[94] Nach vier Jahren unternahm der junge Scharfrichter einen weiteren Anlauf, eine dauerhafte Gehaltserhöhung durchzusetzen, und wurde erneut abgewiesen. Diesmal wurde ihm allerdings eine einmalige Bonuszahlung in Höhe von 12 Gulden gewährt, was mehr als einem Monatsgehalt entsprach. Unverdrossen brachte Frantz weiterhin seine Forderungen vor, und am 25. September erreichte er schließlich sein nächstes großes Berufsziel: die Garantie einer lebenslangen Beschäftigung zu dem gewünschten höheren Gehalt von 3,5 Gulden sowie eine bescheidene Pension, wenn er sich zur Ruhe setzte. Nach den Bestimmungen des neuen Vertrags versprach Frantz

> gedachten meinen gunstigen herrn einen Erbarn Rathe, die tag meins lebens, getreu, gehorsam und gewertig sein, ihren Nutz werben, und ihren shaden meins bessten vermögens verhüeten ... und ausserhalb diesser Stat, ohne erlaubnus eins Erbarn Raths, niemandt, es sey gleich wo es wöll, dienen soll. Umb solchen meinen dienst haben ihre Herzl. Mir aus gunstigen willen, jerlich und also wochenlich dritthalben gulden Muntz, und alle Neue Jar, zu ein Bibal, sechs gulden groshen, raichen und geben zulassen bewilligen ... do Ich mit derr Zeit, diesem meinem dienst, Alters oder anderer schwachheit und gebrechtlichkeit halben, nit mehr vorstehen khöndte.[95]

Zur großen Erleichterung seiner Vorgesetzten schwor der ehrgeizige Scharfrichter darüber hinaus, »ainiche besserrung oder staigerung nimmermehr [zu] begern« – ein Eid, an den er sich die nächsten 34 Jahre lang gewissenhaft hielt.

Einmal abgesehen von Frantzens Verhandlungsgeschick gibt es mehrere Erklärungen für die großzügigen Zugeständnisse seines Arbeitgebers. Vor Schmidts Ankunft hatte die Stadt jahrelang nach einem Scharfrichter gesucht, der zugleich geschickt, ehrlich und zuverlässig war. Meister Frantz hatte sich in allen drei Punkten bewährt und war erst 30 Jahre alt. Außerdem war den Ratsherren nicht entgangen, dass der in Bamberg tätige Meister Heinrich kränkelte und sein außerordentlich tüchtiger Sohn ein aussichtsreicher Kandidat für dessen Nachfolge war.[96] Zu einer Zeit, als die Nürnberger Gerichte im Durchschnitt ein Dutzend

Menschen pro Jahr zum Tod verurteilten und gut 20 weitere Leibesstrafen verhängten, scheute der Rat das Risiko, Schmidt zu verlieren und nach einem Ersatz suchen zu müssen. Ob der Bamberger Kämmerer (den Frantz gut kannte) tatsächlich ein Angebot unterbreitete oder ob der junge Scharfrichter lediglich entsprechende Andeutungen fallen ließ, er erreichte jedenfalls das gewünschte Ergebnis.

Wie so oft folgte dem bislang größten beruflichen Erfolg Frantzens ein außerordentlich schwieriges Jahr. Als Erstes stand ihm die nicht zu beneidende Aufgabe bevor, seinen Schwager zu foltern und zu richten. Friedrich Werner, genannt *der Heffla Friedla*, war nach eigener Aussage »von Jugend aus an bösennd«, obwohl sein verstorbener Vater ein bekannter Bürger der Stadt gewesen und sein Stiefvater ein geachteter Töpfer war. Aus den erhaltenen Unterlagen geht nicht hervor, wie oder wann so »ein treuziger böser mensch« die verwitwete Schwester von Frantz geheiratet hatte, doch der unselige Bund unterstreicht einmal mehr, wie eingeschränkt die Heiratsoptionen für die Tochter eines Scharfrichters waren. Jahrelang hatte der »starke und stattliche« Landsknecht Werner die Gegend unsicher gemacht: Er hatte »mit und neben denselben mit böse gesellschaft gehangen, und sich mit und neben denselben mit vilefeltigen Dieberei, einsteigen, und einbrechen, daneben auch mancherley raubthaten hin und wider uff dem land und strassen vergriffen«.[97] Doch es kam noch schlimmer, er gestand auch drei Morde, darunter einen an *ein knapt [Knabe] im Fischbacher Wald*, und mehrere versuchte Morde. Der abscheulichste Vorfall war ein brutaler Raubüberfall auf *ein weib im Schwabenlandt … auch fur Todt ligen lassen*.[98]

Als Werner endlich verhaftet und in der Nürnberger Folterkammer vor seinen Schwager gebracht wurde, gab er sich unschuldig und behauptete, »er wusse je nichts, das er gethan, darumb er gefeng[en sei]«. Wenn er wirklich so ein unschuldiger Mann sei, entgegneten die Ratsherren, warum habe er dann unter einem Decknamen operiert, wie in Hersbruck, wo er den Namen

»Jorg Schmidt« verwendet habe? Wie Meister Frantz auf diese Anklage reagierte, ist nicht überliefert, ganz sicher aber mit Zorn und Scham. Nach weiteren Dementis vonseiten Werners steckte er den Angeklagten ohne die übliche Androhung kurzerhand in den Wippgalgen und begann die Vernehmung »mit dem kleinen stein«. Nach einer Foltersitzung von unbekannter Länge verging Werner das prahlerische Auftreten, und er gestand am Ende mehrere Verbrechen.

Es ist nicht schwer, sich auszumalen, welche Gefühle Frantz gegenüber seinem berüchtigten Schwager empfunden haben mochte. Immerhin hatte dieser Mann nicht allein frevlerische Verbrechen begangen, sondern gefährdete aufgrund seiner verwandtschaftlichen Verbindung zur Familie Schmidt auch ganz konkret das vom Scharfrichter behutsam aufgebaute Ansehen. Es ist bezeichnend, dass Frantz selbst, obwohl mehrere Augenzeugenberichte die Verwandtschaft zwischen den beiden Männern bestätigten, diesen Aspekt in seinem Tagebucheintrag mit keinem Wort erwähnt. Allerdings überredete er, womöglich aus Rücksicht auf seine Schwester, seine Vorgesetzten, auf die Vollstreckung der beispiellos schweren Strafe von »sechs zeick mit gluenrenden zufengen [Zangen] … [zwey] vor dem Rathaus, [zwey] zum Ulrich Barfusser oder Sant lorenzen, und zwey bey Sant Martha beim Thor« sowie einen qualvollen Tod unter dem Rad zu verzichten. So viele Zangengriffe würden, so argumentierte Schmidt, den Verurteilten vermutlich umbringen, bevor er am Richtplatz ankam. Der Rat stimmte daraufhin einer Linderung auf zwei Zangengriffe zu, solange der Scharfrichter an Werner ein »absheulichen Exempel« statuiere. Allerdings lehnte er »mit guten worter« das vom Stiefvater und von der Schwester des Verurteilten eingereichte Gesuch ab, das Richten mit dem Rad zu einer Enthauptung abzumildern. Der Scharfrichter musste seinen Schwager also wie jeden anderen Raubmörder behandeln, ihm wie vorgeschrieben zwei Mal mit der glühenden Zange Fleisch herausreißen, während der Karren zum Rabenstein rollte, und dort eine grausame Hinrichtung mit dem Rad vollstrecken.

Am Tag der Hinrichtung fragte der Kaplan, während Meister Frantz die Zangen erhitzte und die Fesseln für Werner vorbereitete, den armen Sünder, ob »er noch andere böse Thaten uf sich, und noch nit angezaigte hete«, nicht nur um seine Seele zu erleichtern, sondern auch um zu verhindern, dass der Verdacht womöglich auf einen Unschuldigen falle. Ein Chronist notiert, dass Werner daraufhin »lang auf dem kruppelstein mit dem priestern und auch mitt dem henker, welcher sein schwager ware«, redete. Eine andere Quelle rekonstruiert Teile dieses Gesprächs und berichtet, dass »Meister Franz, der sein Schwager war, gewiss zugesagt, er wolte Ihme so balt es möglich davon helffen«, wenn Werner nur weitere Aussagen über seine Verbrechen machte. Stattdessen wiederholte der Verurteilte lediglich die Namen der bereits hingerichteten Komplizen und erklärte danach, dass er jetzt genug gesagt habe. Seine letzten Worte richtete er an Meister Frantz, der mit dem Rad in der Hand neben ihm stand, und forderte den Scharfrichter auf, ihn an die Tochter des Schlachters Wolf Kleinlein zu erinnern. Was immer Werner mit diesen kryptischen Worten sagen wollte, sein Schwager begann unverzüglich, ihm 31 Schläge mit dem Rad zu versetzen, und demonstrierte auf diese Weise allen Versammelten seine völlige Ablehnung dieses berüchtigten Mörders und Räubers. Frantz Schmidt hatte sich schon zu große Mühe gegeben und war bereits zu weit gekommen, um sich von so einem Mann wieder in den Abgrund ziehen zu lassen.[99]

Nur wenige Monate nach der Hinrichtung Werners im Februar 1585 musste Frantz selbst einige schwere Schläge einstecken. Im Frühjahr starb sein Vater Heinrich. Das genaue Todes- oder Bestattungsdatum ist nicht überliefert, irgendwann nach dem 22. Februar, der letzten von Meister Heinrich vollzogenen öffentlichen Hinrichtung, und vor dem 1. Mai, als sein Hab und Gut zwischen der Tochter in Kulmbach und dem Sohn in Nürnberg aufgeteilt wurde. Meister Heinrichs langjähriger Gehilfe

Darstellung aus einer Nürnberger Stadtchronik: Meister Frantz richtet seinen Schwager, den Räuber Friedrich Werner, mit dem Rad (1616).

Hans Reinschmidt folgte seinem Meister als Scharfrichter in Bamberg nach.[100] Noch vor Ende des Monats Mai starb auch Heinrichs Witwe, und Frantz kehrte nach Bamberg zurück, um sich um die Angelegenheiten seiner verstorbenen Stiefmutter zu kümmern.[101]

Was mochte es für Frantz bedeutet haben, dass sein Vater gestorben war, ehe sie ihren gemeinsamen Traum von einer Wiederherstellung der Familienehre verwirklichen konnten? Zumindest hatte Heinrich so lange gelebt, dass er von dem zeitlich unbegrenzten Arbeitsvertrag seines Sohnes mit der berühmten Stadt Nürnberg wusste, und er hatte die Geburt von drei Enkelkindern erlebt. Frantz hatte kaum Zeit, um Vater und Stiefmutter zu trauern, ehe ihn ein weiteres Unheil traf. In jenem Sommer brach in Nürnberg einmal mehr eine Pestepidemie aus; im Lauf der nächsten Monate starben über 5000 Menschen an der Seuche,[102] darunter auch Frantzens vierjähriger Vitus und die dreijährige Margaretha. Kinder starben im frühneuzeitlichen Europa sehr viel häufiger als heutzutage, doch das machte es für die Eltern keineswegs leichter. Die genauen Daten der beiden Todesfälle gingen im während der Seuche herrschenden Chaos unter, aber es ist bekannt, dass Frantz irgendwann im Jahr 1585 ein Familiengrab auf dem Sankt-Rochus-Friedhof kaufte, einem der angeseheneren Friedhöfe Nürnbergs, der nicht weit außerhalb der Stadtmauern lag.[103] Wollte er seinen kleinen Kindern eine so große Ehre verschaffen, wie es ihm irgend möglich war? Leider starben sie ja beide, lange bevor ihr junger Vater auch nur hoffen konnte, sein Streben nach Rehabilitierung zu verwirklichen. Mehr lässt sich dazu nicht sagen.

Die Arbeit des städtischen Scharfrichters nahm unterdessen weiter zu. Allein 1585 richtete Schmidt 11 Menschen, peitschte 19 Verurteilte aus und führte etliche Verhöre durch. In den ersten zehn Jahren im Dienst der Stadt Nürnberg peitschte Meister Frantz 191 Verurteilte aus, hängte 71 Delinquenten, köpfte 48, räderte 11, hackte fünfen Finger und schnitt dreien die Ohren ab. Sein arbeitsreichstes Jahr war 1588 (13 Hinrichtungen und 27 Leibesstrafen); das gemächlichste war 1578, also das erste Jahr, gewesen (nur 4 Hinrichtungen und 13 Auspeitschungen). Im Durchschnitt vollstreckte Schmidt in dieser Periode jährlich an 13,4 Menschen ein Todesurteil und führte 20 Leibesstrafen aus. Die große Mehrzahl der Hinrichtungen fand in Nürnberg statt, aber Frantz reiste auch ein oder zwei Mal im Jahr (stets mit offizieller Erlaubnis) in die Gegend um Nürnberg, insbesondere in die Kleinstädte Hilpoltstein und Hersbruck, um dort ein Verhör durchzuführen oder ein Todesurteil zu vollstrecken.[104]

Zu Hause wich die Trauer über die zwei frühen Todesfälle allmählich den Freuden einer wieder rasch wachsenden Familie. Am 21. Januar 1587 wurde Frantz und Maria eine Tochter geboren, die sie Rosina tauften. Schon bald bekamen Rosie und ihr großer Bruder Jorg, der die Seuche überlebt hatte, weitere Geschwister: am 8. Juni 1588 Maria, am 16. Juli 1591 Frantz Steffan und schließlich am 13. Dezember 1596 der Nachzügler der Familie Johannes, der auch der Frantzenhans genannt wurde.[105] Allein schon dieser üppige Haushalt bezeugte den wachsenden Wohlstand und das gestiegene soziale Ansehen des Familienoberhaupts. Die meisten Handwerkerfamilien und ein noch größerer Anteil unter den armen Haushalten blieben deutlich kleiner, weil man im Durchschnitt lediglich zwei oder drei Kinder ernähren konnte.[106] In einigen wohlhabenden Haushalten lebten außerdem die betagten Eltern mit im Haus; die Familie Schmidt hätte sich das mit Sicherheit leisten können, wenn die Eltern von Frantz oder Maria noch am Leben gewesen wären.

Den größten gesellschaftlichen Erfolg der ersten zwei Jahrzehnte in Nürnberg errang Frantz Schmidt am 14. Juli 1593, fast auf den Tag 40 Jahre nach der Schande seiner Familie unter den Händen des Markgrafen Albrecht. Das Bürgerrecht in einer Reichsstadt war ein begehrtes Privileg, das sowohl einen beträchtlichen Besitz als auch einen makellosen Ruf erforderte. Für die meisten Bewohner Nürnbergs im 16. Jahrhundert lag dieser Stand somit außer Reichweite, das galt auch für alle offiziell als unehrenhaft geltenden Personen. Kurz nach der Feier seines 15. Jahrestags als städtischer Scharfrichter wagte Frantz Schmidt den kühnen Schritt, beim Rat der Stadt diesen Status zu beantragen. Bestürzt erklärten die Ratsherren, dass kein Scharfrichter in Nürnberg jemals das Bürgerrecht besessen habe; darauf erwiderte Meister Frantz, dass er den gesetzlichen Stand weniger für die Gegenwart als vielmehr für die Zukunft anstrebe, denn er hoffe, *auch seine Kinder zu einem anderen thun, anhalten und fürderen müg,* und sich selbst eines Tages zur Ruhe setzen und eine zweite Laufbahn einschlagen zu können. »Weil er sich biß anhero in seinem Ampt unverweißlich verhalten«, so erklärte der Rat, wurde die Bitte des Scharfrichters bewilligt. Er wurde in die Liste der nur 108 Personen aufgenommen, die in jenem Jahr den Status eines Bürgers von Nürnberg erhielten. Da Frantz zu der Zeit noch als unehrlich galt, wurde er angewiesen, seinen Eid separat abzulegen, einen Tag nach 13 anderen neuen Bürgern. Doch diesen kleinen Affront konnte er ohne Weiteres verschmerzen, in Anbetracht der Fülle von Schutzrechten, die er soeben für sich und seine Nachkommen durchgesetzt hatte.[107] Sieben Jahre später konnte der 44-jährige das neue Jahrhundert als vollberechtigter Bürger einer der größten Städte des Reiches beginnen, mit der Garantie einer lebenslangen, einträglichen Beschäftigung und kostenloser Unterkunft für sich, seine Frau und ihre fünf Kinder im Alter von 4 bis 15 Jahren. Das war für den Sohn eines Henkers ein bemerkenswerter Status, doch sein eigentliches Ziel hatte Meister Frantz damit noch längst nicht erreicht.

KAPITEL 4

DER WEISE

So wie die Stoiker behaupten, die Laster seien zu dem guten Zweck in die Welt gekommen, der Tugend den Rücken zu stärken und sie aufzuwerten, können wir mit größrem Recht und weniger kühn spekulierend sagen, die Natur habe uns den Schmerz zu Ehre und Nutzen von Schmerzfreiheit und Lust verliehn.

MICHEL DE MONTAIGNE,
Über die Erfahrung (1580)[1]

Doch solche, die mich schmähen, sollen nie
den Tag der Gnade, meine Mild' erkennen,
Nein, jene Harten sollen mehr verhärtet,
die Blinden mehr geblendet werden, dass
sie mehr noch straucheln, und noch tiefer fallen;
von meiner Gnade schließ ich sie nur aus.

JOHN MILTON, Das verlorene Paradies,
3. Gesang, 198 – 202 (1667)[2]

Dem erfahrenen Meister Frantz fiel es nicht schwer zu erkennen, dass der Bader Hans Haylandt *gar ungeratthen* war. Der am 15. März 1597 enthauptete Haylandt war für einen besonders kaltblütigen Mord verurteilt worden, den der Scharfrichter uns sehr anschaulich überliefert hat: Haylandt und sein Geselle Killian Ayrer seien mit einem Jungen aus Rothenfels, der in Frankfurt als Diener beschäftigt war, gemeinsam aufgebrochen:

und alß sie umb 12 Uhr zu Nacht bey Asch[aff]enburg bey dem Brunnen kommen und druncken [haben], hete der Ayrer ein Ingker [Ingwer] von dem Jungen begert, welcher ihm einen geben und sich mit einem kamb gebutztet. Het der Ayrer Ime mit seinen bey sich habenten spieß, daran er sich gesteuert [gestützt], alß wann er für schwachheit nicht stehen könnte, für den Kopff geschlagen, daß er gefallen und Auwe gesagt. Der Heilandt aber [hat sich] uff deß Jungen Messer gefallen [geworfen] und Ime dem halß abgeschnieden, 200 fl. genommen, welches gelt Ime sein Herr zu Franckfurt in beysein Irer beden geben. [Der Herr hatte] sie gebetten den Jungen mit Inen zu nemen, damit er mit dem gelt sicher gehn Rottenfelß komen möcht, weil er sie bede gekandt, der ein zum Hamburg der ander zu Rotenfelß dahin.

Die beiden hätten den mörderischen Anschlag schon in Frankfurt geplant:

und als sie den Mord bey den brunnen verricht, haben sie einen Stein von einen Weingarten genommen, an sein leib girtel gebunden, denselben uber ein Weiden Kopen in dem Mayn geworffen und in daß Wasser versenket, daß blut verschwert. Den Andern Tag hat der Herr zu Aschenburg in senen weingarten gehen wollen, Ist er deß bluth, so die hundt wider aufgescherret, gewar worden, auch gesehen dass Ime ein Stein von seinem garten von der Mauren gewessen, ist der dem gespur nachgangen und gesehen daß etwas so blutig über die weiden Kopen, [in] daß wasser geworffen worden. Alß er solches anzeiget und man in wasser gesucht, ist der ermorde[te] gefunden worden. Als sie bede daß gelt getheillet, ist der bader nach Nürnberg gezogen; wan er nicht dazu geholffen oder verhenden [anwesend] gewesen, da di that offenbar [wurde]. Ist deß ermorde[te]n Jungen Vatter Ime Nachzogen und alhie einziehen lassen, alß er gestendig sein mussen.[3]

Diese Schilderung weist sämtliche Kennzeichen der Niedertracht auf, die Meister Frantz am meisten verabscheute: einen kaltblütig geplanten Mord aus Geldgier, den Bruch des Vertrauens, das sowohl der Junge als auch dessen Herr den beiden entgegenbrachten, ein feiger Hinterhalt und eine schändliche Beseitigung des Leichnams. Außerdem enthält der Eintrag in bemerkenswertem Gegensatz zu den so nüchternen Einträgen aus Schmidts jungen Jahren einige literarische Ausschmückungen. Der Scharfrichter, der inzwischen im mittleren Alter ist, beginnt seine Erzählung mit einer Beschreibung der Szenerie und zeichnet das ruhige Bild dreier Reisegefährten, die um Mitternacht an einem Brunnen Rast machen, um die Bestürzung des Lesers über die folgende Gewalttat noch zu steigern. Er veranschaulicht die Verruchtheit der Tat, indem er Einzelheiten schildert, die den Gegensatz zwischen Gut und Böse hervorheben: Der Junge gibt bereitwillig von seinen Vorräten ab und kämmt sich ahnungslos das Haar, Ayrer hingegen täuscht einen Moment der Schwäche vor und stützt sich auf seinen Spieß. Der Schlag auf den Kopf, der Ausruf des Jungen und das rasche Durchschneiden der Kehle führen einem lebhaft die massive Gewaltanwendung vor Augen. Freilich war Meister Frantz kein literarisches Genie (insbesondere den Ausruf »Auwe« hätte man ausschmücken können), aber nun in der Mitte seines Lebens bediente er sich bei der Schilderung der Täter und Verbrechen, mit denen er zu tun hatte, auch seiner Vorstellungskraft. Insbesondere spekulierte er nun in seinen Aufzeichnungen über die Motive hinter bestimmten Taten, die er früher einfach dem schlechten Charakter zugeschrieben oder an die er überhaupt keinen Gedanken verschwendet hatte.

Warum tun sich Menschen gegenseitig grausame Dinge an, und warum lässt Gott so etwas zu? Frantz musste kein Theologe sein, der mit dem Theodizee-Problem und Fragen der göttlichen Vorsehung vertraut war, um sich über die Willkür menschlichen Leidens und Sterbens oder die Unzulänglichkeiten der irdischen Rechtsprechung zu wundern. Als Vollstrecker ebenjener Justiz fand er vielleicht eine gewisse Befriedigung in der Bestrafung und womöglich sogar Erlösung von Übeltätern, aber ihm war längst klar geworden, dass er den Opfern, Angehörigen und Freunden nur unzureichenden, wenn nicht ganz und gar flüchtigen Trost bieten konnte. 46 Jahre alt, war er nun drei Jahrzehnte lang intensiv mit den Abgründen des menschlichen Daseins in Berührung gekommen und häufig gezwungen gewesen, bei der Befragung und Bestrafung derjenigen, die gefasst worden waren, selbst zu Gewalt und Täuschung zu greifen. Da Frantz unablässig von Grausamkeit und Gewalt umgeben war, musste er, wie jeder im Strafvollzug Beschäftigte, entweder in der Lage sein, sich von diesem Elend zu distanzieren, oder eine starke persönliche Überzeugung aufbieten, um diese Arbeit so viele Jahre durchzustehen. Doch die Quelle dieser inneren Stärke – einmal abgesehen von dem brennenden Wunsch, die Familienehre wiederherzustellen – bleibt jener Teil seiner Persönlichkeit, der sich uns weitestgehend entzieht.

Über seine todbringende Tätigkeit hinaus hatte Frantz Schmidt noch andere Gründe, mit dem Alter immer pessimistischer, verbittert und sogar zynisch zu werden. Ungeachtet des Erreichten – der wirtschaftlichen Sicherheit bis zu seinem Lebensende und sogar der Aufnahme in den Bürgerstand – litten er und seine Familie weiter unter dem Ausschluss aus der angesehenen bürgerlichen Gesellschaft, der sich zugleich subtil und ganz offen zeigte. Doch viel schwerer traf Frantz nicht lange nach Anbruch des neuen Jahrhunderts der Schrecken des Todes: Am 15. Februar 1600, im den Aufzeichnungen zufolge kältesten Winter in Nürnbergs Geschichte, fiel der sechzehnjährige Jorg, der älteste lebende Sohn, einem neuerlichen Ausbruch der Pest zum Opfer. Fünf Tage danach folgten die vom Gram gebeugten Schmidts einem Leichenzug zum Familiengrab auf dem Sankt-Rochus-Friedhof. Jorgs Sarg wurde von seinen Klassenkameraden aus der Lateinschule des heiligen Ägidius getragen. Nur drei Wochen später starb die 55-jährige Maria, Frantzens Ehefrau seit mehr als 20 Jahren. Vermutlich erlag auch sie der Seuche, die ihr den Sohn genommen hatte und über 2500 Bewohnern der Region das Leben kosten sollte. Dieses Mal trugen »etliche Benachtbarten, auss freyem gutem Willen« den Sarg zum Friedhof und scherten sich nicht um irgendeine Schande, die ihnen diese letzte Ehrerweisung einbringen mochte. Womöglich linderten solch zarte, lang ersehnte Anzeichen der Akzeptanz ein wenig den Schmerz dieses doppelten Schicksalsschlags. Als Frantz Schmidt die frischen Gräber seiner Frau und seines Sohnes am 12. März 1600 verließ, war er ein 46-jähriger Witwer mit vier Kindern im Alter zwischen 4 und 13 Jahren.[4]

So tief ihn diese Verluste erschüttert haben werden, der der Frau und des Sohnes Beraubte verlor im Tagebuch kein Wort über seinen Kummer; es enthält keine einzige persönliche Andeutung. Und wie groß seine emotionale und vielleicht auch religiöse Verstörung gewesen sein mochte, Meister Frantz übte weiter seine Tätigkeit aus, köpfte sechs Wochen nach der Beisetzung seiner Frau zwei Diebe und kam auch seinen anderen Pflichten nach. Die meisten Witwer jener Zeit heirateten nach kaum einem Jahr wieder, insbesondere wenn noch kleine Kinder im Haus waren. Doch aus Kummer – oder schlicht mangels williger Kandidatinnen – heiratete Frantz Schmidt nicht noch einmal und überließ seinen Töchtern, der dreizehnjährigen Rosina und der zwölfjährigen Maria, unterstützt von einem Hausmädchen, die Führung des Haushalts und die Erziehung ihrer jüngeren Brüder. Familie Schmidt, diese isolierte Mikrogemeinschaft, voller Trauer zwar und verkleinert, gab nicht auf.

Welche Bedeutung haben Glauben und Erlösung in einer so harten und ungerechten Welt? Welche Rolle spielen göttliche Vorsehung und die individuelle Entscheidung dabei? Seit den persönlichen Schicksalsschlägen überwiegt in den Tagebucheinträgen eine wachsende Faszination für Fragen nach den Beweggründen des menschlichen Verhaltens. Als Frantz in dem scheinbaren Chaos der Welt verstärkt nach Ordnung und Sinn suchte, benutzte er immer häufiger literarische Techniken, die in der Kriminalliteratur jener Zeit üblich waren und die er offensichtlich kannte.[5] Scheinbar zufällige Ereignisse wurden zu in sich geschlossenen Geschichten, in denen sowohl Pathos als auch

Vorsatz heraufbeschworen wurde. Seine Schurken – zumeist blutrünstige Räuber und mordende Angehörige – glichen aufs Haar jenen der Sensationsmedien der damaligen Zeit. Im Gegensatz zu den Autoren billiger Flugblätter und populistischer Predigten moralisierte er jedoch nicht und verallgemeinerte auch nicht die Motive. Für Meister Frantz blieben Sünde und Verbrechen weiterhin eine sehr individuelle Angelegenheit, das Produkt des Charakters und der eigenen Entscheidungen, nicht irgendwelcher kosmischer oder externer Kräfte. Zweifellos verstärkte sein direkter Kontakt zu Tätern ebenso wie zu Opfern die Vorliebe für das Konkrete gegenüber dem Abstrakten. Diese Begegnungen sensibilisierten ihn überdies für die jeweils individuelle Gestalt sowohl der Sünde als auch der Erlösung. Indem er die lutherische Lehre von der Errettung allein durch den Glauben rückhaltlos akzeptierte, urteilte Frantz im fortgeschrittenen Alter paradoxerweise zugleich strenger und nachsichtiger über die armen Sünder vor ihm. Ob der Glaube an einen letztlich barmherzigen Gott – der Trost so vieler bekehrter Schurken, die er richtete – wohl auch dem Scharfrichter selbst mitten in seinen vielen persönlichen Mühen und seinem einsamen Streben einen gewissen Trost spendete?

VERBRECHEN AUS NIEDERTRACHT

Als Meister Frantzens Tagebucheinträge an Länge und Komplexität zunehmen, kristallisiert sich heraus, dass er nach zwei Kriterien die Schwere eines Verbrechens beurteilt: erstens nach dem Ausmaß des Missbrauchs sowohl von persönlichem als auch von gesellschaftlichem Vertrauen und zweitens nach dem Grad der Niedertracht, die der Verbrecher an den Tag gelegt hat. Wenn eine Tat im Voraus geplant, unnötig grausam oder anderweitig besonders amoralisch war, so ließ dies in den Augen des Scharfrichters darauf schließen, dass der Übeltäter (oder auch die Übeltäterin) aus freien Stücken die Normen des zivilisierten Umgangs verworfen und sich außerhalb der Gesellschaft gestellt hatte – dass er (oder sie) moralisch ebenso wie juristisch zu einem (oder einer) Gesetzlosen wurde. Wegelagerer und andere Räuber waren so gesehen unter all den armen Sündern, die vor Meister Frantz traten, die extremsten Soziopathen und trugen deshalb auch die größte Schuld – folglich verdienten sie die schlimmste Folter und Strafe, wenn sie gefasst wurden. Scheinbar normale Einzelpersonen waren jedoch ebenfalls zu außerordentlich schlimmen Taten fähig, wie Frantz während seiner langen Laufbahn immer wieder feststellen musste. Auch wenn sie keine Geächteten waren, machten sie sich doch der gleichen vorsätzlichen Ablehnung der göttlichen und menschlichen Gesetze schuldig. Wie Kain und Satan vor ihnen wurden Menschen durch ihre bewusste Selbstentfremdung von den Normen und Annehmlichkeiten der »anständigen« Gesellschaft zu bösartigen Verbrechern – eine Entscheidung, die dem unfreiwillig geächteten Scharfrichter völlig unbegreiflich war.

Das häufigste Beispiel für Niedertracht in Frantzens Tagebuch ist der kaltblütig berechnete Vertrauensbruch in Form eines Hinterhalts oder überraschenden Angriffs. Weit gefährlicher als Menschen, die sich als eine andere Person ausgaben oder die Unschuldige verleumdeten, lehnte der Mörder, der aus dem Hinterhalt zuschlug, die Basis des menschlichen Vertrauens und damit auch des Anstands ab. Unabhängig davon, welche Beziehung zwischen den betroffenen Personen bestanden haben oder wie gewalttätig der Überfall gewesen sein mochte, die verwerfliche Kombination aus Niedertracht und Betrug traf bei Meister Frantz einen besonderen Nerv. Der junge Scharfrichter war solch infamem Verrat schon im ersten Jahr seiner Tätigkeit in dem Räuber Barthel Mussel begegnet, der einen Mann ermordet hatte, *welcher bey Ihm in einen Statel uff dem heuw gelegen denner [dem] er im Schlaff mit einem Schnitzer die trossel [Kehle] abgeschnieden.* Dreizehn Jahre danach ist Frantz ebenso entsetzt über die Tat des

Ein feiger Hinterhalt für einen unschuldigen Reisenden durch zwei Räuber. Man beachte die sichtliche Schadenfreude der Übeltäter und die Angst des Opfers (1543).

Georg Teurla, der *einen dockelamachers [Puppenmacher] Jungen bey Schweinaw uff einer wüssen [Wiese] in Meldung [gibt], es were im etwas im Schue gefallen, mit einen bengel [Knüppel] an den Kopff geschlagen unnd mit einen dolg [Dolch] in den Halz gestochen [und] mit Reisig zugedeckt.* Nach demselben Muster bat Hans Krug *seinem geseln Simon genandt falscher weiß,* ihm zu zeigen, *waß er für ein hempt an hette … mit einem darzu erkaufften messer so er bey sich verbor[g]den, in den halß gestochen.*[6] Das absolut Verwerfliche einer Tat wird häufig durch die alltägliche Kulisse unterstrichen: ein Mann dreht sich um und fällt über seine schwangere Schwester *uff dem weg nach Irer gewöhnliche Arbeit* her; ein Waldarbeiter tötet seinen Bruder, *so mit Ihme in daß Holtz gefahren;* eine Frau schlägt ihrer Bekannten von hinten mit einer Axt auf den Kopf, während sie angeblich nach *Leuß suchen sollen [und] ir [das Haar] gestrelt.*

Wie in den Schilderungen von Verbrechen in damaligen Flugblättern verleiht Frantz seinen Geschichten durch beschreibende Details eine dramatische Wirklichkeitsnähe und veranschaulicht zugleich die frappierende Kaltblütigkeit der Mörder.

Als ein Bote zu Lienhard Taller, genannt *Spieslindl*, geschickt wurde, um eine Schuld einzufordern, übergab der Bauer sofort den Betrag und lud den Diener ein, die Nacht bei ihm im Haus zu verbringen: *ubernacht bey Ime uff einer banck geschlaffen in der stuben. Als er mit Ime geredt, hat [Taller] ein schrodthacken so an der wandt gestect genommen [und] zwen streich an den kopff geben, daß er todt blieben, das gelt wieder genommen.* Noch grausiger hat der Landsknecht Steffan Stayner in aller Ruhe einen Kameraden *bey der lincken seiten durchstochen, daß es zu Rechten seiten wider außgangen, darnach [er] sein vehl [Degen] noch ausgeschmitzt, ehe [der andere] gefallen.*[7] In einer sehr detaillierten Schilderung eines Hinterhalts hält Frantz der Gewalt des Überfalls die harte Bestrafung des Übeltäters entgegen, so stellt er das vertraute Gleichgewicht an Grausamkeit her, das dem Scharfrichter vor allem als Rechtfertigung diente:

> *Georg Franck von Poppenreuth, ein schmid knecht und ein soltadt, welcher daß schön Annal uberredt, als wolte er sie gehn Bruck an der Leuten [Leitha] in Ungar[n] zu Martin Schönherlin (so ir breitigam gewessen) führen. Als er sie neben Christoff Frischen, auch ein Landsknecht gehn Veriten, bracht in einen holtz, als sie zwen zuvor ein Anschlag gemacht. Er der Christoff sie mit einem Pfal hinderrucks an den kopff geschlagen, daß sie gefallen [ist], also ligent noch zwen streich geben, er der Franck auch ein Schlag zwen thun, letzlich den halß abgeschnieden und sie außzogen biß uff das hembd und ligen lassen, die kleiter zu Durn Hembach umb 5 fl. verkaufft … alhie mit dem Ratht erstlich bede Arm den dritten stoß uff die brust bevolen gericht worden.*[8]

Bei diesen und anderen Angriffen aus dem Hinterhalt hebt Schmidt durchweg hervor, dass die Missetat *fürsetzlicher Weiß*, also mit Vorsatz ausgeführt wurde – eine Unterscheidung, die auch in den Rechtsverordnungen und von den Richtern jener

Zeit betont wurde.[9] Denn nicht erst heutzutage, sondern immer schon hielten Gerichte vorsätzlichen Mord für ein schwereres Verbrechen als Totschlag und bestraften ihn entsprechend härter. In seiner Zeit als Wandergeselle war Frantz ganz offensichtlich entsetzt über das Verbrechen Georg Tauchers: Der Dieb hatte *ein Kelners Jungen in Pfintzings Hauß am Obs[t]marck [um] drey stund in der Nacht … die trossel oder halß abgeschnieden und ermordet*, doch das Verbrechen wurde dadurch noch verwerflicher, dass es *fursetzlicher weiß mit einem bey sich gehabten messer, so er bey Ihme getragen*, ausgeführt wurde. Und als Anna Strölin *ihr eigen Kindt, ein bublein bey 6 Jahren, mit einer Schrodthacken erschlagen* oder Hans Dopffer *sein weib so groß Schwangers Leibs … erstochen*, betont Schmidt in beiden Fällen, dass der grässliche Mord *vorsetzlich* begangen wurde.[10]

Ein guter Mensch, so wie er sein sollte, war ehrlich, fromm, loyal, respektvoll und tapfer. Berechnende Killer wie der Vatermörder Frantz Seuboldt hingegen repräsentierten das exakte Gegenteil dieses Heldentypus. Es war schlimm genug, dass Seuboldt *seinem leiblichen Vatter … auß fürsetzen haß und nuturff [Notdurft] ermordet*, doch die gewählte Mordmethode war besonders feige und unmännlich. Er hat seinem Vater, dem Verwalter der Burg Osternohe, der mit dem Aufstellen von Vogelfallen beschäftigt war, *hinder einem Felß* aufgelauert:

> *und sich mit Reißig bedeck, daß er nicht gesehen warden können, und als der Vatter uff einem baum (so man einen Anfall nent) gestigen und seinen lockvogel herrab thun wollen, hat er inne geschossen mit einer ladung von vier kugel, daß er des andern tages gestorben. Wiewol es niemandt gewust, wer es gethun, den als er davon geflohen, hat er im lauffen einen handschuh fallen lassen und verloren, welchem ihm ein Schneider zu Greffenberg des tages zuvorn ein fleckla hinein genedt, durch ein Weib gefunden und an der fleckla [ist] erkennet worden, wer es gethun.*

Seuboldts hinterhältige, widernatürliche Tat, die er sorgfältig geplant hatte, wurde dank seiner sorglosen Ausführung, dank der damaligen Methoden der Strafverfolgung und womöglich dank göttlicher Vorsehung aufgedeckt. Nach seinem vollen Geständnis (darunter auch *daß Jar zuvor hat er [seinen Vater] zweimal mit gift vergeben wollen, hat ihm aber nicht gelungen)* wurde der verurteilte Vatermörder *uff einen wagen albie außgeführt, drey griff mit Einer glienden Zangen an seinm Leib geben, Nachmalß mit dem Ratht erstlich zuvor zwey glider abgestosen darnach gerichtet und auff daß Ratht gelegt* – einmal mehr enthüllen die zusätzlich genannten Details des Verfahrens, dass hier das Gerechtigkeitsempfinden des Scharfrichters befriedigt wurde.[11] (Siehe die Illustration auf S. 87.)

Auch Ort und Zeitpunkt eines Hinterhalts waren für Meister Frantz Kriterien, die Verruchtheit einer Tat zu bestimmen, wiederum wegen der eklatanten Missachtung gesellschaftlicher Normen. Seine Tagebucheinträge verurteilen Anschläge in den Wäldern in erster Linie wegen des Grades der angewandten Gewalt, nicht so sehr wegen des Überraschungseffekts, vermutlich weil die Gegend an sich bereits als gefährlich galt. Überfälle auf Höfe durch bewaffnete Banden hingegen trieben den Scharfrichter eindeutig zur Weißglut, und seine Schilderungen dieser Verbrechen lassen das gleiche Ausmaß an persönlicher Anteilnahme erkennen wie seine beklemmenden Schilderungen von Angriffen auf Kinder. Nächtliche Raubüberfälle hielt er wohl vor allem deshalb für schlimmer als einfachen Diebstahl, weil sie zu einer Tätlichkeit gegen den überrumpelten Hausbesitzer führen konnten. »Die Nacht ist keines Menschen Freund«, warnte ein zeitgenössisches Sprichwort, das die außerordentliche Verwundbarkeit unterstreicht, die vor der Erfindung der Straßenlaternen nach Einbruch der Dunkelheit herrschte. Innerhalb der Stadt hatte die strikte Ausgangssperre nach Sonnenuntergang zur Folge, dass sogar ein Dieb, der nachts einen Mantel stahl, mit dem Tod bestraft werden konnte. Meister Frantz beklagte den Mord oder Überfall auf ein schlafendes Opfer als einen besonders verabscheuungswürdigen Akt, der unwiderlegbar die Feigheit und Verruchtheit des Täters bewies.[12]

Anders als die versehentlich tödlichen Schläge, die in der Hitze eines Streits fielen, neigten bösartige Mörder überdies zu extremer Gewalt. Auch hier veranschaulicht Frantz mithilfe weniger Details die Grausamkeit solcher Überfälle. Elisabeth Rossnerin, eine *daglöhnerin und bettlerin so ihr gespill auch ein daglöhnerin zu Gebersdorff in einem Orbiß acker [Erbsenfeld] mit einem Staugen [Dolch] erwirgt und ersteckt*, und das Ganze für vier Pfund und neun Pfennige (ungefähr 1 Gulden). Peter Köchl, der später wegen versuchten Mordes verurteilt wurde, hat *seinen leiblichen Vatter ... so sehr mit einer Mistgabel geschlagen.*[13] Völlig enthemmt ging Michel Köller vor, der einem *Fuhrman von Wehr mit Einem stein vermeindten an den kopff* zu werfen, *daß er vom gaul fallen soln, so wol[lt] ihm daß geld nemen, der wurff aber an die schultern gerathen, der Fuhrknecht [hat] sich zur wehr gestelt,* worauf ihm der Täter *mit Einem daschenmesser mit langen hin und wieder reisen 32 Löcher in den kopff gestochen.*[14] Häufig gibt Meister Frantz die Zahl der beigebrachten Wunden eigens zu dem Zweck an, die exzessive Gewaltanwendung zu veranschaulichen: Elisabeth Püffin drang *bey nechtlicher weil zu Velten in deß hauß [ein] bey deme sie 16. wochen gedienet verhalten und seines Schwager Detzels kammer (welcher ein alter Ziperleinsman mit einer drum Latten [Hörrohr]) bey ailff [elf] wunden in kopff geschlagen.* Und in einem ähnlich brutalen Verrat hat Michel Seitel, ein Schuhmacher, *seines Anhern bruder (so ein Schreiner) bey Nacht in sein hauß durch ein Maur gebrochen und ihn im Schlaff mit einen spitzigen Bergstein 38 Wunden und lecher in den kopff geschlagen und mit seinem schusters weib ein schnidt nach den halß ihn vermeindt die gurgel abzuschneiden.*[15]

Wie die sensationslüsternen Flugblätter, die versuchten, aus solchen Gräueltaten Kapital zu schlagen, verwendet auch Frantz in seinen Schilderungen abgedroschene dramatische Mittel, um die Angst des Opfers sowie die Verruchtheit des Täters vor Augen zu führen. Als er den abscheulichen Überfall auf die betagte patrizische Jungfer Ursula von Ploben durch einen Mann und eine Frau beschreibt, die nachts von einer verbündeten Dienstmagd ins Haus gelassen wurden, gibt er mit knappen Worten das Geschehen aus der Sicht des ahnungslosen Opfers wieder, das von den Eindringlingen in der Schlafkammer überrascht wurde. Die beiden sind *uber sie gefellen, dieselben getrosselt mit zweyen kussen uber daß Maul gehalten, also Jemmerlich erstecket, welchen bey Einer halben stundt gewest, sehr gerasselt, dreymal uber ihr gewest, biß sie umbkommen.*[16]

Den Vater zweier Mädchen im jugendlichen Alter beschäftigte verständlicherweise die verstörende Wirkung, die zwei Fälle versuchter Vergewaltigung auf ihre Opfer ausübten. Hans Schuster, ein fahrender Barbier, hat

> *in der Carwochen ein Ehefraw von Rückersdorf vor dem dorff angetroffen, dieselbe angetast, seines willens zu sein. Alß dieselbe sich wiedersetzt, mit sein hecklein zwen streich für den kopff geschlagen, zu Erde geworffen [und] als sie geschrieen, daß maul zugehalten, vol Erden oder sandt geworffen, biß man Ihr zu Hilff kommen, sonst het er seinen willen volbracht.*

Der fünfzehnjährige Hans Wadl, der noch am selben Tag bestraft wurde, hatte ebenfalls kein Erbarmen gekannt:

> *hinder Otenfoß in ein höltzlein vier Meidlein angetroffen, welche holtz glaubt [gesammelt] haben. das gröste angefallen (welche im ailfften Jahr gewesen), zur Erden geworffen und seinen willen mit ir verbringen woln. Als daß Meidlein geschrien, gesagt es sey auch zu Jung, er mermelt »Botz Sacrament, du hast ein gute Patzete [kräftige] fotzn.« Durch ihr hefftig schreyen, dem Meidlein daß Maul zugehalten, sein Messer außgezogen, wo sie ihn nicht halt, so woll[t] er sie erstechen – damit daß Meidlein also zugericht, daß [später] zwen balbierer [Wund-*

ärzte] dazugebraucht worden – und ime daß Meidlein schweren missen, daß es woll deß teuffels sein, daß niemands nichts davon wol[lt] sagen.[17]

Laut der *Carolina* war Vergewaltigung ein Kapitalverbrechen, doch Vergewaltigungen wurden zum einen sehr selten angezeigt, zum anderen in der Regel zu milde bestraft. In Nürnberg wurden im Lauf des gesamten 17. Jahrhunderts sechs Vergewaltiger hingerichtet, und das war tatsächlich im ganzen Reich Rekord.[18] Häufiger kam der Täter wie im Fall des Wadl *auß gnaden irer Jugent halber* mit Auspeitschen davon. Bei Meister Frantz löste jedoch die Brutalität, Obszönität und Arglist dieser Angriffe die gleiche tiefe Verachtung aus, die er den Raubmördern entgegenbrachte.

Für den jungen Frantz war die Unterscheidung zwischen vorsätzlicher und nicht vorsätzlicher Gewalt überaus wichtig; später im Leben zeigte der alte Hase in seinem Beruf mehr Interesse daran, die verzwickten Motive der Unglücklichen, die vor ihn traten, abzuwägen und zu ergründen. Das häufigste Motiv für geplante Morde und Überfälle war, vor allem unter berufsmäßigen Räubern, natürlich Geld. Mit Vorliebe weist Schmidt jedoch darauf hin, dass der erhoffte materielle Gewinn häufig spärlich oder sogar ganz ausfiel – was die Jämmerlichkeit des Verbrechens zusätzlich unterstrich. Der Schneider Michael Dietmayr ging mit einem ihm bekannten Bauern spazieren und hat diesen *mit einem heckla erschlagen … hinderwarts ein streich an den kopff geben, daß er gefallen, ligendt noch zwen streich geben* – und das Ganze für insgesamt 3 Gulden und 3 Pfennige, die er bei dem Toten fand. Zwei fleißige Räuber überfielen mehrmals Fuhrmänner, Brotträgerinnen und Hausierer, *gleich wol von inen nicht viel bekomen.* Ein anderer brachte einen Boten für 5 Ort (1 ¼ fl.) und ein paar Pakete mit unbekanntem Inhalt um (die sich als fast wertlos erwiesen), und der Bossierer Hans Raim war ganz bestürzt, als er einen ähnlich lächerlichen Betrag bei der Frau fand, die er soeben kaltblütig umgebracht hatte.[19]

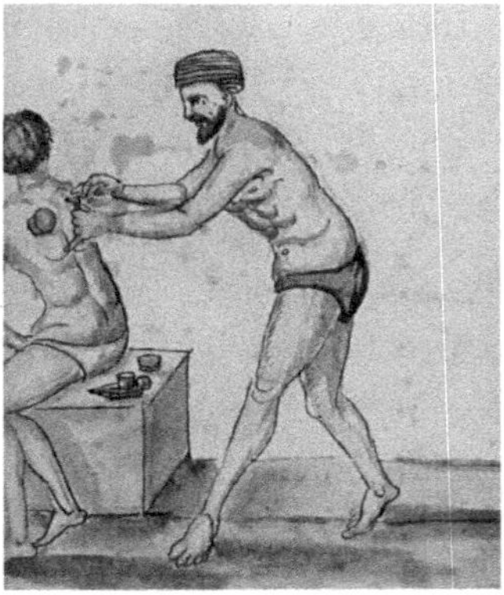

Öffentliche Badehäuser boten eine Vielzahl medizinischer Behandlungsformen an, ganz abgesehen von der Gelegenheit zu geselligem Beisammensein, auch mit Prostituierten (um 1570).

Unter den Straftätern, die keine Berufsverbrecher waren, machte der Nürnberger Scharfrichter dagegen häufiger ein anderes Motiv für mit Vorsatz verübte Gewaltakte aus: persönliche Feindschaft. Georg Praun, genannt *der bin [Bolzen] Georg,* hatte einen Streit mit einem Bauern *und auf Ime gewartet;* der Fleischer Hans Kumpler hingegen, der mit dem örtlichen Fluraufseher im Streit lag, besuchte diesen *in seinen hauß zu nachts eines haders halben fried gemacht,* also um Frieden zu schließen, doch er hat ihn stattdessen *mit seinem Streithammer, so [Kumpler] ihm auß der handt genommen, erschlagen.* In einem anhaltenden Streit mit einem Kollegen, ebenfalls Badergeselle, drohte Andreas Seytzen, ihm etwas anzuhängen, *daß er an ihm getencken sol und Ime darauff sein Schaffeissen [Rasiermesser] in ein zwiepfel gesteckt … und daß eissen angeadmet,* vermutlich mit der Absicht, nur seinen Feind im Badehaus, wo sie arbeiteten, anzustecken. Stattdessen sind aber *uber 70. Perschon im badt verderbet worden und die frantzhossen [Syphilis] bekommen; [viele] auch die köpff außgefallen,* also gestorben. Frantz nennt nicht den Gegenstand oder Ursprung des Streits, weist aber mit einem literarischen Sinn für ausgleichende Gerechtigkeit darauf hin, dass der rachsüchtige Bader *die frantzhossen selbsten auch bekommen [und] 8. Wochen in dem hauß gelegen.*[20]

Wenn eine Tat aus Rachsucht begangen wurde, so war der Anlass nach Meister Frantzens Erfahrung häufig eine eher geringfügige oder eingebildete Ungerechtigkeit, vergleichbar dem oft nur erbeuteten Bagatellbetrag. Die Magd Ursula Becherin hat *ihrem bauren einen Statel abgebrant, wegen daß sie alter böser Leuth zwey feind gewest [und] des 1582ten Jahrs ihren bauren zum hasselhoff auch ein Stadel abgebrent,* weil sie ihnen nichts hatte recht machen können. Und Anna Bischoffin hat *ein Statel abgebrannt, wegen Eines Beutels den sie verlegt und vermeint,* man habe ihn ihr gestohlen; ganz ähnlich drohte Cunz Neuner eine Brandstiftung an *wegen der tauben so [sein Nachbar] Ime abgefangen.* Andere Verbrechen gingen auf noch lächerlichere Kleinigkeiten zurück. Beklagt Schmidt die Verrücktheit der Menschen oder die unverhältnismäßige Gewalt, wenn er beiläufig anmerkt, dass vorsätzliche Überfälle schon wegen eines *Mändlein und Erzana Hauben, eines [fehlenden] leffels wegen* oder *eine[r] hader wegen einer Führspahn Im holtz* ausgelöst werden konnten?[21]

Geldgier, Rache und womöglich Liebe waren die Motive für die Mordverschwörung von Konrad Zwickelsperger und Barbara Wagner gegen ihren Ehemann:

> *[Zwickelsperger] die [Wagnerin] zum dritenmal angelernet Ihrem Man in ein Mucken bulffer im essen einzukochen, daß sie gethun in einem grißbrey und selbsten drey leffl voll gessen, welchs dem Man nit geschadt. Er 6. mal gebrochen und sie sich zweymal, wie dann er Zwickel gesagt, geb im viel, so sterb er, geb sie im wenig, so brech er sich nur. Auch [ist] Zwickel zu Nachtmal gangen, [hat] verlobt [geschworen], mit keiner andern frauen dan mit Ihr zu schaffen zu haben; sie soll auch darzu gehen und Ihm solches verheissen. Widerumb er Zwickel einer Alten Zeuberin 2. fl. geben, daß [Wagnerins Ehemann] erstochen, erschlagen, oder im wasser erseuffen mocht.*[22]

Wie aufrichtig die Zuneigung der Verschwörer zueinander gewesen sein mochte, das Opfer überlebte alle Anschläge und sah mit eigenen Augen, wie die beiden gescheiterten Mörder unter den Händen von Meister Frantz den Tod fanden. Liebe oder Begierde spielten womöglich auch bei dem tödlichen Überfall von Georg Wigliss auf einen Hausierer im Nürnberger Wald eine Rolle, weil er ihm nicht nur *8 gulden genommen, [sondern] nachmals des erschlagen Reftragers [Hausierer] Weib so zu Leinburg gewont zu Weib genommen und hochzeit mit Ihr gehalten.*[23] Ein gemeinsam ausgehecktes Komplott, der Versuch eines Mörders, die eigene Schuld zu lindern, oder ein bizarrer Fall echter Zuneigung – Schmidt verrät seine Meinung zu der Heirat mit dem Mörder nicht, sondern vermerkt lediglich, dass Wigliss, ein dreifacher Mörder, neben zwei gehängten Dieben *mit dem Rad* gerichtet wurde.

Räuber und Wegelagerer gaben die schlimmsten Beispiele für hemmungslose Grausamkeit – die pure Bösartigkeit an sich. Diese mörderischen Vogelfreien machten zwar nur ein Zehntel der Menschen aus, die Meister Frantz richtete, aber sie dominieren seine längeren Schilderungen und sind die bei Weitem am anschaulichsten beschriebenen Charaktere des Tagebuchs.[24] Ihre Überfälle auf Menschen unterwegs oder in ihren eigenen Häusern erscheinen weniger als sorgfältig geplante Raubüberfälle denn als Gelegenheiten, ihre sadistischen Triebe auszutoben: Sie fesselten ihre Opfer und folterten sie mit Feuer oder heißem Öl, vergewaltigten sie mehrmals und töteten die den Angriff Überlebenden auf grausame Weise. Selbst als Frantz schon mit so gut wie allen erdenklichen menschlichen Untaten in Berührung gekommen ist, erschüttern ihn die Verbrechen einer Gruppe von 16 Banditen, die *so die Leut bey nechtlicher weyl in den heusser und auff den ainzigen höfen überfallen, dieselben gebunden, gemartert, und gezwungen, daß Gelt und die Kleider abgeraubt.*[25] An anderer Stelle schreibt er mit spürbarem Mitgefühl für zwei Opfer eines Raubüberfalls: *der einen frauen 17. wunden hieb und stich, welche uber 13. Wochen gestorben; der andern die aine handt abgehauen, welcher den dritten Tag gestorben.*[26] Frantzens Schilderungen erwecken häufig den Eindruck, als sei das gestohlene Eigentum nicht der Grund für den Überfall, sondern die Idee dazu den Tätern erst im Nachhinein, also nach der Gewaltorgie, gekommen. Dieser Menschenschlag ergötzte sich daran, gegen sämtliche gesellschaftlichen Normen zu verstoßen, und trachtete danach, sich gegenseitig an Dreistigkeit zu übertreffen – bis hin zu so absolut unentschuldbaren Taten wie der kaltblütigen Folterung und Tötung schwangerer Frauen, denen diese Unmenschen die Föten herausschnitten und sie vor den Augen der Mutter umbrachten. Einmal mehr sollten wir uns das Bedürfnis des Scharfrichters vor Augen führen, die Grausamkeiten zu rechtfertigen, die er selbst solchen Verbrechern nach ihrer Verurteilung antat. Möglicherweise verleitete dies Frantz hier und da zu Übertreibungen – sei es bewusst oder unbewusst –, doch die von ihm beschriebene Gewalt war zweifellos real, genau wie der Schrecken, den diese Gesetzlosen zurückließen.

Doch die Gräueltaten hatten mit dem Tod der Opfer noch kein Ende. Nach Schmidts Darstellung war bei berufsmäßigen Räubern überdies die Wahrscheinlichkeit groß, dass sie einen Leichnam schändeten. Es mag verwundern, dass ausgerechnet ein Scharfrichter, dessen Beruf es verlangte, gelegentlich das Gleiche zu tun, diesem Aspekt solche Bedeutung beimisst, aber in Wirklichkeit lässt dies darauf schließen, welch existenzielle Bedeutung ein christliches Begräbnis für ihn und so gut wie alle seine Zeitgenossen hatte. Einen Leichnam am Galgen hängen zu lassen oder ihn auf dem Rad den Vögeln auszusetzen oder zu Asche zu verbrennen ließ allen Menschen keine Ruhe, die an ein Leben nach dem Tod und die leibliche Auferstehung der Toten glaubten. Ein absichtliche Misshandlung oder Vernachlässigung der Leiche eines kürzlich Verstorbenen war genauso verwerflich. Die Schilderung Klaus Renckharts zu Beginn des Tagebuchs, des Räubers, der die Frau eines ermordeten Müllers zwang, ihm ein Spiegelei

Ein französischer Kupferstich aus dem 18. Jahrhundert zeigt anschaulich die Grausamkeit der Eindringlinge und den Schrecken der wehrlosen Opfer, insbesondere in abgelegenen Mühlen (1769).

auf dem Körper des Toten zu servieren, bleibt unübertroffen in ihrer schockierenden Wirkung und ist ein typisches Beispiel dafür, dass dieses Gesindel sämtliche Grundregeln des Anstands missachtet.[27] Frantz notiert entsetzt, wenn Raubmörder die Leichen ihrer Opfer ausgezogen am Straßenrand liegen ließen, gelegentlich mit Reisig bedeckt, oder in einen nahe gelegenen Tümpel warfen. Im Fall des Lienhard Taller, genannt *Spieslindl*, der den Leichnam seines Opfers zunächst *in Statel unter daß heuw verborgen*, wird nicht deutlich, ob Schmidt entsetzt oder erleichtert ist, dass der Täter die Leiche noch in derselben Nacht *daselbst vergraben, sein weib denselben helffen naußtragen*.[28]

Die Art und Weise, wie diese Menschen miteinander umgingen, war für Meister Frantz der eindeutige Beweis, dass sie sämtliche gesellschaftlichen Normen verworfen hatten. Anders als ihre literarischen Gegenstücke hielten sich die Gesetzlosen in Schmidts Schilderungen nicht an einen selbst auferlegten Kodex, kannten keine dauerhafte Treue und gingen auch regelmäßig aufeinander los. In manchen Fällen war Rache das Motiv, etwa als der Räuber Hans Paier von seinem ehemaligen Gefährten Adam Schiller, *welche[n] er [Paier] im Neuen Walt gehext, daß er [Schiller] alsbalden gestorben*, an die Behörden verraten wird. Häufiger löste allerdings Habgier den Streit aus, vor allem bei der Aufteilung der Beute. Hans Georg Schwartzmann, genannt *der dick Lantzknecht* oder *der Schwartzbaur, mit seinen geselen zu Fischbach in der teillung zu unfrieden worden, Ihme sehr verwundet und gehawen.* Michel Vogl kämpfte ganz ähnlich mit einem langjährigen Komplizen um die Beute eines Raubes, den sie gemeinsam begangen hatten: Er war *mit Ime zu unfrieden worden der Rauberey halber [und] uff Ime gestochen; [Vogl] daß Rohr erwischt und [auf] ihn geschoßen, daß er alsbalt [tod] bliebenn.* Um die völlige Ehrlosigkeit unter Dieben noch zu unterstreichen, fügt Meister Frantz hinzu, dass in diesem Fall der ehemalige Komplize des Opfers *hernach ihm außgezogen und beraubet, 40 fl. an gelt genomen.* Ähnlich endete, was als Unglück begann: Versehentlich hatte Christoph Hoffman auf seinen Kumpan einen Schuss abgegeben, doch dann zog er den Leichnam aus und warf ihn in einen flachen Tümpel.

Auch Kämpfe unter Räubern waren unter Umständen sehr gewalttätig, etwa als Georg Weyssheubteil einem Spießgesellen *die aine hand ab und den andern Arm fast zweimal abgehauen* und dann ihm *ein Wunden in den Kopff [gegeben], daß er gestorben.* Der für seine Grausamkeit berüchtigte Georg Müllner raubte nicht nur einen ehemaligen Komplizen aus und tötete ihn, sondern lauerte am nächsten Tag auch der Frau des Mannes in einem Wald auf und *mit einem Stauchen [Tuch], den [er] Ir umb den halß geworffen und ersteckt und umbgebracht, all ihr gelt und kleider genommen.* Unübertroffen blieb allerdings der Räuber Hans Kolb, genannt *der lang ziegler: sein [eigene Frau] vor zweyen Jahren zu Buch erstochen [und] nachmals seiner gesellen einen in Francken uff der strassen erstochen … auch seines geseln anhang (so zu Priestat gericht worden) die Ohrn uff dem felt abgeschnieden.*[29]

Schmidts Wut auf die amoralischen Wegelagerer wurde noch geschürt durch all die vergeblichen Versuche der Strafverfolgungsorgane, deren Überfälle zu verhindern oder zu bestrafen; er und seine Kollegen erlebten das immer wieder. Deshalb ist es nur zu verständlich, wenn er über die Ergreifung und Hinrichtung solcher Verbrecher merklich jubilierte. Wenn möglich gibt er die Namen ihrer Genossen an, vor allem wenn man diese bereits gefangen und hingerichtet hatte. Bei der Schilderung der Verbrechen von Hans Hammer, genannt *der Rissel;* oder *der Schuster Jung,* schwingt in der Bemerkung eine Spur Stolz mit, dass die vielen Komplizen Hammers, mit denen dieser einen besonders grausamen Überfall auf ein Haus begangen hatte, allesamt von ihm, Frantz Schmidt, hingerichtet worden waren, doch er bekundet auch seinen Kummer, dass *der Rissel hat sonsten noch gar viel geselln gehabt,* die vermutlich noch auf freiem Fuß waren. Mit ähnlicher Genugtuung dokumentiert er, dass die Komplizen von Hans Georg Schartzmann und *sein dirn* Anna Pintzrinin – nämlich *der Schlot Michl, der Schuller von Beureuth [Bayreuth], der Leffel Caspar, der Kraußherlin, der Schuler Paulus, der Dolp, der Six, und der Zulp – haben nacher auch ihren Theil bekommen.* Im Fall der Räuber Heinrich Hausmann und Georg Müllner geht er so weit, die vollen Namen und/oder Decknamen aller 49 Komplizen aufzuzählen. Der Grund für die Erstellung einer so langen Liste bleibt rätselhaft, denn bis auf vier waren alle Verbrecher noch auf freiem Fuß. Womöglich machte er sich Notizen für künftige Verhaftungen, eine Art Wunschliste für sich und seine Kollegen in der Strafverfolgung. Jedenfalls bleibt es eine eigentümliche und einmalige Geste.[30]

Frantz Schmidt unterschied klar zwischen solch niederträchtigen Angriffen auf die Grundregeln menschlichen Zusammenlebens und dem schlichten Impuls, einer menschlichen Schwäche nachzugeben. Nicht tödliche und nicht gewaltsame Verbrechen werden in seinem Tagebuch längst nicht so ausführlich beschrieben oder ergründet. Nur wenn er Personen ausmachen konnte, die vorsätzlich geschädigt worden waren, widmete Frantz ihnen etwas Raum; ansonsten äußerte er sich bei Verbrechen ohne Vorsatz kaum zu Eigenarten oder sexuellen Neigungen der Beteiligten, auch wenn diese Fälle zusammengenommen über drei Viertel der Strafen ausmachten, die er in seiner Amtszeit vollstreckte.[31] Natürlich übernahm Schmidt auch bei solchen Verbrechen die Rolle des Rächers, doch die innere Befriedigung, die bei seinen Schilderungen hingerichteter Räuber förmlich spürbar ist, fehlt hier. In diesen Momenten kommt Frantz Schmidt dem gesetzlichen Idealbild des Scharfrichters als zuverlässigem, leidenschaftslosem Werkzeug der staatlichen Gewalt sehr nahe.

Durch diese Haltung gegenüber nicht aus niederen Beweggründen verübten Verbrechen war es Frantz möglich, ein stärkeres Mitgefühl für die Menschen zu zeigen, die sie begangen hatten. Die verzeihlichsten Taten waren in seinen Augen Verbrechen aus Leidenschaft (denen schon per definitionem Vorsatz oder Niedertracht fehlte), insbesondere einmalige Gewaltausbrüche in einem Augenblick des Zorns. Die meisten Männer, auch Frantz Schmidt, trugen in jenen unsicheren Zeiten immer ein Messer oder eine andere Waffe bei sich. Wie zu erwarten, hatten Streitigkeiten um die Mannesehre, sei es durch Alkohol oder auf andere Weise geschürt, regelmäßig nicht nur Faustkämpfe, sondern auch Messerstechereien oder Duelle zur Folge, von denen manche tödlich endeten. Die *Carolina* und andere Rechtsverordnungen engten die Definitionen von Notwehr und »ehrenhaftem Töten« ein, aber wie im amerikanischen Wilden Westen (oder in manchen

In einer Gesellschaft, in der alle Waffen trugen, hatte sogar ein Hausdiener, der Spinnweben entfernte, seinen Dolch immer griffbereit (um 1570).

Teilen der heutigen Vereinigten Staaten) musste ein verbal oder physisch verletzter Mann keineswegs klein beigeben – im Gegenteil, Selbsthilfe war immer noch das Gebot der Stunde.[32] Wenn ein Opfer keine tödlichen Wunden erlitten hatte, strebte es über die altbewährte Praxis privater finanzieller Regelungen (Wergeld) eine Entschädigung an.[33] Endete ein heftiger Wortwechsel jedoch mit dem Tod eines der Beteiligten, sah Frantz ein, dass der Gerechtigkeit gedient werden musste, aber er betrachtete Totschlag im Affekt tendenziell als ein unglückliches, aber verständliches Ereignis.

In seinen ersten Einträgen hält Schmidt nur lakonisch fest, dass ein Bauer *einen forster erstochen* oder ein Kürschner *deß teutschen herrn [Deutschordensritters] Jungen erstochen.* Gelegentlich dokumentiert er die spezielle Art der Kränkung (*verreter, dieb, schelm*), die fragliche Waffe (*ein messer, ein hackenschroder, ein hammer, ein kiegel [Bolzen]*) oder den häufig banalen Anlass des

Streits: *einer hurn der Zech zu halber, wegen eines Creuzers [0.02 fl.]* oder *wegen daß [sein Gesell] ihne einen Verrether gescholten.*[34] Ansonsten sind diese Einträge genauso langweilig wie ein Verkehrsbericht.[35] In einer Welt, in der ein Mann jederzeit bereit sein muss, seine Ehre zu verteidigen, gibt Frantz zu verstehen, kommt es zwangsläufig zu Unfällen, etwa als der städtische Schütze Hans Hacker eines *[andern] schutzen Sohn uff der wach deß fluchen wegen abgewerdt, mit einander zu worten kumen und mit einem hamer ein ungefehren schlag geben, daß Er gestorben.*[36] Hacker kam mit Auspeitschen davon, aber Peter Plancks Streit mit einer Prostituierten eskalierte und nahm für beide ein tragisches Ende. Die Kette bedauerlicher Ereignisse, schreibt Meister Frantz, habe begonnen, als Planck nach einem längeren Saufgelage abends wieder nach Hause ging:

> *Er [hat] an Sangt Peter und Pauli Abent sich vol truncken, [ist] spatziern bey dem Spitlerthor zum Schweinstein gangen, alß er gesehen, daß ein weibsbild vor Ime gangen uff der Sinderspillerstrassen, welche ein Hur sey. Hab er ihr nachgeylt, seinen fürgeben nach sie ihm angeredt, ob er darüber wol [mit ihr gehen wolle], alß er sich geweigert, sie gesagt, er muß bey dem Sacramendt brauten oder etwas anders thun. Da er sich niedergesetzt, sie Ime den Hut genommen, fürgeben sie wolle ihm zu schanden machen, und sagen er hab den Hut verhalßt. Er ir aber den hut wieder genommen wolln und einander darumb gerissen. Hab er ihr ein maultauschen geben, die Hur [habe] Ire beden Messer auszogen und auff ihm gestochen. Alß sie Ihme zugesetzt [habe], hab er mit Sandt nach Ir geworffen, deßgleichen sie auf Ime auch; alß sie mit Messer stechen nicht nachlassen wollen, hab er sein Messer auch außgezogen [und] ein stich nach Ir gethan und sie aberhalb des Auge troffen, davon sie gefallen und sein Messer von dem stich abrochen [sei], daß Ihm daß hefft in der Henden bleiben. Sey er uff sie kniet, ir die Messer auß den Händen genommen, [aber] sie [habe]*

Ime daß Messer durch die Handt gezogen und verschnieden, hab er im zorn liegend daß Messer durch die lincken brust gestochen.[37]

Aufbrausender Zorn, geschürt vom Alkohol und einer Verletzung (sei es der Ehre oder des Körpers), war in derartigen Fällen der Auslöser der Gewalt – eine Hitzewallung, im Gegensatz zum eiskalten, berechnenden Verrat.

Und wenn sich jemand von anderen Leidenschaften mitreißen ließ, insbesondere der sexuellen Begierde, so erschien dies dem langjährigen Scharfrichter ganz ähnlich unvermeidlich und nicht so schwerwiegend. Das Auspeitschen wegen Unzucht, Ehebruchs oder Prostitution machte fast ein Viertel der 384 Leibesstrafen durch Meister Frantz aus, doch seine Einträge zu diesen Ereignissen sind in der Regel die kürzesten im ganzen Tagebuch, vermutlich weil sie so oft vorkamen. Seine häufigsten Opfer waren Prostituierte, die Stammgäste jener Schattenwelt, die Frantz nach Kräften mied. Im Gegensatz zu seinen geistlichen Kollegen empört er sich nicht über Fälle der *Unzucht*, wie er es nennt, oder zumindest weniger als über jede andere Form eines öffentlichen Skandals. Der fromme Schmidt dürfte die Sündhaftigkeit außerehelichen Geschlechtsverkehrs gewiss nicht bestritten haben, aber wenn er über den Verstoß schreibt, vor allem sofern der fragliche Akt absolut einvernehmlich geschah, ist kaum mehr als leichte Abscheu herauszuhören. Im Gegenteil ist seine Sprache knapp und sehr nüchtern, die Verweise sind die kürzesten im Tagebuch. Er teilt sogar einige derbe Späße nach Art der *Canterbury Tales* mit wie den folgenden:

Sara, ein beckin [Bäckerin] zu Fach, des wirdts Im Heilbronner Hof (so der kirshner geheissen) tochter, so Irer Meigt zugelassen unzucht zu treiben, auch ein Schmidt darzu gereitz der Maidt daran zugreifen, [und ihn aufgefordert] ir auch … ein warzeichen [des Besuchs zu] bringen …, [worauf der Schmidt der

> *Magd] etliche har auß Iren bushelein geriafft [gerissen] und ir [Sara] geben. So dan die Maidt geshreien, so hat sie ir daß Maul zugehalten, aber mit dem arsch ir auff daß Maul gesessen, und Ir darnach kaldt wasser darein gossen.*[38]

Eine andere Stelle, Teil eines Exkurses über das Thema verstrichener Gnadenfristen, könnte direkt aus der bacchantischen Welt in Boccaccios *Decamerone* stammen:

> *Zuvor einen baurern von Herßbruck welcher mit einen andern bauren im wirdtshaus gezecht, von ihm auffgestanden daß Wasser abzuschlagen, doch zu seines zech geseln weib gangen, zu nachts In der gestalt als wann Ihr mann heimb kommen zu Ihr, in das bett gelegt, unzucht mit Ihr trieben, wider aufgestanden, den[n] davon gangen. Alß sie ihm nachgesehen und ihn erkendt [hat], daß Ihr mann nicht gewesen [ist].*[39]

Der derbe Humor eines Scharfrichters, der einen Großteil seines Lebens mit Verbrechern und niederen Wächtern verbrachte, kann nicht verwundern. Er führt uns auch vor Augen, dass Meister Frantzens Frömmigkeit nicht gleichbedeutend mit Prüderie war, und dass die strengen sexuellen Normen seiner geistlichen Kollegen nicht unbedingt vom Rest der Gesellschaft gebilligt wurden, nicht einmal von den Gläubigen.

Öffentlicher Skandal blieb, stärker als die private Sünde, für den standesbewussten Schmidt, der das Ansehen für den kostbarsten Besitz überhaupt hielt, das größere Vergehen. Demzufolge blitzt nur in den Fällen eine Missbilligung oder gar Zorn über sexuelle Vergehen auf, wo ein Täter oder eine Täterin durch unschickliches Betragen Schande über seine oder ihre Familie und Gemeinschaft gebracht hat. Georg Rossenzweig beging nicht einfach Ehebruch, sondern begab sich *etlichmal … zu einer Ehefrauen ein hur (daß Wescher Babala genandt) und unzucht mit ihr trieben, [auch] ein kind mit ihr zeugt, so doch ihr man in Ungern gewessen.* Der Dieb Peter Hoffman hat *auch sein Eheweib verlassen [und] ein Anhang genomen; als diese gestorben, wieder ein angenomen und sich zu Lauff verkinden lassen [das Aufgebot bestellt]; alß man in solche nicht lassen woln, er die Brigita genomen.*[40]

Was viele heutige Leser verwundern dürfte: Damals musste das Eheversprechen nicht vor einem Pfarrer oder Priester abgegeben werden, damit es gesetzlich bindend war. Ein schlichtes Versprechen, das im privaten Kreis oder vor Zeugen abgelegt wurde, gefolgt von einem Geschlechtsakt, konnte bereits als offiziell angesehen werden. Folglich löste ein Mann, der falsche Versprechungen gemacht hatte, um eine junge Frau ins Bett zu locken, und sie danach im Stich ließ, einen Skandal aus. Eine junge Frau, die auf diese Weise schwanger geworden war, stand vor einer bitteren Wahl zwischen mehreren ähnlich trostlosen Optionen: die Schwangerschaft akzeptieren und Schande über sich selbst, ihre Familie und ihr Kind bringen; eine Abtreibung versuchen, die illegal und häufig tödlich war; oder die Schwangerschaft verheimlichen und sich anschließend des Säuglings entledigen. Einige Frauen, die diese dritte Option wählten (zumeist junge, arme Frauen ohne familiäre Unterstützung), brachten das Kind allein zur Welt und begingen in ihrer Verzweiflung Kindsmord – ein Verbrechen, das ihren sicheren Tod bedeutete, wenn es entdeckt wurde.[41]

Im Fall der falschen Versprechen – zumindest jener, die nicht mit einem Kindsmord endeten – lagen Schmidts Sympathien unweigerlich bei den entehrten jungen Frauen und ihren Familien, insbesondere sobald die Angelegenheit öffentlich bekannt wurde. Meister Frantz erzählt voller Verachtung von dem Schreiber Niklaus Hertzog, *welcher zum Hoff [Hof] im Voitland [Vogtland] ein Magd geschwengert, die Ehe verheissen und verkünden lassen, davon zogen und sie sitzen lassen.* Dann fügt er noch hinzu: *albie zu Wehr auch ein magt geschwengert [und] mit derselben hochzeit gehalten.* Er hatte auch keinen Sinn für die Ausflüchte des Landarbeiters Georg Schmidt, *so uff eines bauren tochter außgeben, wie er 20. mal bey ir gelegen und mit ir unzucht trieben und damit vermeindt also sie zu der Ehe zu bekommen. [Er] hat es doch wider gelaugnet.*[42] Wie bei den übrigen Verbrechen waren es Täuschung und Feigheit, die den besonderen Zorn des Scharfrichters hervorriefen, und er dokumentiert voller Genugtuung die wenigen Fälle, wo solches Lumpenpack von seiner Birkenrute die gerechte Strafe erhielt.

Auch aus anderen sexuellen Anspielungen wird deutlich, dass Meister Frantz durchweg den Besitz höher als die Moral, und das öffentliche Ärgernis höher als die private Sünde bewertete. Die Missachtung der Intimität der Schlafkammer, für die Schmidt den fahrenden Schneidergesellen Veit Heymann und seine Braut Margaretha Grossin auspeitschte, *wegen daß sie unzucht trieben und ander Jungfrauen zusehen lassen*, erscheint lediglich als Geschmacklosigkeit. Für Ameley Schützin und Margaretha Puchfelderin, die ihre Töchter prostituierten, hat er schon mehr Verachtung übrig, ebenso für Hieronimus Beyhlstein, der seine eigene Frau verkuppelte.[43] Noch skandalöser trieb es der Schreiber Hans Braunnauer:

> *in Leben seines weibs [mit] Barbara Ketnerin, auch im Leben Ihres Mans, unzucht trieben, die Ehe verheissen. Drey Jahr mit Ihr verhangt gewest; im land ein halb Jahr mit Ihr umzogen, ein kindt mit Ihr erzeugt. Deßgleichen auch zweymall mit ketnerins Schwester unzucht trieben, auch mit der zweyen Schwester Stieffmutter; auch etlich mal mit Einer Schreinerin die Ianisa genandt. [Er ist] ein halb Jahr mit Ihr zu tisch und betht gangen, [hat] die Ehe versprochen und beygewonedt; auch mit einer Maigdt im leben seines Weibs zwey kinder uff Einmal gezeugt.*[44]

Und selbst der abgebrühte Meister Frantz ist schockiert, als er erfährt, dass *Apollonia Groschin, Schneiderin, so mit Elisabetht Möchtlin (so Justificirt worden) mit kuplern eingehalten, ir Ehebetht darzu geliehen, auch selbsten mit hurerey trieben, sie bede in der [Möchtlins] Ehebetht, ein balbierers geseln der Engelkopff genandt so in der Mitten gelegen, miteinander unzucht treiben.*[45]

Die schwersten sexuellen Verbrechen waren nach der christlichen Lehre Inzest und Sodomie, weil beide traditionell als Verbrechen gegen Gott angesehen und mit dem Tod durch das Feuer bestraft wurden. Insbesondere bei der Perversion des Inzests drohte angeblich einer ganzen Gemeinde eine himmlische Vergeltung, wenn er nicht bestraft wurde. Allerdings schockierte offensichtlich nur der Fall der siebzehnjährigen Gertraut Schmidtin, *welche mit ihren Leiblichen Vatter und Bruder … vier Jahr lang Unzucht getrieben,* Meister Frantz so aufrichtig, dass er sich dieses eine Mal veranlasst sah, sie eine *Ketzerin* zu nennen. Aber selbst hier zeigt er Mitleid und wehrt sich (womöglich in Anerkennung ihres Opferstatus) nicht dagegen, ihre Strafe zu Enthaupten abzumildern. Er vermerkt, dass der Scharfrichter in Ansbach Vater und Bruder der Verurteilten acht Tage später im benachbarten Langenzenn verbrannte, sieht aber davon ab, irgendwelche saftigen Details aufzuzählen, obwohl diese ihm, der am Verhör der Schmidtin teilgenommen hatte, mit Sicherheit bekannt waren.[46]

Dieser im Gesamtbild des Tagebuchs ungewöhnliche Eintrag dokumentiert den einzigen Inzest zwischen biologischen Verwandten, dem Frantz in seinem Berufsleben begegnete, was seine besondere Form erklärt. Derartige Fälle durchbrachen nur selten die Mauer des Schweigens, die den frühneuzeitlichen Haushalt umgab, und schockierten deshalb die meisten Menschen aufrichtig, sobald sie publik wurden. Die anderen Verfahren wegen Blutschande betrafen Stiefväter und Stieftöchter oder auch Fälle, in denen eine Person mit zwei miteinander verwandten Menschen Geschlechtsverkehr hatte (eine Frau mit zwei Brüdern, ein Mann mit einer Frau, ihrer Schwester und Stiefmutter o. Ä.).[47] So fremd dies aus heutiger Sicht erscheinen mag, galt auch Inzest in dieser zweiten Form als eine große Gotteslästerung und wurde folglich in der Regel mit einem qualvollen Tod bestraft, auch wenn die Strafe in Nürnberg stets zu Enthaupten und vereinzelt sogar zu Auspeitschen abgemildert wurde.

In jenen Tagen konnten lediglich Männer einer Verurteilung wegen Inzests durch eine Verbannung entgehen. Meister Frantz hat dieses Messen mit zweierlei Maß (das in so gut wie allen sexuellen Dingen galt) mit Sicherheit bemerkt und es vermutlich auch gebilligt. Gelegentlich entschuldigt er diese Ungleichbehandlung, indem er zwischen dem Grad der Komplizenschaft unterscheidet. So im Fall von Vater und Sohn, die beide mit ihrer Magd geschlafen hatten, allerdings *von einander unwissend*, sodass sie mit Auspeitschen davonkamen, während die Magd hingerichtet wurde. Kunigunda Küplin hingegen hatte *vol gewust*, was zwischen ihrem zweiten Mann und ihrer Tochter ablief, hatte die beiden sogar *selbsten verkuppelt*, sodass sie zu Recht zu Enthauptung und anschließender Verbrennung verurteilt wurde. Jedes besonders skandalöse Benehmen lieferte eine Rechtfertigung für unerbittliche Strenge. Entsprechend gewissenhaft vermerkt Frantz, dass Elisabeth Mechtlin, als sie *mit zwehen leiblichen brüdern … [beide namens Hans Schneider] Unzucht trieben*, sich *zwischen den fleischbancken [einem besonders anstößigen Ort]* aufgehalten hatte oder dass Anna Peyelstainin, genannt *Moser Annala, mit Vatter und Sohn, die Toppengieß genandt, so Eheweiber haben gehabt und sie einen Ehemann, deßgleichen sonsten mit 21. Ehemennern und Jungen gesellen Unzucht und hurerey getreiben, Ir Mann [hat] ir darzu geholffen und gelt genommen.*[48]

Unter dem Begriff Sodomie verstand man in der Frühen Neuzeit eine Vielzahl von Verstößen, von der Homosexualität über Unzucht mit Tieren (also was man auch heute als Sodomie bezeichnet) bis hin zu anderen »unnatürlichen« sexuellen Praktiken (und sogar Ketzerei).[49] Meister Frantz bekam es im Jahr 1594 zum ersten Mal mit einem Fall von Homosexualität zu tun, als er Hans Weber auf dem Scheiterhaufen verbrannte,

> *Obßner [Obsthändler], so man sonsten den dicken Obßner genandt … so drey Jahr lang mit [Christoph Mayer] Sodomitische Unzucht getreiben und durch ein hefflamachers [Töpfers] Jungen offenbar worden, welcher sie bede bey dem thon im gesslein hinder einer becken ob solchem werck erwischt. Der Obßner solches uber 20 Jahr lang angetrieben, nemlich mit dem Koch Andresen und mit dem Alexander, auch mit dem Georgen Im Wehr, und mit dem Zanstoffel becken zu Lauff, und sonsten mit viel Becken knechten, die er nicht nennen weiss. Den Mayr erstlich mit dem Schwerdt gericht, den Cörber neben dem Obßner, so lebendig verbrendt worden.*[50]

Zwei Jahre später blieb dem Händler Hans Wolff Marti, obwohl er allem Anschein nach noch mehr gleichgeschlechtliche Partner gehabt hatte und sogar angeklagt wurde, die Frau eines seiner Liebhaber erstochen zu haben, das Verbrennen bei lebendigem Leib erspart (der Grund für diese Gnade ist jedoch unklar).

Im Gegensatz zu der ihn ständig begleitenden Furcht vor Räubern und ihrer Unterwelt machte das Wissen um einen offensichtlich vorhandenen homosexuellen Untergrund Frantz Schmidt allem Anschein nach keine Angst. Vielmehr ist Neugier (sowie das Bedürfnis, einen unverbesserlichen Charakter zu präsentieren) die treibende Kraft, die ihn all die angeblichen Partner beider verurteilter Sodomiten aufzählen lässt. Im Fall Martis ist die Liste noch länger:

> *welcher eines Kleibers weib zu Wehr erstochen, welcher kleiber er Sotomistische Unzucht angemuthet und auch einem Zimmerman … Auch sonsten Im landt hin und wieder solche unzucht trieben, Erstlich mit einen Schiffmann zu Ibis, auch mit einem zu Brauningen, mit einem Schiffman zu Franckfurdt, und mit einen bauren zu Mildenburg [Mittenbrück], mit einem kahrenman zu Wirtburg [Würzburg], mit einem Schußler zu Schweinfurt, mit ein Pauren zu Winßheimb [Windsheim], und mit*

> *einem fuhrman zu Pfaltza, mit einem Man zu Nordling [Nördlingen], mit ein Strohschneider zu Saltzburg, Letzlich mit dem kleinen Stadtknecht, hanß genandt, zu Wehr.*[51]

Obwohl Marti seine Partner nur sehr vage identifizierte – sei es um sie zu schützen oder weil er ihre Namen selbst nicht kannte –, wandte Meister Frantz keine Folter an, um den Verdächtigen zur Preisgabe seiner Partner zu zwingen, wie es die Hexenjäger jener Zeit taten. Schmidts Ton bleibt überdies dezidiert unvoreingenommen und frei von abwertenden Worten – ein krasser Gegensatz zu seiner unübersehbaren Abscheu für Georg Schörpff, *ein ketzer welcher mit 4 kühen, zweyen Kälbern, und mit einem Schaff Unzucht getrieben* und deshalb *zu Velln als ein Viehe ketzer mit dem Schwerdt gericht [wurde], Nachmals neben einer Kuhe verbrendt,* mit der er Unzucht getrieben hatte.[52] Schmidt erwähnt sogar einen Bauern, der angeklagt wurde, *wegen er … die leuth angefallen, Sotomistiche Unzucht mit [ihnen] treiben wollen,* der lediglich ausgepeitscht wurde. Offenbar wurde das Strafmaß reduziert, weil *er so foll gewessen.*[53] Die Zurückhaltung, die Frantz im Umgang mit Sodomie an den Tag legt, sollte allerdings nicht dahin gehend gedeutet werden, dass homosexuelle Aktivität in Meister Frantzens Nürnberg entweder weitverbreitet oder allgemein gebilligt war. Auffällig ist jedoch, dass die strengen kirchlichen Warnungen vor solchen »Abscheulichkeiten« und ihren kosmischen Nachwirkungen in Schmidts Tagebuch fehlen.

Selbst wenn Frantz Inzest und Sodomie als Verbrechen gegen Gott betrachtete, gibt es keinen Hinweis darauf, dass er die angeblich allgemeine Überzeugung teilte, dass solche Handlungen eine göttliche Bestrafung für das ganze Land durch Seuchen, Hungersnot oder eine andere Katastrophe heraufbeschworen, die sogenannte Landstrafe. Offene Gotteslästerung war etwas anderes. Wie jeder andere Mann der Frühen Neuzeit würde auch der himmlische Vater höchstwahrscheinlich zuschlagen, sofern seine Ehre unmittelbar herausgefordert wurde, sei es durch eine gemeine Hure, die im Scherz sprach, oder durch den Sohn eines Schützen, der mitten in einem Streit fluchte, oder durch einen verbitterten Glaser, der *als ein groß weter gewessen und hefftig donnert, got in himmel also hele traut [gelästert] und gefluchten, wie ein Alten Schelm (got verzeihe mir es zu schreiben) geheissen, [und sagte] der alte Nar habe daß gelt verspilt und verkartet [und] er wol es itz mit kugeln wieder gewinnen.* Der fromme Scharfrichter, der sich sogar in seinem privaten Tagebuch bemüht, die zornige Gottheit zu besänftigen, dokumentiert mürrisch die »gnädige« Bestrafung des Glasers: lediglich *¼ stundt an dem branger gestalt und an der fleischbrucken am Stock die Spitzen von der Zung abgenommen.*[54]

Diebstähle aus einer Kirche oder einem Kloster, Vergehen, die nach der katholischen Tradition als Sakrileg und Gotteslästerung galten, beunruhigten den Protestanten Schmidt nicht sonderlich. Er bezeichnet beispielsweise Hans Krauss, genannt *Schlosser hannß*, als *ein Kirchendieb so zum Endtmannsberg in die Kirchen brochen, den Kelch und noch vier druen [Truhen] eröffnet, die [Mess]cleiter herauß gestollen.* Krauss wurde wie jeder andere Dieb gehängt, trotz des Zusatzes, dass *er auch die leuth in häussern überfallen und geweltigen [überwältigen] helffen.* Über die in größerem Stil tätigen Kirchendiebe Hans Beütler, genannt *der diren [Dürre]*, und Hans Georg Schwartzmann, genannt *der dick Landsknecht*, berichtet der Scharfrichter in demselben nüchternen Ton. Im ganzen Tagebuch ist es das Ausmaß der Diebestätigkeit (*in vielen Orthen hin und wider gestolen*), das den Ausschlag dafür gibt, dass *jemand* den Galgen verdient hat, nicht eine besondere Ehrfurcht vor bestimmten Beutestücken.[55]

Die große Mehrzahl der Gesetzesbrecher, die Meister Frantz bestrafte, begingen ihre Verbrechen weder aus Niedertracht noch aus Leidenschaft. Nach seiner Erfahrung wurden die meisten Wiederholungstäter, in erster Linie Diebe, nicht einmal von Habgier getrieben, dem mutmaßlichen Anreiz für Diebstahl. Im Gegensatz zu gewalttätigen Räubern oder einmaligen Gesetzesbrechern neigten nicht gewaltsame Diebe zu einer emotionalen Distanzierung von ihren Verbrechen. Entsprechend legt auch Frantz in seinen knappen Tagebucheinträgen eine ähnliche Distanziertheit an den Tag und macht sich lediglich die Mühe, die Höhe des entstandenen finanziellen Verlusts zu notieren. Die Palette der gestohlenen Gegenstände ist bunt, sie reicht von mehreren Hundert Gulden in bar über geringe Geldbeträge bis hin zu Kleidung, Matratzen, Ringen, Haushaltsgegenständen, Waffen, Hühnern und Honig aus unbeaufsichtigten Bienenkörben. Der Pferde- und Viehdiebstahl erwies sich als die lukrativste Form; der Handel mit gestohlenen Kleidern als die häufigste. Dass alle diese Fälle theoretisch als gleich schwer eingestuft wurden oder gar mit dem Tod bestraft werden konnten, erscheint dem heutigen Beobachter unbegreiflich. Wie konnte ein offensichtlich frommer Scharfrichter nur eine solche Strenge bei der Bestrafung nicht gewalttätiger Verbrechen billigen, geschweige denn seine eigene Rolle bei der Vollstreckung rechtfertigen?

Einmal mehr müssen wir uns die große Empathie Frantz Schmidts für die Opfer der Verbrechen vor Augen führen. In einer allgemein armen Gesellschaft konnte schon das Fehlen von ein paar Mänteln oder einer relativ kleinen Geldsumme für einen mehr schlecht als recht wirtschaftenden Haushalt ein beträchtlicher, ja sogar verheerender Verlust sein. Dementsprechend dokumentiert der Scharfrichter Diebstähle von unter 50 Gulden – ungefähr das Jahresgehalt eines Schulmeisters – nicht nur sehr genau, sondern auch mit einer aufrichtigen Empörung, in der sich widerspiegelt, dass die Opfer diesen Verlust viel unmittelbarer als manche Reichen spürten. Meister Frantz stufte keineswegs alle Diebstähle gleich ein, und er erkannte eine größere Schwere bei höheren Summen an, aber weil er in seinem Tagebuch konsequent in erster Linie auf das Leid der Opfer blickt, ergeben sich einige aufschlussreiche Gegenüberstellungen. Während kleinere Summen immer ganz genau, gelegentlich bis auf den Pfennig, angegeben sind, weil für ein Opfer, das wenig hatte, selbst ein kleiner Betrag Entbehrungen mit sich brachte, werden große Summen fast durchweg zu auf hundert gerundeten Guldenbeträgen. Im Jahr 1609 notiert Meister Frantz, dass Hans Fratzen *bey 18. Wochen her 10. Petgewandt [Bettlaken] gestoln [und] zu Bamberg uff der hutter herberg bey 30. fl. kleiter gestoln*, also Kleider im Wert von 30 Gulden gestohlen hat, während er im nächsten Tagebucheintrag schlicht schreibt, dass ein bekannter Einbrecher *bey 300 fl. Silbergeschmeidt gestoln*. Ganz ähnlich verzeichnet er in einem langen Eintrag sehr genau, dass Maria Cordula Hunnerin in einer Schenke eine Zeche in Höhe von 32 Gulden nicht bezahlte, ehe er beiläufig anmerkt, dass sie später *den Stadtschmidt, bey deme sie halb Jahr gediendt, bey 800 fl. Tallern [und] drey Kreutzern auß einem kalter [abschließbaren Kasten] gestoln.*[56]

In einem anderen Tagebucheintrag dient die scheinbar zwanghafte Aufzählung der unzähligen Diebstähle in Wirklichkeit dazu, sowohl den üblen Charakter des Täters als auch die große Zahl seiner Opfer hervorzuheben: *Simon Starck … einem diener 6. Mal gelt auß dem beutel gestoln, 1 ½ fl. auß dem kelterla [Kalter, s. o.], und seinen bauren 29 fl., welches er im wiedergenommen, und zu Schweinau ein Reftrager 5 fl., seinen kerner [Fuhrmann] bey 2 fl., Ein Welschen [Italiener] bey der Sumen 1 fl.*[57] Die Identifizierung mit den Verbrechensopfern bringt Frantz dazu, in unseren Augen befremdliche Passagen wie die folgende zu schreiben: Sebastian Fürsetzlich habe *den fuhrleuthen zu Nachts im wirdtshäussern, so sie geschlaffen, das gelt auß den beuteln gestolen, nemblichen 80 fl. 6 schilling, 45 fl., 37 fl., 35 fl., 30 fl., 29 fl., 18 fl., 17 fl., 8 fl.,*

8 fl., 7 fl., 6 fl., 3 fl., 2 fl.[58] Statt einfach die Gesamtsumme anzugeben oder sie chronologisch geordnet abzuschreiben, ordnet Schmidt die Diebstähle gewissenhaft nach dem Wert, um den individuellen finanziellen Verlust für unzählige Fuhrmänner zu veranschaulichen sowie die moralische Rechtfertigung für die Strafe zu liefern – wenn auch auf äußerst eigenwillige Weise.

Diebe und andere nicht gewalttätige Gesetzesbrecher verdienten in Meister Frantzens moralischem Universum zweifellos eine Strafe, aber ihre Verbrechen entsprachen, wie die der Prostituierten und Zuhälter, der bewussten Lebensentscheidung von schwachen, aber nicht niederträchtigen Menschen. Diese Haltung Frantz Schmidts unterschied ihn von dem pauschaleren Ansatz der Juristen und Geistlichen gegenüber der Kriminalität insgesamt. Bei aller Empathie, die der Scharfrichter für die Opfer von Diebstählen hatte, den 172 Dieben, die er im Lauf seiner Tätigkeit hängen musste, begegnete er ganz überwiegend mit müder Resignation, nicht mit Zorn. Ihre selbstsüchtigen Entscheidungen hatten sie so weit gebracht, deshalb entschuldigte Schmidt diese Taten auch niemals durch die Umstände. Der Mann, der in einen Beruf mit Paria-Status hineingeboren worden war, hatte wenig Sympathie für die unzähligen Geschichten von privatem Unglück, mit denen er in der Verhörkammer konfrontiert wurde. Aber es schwingt weder Triumph noch Schuld in seinen Einträgen zu rückfälligen kleinen Taschendieben mit, lediglich eine Traurigkeit. »Wie kann eine Gesellschaft einen Mann für den Diebstahl von Honig hängen?«, wundern wir uns aus heutiger Perspektive. »Warum riskiert ein Mann immer wieder den Tod durch den Strang, um ein bisschen Honig zu stehlen?«, fragt sich Frantz.

Die Antwort auf beide Fragen ist, dass Stehlen für den fraglichen Missetäter offenbar zu einer unwiderstehlichen Gewohnheit geworden war und dass Frantz Schmidts Vorgesetzte schlichtweg mit ihrer Geduld am Ende waren. Die entscheidende Frage war in der Regel nicht, was ein Dieb gestohlen hatte, sondern wie häufig. So gut wie alle zum Tod verurteilten Diebe waren Wiederholungstäter; viele waren bereits mehrmals verhaftet, ins Gefängnis gesteckt und verbannt worden. Anders gesagt, die meisten Menschen, die Meister Frantz schließlich hängte, hatten sich in seinen Augen von Menschen, die ein- oder zweimal gestohlen hatten, unumkehrbar zu Gewohnheitsverbrechern entwickelt, die »der Tat verwandt« waren.[59] »Widerspenstig« war unter den Gehorsam fordernden Nürnberger Ratsherren die häufigste Bezeichnung für diese Wiederholungstäter, doch von Zwangsverhalten zu sprechen, wie wir es heute tun, würde der Einschätzung des Scharfrichters wohl näherkommen. Er stellte fest, dass das wohlhabende Bauernmädchen Magdalena Geckenhofferin *so hin und wieder viel orten Mendala [Mäntel], Pristla [Büstenhalter], und andere Kleider entlehnet, sie wohl zum Nachtmal oder uff ein hochzeit gehen, dieselben versetzt.* Der innere Anreiz zum Diebstahl war hier eindeutig stärker als der äußere. Ebenso kam Meister Frantz zu dem Schluss, dass der Bauer Heinz Pflügel und seine Frau Margaretha, *so ein hoff 1000 fl. werdt [hatten, aber] sich vielfaltig mit dieberey vergriffen,* nicht aus Armut, sondern aus einem anderen Motiv heraus handelten.[60]

Stehlen war in den Augen des erfahrenen Scharfrichters immer eine bewusste Entscheidung, aber für viele auch – wenn man diesen anachronistischen Begriff hier verwenden darf – eine unwiderstehliche Sucht. Allzu häufig wurde diese Gewohnheit schon im jungen Alter erworben. Balthasar Preiss, *burgers kindt, ein Junger dieb, so zum aylftenmal in loch gelegen und etlich mal in Springern [als Springbube] gangen, [war] ein halb Jahr uffn Frosch thurn, ein halb Jahr in den eissen offm thurn. [Er] hat daß stelen nicht lassen wollen, weyl man im zu etlichen handtwerck thun, ist er davon geloffen und [hat] gestoln.* Meister Frantz peitschte persönlich zum wiederholten Mal seine ehemaligen Zuarbeiter, die städtischen Schützen Georg Götz und Lienhard Hertl, aus und ermahnte sie. Beide verbrachten mehrere Jahre auf der Ruderbank venezianischer Galeeren; aber beide stahlen und raubten weiter, bis der Galgen dem ein Ende setzte. Selbst langjährige Gesetzesbrecher, die sich rehabilitieren wollten, wurden häufig gegen ihren Willen wieder in das verbrecherische Leben hineingezogen. Der *alter diebs Vatter Simon Gretzelt [hat] vor 40. Jahren von den dieben versagt,* wie Frantz schreibt, und der langjährige Dieb Andreas Stayber, genannt der *Thonhausser, [hat] viel hin und wieder gestollen, aber bey fünff Jahrn nachgelassen und frumb werden wollen.* Der Scharfrichter lässt keine Schadenfreude darüber erkennen, dass die Vergangenheit die beiden wieder eingeholt hatte: Gretzelt kehrte zu einer unmoralischen Lebensweise zurück, und der Thonhausser wurde zum Tod durch den Strang verurteilt, weil sein ehemaliger Kumpan, der berüchtigte Wegelagerer Hans Kolb, gegen ihn ausgesagt hatte.[61]

Gewohnheitsmäßiges Stehlen bedeutete keineswegs geschicktes Stehlen. Viele Fälle waren reine Gelegenheitsdiebstähle: ein Straßenverkäufer, der sich kurz umsah; nicht beaufsichtigte Kleider auf der Wäscheleine; ein wegen einer Hochzeitsfeier leer stehendes Haus. Der Landarbeiter Hans Merckel, genannt *der hirschen hannß, so bey 22. Jahren gedient,* pflegte

> *ein halb Jahr biß in 2. Jahr an ein Ort [zu] bleiben, hernachmals so er davon zogen, [waren] alweg hosen, wammes, stieffel, wiln hembd, und [hat] anders mehr an gelt, waß er bekommen, mitgenommen. Und seinen herrn etlich Schaff weitz gehn Augspurg führen sollen, 35. fl. darauß gelest, mit dem gelt davon zogen. Deßgleichen seinem Herrn zu Amberg so ihm 21. fl. neben kahrn [Karren] und Pferdt geben, Weißbier auß Behem [Böhmen] zu hollen, [hat] korn und Pferd stehen lassen, und [ist] mit dem gelt davon. Itzund [hat er] wieder hosn und Wames gestolen, darinnen 15. fl. gewest, welches er nicht gewust.*[62]

Noch leichter wurde es einem Boten namens Kollbauer gemacht zu stehlen: Man hatte ihm *eine Schachtel mit silbergeshier und 200 fl. groshen darinnen geben, nach der Neuenstatt zu tragen, welche Er erbrochen [hat], daß silber geshmidt zu furth dem Juden umb 100 fl. versetzt.* Seine ganze Beute verprasste er mit Essen und Spiel.[63]

Einbrüche waren mit einem größeren Risiko verbunden, weil sie das Hausrecht brachen und die Gefahr einer Begegnung mit dem Besitzer bestand. Im mittleren Alter war der erfahrene Scharfrichter zu einem Fachmann für solche Einbrüche geworden, die nur selten wohlgeplante und geschickt durchgeführte Coups im Stil legendärer Kriminalgeschichten waren. Er amüsierte sich über das Ungeschick mancher Amateure wie Anna Pergmennin, *so sich bey einen Schulmeister bey Sant Lorentzen in daß hauß geshlaicht und steln woln, aber erwischt und gefangen worden; acht tag zuvor [hat sie] sich in des hanß Payr kel[l]er verspern lassen und steln wolln.* Oder Erhard Rössner, *so eine Nacht 12 Schloßer von den Kremen [Läden] erbrochen, aber nicht hinein kont,* während Lienhard Leydtner, ein Schlosser, *in der Statt bey zweyen Jahrn 42 kremb [Läden] auffbrochen und gespert [hat] mit darzugemachten Schlißeln und vermeindt gelt zufinden, aber nichts sonderlichs daraußt gestoln.*[64] Noch dämlicher hatte sich der Schafhirte Cunz Pütner

> *zweymal in seines Herrn Fürers Hauß verhalten und in daß Schreibstiblein brechen wolln und deß gelt steln woln, wie er dan zum Erstenmahl 7. locher in daß thirlein bordt, nichts außrichten können ... Hat er sich wider im hauß verhaltenn und wird es in daß stieblein brechen wolln. Als der her solches gehert, [hat er] ein geshrey gemacht. [Hat sich Cunz von] dannen geshucht, hat man sein Schuh, so er auff dem soller stehen lassen, di er abzogen, damit er leiß gehen [kann,] gefunden. Er [hat] sich aber in daß stup verstock [versteckt], da er gefangen.* [65]

Sogar der berufsmäßige Einbrecher Lienhard Gösswein, der *viel brech zeug bey Ime gehabt ... so bey dem Wastla wirdt am Obßmarck im keller gefangen, [als er hat] steln woln.*[66]

Misslungene Einbrüche konnten gelegentlich aber auch gewaltsam enden: Lorenz Schober, der laut Meister Frantz bislang *wenig gestoln, nemblich 12. Leib brodt, 6 keß, ein hembdt, ein wulla hembdt, ein wames,* sei

> *zu Gründla [bei] einer armen Frauen einbrochen [und] als dieselbig ihn erwischt ob der that und ihm gehalten und umb hilff geschriehen, hat er ein Messer außzogen, der Frauen drey stich geben, den ersten in den kopff, den andern in die Lincke brust, den dritten in den halß, und die Frau für todt ligen lassen, daß sie gar schwerlich davon kommen mit dem leben.*[67]

Nur der fleißige Fassadenkletterer Hans Schrenker, genannt *der Holtsch,* hat sich allem Anschein nach einen gewissen Respekt seitens des Scharfrichters verdient, wenn auch mit einer gehörigen Portion Spott:

> *so zum Freienfels uff dem Schloß, eingestigen, an einer leiter uber daß viehauß, hernacher an der leiter an ein thurn zu dach ein, wieder an der leiter zum dach ein, wieder an der leiter zum fenster in die stuben. [Er hat] ein kalter erbrochen mit sein bütmesser, bey 300 fl. Silbergeschmeidt heraußgestoln, [ist] daselbsten an den leitern wie er hinein, also wieder herauß gestiegen, daß Schloß uff der andern Seiten, [hat] das silber hinder einen stein versteckt [und] wieder vor[n] hinein gestigen, den Tisch erbrochen, 40. fl. in ein Sackt genomen. Obwol ein Sack mit 500 fl. darbey [gelegen hat,] alß er denselben genommen, sey ihm ein forcht [Angst] ankommen, daß er davon geloffen, nicht anderst gemeindt, es lauff ihm eins hinach, wider davon.*[68]

Möglicherweise notierte sich Meister Frantz nicht zuletzt deshalb besonders tüchtige oder findige Diebe, weil er es satthatte, über mittelmäßige Pfuscher zu schreiben. Ein Drahtzieher hat einem Eisenhändler *bey ander halben Jahr lang auß seinem Gewelb alle wochen ein mall auch woll zweymall mit darzu gemachte Schliesseln gesperdt und gestoln bey 21 Ell [ca. 14 Meter] drot, 14 Ell [ca.8 Meter] stahl, und 40 taussent Negel.* Die zielstrebige Anna Rebbelin ist *über die 40 mal alhie in die heusser gangen, zwu oder drey stiffen [Treppen] hinauff in die kammer, [hat] darauß viel gestoln.*[69]

Kleine Trickbetrüger, eine Lieblingsfigur der Schelmenromane, hatten es Meister Frantz besonders angetan, vermutlich gerade wegen ihrer Unverfrorenheit. Christopher Schmiedt, genannt *der butner Offela,* seit Langem ein Dieb, ging erst unlängst *in acht gemeiner badstuben [mit] alte kleider angelegt in daß Badt [...], die alten kleider liegen lassen, und gute darvon genomen.* Margaretha Kleinin, die auch regelmäßig als Einbrecherin arbeitete, näherte sich den Leuten, indem sie *mit glesern in Seckla [Beutel] geklapert, als wan es golt were, vermeindt die leut solten ihr als des besser trauen [vertrauen], damit sie steln mochte.* Georg Praun hat *einem Jungen von Greiffenberg so mit Ime zogen, 13 Taller auß den sack gestolen, und stein Ime darfür hinein[getan];* ganz ähnlich hat Hans Weckler *einem Schneider zue golt Cronach [Goldkronach] welcher bey Ime im wirdshaus gelegen in einem kamer 200 fl. auß seinem Vehleissn [Felleisen] gestollen und hernach Sandt dargegen in daß schleiffen gethun, damit es wider di Schweren gehabt.* Meister Frantz fügte allerdings hinzu, dass Weckler *daß geldt alhie verspilt, welches Ime [zwei Dachdecker] mit falschen spillen angewonnen. Derwegen er die bede verklagt, daß sie mit Ruten außgestrichen worden* – worauf die beiden Falschspieler den Behörden wiederum den vorherigen Diebstahl anzeigten.[70] Frantz hat eindeutig Gefallen an dem pikaresken Prachtexemplar eines Diebes, der anschließend von anderen Dieben bestohlen wird, und weist wiederholt darauf hin.[71] Es war nicht schwer, vertrauensselige Menschen zu betrügen, erkannte er, und es erforderte auch keine besondere Schläue, sondern lediglich Gleichgültigkeit gegenüber dem Leid anderer Menschen.

Erfolgreiche Betrüger im großen Stil lösten bei Meister Frantz folgerichtig eine größere Bestürzung aus, insbesondere wenn sie kühn den Hochwohlgeborenen ein Schnippchen schlugen, allen voran der Fälscher Gabriel Wolff und die Schatzsucherin Elisabeth Aurholtin. Obwohl diese Hochstapler wohlweislich nicht gewalttätig vorgingen, waren sie zugleich berechnender – und folglich böswilliger – als gewöhnliche Diebe. Außerdem logen sie kaltschnäuzig, was in den Augen des Scharfrichters ihre Diebstähle noch verschlimmerte. Anna Donirin, *welche offtmals Im Siechhaus gelegen [und] di Stadt verbotten [war], [hat] mit wahrsagen und schatzgraben die leut betrogen.* Deshalb wurde sie gnadenlos ausgepeitscht, obwohl *sie hat nit gehen kennen, habens zwen betel Richter [Büttel] unter den Armen [hinaus] führen missen.* Margaretha Schreinerin *ein alte Vetel bey 60. Jahren alt, so die leut hin und wieder betrogen,* indem sie vorgab, *die Predtfeldin het ir so viel gelts versschafft [vererbt], nemlich 2000 fl.*, und wandte sich dann an Würdenträger in der ganzen Stadt mit der Bitte um Essen, Trinken und kleine Darlehen, die sie angeblich in Kürze zurückzahlen würde. Trotz ihres Alters und der sichtlich angeschlagenen Gesundheit wurde sie *alß betrugerin alhie an bede backen gebrendt.* Ebenso wenig konnte Kunrad Krafft, ein ehemaliger Gerichtsangestellter, von Meister Frantz oder seinen Behörden Nachsicht erwarten. Seine jahrelangen Betrügereien und Veruntreuungen kosteten ihn am Ende das Leben.[72]

GNADE UND ERLÖSUNG

Gleich welches Motiv sich hinter dem Verbrechen verbarg oder welcher Art es war, nach Meister Frantzens Vorstellung von Gerechtigkeit konnten alle Missetäter hoffen. Als gläubiger Lutheraner hielt er die Welt für einen zutiefst bösen Ort, an dem alle Menschen früher oder später im Lauf ihres Lebens sündig werden. Freilich begingen manche schwerwiegendere Fehltritte und Verbrechen als andere, aber auch für Frantz war die wichtigste Botschaft des Christentums die gute Nachricht von der göttlichen Vergebung für alle, die diese suchen. Das darf auf keinen Fall mit der Rehabilitierung von Straftätern im modernen weltlichen

Sinn verwechselt werden – immerhin glaubten die Lutheraner des 16. Jahrhunderts noch vorbehaltlos an die Erbsünde. Ebenso wie Richter, Schöffen und Kapläne, also die anderen einer Hinrichtung beiwohnenden Funktionsträger, forderte Schmidt von einem verurteilten Verbrecher ein Schuldbekenntnis und die Unterwerfung unter die Autorität Gottes und der Obrigkeit. Im Gegenzug boten sowohl die irdischen als auch der himmlische Richter das Versprechen der Vergebung der Sünden und der Erlösung.

Gnade war in der frühneuzeitlichen Vorstellung von Gerechtigkeit das mächtige Gegenstück zu Strafe. Frantz teilte diese Auffassung und gebraucht den Begriff in seinem Tagebuch 93 Mal, weit häufiger als die Wörter *Gott* (16 Mal), *die Justiz* (zwei Mal) oder *Recht* (gar nicht). So gut wie jede Verwendung des Wortes *Gnade* im Tagebuch verweist auf eine Strafmilderung, doch der fromme Scharfrichter wollte den armen Sündern eindeutig nicht nur zur irdischen, sondern auch zur himmlischen Erlösung verhelfen. Die Voraussetzung für beides war allerdings echte Buße.

Sichtbare Zeichen der Reue gaben für Meister Frantz folglich den Ausschlag. Er dokumentiert billigend, dass der Mörder Michel Vogt *ist schon hinaus in dem Wald gewesen [und] wieder herein [also zurück] gangen*, und dass sich die Kindsmörderin Anna Freyin, der Dieb Hans Helmet und der Mörder Matthias Stertz freiwillig den Behörden gestellt hatten (wie auch, dass Stertz *ist Catholisch gewesen aber Lutherißch worden* vor der Hinrichtung). Mehrmals würdigt Frantz in seinem Tagebuch jene Seelen, die *ein christlichen Abschiedt genommen*, insbesondere in späteren Jahren.[73] Sowohl dem Scharfrichter als auch den Gefängniskaplänen ging es besonders zu Herzen, dass der reuige Dieb Hans Drechsler, genannt *der birger* oder *der lantzknecht hanß*, nicht nur »alsdann in den letzten drey oder vier Tagen mehr als in der gantzen übrigen Zeit seines Lebens« lernte, sondern auch auf vorbildliche Weise aus der Welt schied, indem er ausrief: »Gesegne dich Gott, Laub und Gras/ Und alles, was ich hinter mich laß! Betet ein Vater unser für mich, ich will heut im Paradiese auch für euch beten.«[74]

Verstockte Häftlinge, insbesondere gewalttätige Räuber, die sich hartnäckig weigerten, Reue zu zeigen, ernteten dagegen von den Kaplänen wie von Meister Frantz nur Verachtung: *hat nicht beten wollen*, heißt es dann lakonisch.[75] Der zurückgewiesene Magister Hagendorn konnte sich einmal nicht die gehässige Bemerkung verkneifen, dass ein widerspenstiger Dieb »ein starkes Fieber bekam, welches er mit an den Galgen gebracht und eher nicht Darvon erledigt worden, bis ihm Meister Franz etwas dafür an Hals gehenkt hat«.[76] Kaplan und Scharfrichter war bewusst, dass verurteilte Übeltäter häufig die geistlichen Bemühungen ihrer Häscher ausnutzten, um das Unvermeidliche hinauszuzögern. Nach mehreren Besuchen bei dem 25-jährigen Juwelendieb Jakob Faber fing Magister Hagendorn an, über dessen offensichtliche Unehrlichkeit und anhaltenden Widerstand zu jammern:

> Wie ich nun zu ihm hinunterkommen, kommt er mit der vorigen Geigen aufgezogen, wendet seine ehrliche Freundschaft, sonderlich seine alte verlebte Mutter vor, suchte allerhand Ausflüchte, wie er sein Leben länger fristen und mit dem Leben davonkommen möchte, truge größere Sorge um den Leib als um die Seele, und wie er es zuvor der Obrigkeit sauer gemachet, also auch uns, nicht zwar des Unterrichtens und Tröstens halber, dann er zwar seinen Cathechismum studiret und gelernet und zwar in seiner zarten Jugend, auch neben den Cathechismo etliche Psalmen als sonderlich den 6. Und 23. Und andere Gebetlein mehr gekönnt, sondern daß er auf seiner alten Meinung fadenrecht verbleiben. Man sunge ihms süß oder sauer, so war es ihm nur um das Leben zu tun.[77]

Auch Meister Frantz hatte keine Geduld mit Übeltätern, die sich mit ihrer Lage noch nicht abgefunden hatten und sich weigerten, eine angemessene Unterwürfigkeit an den Tag zu legen. Der berüchtigte Georg Mayer, genannt *Weißkopf*, hat

> *sich offtmalß mit dem hinfalln [Epilepsie] außgeredt. Wann man ihn in der Frag [hat] verheren wollen, so est Er dahingefallen und thun, alß wirge ihm die Kranckheit. Wie er dann drey dag zuvor mit solchen schein ist außgelassen worden. Derwegen er seine gesellen also angelernet, sich also zustellen, so laß man sie lauffen. Wie sich den der Knaw also [hat] stellen wollen, hat sich aber nicht recht dazu siechen können. Also dann mans gemerckt hat, er [die Wahrheit] angezeiget.*[78]

Womöglich zeigte Schmidt gerade wegen solcher vorgetäuschten Krankheiten keine merkliche Sympathie für verurteilte arme Sünder mit geistiger Behinderung, auch wenn er offensichtliche Symptome von einem irren Murmeln bei der Hinrichtung bis hin zu regelrecht psychotischen Episoden einräumte.[79] Er war empört, wenn verurteilte Verbrecher versuchten, mit Tricks eine Milderung oder auch nur Verzögerung zu bewirken, wie die Räuberin Katherina Bücklin, genannt *Stamlet Kathra* oder *die Welsch*, die *eben 12 Wochen zuvor hat sie gericht warden soln, hat … sich mit einer Schwengerung gefrist [eine Frist geschunden]; ist aber nichts gewest;* oder die ebenfalls wegen Raubes und versuchten Mordes verurteilte Elisabeth Püffin, die *sich mit einer schwengerung gefrist, biß in 32 wochen. Die geschworne Weiber [Hebammen] bey 18 mal bey ihr gewesen*, ehe sie zu dem Schluss kamen, dass *es nichts gewesen*, und sie am Ende *mit dem Schwert gericht* wurde.[80]

In manchen Fällen bewirkte die Unterwerfung unter das göttliche Urteil eine weltliche Milde – jene gerichtliche *Gnade*, auf die Frantz in seinem Tagebuch regelmäßig verweist. *In Ansehung seines Flehens und Bittens wie auch großer ausgestandener Marter in der Tortur* erlebte es der Dieb Hans Dietz, dass die Strafe des Hängens zu Enthaupten abgemildert wurde.[81] Meist sorgten sich die Nürnberger Ratsherren allerdings wenig um die geistliche Bekehrung oder die erlittene Qual, sondern übten ihre Macht so aus, dass sie nur dann Gnade walten ließen, wenn sie dadurch ihr eigenes Ansehen in der Gemeinschaft aufbesserten.

Wenn die Ratsmitglieder am Morgen einer Hinrichtung zusammenkamen, um darüber zu beraten, ob sie »nach strengem Recht« oder »nach Gnade« strafen sollten, so gab in erster Linie der Stand der Person vor ihnen den Ausschlag, nicht der Zustand der Seele des armen Sünders.[82] Für Hans Kornmeyer, »eine sogar uberaus schön und junge Persohn von zwanzig Jahren alt«, hielt seine Mutter, gemeinsam mit ihren fünf Kindern, von denen zwei seine leiblichen Geschwister waren, Fürsprache sowie sein Herr, der ihn hatte verhaften lassen, und die ganze Zunft der Kompassmacher. Es gelang ihnen, für den jungen Dieb anstelle des Strangs die Hinrichtung mit dem Schwert zu erwirken.[83] In einem noch erstaunlicheren Fall des sozialen Einflusses wurden der Ohrringmacher Hans Mager und der Goldschmied Caspar Lenker, beide Bürger, von ihrer Verurteilung wegen Totschlags voll begnadigt, nachdem sich die lokale Zunft, der führende Goldschmied Augsburgs und ein Gesandter aus Lothringen sowie unzählige Freunde und Angehörige für sie verwandt hatten.[84]

Die Nürnberger Kriminalakten enthalten außerdem eine Fülle von Begnadigungen von Gefangenen mit besonders guten Verbindungen (oder besonderem Glück), die auf Fürbitte verschiedener berühmter Personen, von dem Theologen Philipp Melanchthon bis hin zum Herzog von Bayern, begnadigt wurden.[85] Sogar Kinder von niederen städtischen Angestellten konnten von dem amtlichen Stand ihrer Eltern profitieren. Vermutlich half es Margaretha Brechtlin, schuldig gesprochen, ihren Gatten vergiftet zu haben, dass sie die Tochter des Steuereintreibers am Spitlertor war, sodass sie am Ende *auß gnaden mit dem Schwerdt gericht* wurde. Trotz mehrfacher Diebstähle kamen der Sohn eines Jägers und der eines Vogts mit Auspeitschen davon, und sogar Georg Christoff, genannt *der Schiffterla*, ein mehrfach verhafteter *dieb und Springersbub*, profitierte von der Stellung seines Vaters als städtischer Schütze.[86]

Offensichtlich benachteiligte die Tendenz der Ratsherren, Angeklagte mit guten Beziehungen zu begünstigen, umgekehrt arme und fremde Personen, weil diese selten auf das gleiche soziale Kapital wie Bürger und örtliche Handwerker zurückgreifen konnten. Es schwächte auch die Argumente des Kaplans für religiöse Buße bei verurteilten Übeltätern, weil sie vermutlich keinen großen Nutzen darin sahen, eine Bekehrung auch nur vorzutäuschen. Aber wie die Ratsherren nach und nach erkannten, beschleunigte jeder Akt der Nachsicht von ihrer Seite den Ablauf der Hinrichtung und erhöhte so die Wirkung; allmählich rückten sie deshalb von ihrer harten Haltung ab. Dankbar, dass sie das Hängen zu Enthaupten abgemildert hatten, warf sich der junge Hans Kornmeyer mehrmals vor den Schöffen auf den Boden. Niklaus Kilian rühmte die Richter für die Milderung und betete im Hinausgehen Psalm 33, er sang und starb am Ende frohen Sinnes. Und als der Gefängniskaplan dem Dieb Hans Dietz die Nachricht von der Abmilderung des Urteils brachte, war dieser außer sich vor Freude:

> wann er nur bey der Obrigkeit Gnad erlanget und mit dem Schwert sollte gerichtet warden. Darum er so freudig und getrost worden, als ich ihm die fröhliche Botschaft gebracht, daß ein gnädiges Urteil vorhanden wäre, daß er uns beeden neben dem Lochhüter die Hand geküßt und fleißig gedanket hat. Vor Gericht, weil man sein Urteil verlesen, hat er bitterlich geweinet, sich des gnädigen Urteils bedanket und im Hinausgehen fast den ganzen Weg gesungen, dadurch viele Leute, wie auch den Nachrichter selbsten zum Mitleiden beweget.[87]

Milde walten zu lassen war unterdessen zu einem eifersüchtig gehüteten Vorrecht ausschließlich des Rates geworden. Seit der Reformation waren die Tage vorbei, als eine Nonne oder Jungfrau noch die Macht hatte, jeden Verurteilten vor einem tödlichen Schicksal zu bewahren. Schwangere Frauen mochten in anderen deutschen Landesteilen noch die Richter beeindrucken, aber die letzte entsprechende Meldung aus Nürnberg ist die Begnadigung eines Bigamisten und Soldaten im Jahr 1553, weil »sein erstes [schwangeres] Weib, wie auch noch 16 andere Weibe« sich für ihn verwandten.[88] Selbst in einem Ausnahmefall aus dem Jahr 1609, als beide Töchter von Hans Frantz die Ratsherren anflehten, ihren Vater zu begnadigen, da ihre Bräutigame sie nicht heiraten würden, müssten sie den Schwiegervater am Galgen hängen sehen, erwirkten sie lediglich eine Milderung des Urteils zu Enthaupten.[89] Es kursierte eine Fülle von Geschichten über Frauen, die sich bereit erklärten, einen verurteilten Mann zu heiraten – die wohl bekannteste ist die schwäbische Erzählung von einem verurteilten Dieb, der seiner künftigen einäugigen Braut schöne Augen machte und sich dann abwandte, um auf den Galgen hochzusteigen –, aber seit Mitte des 16. Jahrhunderts lehnten die Gerichtsorgane es in der Praxis ab, diese Vollmacht an einen anderen abzutreten. Das galt offenbar auch für den Scharfrichter selbst, der früher – in Nürnberg noch im Jahr 1525 – eine verurteilte Frau hatte retten können, indem er sie heiratete.[90]

Aber dennoch dürfte Meister Frantz, insbesondere in den späteren Jahren, einen gewissen Einfluss auf die Abmilderung von Urteilen gehabt haben. Nun äußerte er auch etwas freimütiger seinen Ärger über ihre heilsame Wirkung verfehlende naive Gnadenakte des Rates. Als junger Mann bemerkt Frantz lediglich mit neutralen Worten, dass ein Dieb *zu Culmbach 12 Jahr zuvor von galgen loß werden,* also um den Galgen herumgekommen war.[91] Im Lauf der Jahre, als immer häufiger die gleichen Leute wieder vor ihn kamen, trat zunehmend Verbitterung über vergeudete Gnade zum Vorschein. Auf seine Klage aus dem Jahr 1592, dass er den verurteilten Räuber Stoffel Weber *mit dem Schwerdt [hätte] richten sollen, aber erbetten worden, wie man ihm auff leitten [aus dem Rathaus führen] sollen, un auff ein grentzhauß gestrafft,* folgt ein ausführlicher Exkurs über andere unüberlegte Begnadigungen in der jüngeren Nürnberger Vergangenheit. Er weist im Jahr 1606 darauf hin, dass die beiden Widtmann-Brüder, die endlich für wiederholten Diebstahl gehängt wurden, *vor 2 ½ Jahren gericht warden soln, dan ihnen das leben abgesagt – und ich damals eben krank gewessen – sein sie begnadet worden.* Frantz konnte sich nicht damit anfreunden, dass er Gabriel Wolff *hat … auch zuvor die rechte handt abgeschlagen sollen, wie dann schon all ding bestelt und zugericht gewest; ist im aber auß gnaden wiederumb erlassen worden;* und er wirkt aufrichtig erstaunt, dass man *den Baurn von Gründla* begnadigte, der *zwen bauren uff den todt mit einer holtzhacken geschlagen, uff die er gewarten.* Solche Vergünstigungen waren nicht nur ungerecht gegenüber den Opfern, sondern hatten im Fall von Berufsverbrechern — wie Michel Gemperlein, *so vor dreyen Jahren dieberey halber mit dem Strang gericht warden sollen, erbetten worden* – auch das Leiden weiterer unschuldiger Opfer zur Folge, ehe diesen Übeltätern endgültig Einhalt geboten wurde.[92]

Der einzige potenziell mildernde Faktor, abgesehen von echter Reue, der den erfahrenen Scharfrichter anrührte, war die Jugend eines Missetäters, ein immer häufigeres Attribut unter den wegen Diebstahls Verurteilten. Weil in der zweiten Hälfte des 16. Jahrhunderts Eigentumsdelikte außerordentlich streng bestraft wurden, fiel Meister Frantzens Amtszeit genau mit der einzigen Phase in der frühneuzeitlichen Geschichte zusammen, in der Minderjährige auch für andere Straftaten als Mord oder »Verbrechen gegen Gott« wie Inzest, Sodomie oder Hexerei hingerichtet wurden. An Einbruch ohne Gewaltanwendung und gewöhnlichem Diebstahl waren häufig Jugendliche beteiligt, in manchen Regionen stammte sage und schreibe jeder dritte Dieb aus der Gruppe der Fünfzehn- und Sechzehnjährigen. Gelegentlich stahlen die Jugendlichen, die manchmal in organisierten Banden operierten, große Geldbeträge, aber für gewöhnlich erbeuteten sie vergleichsweise unbedeutende Gegenstände wie einen Armreif, eine Hose, ein paar Laib Brot.[93]

Die *Carolina* ließ den Strafrichtern in der Frage des Mindestalters für die Verhängung von Todesstrafen einen großen Ermessenspielraum und untersagte ausdrücklich nur die Hinrichtung von Kindern unter 14 Jahren, aber selbst hier wurden Ausnahmen zugelassen, für den Fall »dass die bossheyt [des Verbrechers] das Alter erfüllen möchte«.[94] Diese entsetzliche Strafe für jugendliche Diebe schockierte auch Frantzens Zeitgenossen, und der Nürnberger Rat berief sich, so wie viele andere Obrigkeiten im frühneuzeitlichen Europa, in solchen Fällen meistens auf den strafmildernden Faktor der Jugend.[95] Im Jahr 1605 wurde die Todesstrafe des siebzehnjährigen Diebes Michel Brombecker zu zwei Jahren Zwangsarbeit als Schellenbube abgemildert, allerdings erst als Reaktion auf die Fürsprachen seines Meisters »und den ganzen Metzger handwerck« – ein weiterer Hinweis auf die Bedeutung sozialer Verbindungen, die vagabundierenden und mittellosen Jugendlichen schlichtweg fehlten.[96] Die Todesstrafe für den Gelehrten- und Bürgersohn Julius Tross wurde ganz ähnlich zu Auspeitschen gemildert, genau wie die der zwei stehlenden Wechter-Brüder und zwei anderer Jugendlicher, die wegen brutaler Vergewaltigung (eines Kapitalverbrechens) verurteilt worden waren.[97] Der Kutscherjunge Laurenz Stollman hingegen wurde hingerichtet, obwohl *er seines steln [von 150 fl.] nicht viel genossen [hat]*, weil er offenbar keine lokalen Schutzherrn hatte – immerhin wurde er *auß gnaden mit dem Schwerdt* gerichtet.[98]

Dennoch ließ man auch bei Minderjährigen, die keine einflussreichen Fürsprecher hatten, in der Regel Milde walten. Der achtzehnjährige Hans Beheim wurde von Frantz Schmidts Vorläufer tatsächlich wegen »große Dieberey« gehängt. Aber im Jahr vor Schmidts Ankunft in Nürnberg anno 1578 wurden drei Gruppen verurteilter Taschendiebe im Alter von 7 bis 16 Jahren für »zu jung zum henken« erachtet. Ihre Strafen wurden zu Zwangsarbeit als Springbuben, gefolgt von Auspeitschen und Verbannung abgemildert. Um sowohl die Schwere der Missetat als auch die Großzügigkeit der Begnadigung zu unterstreichen, ließen die Ratsherren eine Gruppe von Jungen »kein elter als elf iaren« tatsächlich die Leiter zum Galgen hochsteigen, bevor sie sie begnadigten. Doch die Jungen mussten bleiben und zusehen, wie ihr achtzehnjähriger Anführer gehängt wurde. Fast 20 Jahre später sollte Frantz den erwachsenen Steffan Kebweller hängen, weil er eine ähnliche Gruppe Beutelschneider geleitet hatte, denen er für ihre Anstrengungen den ungewöhnlich hohen Wochenlohn von einem Taler (0,85 fl.) gezahlt hatte, plus Kost und Logis; auch in diesem Fall ließ man die Jugendlichen laufen.[99]

Tatsächlich waren alle Jugendlichen, die in Nürnberg am Ende wegen Diebstahls hingerichtet wurden, Wiederholungstäter, manche waren gar bereits zwei Dutzend Mal verhaftet und wieder freigelassen worden. Benedict Felbinger, genannt *der teufelsbub*, etwa war *so im Springern gangen, 15 Mal in Loch gelegen, [auch] ailffmal maineydig worden*. Jedes Mitglied einer besonders fleißigen Bande junger Diebe hatte mutmaßlich mindestens schon zehn Aufenthalte im Bettelstock oder Loch hinter sich, in manchen Fällen gefolgt von einer öffentlichen Auspeitschung. Und die Hauptsache: Alle jugendlichen Diebe, die schließlich zum Tod verurteilt wurden, waren zuvor bereits mit der zweitschwersten Strafe der ewigen Verbannung belegt worden, für gewöhnlich mindestens zwei oder gar drei Mal. In jedem Fall wies das letzte Urteil darauf hin, dass »sie inen kein warnung lassen sond«, dass ihnen die vorangegangenen Verurteilungen also keine Warnung gewesen waren, sondern die Jugendlichen nach Nürnberg zurückgekehrt und ihr frevelhaftes Tun fortgesetzt hatten. Irgendwann gelangte der Rat zu dem Schluss, dass »keine besserung zu hoffen« sei; damit fand die Nachsicht wegen jugendlichen Alters ein abruptes Ende.[100]

Das hatte zur Folge, dass Meister Frantz während seiner langen Amtszeit mindestens 23 Diebe hat hängen müssen, die 18 Jahre oder jünger waren, darunter sogar einen gerade mal Dreizehnjährigen.[101] Als Frantz Schmidt, selbst nicht einmal 24 Jahre alt, seine allererste Hinrichtung in Nürnberg vornahm, handelte es sich bei dem Verurteilten um einen der jugendlichen Taschendiebe, die im Jahr zuvor begnadigt worden waren – laut einem Chronisten »ein schöne junge Mensch von 17. Jahr«.[102] Wie fühlte sich Frantz dabei und beim Hängen der vielen anderen Jugendlichen, die noch folgen sollten? Der stets nur sehr zurückhaltend Gefühle äußernde Frantz zeigt uns immerhin sowohl sein anfängliches Unbehagen als auch die später wachsende Einsicht in die Natur des Menschen, die ihm in diesen schwierigen Fällen einen inneren Rückhalt bot.

Als er selbst noch jung ist, erwähnt Frantz weder das Alter noch die Jugend eines von ihm gerichteten Missetäters. Ohne die Stadtchroniken, die das genaue Alter der von ihm gehängten jungen Diebe dokumentieren, wüssten wir nicht einmal, dass er am Galgen mit Jugendlichen zu tun hatte. Sogar als er das außergewöhnliche Hängen von sieben jungen Dieben im Alter von 13 bis 18 am 11. und 12. Februar 1584 schildert, macht er dazu keine Angaben. Die fünf Jungen und zwei Mädchen waren allesamt mehrmals wegen Einbruchs verbannt worden, und einer jungen Frau, Maria Kürschnerin, genannt *die Schützen Maria*, hatte Meister Frantz ein Jahr zuvor sogar die Ohren beschnitten. Die grausige Gruppenhinrichtung dieser jugendlichen Diebesbande lockte eine große Menschenmenge an und machte auf die örtlichen Chronisten besonders starken Eindruck, die neben dem Alter der jungen Verbrecher eine Fülle weiterer Details dokumentierten (siehe die Illustration rechts). Der 29-jährige Frantz Schmidt hingegen vermerkt lediglich, dass die Diebe *so vil eingebrochen und gestollen* hätten. Dann fügt er jedoch eine ihn offenbar sehr beunruhigende Beobachtung hinzu: dass das Hängen von Frauen in Nürnberg *ist vor niemals gesheen*. Zu dem ebenso wichtigen Detail der Jugend der Frauen findet sich im Tagebuch kein Wort.[103] Ein Jahrzehnt später räumt Meister Frantz hingegen ohne Weiteres ein, dass die beiden Diebe Hensa Kreuzmayer und Hensa Baur *bede bey 16. Jahren alt* waren und vermutlich aus diesem Grund *auß gnaden mit dem Schwerdt gericht* wurden. Von da an fügt er immer das Alter der jugendlichen Verurteilten ein, hält es jedoch nicht für nötig, eine besondere Rechtfertigung zu ergänzen, bis auf das lakonische *hat viel gestolen*.[104] Der sechzehnjährige Balthasar Preiss und der

Eine Nürnberger Chronik dokumentiert das erstmalige Hängen zweier junger Frauen im Jahr 1584, gefolgt vom Hängen von fünf Knaben, die allesamt einer örtlichen Diebesbande angehörten (1616).

fünfzehnjährige Michel König, fügt Schmidt hinzu, hätten beide unzählige Gelegenheiten bekommen, sich zu bessern, hätten aber in beiden Fällen *das stelen nicht lassen wollen.*[105] Seine Schilderung einer weiteren Gruppenhinrichtung aus dem Jahr 1615, dieses Mal mit fünf etwas älteren Dieben im Alter von 18 und 19 Jahren, lässt noch weniger Mitgefühl erkennen:

> *Cloß Rodtler von Beunaberg, sonst der gross beurla [Bauer] genandt; hansh Fleishman von Merckadorff, ein shuster, sonst der Schusterla genandt; Valtin brunmeyer, alhie daheim, Ein Altreiß, sonst der Altreusla genandt; Johan bauer von Sherweissig, ein karteshenmacher, sonst der backet genandt; Jeorg Knor von bichenbach, ein deckweber, sonst der weberla genandt; fünff dieb. Der gross beuerla mit dem Justificierten teuffelsbuben und Cuntzen beuerla gar viel gestoln, und anderen geseln mehr. Der shusterla gleichfals mit Ihnen gestoln und andern geseln derer viel gehabt. Offt Im loch geleg. sich alweg außgelogen. Der bruner nur di beutel geraumbt. Als man Im vor 14 tagen außgelassen, hat er die zeit bey 50 fl. gestoln. Als man die drey gericht, hat er bey dem gericht 3. beutel gestoln. Der backala auch zu der geseln gehörig, offt im loch und In Springern gangen. Der deckweber auch Etlich mal Im loch gelegen, seines arm selligkeit halber alwegen außgelassen. Alle finff dieb mit dem Strang worden gericht.*[106]

Was ist von Frantzens Rechtfertigung der Folter und Hinrichtung von Jugendlichen zu halten? Sollen wir seine ausführlichen Beteuerungen bezüglich ihrer Unverbesserlichkeit als einen Versuch deuten, seinem unruhigen Gewissen einzureden, dass die Strafen gerecht sind? Oder war er, wie manche Ratsherren, von den wiederholten Diebstählen der jungen Menschen so enttäuscht, über ihre Missachtung der unzähligen Akte der Gnade seitens des Rates so empört, dass er wirklich glaubte, dass sie den Galgen verdient hatten? Ist das der Beweis einer düsteren, ja sogar zynischen Sicht auf die menschliche Natur?

Wie die meisten Menschen war wohl auch Meister Frantz unsicher, ob Natur oder Erziehung mehr Einfluss auf die Entwicklung der Kinder ausübt, die später zu Berufsverbrechern werden. Den fehlenden Zugang zu einer Ausbildung in einem ehrbaren Handwerk (auch ihm und seinen Kindern war sie verwehrt) ließ er nicht als Erklärung dafür gelten, dass sich ein junger Mann dem Verbrechen zuwendet. Und er hatte auch kein Mitleid mit all jenen, die Zugang zu einer Ausbildung hatten, aber nichts daraus machten. Laurenz Pfeiffer wird von Schmidt als *ein kremmer [Krämer] und dieb* bezeichnet, als *ein junger mensh, welcher das Schneider handwerck lernen, aber nicht gut gethan,* und wandte sich deshalb dem Diebstahl zu; das galt auch für den Einbrecher Pangratz Paumgartner, *so daß Zirckelschmiden alhie bey Petter Zigler gelernet.*[107] In der Tat hatte die große Mehrheit der Jugendlichen, denen er auf dem Schafott begegnete, eine gewisse handwerkliche Ausbildung erhalten, wie auch die Mehrheit aller Männer, die er hinrichtete. Welche konkreten Beschäftigungsmöglichkeiten sich diesen Personen auch geboten haben mochten, sie alle begannen ihr Berufsleben mit Privilegien, die ein geächteter Scharfrichter niemals genossen hatte.

Der Umgang mit »böser Gesellschaft« war ein weiterer häufiger Katalysator für Verbrechen und etablierte häufig schon vor der Tat einen schlechten oder gar kriminellen Ruf. Frantz hält das zwar für relevant, lässt es aber keineswegs als Entschuldigung gelten, dass der Diener Hans Dorsch von seinem Vetter und einem Kreis männlicher Freunde dazu verleitet wurde, seinem langjährigen Herrn größere Summen zu stehlen.[108] Männer, die Tag und Nacht tranken, spielten und sich untereinander stritten, fanden in den seltensten Fällen ein gutes Ende. Ein Jugendlicher, der ein ehrliches Leben führen wollte, musste so viel Selbstdisziplin aufbringen, dass er die Gesellschaft von unehrlichen Männern mied – eine Entscheidung, die der Scharfrichter selbst schon längst getroffen hatte. Der Militärdienst bot offenbar eine außerordentlich wirkungsvolle Erziehung zum lasterhaften Leben.

Nach dem Dienst auf mehreren Feldzügen in Ungarn gerieten die Söhne der Stadt Hans Taumb und Peter Haubmayr unter berufsmäßige Räuber, und trotz mehrfacher Verhaftung und Begnadigung hielten sich *bede wieder burn ... wie zuvor, dieselben an Weg gesetzt, so imands [jemand] mit einer zu thun oder mit ihr geredt, so haben sie [den potenziellen Kunden] geshetzt, das gelt gar genommen und die kleider.*[109]

Damals wie heute verfolgten Frantz und seine Zeitgenossen die Ursachen kriminellen Verhaltens zumeist bis zu den Eltern zurück, schrieben gelegentlich die Treulosigkeit eines Kindes einer misslungenen Erziehung oder einer vererbten Vorliebe für Verbrechen zu.[110] Frantz vermerkt zwar, wenn er den Verwandten eines zuvor bereits bestraften Verbrechers auspeitschte oder hinrichtete, aber er sieht davon ab, diese Verbindung zu interpretieren.[111] Da er zum einen überzeugt war, dass jeder sein Leben selbst bestimmt, und zum anderen regelmäßig mit frommen und gesetzestreuen Eltern von Übeltätern zu tun hatte, gab Schmidt bei der Debatte um Anlage oder Erziehung offenbar Letzterer den Vorzug. Manchen Eltern warf er auch konkret ihre misslungene Erziehung vor, entließ aber ihre herangewachsenen Kinder keineswegs aus der Verantwortung. So ist er entrüstet darüber, dass Hans Ammon, genannt *der Walschenschneider*, nicht nur selbst Kirchen ausraubte, sondern auch *sein tochter zum steln angewissen*, oder dass Cordula Widtmenin *ihren beden Söhnen zu der dieberey geholffen, die gestolne Wahrn von ihnen angenommen*. Auch Eltern, die ihre eigenen Töchter prostituierten oder ihre Kinder an Betrügereien beteiligten, rügte er mit klaren Worten.[112] Doch obwohl man mit auf diese Weise von Verwandten ausgenutzten Kindern Mitleid haben musste, sprach sie das keineswegs frei von der Verantwortung für ihre Taten, auch dann nicht, wenn sie noch relativ jung waren. Bastla Hauck, der wegen Diebstahls ausgepeitscht und schließlich hingerichtet wurde, hatte zugesehen, wie sein *vater und bruder mit dem Strang gericht* und *[ein anderer] bruder mit Rutten außgestrichen*, aber dennoch wollte er sich nicht bessern.[113] Für Meister Frantz war es auch kein Argument, dass die Hochstaplerin Elisabeth Aurholtin als Kind von ihrem gestörten Vater in einem verschneiten Wald ausgesetzt worden war, nachdem er ihre Mutter ertränkt und ihren Bruder erhängt hatte.[114] Das aufrichtige Mitgefühl, das Schmidt möglicherweise für das kleine Mädchen der Vergangenheit empfunden hätte, wurde von der unleugbaren Schuldhaftigkeit der Frau vor ihm aufgewogen.

Wenn Schmidt auf der persönlichen Verantwortung beharrte, so war er doch keineswegs blind für den offensichtlich angeborenen schlechten Charakter eines Verbrechers. Der Räuber Hans Rühl hat *vor etlich Jahren mit ein Stein ein buben erworffen, als er auch noch ein bub war, derwegen er in den Springern gangen; [aber] als er darauß erbetten worden, hat er sich zu dem Hundtschlager begeben, [wegen] seines ubels halten [Benehmen] hat man ihm die Stadt verboten worden.*[115] Viele verurteilte Diebe hatten von klein auf zu stehlen begonnen und fuhren damit trotz mehrfacher Lehren fort, allen voran der erfolgreiche Einbrecher Jörg Mayr, der *ist 17. Jahr gewest und vor 8. Jahren angefangen [hat zu stehlen].*[116] Andere junge Männer ließen sich offensichtlich von ihren gewalttätigen Neigungen hinreißen, eine Anfälligkeit, die durch Trinken, schlechte Gesellschaft und lose Frauen nur verschlimmert wurde. Derartige Taugenichtse entwickelten ihren Charakter schon früh, darunter auch der von Frantz gerichtete eigene Schwager Friedrich Werner, der »von Jugend aus an bösennd sich mit und neben denselben mit böse gesellschaft gehangen«.[117]

Wie stark der jeweilige Einfluss von Natur und Erziehung auf die Missetäter auch sein mochte, auch nach vielen Jahren im Beruf hielt der Scharfrichter konsequent am Grundprinzip der Eigenverantwortung fest. Wie könnte es für einen »Selfmademan« auch anders sein, der sich selbst so weit von seiner geächteten Herkunft distanziert hatte? Schicksale wurden gestaltet, nicht geerbt. Es war eine Ironie der Geschichte, dass der berüchtigte *hurer auch ein grosser Vereter* [Verräter] Simon Schiller der

Steinigung durch einen wütenden Mob entkam, indem er *in das wasser gesprungen und unter das Mühlwerck an den Pfarrenmilwerk sich verkorchen, di gantze nacht drunten blieben, biß morgen frieher,* nur um ein Jahr später am selben Ort zu Tode gesteinigt zu werden – aber es war sein liederliches Leben, das sein Ende besiegelte, nicht die Sterne, wie viele verurteilte Verbrecher behaupteten. Wenn Frantz als Lutheraner die Erbsünde und die göttliche Vorsehung akzeptierte, so entließ dies einen Sünder keineswegs aus seiner persönlichen Verantwortung für die Annahme oder Ablehnung der göttlichen Gnade.

Die jüngsten familiären Tragödien konnten Frantzens Glauben schwächen oder auch stärken. Das Gleiche gilt auch für seinen jahrzehntelangen engen Umgang mit der Welt des Verbrechens. Leider haben wir nicht die geringste Vorstellung, welche religiösen oder philosophischen Werke außer der Bibel der Autodidakt Schmidt womöglich zur Inspiration und als Trost zurate zog. Den aufschlussreichsten Hinweis zu seiner Frömmigkeit in dieser Lebensphase liefert ein Text vom 25. Juli 1605, der einer ganz anderen Textgattung angehört. In den deutschen Städten lebte damals die mittelalterliche Tradition des Minnesangs in den zünftisch organisierten Meistersingerschulen fort, in denen die ausschließlich männlichen Mitglieder je nach ihren Fähigkeiten als Dichter und Sänger den Rang eines Lehrlings, Gesellen oder Meisters einnahmen. Sie hatten strengen Regeln bezüglich Rhythmus, Versmaß und Melodie zu folgen und ihr Lied vor einer aus Meisterrichtern bestehenden Jury vorzutragen. Auch fast 30 Jahre nach dem Tod des Hans Sachs, des berühmtesten Nürnberger Meistersingers, veranstaltete die Sängerzunft der Stadt alljährlich Wettbewerbe auch für Nichtmitglieder. Bemerkenswerterweise reichte unser Scharfrichter 1605 einen Beitrag ein, zweifellos mit fremder Unterstützung. Auch wenn sein Lied vermutlich niemals tatsächlich vorgetragen wurde, wurde es in eine 1617 – dem Jahr, in dem Meister Frantz zum letzten Mal seines Amtes waltete – veröffentlichte Sammlung von Meisterliedern aufgenommen.[118]

Nicht alle Historiker wollen glauben, dass das Lied wirklich das Werk des berühmten Scharfrichters ist, vor allem mit Blick auf die sprachliche Gewandtheit im Vergleich zu seinem Tagebuch. Eine nähere Prüfung weist jedoch ganz eindeutig auf seine Urheberschaft. Der Text selbst ist unterschrieben mit »Maister Franz Schmidt bei St. Jacobs«, einer Kirche in der Nähe der Wohnung des Scharfrichters. Gewiss war Schmidt auch damals ein außerordentlich häufiger Name, Franz oder Frantz (zu Ehren des heiligen Franziskus) hingegen nicht, zumindest nicht in einer protestantischen Stadt wie Nürnberg. Außerdem war es ungewöhnlich, dass ein Text für den Sängerwettstreit mit »Meister« (also so, wie die ehrenvolle Anrede Frantzens lautete) statt mit »Magister« unterschrieben wurde. Den letzten Beweis, dass unser Frantz Schmidt wirklich das Meisterlied verfasst hat, liefert das gewählte Thema: die angebliche Korrespondenz zwischen König Abgar von Edessa und Jesus, eine Geschichte, die für den auch als Heiler tätigen Scharfrichter eine ganz besondere Bedeutung hatte.

Nach der Legende hörte der syrische König Abgar V., ein Zeitgenosse Jesu, Geschichten von dem Wundertäter aus Galiläa und bat ihn in einem Brief um einen persönlichen Besuch. Der an Aussatz, Gicht und anderen schmerzhaften Krankheiten leidende Abgar bekannte seinen Glauben an die Göttlichkeit Jesu und bot an, den Messias bei sich zu bewirten, wenn er nach Edessa (dem heutigen Şanlıurfa in der Türkei) reisen und den kranken Herrscher heilen würde. Jesus schrieb, so heißt es in der Legende, Abgar, dass es ihm nicht möglich sei, selbst zu kommen, aber dass er mit Blick auf den Glauben des Königs einen Jünger senden werde: Thaddäus Thomas oder Addai in der Landessprache. Tatsächlich traf unmittelbar nach Jesu Himmelfahrt Thomas in Edessa ein, wie sein Meister versprochen hatte, und heilte Abgar auf wundersame Weise, worauf dieser sich sofort taufen ließ. Die Geschichte war in der Welt der Antike weithin bekannt, und im vierten Jahrhundert veröffentlichte der Kirchenhistoriker

Eusebius von Caesarea die angeblichen Originalbriefe. Im Lauf der Zeit wurde auch ein angebliches Abbild Jesu auf einem Tuch, das »nicht von Menschenhand gemacht« war, Teil der Legende, die durch die Verehrung dieses Tuches im östlichen Teil des Römischen Reiches auch eine liturgische Bedeutung erhielt.

Die Legende von Abgar und Jesus (welche die meisten heutigen Gelehrten tatsächlich für eine Legende halten) erlangte im westlichen Teil des Reiches nie die gleiche Beliebtheit, weshalb die Wahl von Frantz so ungewöhnlich ist. Zumindest lässt sie darauf schließen, dass ihm die *Kirchengeschichte* des Eusebius (um 323) in Grundzügen bekannt war. Im Lied wird ausdrücklich auf dieses Werk verwiesen, es übernimmt überdies weitgehend den Wortlaut der beiden dort wiedergegebenen Briefe. Das zentrale Motiv der Heilung hatte für den auch als Heiler tätigen Scharfrichter eindeutig einen besonderen Reiz, das Wort *kranckheit* wird in diesem Lied häufiger als alle anderen wiederholt und sowohl im physischen als auch im spirituellen Sinn gebraucht. *Die Geister Unrein* sowie Blindheit und Lahmheit *den menschen marteren mit quale*, und es ist der *Glauben*, nicht *kreutter* oder *arczeneye*, der den leidenden König heilt. Auch die Wörter *Wunder* und *Krafft* kommen häufig vor, sie erinnern ebenfalls an den spirituellen Charakter der Heilung durch Jesus. Welchen stilistischen oder theologischen Beistand Frantz beim Verfassen des Liedes auch erhalten haben mag, die Hauptaussage des Textes jedenfalls stammt allein von ihm und steht ganz im Einklang mit seinen anderen Schriften. Wenn überhaupt, so hat sein lebenslanger Kontakt mit menschlichen Grausamkeiten und Leiden die protestantische Grundüberzeugung von der Erlösung allein durch Gnade und Glauben nur noch bestätigt. Unter dem gefallenen Menschengeschlecht war die Sünde unvermeidlich, aber Ähnliches galt auch für die göttliche Vergebung – wenn man sie suchte. Die Bestrafung von Verbrechern bot nicht allein eine Chance zur gesetzlichen Wiedergutmachung, sondern auch zur spirituellen Erlösung, wodurch der Scharfrichter zu einer Art

Die auf einem Flugblatt verbreitete Version vom Gleichnis vom verlorenen Sohn. Ganz links verabschiedet sich die Hauptperson, in der Mitte genießt sie ein ausschweifendes Leben und muss ganz rechts die Schweine füttern (um 1570).

Priester geworden wäre (auch wenn Meister Frantz als Lutheraner es abgelehnt hätte, sich als einen Fürsprecher anzusehen, der die Macht hat, göttliche Vergebung zu vermitteln).[119] Wie ein Leben in Sünde und Verbrechen war für ihn auch die Unterwerfung unter die göttliche Vergebung eine Frage der persönlichen Entscheidung.

Von den vielen Geschichten im Neuen Testament über Vergebung wurde auf zwei im Tagebuch des frommen Scharfrichters besonders offensichtlich Bezug genommen. Die erste war die Geschichte vom verlorenen Sohn, das bekannte Gleichnis von einem Sohn, der auf verwerfliche Weise sein Erbe verschwendet, aber dennoch von seinem mitfühlenden Vater wieder aufgenommen und umarmt wird (Lukas 15, 11–32). Wie sein biblisches Gegenstück traf auch der Dieb Georg Schweiger mehrere bedauerliche Entscheidungen, allen voran:

> *als er noch Jung gewest neben seinem bruder 10 fl. gestollen. Nachmalß als ihn sein Vatter nach einer Schuld außgeschickt, dasselbige eingenommen und verspilt. Letzlich seinem Vatter hinder den Schatz kommen, so er hinden Im Stadel eingraben, 60 fl. darvon gestollen. Auch hat er ein Ehweib verlassen und zway hurn genommen, den er auch die Ehe versprochen.*

Aber statt seinem auf Abwege geratenen Sprössling zu vergeben, hat der *Vatter [den Sohn] selbstem einlegen [verhaften] lassen, angehalten und begehrt Ime seiner Recht zu thun, Unangesehen daß er sein gelt wieder bekommen [hat] und mit 2 fl. darvon antworten [für den Gefängnisaufenthalt].*[120] Frantz ist eindeutig überzeugt, dass Schweigers Vater guten Grund für seinen Zorn hatte, und der Scharfrichter selbst stellt die anschließende Enthauptung des Diebes wegen seiner Verbrechen nicht infrage. Dass das Herz des verletzten Vaters gegen seinen verlorenen Sohn verhärtet blieb, erschien Frantz jedoch ebenso unnatürlich wie unchristlich – und ebenfalls als ein Verstoß gegen das Sittengesetz.

Das zweite Beispiel stammt aus dem Jahr, bevor Frantz seinen Beitrag zum Liedwettbewerb der Meistersinger eingereicht hat, aufgezeichnet nach einer Doppelhinrichtung von Dieben. Auch wenn das nur indirekt zum Ausdruck kommt, so ließ der Gegensatz der beiden Missetäter bei der Bekundung von Reue und Glauben den evangelischen Scharfrichter eindeutig eine Analogie zu dem guten und dem bösen Dieb ziehen, die gemeinsam mit Jesus gekreuzigt wurden (Lukas 23, 29–43). Wie Dismas, der gute Dieb, der den neben ihm am Kreuz hängenden Christus bat, »Gedenke an mich, wenn du in dein Reich kommst!«, wies auch der Hirte Cunz Pütner alle erforderlichen Anzeichen von Reue auf und ist *gar Christlich gestorben.* Sein Kumpan am Galgen Hans

Albrecht Dürers ausdrucksstarke Zeichnungen links des bösen und rechts des guten Diebes (1505).

Drentz, genannt *der Lang*, hingegen war de facto eine Reinkarnation des bösen Diebes (nach der Überlieferung Gestas genannt), der von seinem eigenen Kreuz aus Jesus verspottete und sich über ihn lustig machte:

> *Nicht beten woln, auch nichts von got sagen, aber den Namen Christi bekennen woln. Was man ihn [von Gott] gefragt, alwegen gesagt, er weiss nit; er kön es nicht sagen oder noch beten. Es hab ihm einmal ein jungen Maidt ein hembdt geben, alsbalt hab er nicht mehr beten können. Ist im das Nachtmal nicht gereicht worden, also in seinen Sinden gestorben [und] bey dem galgen nidergefallen, als wann ihm ein Kranckheit wirget. Ein gottloser Mensch.*[121]

Alle diese Männer haben ihre Entscheidung getroffen, scheint Frantz zu sagen, und somit haben sie ihr Schicksal selbst verschuldet. Jeder Mensch ist zur Sünde verdammt; Gnade zu suchen oder zu erweisen ist eine Entscheidung. Während der verwitwete Vater von vier Kindern in der anrüchigen Profession ausharrte, die man ihm auferlegt hatte – und gemächlich, aber unbeirrbar danach strebte, den Stand zu erlangen, den er sich gewählt hatte –, dürfte er in diesem Gedanken einen gewissen Trost und Bestätigung gefunden haben.

KAPITEL 5

DER HEILER

Diese listige Strategie von »Habt Ehrfurcht vor dem Alter« verbittert uns die Welt grade in unseren besten Jahren; enthält uns unser Vermögen vor, bis unser eigenes Altgewordensein es nicht mehr genießen kann. Ich beginne allmählich, als alberne und törichte Sklaverei diesen Druck anbegehrter Tyrannei zu empfinden, die herrschen kann, nicht weil sie Macht hätte, sondern weil sie geduldet wird.

WILLIAM SHAKESPEARE,
König Lear, 1. Akt, 2. Szene, 46–51 (1606)[1]

[D]enn das, was wir als Tugend bezeichnen, setzt, wie mir scheint, schwer zu überwindende Gegenkräfte voraus und kann daher ohne sie gar nicht ins Werk gesetzt werden. Das ist vielleicht auch der Grund, warum wir Gott gut, stark, gnädig und gerecht nennen, nicht aber tugendhaft. Alles, was er tut, geschieht völlig spontan und kostet ihn keinerlei Kampf.

MICHEL DE MONTAIGNE,
Über die Grausamkeit (1580)[2]

In den beinahe 50 Jahren seiner Tätigkeit als Scharfrichter kam Meister Frantz mit dem ganzen Spektrum menschlicher Laster und Grausamkeiten in Berührung. Doch keine Verbrecher erfüllten ihn mit einer so großen Abscheu wie der verruchte Wegelagerer Georg Hörnlein aus Bruck und sein Komplize Jobst Knau aus Bamberg. Die detaillierte Aufzählung einer Fülle von Verbrechen – nach Schmidts Bekunden lediglich ein Auszug all ihrer Taten – bildet den längsten Einzeleintrag in seinen Aufzeichnungen. Gemeinsam mit ruchlosen Komplizen, meistens

Georg Mayer, genannt *Weißkopf*, aus Gostenhof, machten Hörnlein und Knau jahrelang die Wege und Wälder Frankens unsicher. Sie überfielen eine unbekannte Zahl von Hausierern, Wandergesellen, Bauern und anderen Reisenden, auch Frauen und Jugendliche, raubten sie aus und ermordeten sie brutal. Nach einem guten Dutzend bekannter Beispiele für ihre Verruchtheit hat man den Eindruck, Meister Frantz wolle den Eintrag beenden. Doch dann – man sieht förmlich, wie er fassungslos den Kopf schüttelt – überlegt er es sich anders und zählt weitere, noch üblere Beispiele für die Verruchtheit des Duos auf, etwa dass sie *uff der Megeldorfer [Mögeldorfer] wisen und uberall, wo die Burger spatziern gangen, di Leut angriffen [haben] ... [auch] uff der Heroltzberger strassen act Personen angriffen, ein Man und Frau hefftig Verwundt, einen Furhmann die handt enzwey gehauen.*

Vor Empörung bebend, schildert Schmidt nun die verruchteste Freveltat des Räuberduos ganz genau:

> *[Hörnlein] und Knau heten vor 6 Wochen neben anderen Gesellen auch eine gemeine hur ein kindt in seinen [Hörnleins] hauß geboren, daselbig [hat Knau es] getaufft und ihme also lebendig das rechte hendlein abgeschnieden. Nachmals [hat] sein gesell der Schwartz genandt daßelbig aus der Tauf gehoben, in die höhe geworffen, daß es uff den Tisch gefallen, also gesagt, so großt muß mein Dodla [Patenkind] warden, auch vermelt, sihe wie seumet [sich leckt] der Teüffel das maul; darnach dem Kindlein die Kell [Kehle] abgeschnieden und in sein gardlein eingraben. Nachmalls über acht dag hat er Hörnlein und Knauer, als deß Knauers hur ein Kneblein geboren, er Knauer denselben das hälßlein herumbgekehrt, er Hörnlein ihm das recht händlein abgeschnieden und in sein hoffheußlein [Schuppen] eingegraben.*

Das blanke Entsetzen über diese beiden Kindsmorde findet in den verniedlichenden Bezeichnungen *kindlein*, *hälßlein* und *händlein* seinen Ausdruck, die Schmidt der kaltblütigen Verspottung der Taufe und des Patenamts gegenüberstellt. Für Frantz veranschaulichen diese Untaten die absolute Sittenlosigkeit der beiden, und er ruft sich mit unverhohlener Befriedigung die jeweils zwei Griffe mit der glühenden Zange in Erinnerung, die Hörnlein und Knau an Armen und Beinen zu spüren bekamen, bevor sie am 2. Januar 1588 einen qualvollen Tod unter dem Rad erlitten, »von unten nach oben«. Neun Tage später richtete er ihren Komplizen Weißkopf, ebenfalls mit dem Rad, und eine Woche danach tötete er Hörnleins Frau und Komplizin Margaretha, wobei die im Prinzip schon abgeschaffte Hinrichtungsform Ertränken wegen der besonderen Schwere des Verbrechens auf Betreiben des Rates ein letztes Mal zur Anwendung kam – ohne Einspruch seitens des Scharfrichters.[3]

Aber warum hackten diese Männer den Säuglingen die Hand ab? Das war kein wahlloser Akt der Grausamkeit. Während des Verhörs, bei dem Meister Frantz mehrmals vom Wippgalgen Gebrauch gemacht hatte, behauptete Knau, dass die rechte Hand eines neugeborenen Knaben bekanntlich Glück bringe, ja einen sogar unsichtbar machen könne – ein überaus nützliches Mittel für einen Dieb. Hörnlein habe ihm, Knau, erzählt, dass er auf seinen Reisen schon vielen Babys die Hand abgeschlagen habe und dass er »die fingerlein [als Kerzen] anzundet, so kondte niemands nit erwachens«. (In England war diese Praxis unter dem Namen »Hand of Glory« bekannt.)[4] Hörnlein bestätigte diese Aussage in seinem unter der Folter abgelegten Geständnis und ergänzte das Detail, dass die Hand acht Tage lang begraben bleiben müsse, am besten in einem Stall, um sie danach wieder auszugraben und bei sich zu tragen. Er gab zu, dass er Knau in dieser Praxis unterrichtet und ihm eine Hand zum Gebrauch gegeben habe, räumte aber anfangs nur bescheidene Kenntnisse der »magischen Künste« ein. Als man ihm härter zusetzte, gestand Hörnlein, eine alte Frau habe ihm beigebracht, wie man einen kleinen Beutel mit Blei und Schießpulver an drei aufeinanderfolgenden Sonntagen in die Messe tragen müsse, um so magische Kräfte zu erlangen. Außerdem habe er »am hellen liechten tag« ein Stück Seil vom Galgen einer benachbarten Stadt gestohlen und trage es seither neben anderen Talismanen zum Schutz gegen Gewehrkugeln bei sich. Als die Vernehmungsführer ungläubig nachfragten, erwiderte Hörnlein, er habe sogar zwei seiner Komplizen dazu gebracht, aufeinander zu schießen, um die Zauberkraft zu testen. Da keinem von beiden ein Haar gekrümmt worden sei, habe er von ihnen jeweils fünf Gulden gewonnen.[5]

Zaubersprüche und Flüche waren in der Welt von Meister Frantz allgegenwärtig. Seine Zeitgenossen bestritten vehement das Wesen und die Wirksamkeit solcher Kräfte (von ihrer Quelle ganz zu schweigen). Aber so gut wie niemand stellte die elementare Rätselhaftigkeit der natürlichen Welt infrage – und damit die Möglichkeit, dass menschliche Wesen mit dem entsprechenden okkulten Wissen imstande sein könnten, magische Kräfte auszuüben. Diese vor dem 18. Jahrhundert im Volksglauben vorherrschenden, schwer zu greifenden und häufig widersprüchlichen Vorstellungen über Magie brachten Meister Frantz in eine heikle Lage. In seinem Nebenberuf als Mann der Medizin hätte Schmidt davon profitieren können, sich den alten Aberglauben von der »Heilkraft« des Scharfrichters und seiner Instrumente zunutze zu machen. Zugleich war es auf dem Höhepunkt des Hexenwahns in Europa für einen Heilkundigen jedoch äußerst gefährlich, auch nur auf die leiseste Art mit Magie in Verbindung gebracht zu werden. Der gleichzeitig gefürchtete und geachtete Frantz – durchaus vergleichbar mit einem mächtigen Weisen oder dem Schamanen eines Stammes – wurde wegen seiner Kenntnisse in der Heilkunde aufgesucht (und gut bezahlt). Allerdings lief er auch Gefahr, dass ihm ein unzufriedener Patient oder einer seiner zahlreichen Konkurrenten auf dem hart umkämpften Markt medizinischer Berater Unfähigkeit oder schwarze Magie vorwarf.

Diese ambivalente und verwundbare Stellung war für den Nürnberger Scharfrichter natürlich nichts Neues. So wie er den öffentlichen Bedarf an frommen, zuverlässigen staatlichen Mördern zu seinem eigenen Vorteil ummünzte, machte sich Meister Frantz auch die Aura, die sein Handwerk umgab, geschickt zunutze, um der Rehabilitierung der Familienehre näher zu kommen – es gelang ihm, den Zorn eifriger »Hexenjäger« ebenso wie den eifersüchtiger Rivalen zu meiden. Doch die Heilkunst war – wie er im Alter verriet – für den Scharfrichter immer viel mehr gewesen als ein Mittel zum Zweck oder ein zuverlässiges Nebeneinkommen. Anders als der ihm auferlegte verhasste Beruf war *die Arzney kunst* seine wahre Berufung. *Fast ein jed. Mensch*, schrieb Frantz in dem Gesuch um Wiederherstellung seiner Ehre, *hat ein staedliche inclination zu einen gewiessen ding, und dadurch seine ergänzlichkeit thuhet;* in seinem Fall war das *die von Natur mir eingepflanzte begerd zur Arzney kunst.*[6] Mehr noch als seine Rolle beim erlösenden Ritual der Hinrichtung gab ihm der lebenslang ausgeübte Heilberuf das Gefühl, im Leben etwas Sinnvolles getan und erreicht zu haben, nicht zuletzt ein Stück weit auch die Wiederherstellung der Familienehre. Es war das Ringen, sich und seinen Söhnen eine Anerkennung in diesem Berufszweig zu sichern, das die letzten drei Jahrzehnte seines Lebens prägte. Ob der hervorragende Ruf als Scharfrichter, den Meister Frantz sich in mühsamer Lebensarbeit aufgebaut hatte, diesem letzten Self-Fashioning nun dienlich war oder nicht, musste sich jedoch erst zeigen.

LEBENDE KÖRPER

Frühneuzeitliche Scharfrichter verfügten, davon konnte man ausgehen, über gewisse medizinische Kenntnisse. Manche wurden sogar ausdrücklich wegen der ihnen zugesprochenen Fertigkeiten bei der Heilung von Mensch und Tier (meist Kühen und Pferden) beschäftigt. Die Nürnberger Ratsherren stellten einen für sein ausschweifendes Leben bekannten Vorgänger von Frantz kaum ein Jahr nach der Entlassung deshalb wieder ein, weil dieser »mit seiner Erzney vylen gebrechlichen kranncken person zu irer Haylung seer dienstlich gewest, und dann Jörg Unger der yezig Nachrichter [in dieser Beziehung] gar nichts werth ist«.[7] Frantz Schmidts Vater und seine Kollegen hatten ihr Gehalt mit medizinischer Beratung ein wenig aufgebessert. Als Frantz seine Berufslaufbahn begann, konnten die Gebühren für die Heiltätigkeit unter Umständen gar ein halbes Jahreseinkommen des Scharfrichters ausmachen.[8] Nachdem Frantz sich im Jahr 1618 offiziell zur Ruhe gesetzt hatte, war er fast völlig auf die Einkünfte aus der medizinischen Beschäftigung angewiesen. Allerdings sprudelten diese bis zu seinem Tod auch reichlich.

Die vielfältige, teilweise durchaus fragwürdige Palette medizinischer und pseudomedizinischer Dienste der damaligen Zeit wurde, ganz nach den Regeln des freien Marktes, in einem ungeregelten Wettbewerb angeboten. Akademisch gebildete Ärzte konnten stolz auf ihre von höchster Stelle bescheinigten Fachkenntnisse verweisen, doch wegen ihrer geringen Zahl und der hohen Gebühren blieben ihre Dienste für die Mehrheit der Bevölkerung unerschwinglich. Nach den Regeln der Zünfte geschulte Bader, Wundärzte und Apotheker genossen eine vergleichbare Aura der Seriosität und waren in großen Städten wie Nürnberg mindestens zehn Mal so häufig wie akademische Ärzte anzutreffen.[9] Die Lehr- und Gesellenzeit dieser Heilberufe dauerte meist mehrere Jahre länger als das Medizinstudium an der Universität. Am Ende des 16. Jahrhunderts beschäftigte bereits so gut wie jedes deutsche Gemeinwesen seine eigenen amtlichen Ärzte und Bader sowie Apotheker und Hebammen und verlieh dadurch diesen Berufen auch eine größere Legitimität und Glaubwürdigkeit.

Solche offiziellen Bescheinigungen hielten jedoch die Menschen nicht davon ab, sich an eine Vielzahl nicht zertifizierter »Empiriker« (Straßenhändler, reisende Apotheker, Augenärzte, Zigeuner und religiöse Heiler) zu wenden, die ihrerseits jeder ein

Sortiment an Heilpulvern, Tränken, Salben und Kräutern anpriesen. Ärzte des 17. und 18. Jahrhunderts äußerten sich für gewöhnlich abschätzig über die Heilfähigkeiten dieser »Quacksalber« und »Scharlatane«, aber zumindest einige fahrende Heilkundler boten Arzneien an, die in manchen Fällen tatsächlich Linderung verschafften. Schwefelsalben halfen gelegentlich wirklich bei Hautproblemen, und bestimmte Kräutermischungen linderten sogar Rückenschmerzen. Wenn fahrende Heiler großspurige und absonderliche Versprechungen machten, so war dies jedoch ganz offensichtlich reiner Hokuspokus. Mit humorvollen Liedern, ablenkenden Schauspielen und vereinzelt sogar einer Schlangenbeschwörung (um für ein Tonikum zu werben, das gegen alle Bisse half) machten diese Quacksalber Werbung für ihre Waren.

Das Ansehen des Meisters Frantz als Heiler stützte sich weder auf eine amtliche Bescheinigung noch auf derart karnevaleske Werbekampagnen, doch er profitierte zweifellos von den vielen Volkssagen, die sich um seine unehrliche Profession rankten. Wie die »weisen« Männer und Frauen, die in so gut wie jedem Dorf anzutreffen waren, kannten dem Vernehmen nach auch Scharfrichter geheime Rezepte und Kuren für eine Vielzahl von Gebrechen – von Geschwüren und Nierenversagen bis hin zu Zahnschmerzen und Schlaflosigkeit –, Informationen, die in der Regel mündlich an ihre jungen Gehilfen weitergegeben wurden. Der umstrittene Arzt Paracelsus (1493–1541), der öffentlich den größten Teil dessen, was er am medizinischen Institut gelernt hatte, verwarf, erklärte bekanntlich, dass er die meisten Heilrezepte und Therapien »bei Landfahrern, Nachrichtern, und Scherern, bei Gescheiten und Einfältigen« gelernt habe. Der Hamburger Scharfrichter Meister Valentin Matz hatte allgemein den Ruf, dass er »sich auf Wurzeln und Sympathie besser als mancher gelehrte Doktor verstand«.[10] Wie wirksam die Behandlung eines Scharfrichters auch sein mochte, das »finstere Charisma«, das Frantz und seine Kollegen ausstrahlten, verschaffte ihnen einen unschätzbaren Vorteil auf dem hart umkämpften (und einträglichen) medizinischen Marktplatz jener Zeit. Söhne von Scharfrichtern profitierten häufig ebenfalls von der Verbindung und waren imstande, blühende medizinische Praxen zu betreiben, auch wenn sie ihren Vätern nicht im Beruf des Scharfrichters nachgefolgt waren. Sogar viele Witwen und Waisen von Scharfrichtern waren im medizinischen Sektor tätig und machten hier und da den örtlichen Hebammen Konkurrenz.[11]

Aber wie viel wusste Meister Frantz wirklich über die Heilkunde, und wo lernte er es? Meister Heinrich brachte seinem Sohn mit Sicherheit alles bei, was er wusste. Da er aber als Sohn eines ehrbaren Schneiders aufgewachsen war, hatte Heinrich die Heilkunde im Lauf seiner eigenen Berufstätigkeit erlernen müssen. Sobald die Schmidts in dem Beruf akzeptiert worden waren, teilten andere Scharfrichter ihnen vermutlich einige ihrer Geheimnisse mit, denn von einem entfernt lebenden Kollegen war keine unmittelbare Konkurrenz zu befürchten. Die unzähligen Verbrecher und Landstreicher, denen Heinrich und Frantz während ihrer Laufbahn begegneten, boten eine weitere reiche Informationsquelle, häufig samt magischen Sprüchen, aber diese Form der Heilkunst führte auf riskantes Terrain.

Die wertvollsten Ressourcen für einen lesekundigen Scharfrichter waren wohl die unzähligen medizinischen Broschüren und die Nachschlagewerke, die seit Beginn des 16. Jahrhunderts auf den Markt für Druckerzeugnisse drängten.[12] Nur wenige Generationen später wären an der Universität geschulte Ärzte empört gewesen über den »Selbst ist der Mann«-Ansatz der meisten populären medizinischen Lehrbücher zu Frantz Schmidts Zeit. Noch schockierender war: In vielen Fällen gehörten die Verfasser der Literatur selbst der medizinischen Elite an. Der renommierte Arzt Johann Weyer (1515 – 1588), der heute als früher Gegner des Hexenwahns bekannt ist, war den Kollegen seiner Zeit besser wegen seines Werkes *Artzney Buch: Von etlichen biß anher unbekandten unnd unbeschriebenen Kranckheiten* bekannt. Es umfasste die Behandlung für Erkrankungen von Typhus und Syphilis (alles andere als unbekannt im Jahr 1583) bis hin zu nächtlichen Anfällen und Durchfall.[13] Weyer ging davon aus, dass seine Leser wenig bis gar keine professionelle Ausbildung hatten, und beschreibt Symptome und Heilmethoden in einer klaren, verständlichen Sprache ohne Fachjargon, ergänzt durch Illustrationen von den Kräutern, Insekten und Kröten mit Heilkraft. Außerdem streut er, wie die meisten Autoren jener Zeit, immer wieder biblische Anspielungen ein, angefangen mit der unverhohlenen Ermahnung, dass Leiden und Krankheit ihrerseits die Folge des Sündenfalls von Adam und Eva seien.

Hans von Gersdorffs *Feldtbuch der Wundartzney*, das nach seinem ersten Erscheinen im Jahr 1517 mehrere Male nachgedruckt wurde, diente Meister Frantz mit einer noch größeren Wahrscheinlichkeit als Hilfsmittel.[14] Aufgrund der umfangreichen Erfahrung des Autors als militärischer Wundarzt kommt das 224-seitige Handbuch fast schon einer medizinischen Ausbildung gleich. Es beginnt mit einer Erörterung des Anteils der jeweiligen Temperamente, der Elemente und der Planeten an der Gesundheit und bietet anschließend eine schrittweise Einführung in die Diagnose der Symptome und Anwendung der Behandlungsformen. Auch wenn sich Gersdorff stärker auf äußere Wunden konzentriert, so beschreibt er auch die grundlegende Anatomie des Menschen und fügt mehrere sorgfältig beschriftete Illustrationen ein. Wie Weyer und andere Autoren bietet er auch Illustrationen der Kräuter sowie schematische Darstellungen, die dem Leser zeigen, wie man ein Skalpell, einen Schädelbohrer, Schienen für gebrochene Gliedmaßen, Klammern und sogar einen Destillierapparat herstellt. Darüber hinaus enthält das *Feldtbuch* ein umfangreiches Glossar lateinischer Fachbegriffe und ihrer deutschen Übersetzungen sowie ein gründliches alphabetisches Register der Symptome, Körperteile und Behandlungsmethoden – für jeden nicht akademisch geschulten Heiler war dies eine nützliche Hilfe.

Was Meister Frantzens medizinische Erfolge angeht, sollten wir nicht unterschätzen, welchen Wert es oft allein schon hatte, dem Patienten zuzuhören.[15] Eine beruhigende, vertrauenerweckende Ausstrahlung und andere zwischenmenschliche Fähigkeiten können schon viel bewirken; das galt umso mehr in der Frühen Neuzeit, weil das Gespräch bei der medizinischen Konsultation weit wichtiger war als die physische Untersuchung. In einem allgemeinen Handbuch hieß es später dazu: »Eine gute Anamnese ist bereits die halbe Diagnose.«[16] Näheres über den Beruf des Patienten, die Angehörigen, Ernährungsweise, Schlafgewohnheiten und dergleichen zu erfahren war in jedem Fall hilfreich, aber vor allem galt dies für Scharfrichter und andere Heiler, die sich weder auf die amtliche Bescheinigung der Ärzte oder Bader noch auf die Schauspielerei der fahrenden Empiriker stützen konnten. Meister Frantz musste, um Erfolg zu haben, sorgsam eine Basis treuer Patienten um sich scharen, die den Eindruck hatten, dass er sie und ihre Gebrechen verstand. Die berühmte »Aura des Scharfrichters« mochte den einen oder anderen Patienten zu ihm geführt haben, doch in Anbetracht der Vielzahl von Alternativen wären sie bestimmt nicht wiedergekommen, wenn seine Behandlung nicht tatsächlich einen gewissen Erfolg gezeigt hätte.

Echtes Geschick war insbesondere in der traditionellen Sphäre der medizinischen Tätigkeit eines Scharfrichters nötig, nämlich bei »äußeren Behandlungen« des Körpers: etwa dem Ausrichten gebrochener Knochen, dem Verarzten schwerer Verbrennungen, der Kauterisierung oder dem Ausbrennen der Blutung an amputierten Gliedmaßen und dem Heilen offener Wunden oder Schusswunden. Über ein Drittel der von Wundärzten und Scharfrichtern behandelten Wunden waren die Folge von Angriffen mit Messer, Schwert oder Pistole.[17] Das waren Bereiche, in denen Frantz sein Fachwissen unter Beweis stellen konnte, weil er während der jahrzehntelangen Tätigkeit in der Folterkammer reichlich Erfahrung gesammelt hatte, sowohl wie man eine schwere Verwundung des Angeklagten im Verhör vermied als auch wie

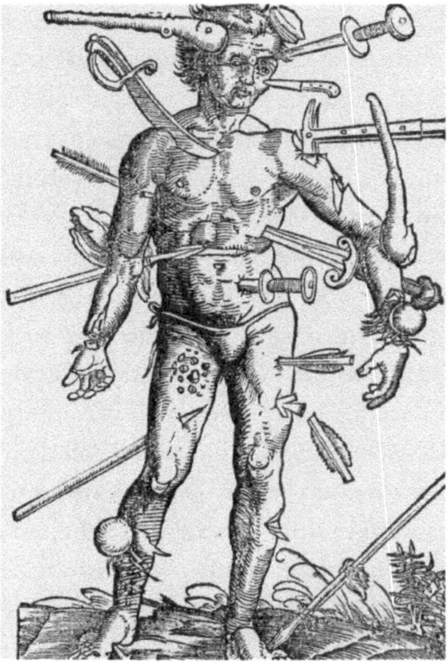

Die häufig nachgedruckte Illustration »Der Wundenmann« aus Hans von Gersdorffs Feldtbuch, *auf der die Vielzahl der von Menschen verursachten Wunden zu sehen ist, die Scharfrichter und Bader regelmäßig behandeln mussten (1517).*

man Verletzungen vor der Befragung oder öffentlichen Hinrichtung kurierte. Für die Heilung der Gefangenen bekam Frantz allem Anschein nach kein zusätzliches Gehalt, doch manche seiner Kollegen verdienten drei oder vier Mal so viel für das Heilen eines Verdächtigen wie für die Folter, die sie zuvor angewandt hatten.[18]

Schmidts medizinische Unterlagen sind nicht erhalten. Nach eigener Schätzung behandelte er in fast 50 Jahren, in denen er als Heiler tätig war, in Nürnberg und Umgebung mehr als 15 000 Patienten.[19] Selbst wenn man eine gewisse Übertreibung sowie gelegentliche Doppelzählung berücksichtigt (Frantz war nie gut, was Zahlen betrifft), ist das Ergebnis beeindruckend und bedeutet, dass Meister Frantz im Durchschnitt über 300 Patienten jährlich behandelte – mindestens zehn Mal so viele Menschen, wie er folterte oder bestrafte. War dieses Wissen womöglich eine Art Trost für die Qualen, die er anderen absichtlich zufügte? Verstärkten die fast täglichen medizinischen Erfahrungen sein ohnehin bereits tiefes Mitgefühl für das Leiden der Opfer von Verbrechen? Zweifellos trug sein Ansehen als Heiler dazu bei, die Verachtung zu lindern, die Scharfrichtern normalerweise entgegenschlug. Aber das reichte nicht aus, ihm oder seiner Familie die Ehre zurückzugeben.

Aus heutiger Sicht mag es rätselhaft und auch als grausame Laune erscheinen, dass die Wirkung, die von der Berührung eines Scharfrichters ausging, ganz unterschiedlich interpretiert wurde. Die gleichen Menschen, die sich weigerten, mit dem öffentlich verachteten Scharfrichter am selben Tisch zu sitzen oder zu trinken, geschweige denn ihn in ihr Haus zu lassen, hatten offenbar keine Bedenken, Frantz im Henkerhaus aufzusuchen. Sie ließen sogar zu, dass er ihnen dort die Hand auflegte.[20] Dass die Intimität dieser Begegnungen nicht gescheut wurde, war nicht zuletzt auf die herrschende Doppelmoral zurückzuführen, signalisiert aber zugleich etwas anderes: Ganz offenbar brauchte man nicht geheim zu halten oder sich dafür zu schämen, wenn man Meister Frantz in medizinischen Fragen konsultierte. Freilich waren seine Patienten in der Mehrheit Soldaten, Handarbeiter und Bauern, das ergibt sich schon aus seinen spezifischen Heilkenntnissen. Doch auch ehrbare Handwerker fragten ihn regelmäßig um Rat, ebenso Patrizier und sogar einige Adlige, darunter drei kaiserliche Gesandte, der Dompropst aus Bamberg, ein Ritter des Deutschen Ordens sowie mehrere patrizische Ratsherren und deren Angehörige.[21] Solches Kommen und Gehen von Personen aller Stände im Henkerhaus straft die These einer völligen Marginalisierung des Scharfrichters und seiner Familie eindeutig Lügen. Zugleich machte es dieser regelmäßige Kontakt zu Menschen, die die Schmidts in der Öffentlichkeit mieden, für die Familie mit Sicherheit nicht leichter, ihren gesellschaftlichen Schwebezustand zu ertragen.

Ein Wundarzt führt an einem berauschten Patienten, der aber noch bei Bewusstsein ist, eine Amputation durch. Wundärzte und Bader waren auf dem medizinischen Markt die Hauptrivalen von Frantz (um 1550).

Die Behandlung äußerer Wunden war auch das Fachgebiet der Bader, und das führte wenig überraschend häufig zu Konflikten zwischen Badern und Scharfrichtern, die für gewöhnlich von offizieller Seite geschlichtet werden mussten. Auch in dieser Beziehung gelang es Frantz Schmidt offenbar, dank seines persönlichen und beruflichen Ansehens sich weder den Zorn der Mitbewerber noch den des Rates zuzuziehen. Er wurde von seinen Vorgesetzten kein einziges Mal wegen einer Heilanwendung getadelt, und im Jahr 1601 verwiesen sie einen Mann, der sich über die unbefriedigende Behandlung des rechten Knies seines siebenjährigen Sohnes durch einen örtlichen Bader beschwerte, nicht an die städtischen Ärzte, sondern an Meister Frantz.[22] Acht Jahre später behauptete der Bader Hans Duebelius, weil Meister Frantz einen verwundeten Gastwirt bereits zuvor behandelt habe, werde die Baderzunft ihn als unehrenhaft ansehen, wenn er nunmehr versuche, denselben Mann zu heilen. Der Rat versicherte Duebelius, dass er die Behandlung fortsetzen könne, ohne eine Entehrung zu fürchten, und lehnte es zugleich ab, den Scharfrichter wegen seiner medizinischen Tätigkeit zu tadeln.[23] Die Nürnberger Bader dürften Frantz kaum als einen Kollegen willkommen geheißen haben, aber sie stellten öffentlich weder seine Fähigkeiten noch die ihm offensichtlich vom Rat entgegengebrachte Gunst infrage.

Eine weitere potenzielle Gefahr für die medizinische Betätigung war der rasche Aufbau einer Vormachtstellung der akademisch geschulten Ärzte zu dieser Zeit. Die professionellen Mediziner bildeten schon seit Langem die Elite, in Bezug auf das Ansehen wie auf das Einkommen, aber ihre Zahl blieb klein. Doch ab dem späten 16. Jahrhundert begannen sie den Markt der Medizin zu beherrschen. Zunächst festigten sie ihre Stellung in deutschen Städten und bildeten halbamtliche Organe wie das Nürnberger Collegium Medicum, das im Jahr 1592 unter der Führung von Dr. Joachim Camerarius gegründet wurde. Um die gleiche Zeit überzeugten die Ärzte die Obrigkeit, die diversen, häufig »ignoranten« Methoden der »praktischen Heiler« – einschließlich der von den Zünften beglaubigten Bader, Apotheker und Hebammen – einer strengeren Regulierung und Aufsicht zu unterstellen. In Nürnberg bedeutete das weitere Einschränkungen für zugelassene Heiler und hohe Bußgelder, unter Umständen sogar Verbannung für laienhafte »Zahnklempner«, Alchimisten, weise Frauen, Juden, Schwarzmagier und andere Empiriker.[24]

Zum Glück für Frantz Schmidt und seine Nachfolger erhielt das Collegium Medicum nicht die Aufsicht über die medizinische Betätigung der nicht akademischen Heiler, aber deren Tätigkeitsfeld wurde auf die Behandlung von »eusserliche schäden, davon sie etwas wissen« beschränkt.[25] Offenbar gelang es Meister Frantz (und seinem unmittelbaren Nachfolger) darüber hinaus, den offenen Konflikt mit den Ärzten zu vermeiden, den viele seiner Scharfrichterkollegen im ganzen Reich damals austragen mussten.[26] Erstaunlicherweise brachte seine Tätigkeit am Gericht Meister Frantz regelmäßiger und unmittelbarer mit studierten Ärzten in Kontakt als mit Badern, die ihm hinsichtlich Wissen und Ausbildung eigentlich näherstanden. Womöglich ließ der Respekt, den Schmidt in offiziellen Kreisen genoss, ihn sogar davon träumen, dass einer seiner Söhne eines Tages diesen noblen – bislang allerdings unerreichbaren – Beruf erlernen würde. Der Tag, an dem solch ein gesellschaftlicher Aufstieg möglich wurde, war näher, als er meinte.

TOTE KÖRPER

Meister Frantz hatte während seiner Arbeit also durchaus viel mit Lebenden (Gefangenen, städtischen Vertretern, Patienten und dergleichen) zu tun, aber er verbrachte auch viel Zeit mit Toten oder, genauer: mit den Leichen der von ihm gerichteten armen Sünder. Einige dieser Leichen wurden genauso behandelt wie jede andere aus dem Leben verschiedene Seele, samt Begräbnis auf geweihtem Boden.[27] Die meisten Hingerichteten hatten jedoch weniger Glück. Die Leichen gehängter Diebe und geräderter Mörder blieben Wind und Wetter ausgesetzt, ihre kümmerlichen Überreste landeten am Ende in einer Grube unter dem Galgen. Andere Leichen wurden dem Scharfrichter zum Sezieren oder zu anderer Verwendung überlassen. Der Körper eines gerichteten Verbrechers wurde keineswegs sinnlos der Verwesung überlassen: Er diente entweder als Beweis für die Gnade des Gerichts, als grausame Warnung oder als nützliches medizinisches Objekt.

In der Frühen Neuzeit ging man – Ärzte ebenso wie Wundheiler – gemeinhin davon aus, dass Leichname eine große Heilkraft hätten. Das hatte eine Praxis zur Folge, die für heutige Menschen bizarr, ja sogar verstörend ist, aber zu Frantzens Zeit allgemein akzeptiert war: nämlich die Aufnahme von Körpersubstanzen, das Tragen oder eine anderweitige Verwendung menschlicher Körperteile, um Kranke oder Verwundete zu heilen. Der Glaube an die Heilkraft der verschiedenen menschlichen Überreste lässt sich mindestens bis in die Zeit Plinius' des Älteren (23–79 n. Chr.) zurückverfolgen und hatte bis ins 18. Jahrhundert hinein seine Blütezeit.[28] Trotz der offensichtlichen Nähe dieser Tradition zur Magie behaupteten so gut wie alle medizinischen Berufe jener Zeit hartnäckig, dass diese Praxis in der natürlichen Philosophie und der menschlichen Anatomie selbst eine solide Grundlage habe. Laut den Anhängern des Paracelsus, die man auch chemische Doktoren nannte, besaßen die menschliche Haut, das Blut und die Knochen die gleichen Heilkräfte wie bestimmte Mineralien und Pflanzen und übertrugen eine heilsame, spirituelle Kraft auf die Kranken. Die Ärzte der klassischen Schule Galens spotteten über solche »magischen« Erklärungen, aber beharrten ihrerseits darauf, dass Körperteile Kranke heilten, indem sie das innere Gleichgewicht der vier Körperflüssigkeiten (Blut, Phlegma, schwarze Galle und gelbe Galle) wiederherstellten. So gut wie kein Heilkundiger, ob formell ausgebildet oder nicht, bestritt die überlieferte Weisheit, dass ein frischer menschlicher Leichnam eine ganze Reihe von Heilmitteln lieferte.

Das Trinken von Blut, »der edelsten aller Flüssigkeiten«, galt als besonders wirksame Medizin mit unzähligen Anwendungsmöglichkeiten: um Blutgerinnsel aufzulösen, einen Patienten vor einer schmerzhaften Milzerkrankung oder Husten zu schützen, Anfälle zu verhindern, eine stockende Menstruation zu lösen oder jemanden von Blähungen zu kurieren.[29] Da nach dem damaligen Stand der Heilkunde die Leber fortwährend neues Blut erzeugte, war der Vorrat theoretisch unbegrenzt. Deshalb hatte man zu jener Zeit auch weniger Bedenken, einen Patienten zur Ader zu lassen, notfalls sogar mehrmals; die sogenannte Phlebotomie stellte angeblich das Gleichgewicht der Flüssigkeiten wieder her. Weil das Alter und die Manneskraft ausschlaggebend für die Wirksamkeit waren, wurde das Blut von auf rasche Weise hingerichteten jungen Verbrechern, deren Lebenskraft sich noch nicht verflüchtigt hatte, besonders geschätzt. Epileptiker standen nach einer Enthauptung häufig vor dem Schafott Schlange, begierig darauf, das frische, warme Blut eines armen Sünders zu trinken – eine für uns schauerliche Vorstellung, aber für Schmidt und seine Zeitgenossen durchaus nicht ungewöhnlich.

Bis zur Mitte des 17. Jahrhunderts genossen Scharfrichter fast ein Monopol auf die verschiedenen Körperteile, die für populäre Heilmethoden verwendet wurden. Viele machten daraus ein lukratives Nebengeschäft, indem sie Apotheker und andere interessierte Kunden damit belieferten. Das amtliche Arzneibuch der Stadt Nürnberg umfasste ganze und präparierte Schädel, »Granii Humani« (aus zermahlenen Knochen), »balsamiertes Menschenfleisch«, menschliches Fett, Salz aus Menschenknochen und »Spiritus Ossium Humanorum« (einen Trank, der durch Auskochen der Knochen gewonnen wurde). Somit stammten die damaligen »Arzneimittel« zu einem erheblichen Teil aus den Leichnamen der Hingerichteten. Schwangere Frauen und Menschen, die an geschwollenen Gelenken oder Krämpfen litten, trugen speziell behandelte Streifen menschlicher Haut, sogenanntes Menschenleder oder Armesünderfleisch. Um die Heilkraft von »Mumie«, wie man konserviertes Menschenfleisch allgemein nannte, entstand sogar ein neuer frommer Mystizismus, den der Jesuit Bernard Caesius (1599–1630) ins Werk gesetzt hatte. Es gibt keine Möglichkeit herauszufinden, wie viel Frantz mit dem Handel von Menschenteilen verdient hat oder in welchem Ausmaß er diese in unseren Augen morbide, aber einträgliche Praxis überhaupt betrieb.[30]

Manche Heiler jener Zeit propagierten verschiedene ausdrücklich magische Anwendungen menschlicher Körperteile. Für das Rezept eines Scharfrichters zur Behandlung eines behexten Pferdes brauchte man ein Pulver, das aus bestimmten Kräutern, Rinderfett, Essig und verbranntem Menschenfleisch gewonnen wurde – alle Zutaten mussten mit einem geschälten Stab vermischt werden, den man vor Sonnenuntergang an einem Flussufer gefunden hatte.[31] Protestantische Ärzte, immer darauf aus, den Glauben der Katholiken an die Macht von Reliquien zu entlarven, bestritten vehement, dass menschliche Körperteile irgendwelche übernatürlichen Kräfte hätten. Entsprechend verwarfen sie ähnlich beklemmende Vorstellungen wie die, dass Finger oder die Hand eines hingerichteten Diebes Glück beim Spiel brächten oder, wenn sie von einer Kuh gefressen würden, gegen Hexerei schützten, als Aberglauben. Auch katholische Behörden in Bayern zeigten sich schockiert darüber, dass viele Menschen es wagten, den hingerichteten Verbrechern Dinge abzunehmen und »die Strick, Gürtl, Bänder, Messer oder andere sachen, darmit jm einer den Todt selbst angethan, zu sonderbaren würckungen und vermainten Künsten auffheben und gebrauchen«. Sie untersagten die Verwendung eines Gegenstands, »welchen durch Superstition und Aberglauben ain oder andere Würckung zugelegt würdet, so natürlicher weiß nit beschechen [besitzen] kann«.[32] Noch mehr empörten Kirchenführer beider Konfessionen die Versuche mancher Scharfrichter, aus ihrem magischen Ruf Kapital zu schlagen. Im Jahr 1611 begann etwa Frantzens Kollege in Passau ein Jahre währendes, außerordentlich einträgliches Geschäft, indem er kleine, zusammengefaltete, magisch beschriftete Papierstückchen verkaufte, die sogenannten Passauer Zettel, die den Träger angeblich vor Kugeln schützten.

Eine uns vertrautere (und noch heute praktizierte) Verwendung der Leichen, die Meister Frantz zur Verfügung standen, war

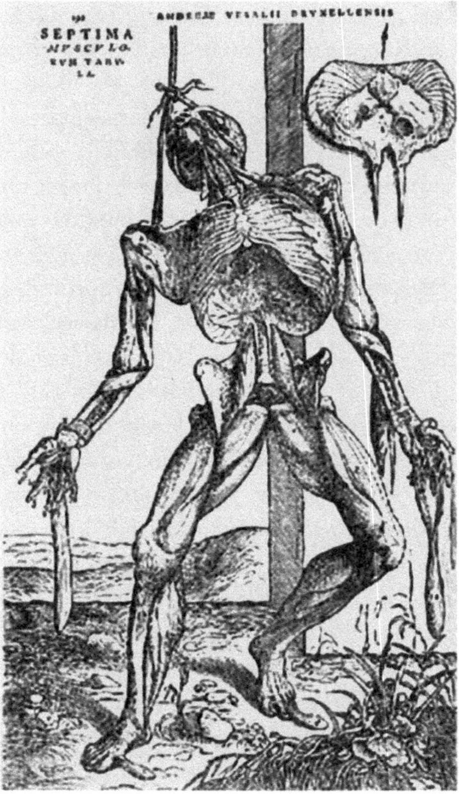

Die menschliche Muskulatur, eine von fast 200 detaillierten Illustrationen aus Vesalius' De Humani Corporis Fabrica *aus dem Jahr 1543. Man beachte, dass sogar der gepriesene Fachmann einen vor Kurzem gehängten Verbrecher als Modell verwendet.*

die Sektion für anatomische Studien.[33] Künstler wie Leonardo da Vinci und Michelangelo hatten schon vor langer Zeit zu diesem Zweck um die Leichname der Hingerichteten gebeten – was Papst Sixtus IV. im Jahr 1482 ausdrücklich für zulässig erklärte –, doch das medizinische Interesse an der Sektion stieg erst nach der Veröffentlichung der bemerkenswerten Zeichnungen von

Andreas Vesalius in *De Humani Corporis Fabrica* (Vom Bau des menschlichen Körpers, 1543) rasant an. Die mit einem ausführlichen Kommentar versehenen, anmutigen Illustrationen des 28-jährigen Arztes vom Skelett, dem Muskelapparat, dem Nerven- und dem Eingeweidesystem verblüfften das gesamte medizinische Establishment. Nicht lange danach fingen medizinische Fakultäten in ganz Europa an, dem Studium der menschlichen Anatomie Vorlesungen zu widmen und Anatomielehrstühle einzurichten: Die Beobachtungen des Vesalius und anderer Pioniere hatten sie überzeugt, dass ein großer Teil dessen, was sie zuvor gelehrt hatten – ein überliefertes Wissen, das bis zu dem griechischen Arzt Galen aus dem zweiten Jahrhundert zurückreichte –, unzureichend oder schlichtweg falsch war. Ein Jahrhundert später rühmten sich elf deutsche Universitäten, darunter Altdorf in der Nähe von Nürnberg, ihrer eigenen »anatomischen Theater«, und die Praxis der medizinischen Sektion wurde nun überall durchgeführt.[34]

Die Nachfrage nach Leichen hingerichteter Verbrecher stieg deshalb während Frantzens Berufstätigkeit ständig an. Zu Beginn des 17. Jahrhunderts hatte der Handel mit menschlichen Leichnamen und Körperteilen einen Höhepunkt erreicht. Unmittelbar nach Schmidts Tod empörte die Münchner Bürgerschaft und den Rat der Stadt folgender Fall: Ihr Scharfrichter mit dem treffenden Namen Martin Leichnam hatte mehrere Körperteile einer enthaupteten Kindsmörderin verkauft – darunter das Herz, das die Grundlage für ein Heilpulver war –, bevor er die Leiche ihren Eltern für ein christliches Begräbnis übergab.[35] Medizinstudenten der Universität Altdorf fragten Frantz oder seine Nachfolger offenbar immer um Erlaubnis, bevor sie die hingerichteten Körper mitnahmen, aber skrupellosere Kommilitonen anderer Universitäten führten nicht genehmigte mitternächtliche Raubzüge auf Friedhöfen und Richtstätten durch. Der wohl berüchtigtste Leichenräuber im ganzen Reich war Professor Werner Rolfinck (1599–1673), dessen Vorliebe, die örtlichen Galgen zu plündern, seine Studenten in Jena veranlasste, zu seinen Ehren ein neues Verb für diese Praxis zu prägen: »rolfincken«.[36]

Dass Meister Frantz selbst an der Sektion von Menschen interessiert war, war für einen Scharfrichter ungewöhnlich und liefert einen weiteren Beweis für seine medizinischen Ambitionen. Seit 1548 hatte der Nürnberger Rat »das ausschneiden [von] Armensunder« auf wenige Ärzte beschränkt, zudem mussten sie darauf achten, »dass nit vil volcks darzu komme«. Drei Jahre vor Schmidts Ankunft gestattete er Dr. Volker Coiter, zwei Diebe zu sezieren und das Fett dem Scharfrichter für dessen Medizinalien zu geben.[37] Diese traditionelle Trennung zwischen Sektion und weiterer Nutzung des Körpers hatten die Ratsherren vermutlich im Sinn, als sie im Juli 1578 das Gesuch des neuen Scharfrichters genehmigten, »den enthaubten Cörper zu schneiden, und was ihme zu seiner Arznei dienstlich, darvon zu nehmen«.[38] Im Tagebucheintrag zur Enthauptung des Räubers Heinz Gorssn, genannt *der puhlheintz,* schreibt der 24-jährige Frantz ausdrücklich: *[den Körper] habe Ich geschneiden.*[39]

Schmidt benutzt in seinem Tagebuch nur selten das Personalpronomen in der ersten Person, deshalb liegt die Vermutung nahe, dass der junge Scharfrichter an dieser Stelle an eine besondere persönliche Leistung erinnern möchte. Er dokumentiert nur drei vergleichbare Fälle ausdrücklich (1581, 1584 und 1590), und beim letzten Mal stellt er mit der Wendung *adonimirt [seziert] und geschnieden* auch klar, welche Absichten er hatte. Man könnte behaupten, dass Frantz sein eigenes laienhaftes Zerteilen einfach nur mit der Fachsprache der Anatomie bezeichnete, doch er benutzte genau die gleiche Wendung, als er den Leichnam des Diebes Michel Knüttel dem lokalen Arzt Dr. Pressler 1594 zu einer vollständigen Obduktion übergab. Mit anderen Worten, sein Interesse galt nicht allein der Entnahme verwertbarer Körperteile, sondern auch der Erkundung der menschlichen Anatomie – genau wie bei einem richtigen Arzt.[40]

Volker Coiter (1534–1576), Amtsarzt von Nürnberg. Coiter war wie sein Nachfolger Joachim Camerarius der Jüngere (1534–1598) ein begeisterter Erforscher der Anatomie und wurde einmal sogar wegen Leichenraubs kurzzeitig aus der Stadt verbannt (1569).

Natürlich stieß ein Amateuranatom schon bald an seine Grenzen, was die potenziellen Entdeckungen anging, selbst ein Amateur, dem allgemein verständliche Versionen von Vesalius' Werk und seine eigene Heilerfahrung zur Verfügung standen – ganz zu schweigen von einem gesicherten Nachschub an frischen Leichen. Frantzens Neugier bezüglich der menschlichen Anatomie war von der Zeit geprägt, in der er lebte. In jener Epoche waren die meisten Laien von Seltsamkeiten und Abnormitäten fasziniert, interessierten sich aber kaum dafür (oder hatten keine Ahnung), ob es möglich war, ihre Beobachtungen in einem theoretischen System zu organisieren. Solche Überlegungen wurden Naturphilosophen und Theologen überlassen. Die methodische Beobachtung der Körper seiner Opfer tritt, genau wie das Interesse an ihrem Charakter, erst in der zweiten Hälfte seines Lebens im Tagebuch in Erscheinung. In den frühen Jahren weist Frantz lediglich etwa darauf hin, dass zwei Brüder und ihr Komplize *drey starke jung dieb* waren, oder bemerkt beiläufig, dass ein hingerichteter Räuber *nur eine hand gehabt* habe.[41] Wir erfahren ferner, der Barbier Balthasar Scherl sei *eine kleine Person gewesen, hinden und vornen einen hocher [Buckel] gehabt*, und dass die Bettlerin Elisabeth Rossnerin *hat einen krumen halß*.[42] Jahre später hingegen schreibt er mit der Präzision eines ernsthaften Amateurs, dass der enthauptete Dieb Georg Praun *hat ein halß zwu Spann [lang] und zwen handt dick gehabt [etwa 40 × 20 cm]*, dass Laurenz Demer, genannt *der lang baurer, ist 3 Eln weniger eins zween finger lang gewessen [knapp zwei Meter]*, und dass er Simon Starck auspeitschte, *so Ime 92 Pockfehl [Pockennarben]* gehabt – all diese exakten Angaben konnten nur durch eine eigenhändige, sorgfältige Obduktion der Leichen ermittelt werden.[43] Es gibt nur einen einzigen Fall, in dem Meister Frantz seine wissenschaftliche Nüchternheit ablegte, nämlich im Anschluss an die Enthauptung des Diebes Georg Praun: *den kopff sich hin und wider kerret [gedreht], als ob er sich umbsehen [wollte], die Zungen bewegt als ob er redden wolt, den Mund aufftthun ein halb viertelstund, das ich vor nie gesehen hab*.[44] Wie die meisten Chronisten der Frühen Neuzeit fügt der verblüffte Scharfrichter keine Erklärung an. Für ihn ist das nur ein Wunder und als solches wert, dokumentiert zu werden.

SCHWARZE MAGIE

Wegen der Kenntnisse der Scharfrichter in der Heilkunde sowie ihrer Vertrautheit mit den gesetzwidrigen Praktiken der kriminellen Unterwelt sagte man diesem Beruf eine gewisse Autorität auf dem Feld der schwarzen Künste nach. Der Sage zufolge konnten Scharfrichter und ihre magischen Schwerter (getränkt vom Blut frisch hingerichteter junger Männer) Vampire und Werwölfe vertreiben und die Geister der Toten herbeirufen oder Gespenster aus Häusern verjagen. In einer typischen Sage jener Zeit gibt das Treiben eines besonders lästigen Hausgeistes den Anlass zu einem Wettstreit zwischen einem jesuitischen Exorzisten und einem Scharfrichter. Am Ende gewinnt Letzterer, indem er den Poltergeist in einem Sack fängt und später in einem Wald freilässt. Vergleichbare dramatische Auftritte kommen in den Nürnberger Chroniken des 16. Jahrhunderts nur einmal vor, nämlich 1583, Frantz ist lediglich Zuschauer dieser amtlich genehmigten Austreibung von Dämonen durch einen lutherischen Geistlichen.[45]

In der aufgeheizten Stimmung während des gesamteuropäischen Hexenwahns von 1550 bis 1650 barg jedwede Assoziation mit magischen Kräften – selbst medizinischen – ein hohes Risiko. Viele Zeitgenossen hielten Scharfrichter selbst für »heimliche Zauberer« und »Hexenmeister«, insbesondere auf dem Höhepunkt der Hexenverfolgung zu Beginn des 17. Jahrhunderts, als alle magischen Praktiken im Verdacht standen, vom Teufel zu stammen. Obwohl der Münchner Kollege am Ende freigesprochen wurde, erholte sich dieser nie wieder ganz von seiner Verhaftung im Jahr 1612 wegen gesetzwidriger Magie (aufgrund der von einem jesuitischen Ankläger dem Gericht vorgelegten Beweise). Sogar Schmidts Nachfolger wurde wegen seiner Beteiligung an »bekantem zauberischen Hendel« ermahnt und mit der Verbannung »oder schlimmeres« bedroht, für den Fall, dass er Verbindung zu »dem bosen Geist« aufgenommen habe. Andere Berufskollegen hatten weniger Glück, insbesondere die Witwe eines späteren Löwen, die in dem einzigen Nürnberger Fall, in dem es um einen angeblichen Teufelspakt und Geschlechtsverkehr mit dem Teufel ging, verurteilt und bei lebendigem Leib verbrannt wurde.[46]

In der Regel machten sich professionelle Scharfrichter in jenen Tagen zu unverzichtbaren Verbündeten der selbst erklärten Hexenjäger. Johann Georg Abriel, Frantzens Gegenstück in Schongau, und Christoph Hiert aus Biberach waren ihrerseits ausgesuchte Experten für das Aufspüren des sogenannten Hexen-

Das Verbrennen bei lebendigem Leib dreier angeklagter Hexen in Baden. Der in ganz Europa grassierende Hexenwahn fiel ziemlich genau mit Frantz Schmidts Lebenszeit zusammen (1574).

mals und halfen in den 1590er-Jahren bei unzähligen Hexenjagden in Bayern und Oberschwaben mit. Andere Scharfrichter waren ebenfalls maßgeblich daran beteiligt, dass die Angeklagten unter der Folter ein Geständnis ablegten – und daran, dass die allgemeine Panik immer größere Kreise zog. In Süddeutschland wurden mehr Menschen wegen Hexerei hingerichtet als in irgendeiner anderen Gegend Europas (schätzungsweise 40 Prozent der Gesamtzahl von 60 000). Allen voran war Franken ein Zentrum des Hexenwahns mit dem traurigen Höhepunkt der Hexenjagden in Bamberg und Würzburg zwischen 1626 und 1631, in deren Verlauf mehr als 2000 Menschen hingerichtet wurden.[47]

Inmitten dieses um sich greifenden Verfolgungswahns bildete Nürnberg eine Oase der Zurückhaltung. Bis ins späte 16. Jahrhundert hatte es in der Stadt nur eine einzige Hinrichtung wegen Zauberei gegeben, und selbst in diesem Fall handelte es sich eher um eine versehentliche Vergiftung mit einer Mixtur, die eigentlich ein Liebestrank hätte sein sollen. Das war knapp sechs Jahrzehnte vor Frantz Schmidts Ankunft gewesen.[48] Im Juli 1590 zeigte sich jedoch auch die Stadt an der Pegnitz anfälliger für die Hysterie, die die ganze Region erfasst hatte. Der Rat der Stadt reagierte rasch, allerdings im Gegensatz zu den Herren anderer Territorien mit der Verhaftung Friedrich Stiglers, eines verbannten Nürnbergers und ehemaligen Gehilfen des Scharfrichters in Eichstätt, *wegen daß er Etlichen burgersweibern Alhie bezichtigt, sie warden hexen, [er] erkents bey Ihrem zeichen … [Er hat] auch etliche Zauberey und beschwerungen den leuthen geben.*[49]

Stigler, der sich aufgrund seiner Tätigkeit in Eichstätt einer beachtlichen Erfahrung rühmte, behauptete, in der Straße, in der er wohnte, elf Hexen erkannt zu haben, sechs ältere Frauen und fünf »lehrmaiden«. Beim Verhör, einschließlich einer Sitzung am Wippgalgen unter Meister Frantz, erklärte der erst kürzlich wieder in die Stadt gekommene erfahrene Hexenjäger, er habe anfangs die Bitten der ansässigen Bürger abgewiesen, beim Aufspüren der Hexen mitzuhelfen, weil die Stadt für diese Angelegenheiten doch »ihren eigenen nachrichter« habe. Wenn dieser Seitenhieb Frantz Schmidt unterstellen sollte, er sei zu nachgiebig gegen Hexen, so hatte die Äußerung jedoch den gegenteiligen Effekt, denn Frantzens loyale Arbeitgeber brachten sämtlichen Anklagen wegen Hexerei eine tiefe Skepsis entgegen. Freimütig erzählte Stigler anschließend, wie er von den hartnäckigen Bittstellern überredet worden sei, seine Erfahrung bei der Bekämpfung von Hexen zur Verfügung zu stellen. Zu diesem Zweck verkaufte er ihnen Säckchen mit geweihtem Salz, Brot und Wachs für einen Ort (1/4 fl.) das Stück. Laut Stigler schützten diese Säckchen, deren Anfertigung ihm der Scharfrichter zu Abensberg beigebracht habe, einen

Menschen vor Hexen und könnten zugleich verwendet werden, um das Teufelsmal an einer Hexe aufzuspüren, das – wie jeder wisse – unempfindlich gegen Nadelstiche sei.[50]

Doch die Ratsherren, die die Untersuchung leiteten, schenkten den falschen Anschuldigungen Stiglers, die er hat »auss lauterem frechen mutwillen unterstehen dürfen«, keinen Glauben, sondern interessierten sich stattdessen stärker für dessen eigene Vertrautheit mit Magie, von seinen drei Frauen ganz zu schweigen. Und vor allen Dingen sahen sie sich gezwungen, um eine Panik in der Stadt zu verhindern, gegen den »gottlosen« Stigler ein Todesurteil auszusprechen, weil er »dadurch zwischen der burgerschaft allerley unruhe, boesen verdachts und widerwillen zu stiften und anzurichten, zu dem er sich auch sowohl alhie alss an auswendigen orthen allerley aberglaubischer gottloser segen und beschwerungen und anderer verpotener zauberischer kunst und mittel« bediente.[51] Am 28. Juli 1590 wurde er von Meister Frantz *auß gnaden* enthauptet.[52]

Die entschlossene Antwort des Nürnberger Rates auf dieses erste ernsthafte Auftreten des Hexenwahns in der Stadt fand die volle Unterstützung des Scharfrichters. Weil die Scharfrichter allgemein mit den schwarzen Künsten assoziiert wurden, hatte Frantz Schmidt ein besonders starkes Motiv, dafür zu sorgen, dass ein schändlicher Kollege bestraft wurde. Der Umstand, dass Stigler den angeklagten Frauen *doch wissentlich Unrecht gethon,* ließ ihn bei Meister Frantz, der auf Verleumdung stets empfindlich reagierte, noch tiefer sinken. Vor allem teilte der Nürnberger Scharfrichter offenbar die Wachsamkeit seiner Vorgesetzten gegenüber Anklagen der Hexerei generell sowie ihre tiefe Angst vor der Unordnung und Rechtlosigkeit, die unweigerlich bei solchen Fällen ausbrachen. Entgeistert und vermutlich auch mit Abscheu verfolgte er die Massenprozesse und Verbrennungen im fränkischen Land, das er als Geselle durchwandert hatte. Wie Stigler kannte auch Frantz aus seiner Erfahrung in Bamberg die Methoden der Hexenjäger sowie die reale Gefahr erzwungener Geständnisse unter den Händen eines kundigen Folterknechts. In Anbetracht der zentralen Rolle, die der Scharfrichter bei solchen fadenscheinigen Verfahren spielte, dürfte er manches Mal Unbehagen, wenn nicht Scham empfunden haben.

Auch in den folgenden zwei Jahrzehnten ließ sich der Nürnberger Rat nicht von der Paranoia anstecken, die in den umliegenden Gegenden grassierte. Keine 18 Monate nach Stiglers Hinrichtung führte das Geständnis unter Folter einer mutmaßlichen Hexe in der benachbarten Markgrafschaft Ansbach zur Verhaftung zweier Frauen aus Dörfern, die der Nürnberger Gerichtsbarkeit unterstanden. Nach einer sorgfältigen Untersuchung der mit beiden Fällen verbundenen Anklagen hielten die Nürnberger Rechtsexperten eine Folter für nicht gerechtfertigt und empfahlen die Abweisung der Klagen. Als Meister Frantz darüber hinaus bestätigte, dass beide Frauen ohnehin bereits zu alt seien, um physischen Zwang zu ertragen, befahl der Rat, die Frauen freizulassen. Ein Jahr später erfuhren Vertreter des Markgrafen von dem vertuschten Selbstmord einer angeblichen Hexe in Fürth (das zugegebenermaßen in deren Zuständigkeitsbereich lag) und verlangten nicht nur, dass ihr Leichnam exhumiert und verbrannt, sondern auch dass ihr gesamter Familienbesitz beschlagnahmt werde. Einmal mehr erwiderten die Nürnberger Juristen, die eine Panik in der Bevölkerung unbedingt vermeiden wollten, dass weder die Vorwürfe gegen die Frau noch ihre Todesursache zweifelsfrei ermittelt werden konnten, und unterstützten auch weiterhin den trauernden Witwer und seinen Sohn bei deren Versuchen, gerichtlich gegen die markgräfliche Verwaltung vorzugehen. In den kommenden Jahren ließ der Rat drei Männer aus Altdorf frei, nachdem er ihre »zauberischen bücher und schartecken [gezinkten Karten]« konfisziert hatte, und ließ kurzerhand zwei alte Frauen frei, die unabhängig voneinander der Anwendung magischer Heilkräfte angeklagt waren. Nur der wegen Meineids verurteilte Hans Rössner, der Friedrich Stiglers Fehler wiederholte, falsche Gerüchte und Anklagen wegen Hexerei zu verbreiten, bekam eine Strafe, allerdings kam er im Gegensatz zu seinem Vorläufer mit einer gewissen Zeit am Pranger und lebenslanger Verbannung davon (unter Androhung der Hinrichtung, falls er zurückkehren sollte).[53]

Weder Meister Frantz noch seine Vorgesetzten bestritten die Wirkung von Magie an sich, aber sie richteten ihr Augenmerk darauf, ob sie in Verbindung mit irgendwelchen schädlichen Taten zum Einsatz gekommen war, sogenannten maleficia. Schmidt vermerkt leidenschaftslos, dass Georg Karl Lambrecht, der letzte arme Sünder, den er hinrichtete, *auch mit Zauberey beshwerungen und schetzgraben umbgangen*, aber weil keine maleficia festgestellt wurden, zählte dies nicht zu den Verbrechen, die im Urteilsspruch genannt wurden.[54] Frantz hält es durchaus für wichtig, dass Konrad Zwickelsperger, der *hat Unzucht getriben* mit der verheirateten Barbara Wagnerin, *einer Alten Zeuberin 2 fl. geben [hat], zu machen daß [der Gatte der Wagnerin] erstochen, erschlagen, oder im wasser erseuffen mocht*. Die Verurteilung Zwickelspergers stützte sich letztlich jedoch stärker auf die stichhaltigeren Beweise, nämlich dass er seine Geliebte überredete, ihrem Gatten mehrmals Gift zu geben (sowie dass er mit ihrer Mutter und drei Schwestern geschlafen hatte).[55] Häufig erwähnt Frantz »zauberische« Flüche, um den Charakter eines Täters und das Motiv für spätere gewalttätige Aktionen zu beschreiben: ein junger Abdecker, der in aller Öffentlichkeit seinen abtrünnigen einstigen Partner so verhext habe, *daß er albalden gestorben;* oder ein Dorflümmel, der seine Nachbarn bedroht *und abgesagt [ihr Haus] zu verbrennen, hernachmalß ihnen beden hend abzuhauen und in busen zu stecken*.[56] Jahrhunderte vor den Erkenntnissen historischer Anthropologen merkte Frantz, dass derartige Flüche häufig die leeren Drohungen der Machtlosen waren. Als die verhaftete Diebin Anna Pergmennin drohte, sie werde neben *einer Alten Vetel einer bessenbindnerin uff der gabel hinein gefahrten*, fügte Schmidt trocken hinzu, *ist aber nichts gewessen*.[57] Insofern als er offenbar nicht ausschloss, dass tatsächlich etwas Ähnliches passieren konnte, unterscheidet sich seine Skepsis von der unseren, aber seine konsequente Unempfänglichkeit für den Hexenwahn entspricht durchaus unserer heutigen Haltung.

Die Ähnlichkeit der Anschauungen Frantz Schmidts mit denen des zeitgenössischen Arztes Johann Weyer legen die Vermutung nahe, dass der Scharfrichter dessen Werk *De Praestigiis Daemonarum* (Von den Blendwerken der Dämonen; erste deutsche Ausgabe 1563) kannte, entweder indirekt oder aus eigener Lektüre. Weyer, der bekannteste (und unablässig diffamierte) Gegner des Hexenwahns, wollte ebenfalls die Wirksamkeit der Magie nicht ganz ausschließen, kam aber gleichzeitig zu dem Befund, dass die große Mehrheit der selbst erklärten Hexen entweder einer Selbsttäuschung unterlägen oder regelrechte Betrüger seien. Die übrigen seien vorsätzliche Giftmischer – an sich bereits ein Kapitalverbrechen. Wie ihr Zeitgenosse Michel de Montaigne bewiesen Weyer und Meister Frantz ein gutes Gespür dafür, welche Macht Emotionen auf die menschliche Vorstellung ausüben können. Das galt für angebliche Opfer ebenso wie für angebliche Täter.

Meister Frantz erkannte mit Sicherheit die echte psychische Qual manch armer Sünder, die vor ihn traten und sich selbst die unentrinnbaren teuflischen Verstrickungen eingeredet hatten. Während der Haft im Loch hat der Dieb Georg Prückner *fürgeben, wie er von dem Nachtrichter zu krembß [Krems] etwas für daß [wund] hauen bekommen, welches er [hat] essen missen, aber nimmermehr an got dencken oder denselben anbetten verheissen, welches er gethun und sich dem teuffel ergeben [habe], wiewol er im loch mit erbrechen sich unterstanden, sich auch mutwillig gezeigt, als wann ihn der [böse] geist quellete [quälte]*. Das besonnene *als wann* des Scharfrichters lässt darauf schließen, dass er die Existenz einer teuflischen Macht anerkannte und gleichzeitig überzeugt war, dass Prückner tatsächlich einem Wahn verfallen war. Weder Frantz noch Kaplan Müller, der sich beschwerte, dass er wegen des lauten

Tobens von Prückner in dem nahen Pfarrhaus der Sebaldkirche die ganze Nacht kein Auge zugetan habe, behandelten die geplagte Seele als einen echten Anhänger des Satans und waren sich einig, dass er sich am Ende *Christlich gehalten* habe.[58] Mit anderen Worten, Schmidt glaubte, dass ein schwacher Verstand durchaus den Versuchungen eines spirituellen Teufels anheimfallen konnte, auch wenn Hexensabbate und andere physische Begegnungen pure Fantasie blieben. Ein anderer gestörter Insasse, der Dieb Lienhard Schwartz, versuchte vergeblich, sich im Gefängnis umzubringen. Zunächst wollte er sich mit einem Messer erstechen, dann mit einem zerrissenen Hemd erwürgen und gab an, *ein stim [habe] zu Ime geredt, wiewol er nichts gesehen, wann er sich Ime ergeben, wol[lt] er im balt helffen.* Meister Frantz fügt hinzu: *darauff er ein Reu ankommen, doch so die stim noch einmahl geruffen het, dorfft es [anders] gesheen sein.*[59] Über den Ursprung der Stimme oder deren Realität verliert der Scharfrichter kein Wort.

Das letzte bisschen Respekt vor der sogenannten schwarzen Magie, das Frantz Schmidt in jüngeren Tagen wohl empfunden hatte, ging ihm während der vielen Jahre in der Folterkammer verloren. Er wusste nur zu gut, wie hartnäckig sich all die abergläubischen Vorstellungen unter Berufsverbrechern hielten, obwohl es kein einziges Beispiel für ihre Wirksamkeit gab. Wenn sich Verbrecher mithilfe abgetrennter Körperteile, durch Stücke eines Galgens oder andere Talismane unsichtbar machen oder einen bestimmten Schutz bekommen wollten, so tauchen diese Versuche in seinen Aufzeichnungen durchweg als Beweis für eine erbärmliche Leichtgläubigkeit auf. Ebenso wie eine verrufene Gesellschaft und konfiszierte Einbrecherwerkzeuge konnten Amulette einen Hinweis auf gesetzwidrige Unternehmungen und Absichten liefern. Während eines Verhörs beteuerte der unverbesserliche Honigdieb Peter Hoffman wiederholt, dass der Schädel und die Knochen, die man während der Haftzeit bei ihm gefunden hatte, keineswegs ruchlosen Zwecken dienten, sondern als Mittel gegen Epilepsie. (Er bestritt auch, dass er seine Partnerin, die sich von ihm getrennt hatte, auf magischem Weg über große Entfernungen transportiert hatte, gab aber am Ende zu, dass er sich für einen gescheiterten Versuch, sie mit einem Liebeszauber zurückzuholen, Unterwäsche von ihr angeeignet hatte.) Schmidt vermerkt solch harmlose »Teufelsbeschwerungen und Segnen« aber nicht in seinem Tagebuch, nutzt sie also nicht dazu, Hoffman noch mehr anzuschwärzen, sondern erwähnt nur dessen Diebstähle und Ehebrüche.[60] Sogar der berüchtigte Georg Karl Lambrecht, der nach harter Folter gestand, dass er »der rechten Zauberer und Teufelsbanner einer sei ... [und] zu dergleichen Teufelskünsten abgericht«, gibt genau genommen nur zu, dass er ein Amulett und verzauberte Papierstreifen gekauft habe, um sich gegen Gewehrschüsse zu schützen. Außerdem war er, nachdem er einen »magischen Schutzschädel« an einem Hund ausprobiert hatte (der prompt an mehreren Schusswunden starb), zu dem Schluss gelangt, dass »dieses Gesindlichs Tuen und Fürgeben ein lauter erdicht Ding gewesen [und] hab er nichts mit diesen Leuten mehr zu tuen haben wöllen« – zu dieser Erkenntnis war sein Scharfrichter offenbar schon vor geraumer Zeit gelangt.[61]

Die große Mehrzahl der selbst ernannten Experten für Magie, denen Meister Frantz in seiner Laufbahn begegnete, konnte man schlichtweg als Betrüger bezeichnen. Er peitschte Cunz Hofmann aus der Stadt, der sich als *blaneten lesser [Astrologe] und ein handtseher [ausge]geben*, sowie vier wahrsagende Zigeunerinnen und Anna Donirin, die sich angeblich aufs *wahrsagen und schatzgraben* verstand, *wie sie dann die Frau Michaela Schmiedin ein tag bey 60 fl. abgetragen und fünff gultene Ring.* Wie viele aus dem fahrenden Volk besserte auch der Dieb und Falschspieler Hans Meller seine Einkünfte durch den gelegentlichen Handel mit magischen Gegenständen auf: Unter anderem wurde er verurteilt, weil er Steckrüben mit Schmalz bestrichen, ihnen Haare angeklebt und sie anschließend als Alraunen mit Heilkräften verkauft hatte.[62] Die Kupplerin Ursula Grimin, genannt *die Plobin*, hat *gesagt, sie sey ein ame, köne griffen, welcher Man ein kind trage,* also zeugen werde. Einem Kunden habe sie gesagt, wenn er eine ungewollte Schwangerschaft vermeiden wolle, *der sols nur fluchs in ihr meit schieben;* ansonsten müssten er und seine Geliebte warten, bis die Grimin sage: *»was thun meine Motzelein oder kinderlein?«, oder für die Menner gestanden und sich auffdeckt und gesagt, »huy fotz, friß den Man!«* Die Belustigung Frantzens über die Leichtgläubigkeit solcher Kunden wird lediglich von seinem merklichen Vergnügen an dem relativ harmlosen Betrug eines jungen Hirten in Weyer übertroffen: *so bey zweyen Jahren lang [ist] sich fir ein gespenst im hauß Umbgangen, [hat] die leutht im schlaff bey den kopff, har, und füssen zupfft, dadurch [ist] er heimlichen zu deß bauren tochter kommen und [hat] bey ihr geschlaffen.*[63]

Den schamlosesten und erfolgreichsten magischen Betrug, dem Schmidt in seiner Laufbahn als Scharfrichter begegnete, beging zweifellos die einbeinige Näherin Elisabeth Aurholtin aus Vilseck, die sich *die Grundlerin,* also (Aus-)Gräberin nannte. Mit der Behauptung, sie sei »ein gulden Sonntagskind«, häufte sie ein Vermögen von über 4000 Gulden an, indem sie Menschen aus allen Ständen einredete, sie könne verborgene Schätze aufspüren und von den Drachen, Schlangen oder Hunden befreien, die sie hüteten.[64] Der Schlüssel zu ihrem Erfolg lag nach Einschätzung des Scharfrichters nicht in den *Teuffelsbeschwerungen und Ceremonien,* die sie benutzte – ausnahmslos nutzloses Gebrabbel –, sondern in ihrem Talent, die unglaublichsten Geschichten glaubwürdig klingen zu lassen. Nachdem drei anfangs skeptische Männer ihre Geschichte von einem versunkenen Unterwasserschloss und seiner Eisentruhe voller Schätze gehört hatten, gruben sie einen ganzen Tag lang nach einer weißen Otter, mit der »sie ihnen dieselbig Schatztruhen herab biß an das Wasser beschwören [wollt]«. Andere zogen tagelang mit ihr und ihrer Wünschelrute durch die Gegend und ließen sich von dem ausbleibenden Erfolg offenbar nicht abschrecken. Sie waren sogar bereit, ihr für ihre besonderen Dienste noch mehr Geld zu bezahlen.

Meister Frantz kann eine gewisse Verwunderung über die Dreistigkeit dieser begabten Hochstaplerin und die Leichtgläubigkeit ihrer habgierigen Opfer nicht unterdrücken. Ihre erfolgreichste Vorgehensweise beschreibt er sehr detailliert:

> *Irem betrug also bestettigt: wo sie [in] ein Haus kommen und einen zu betrigen begert, so ist sie nidergefallen, alß wann sie kranck wurde oder verzuckt, und [hat] nachmalß fürgeben, es were Ihr ein weisse Adern in ihr bein verheilt, daher konte sie wissen und zukinftige ding offenbarn und die verborgene schatz zu endecken; wie ir dann die Adern, wo sie in ein hauß [kommen], keine friedt lasse, biß sie es anzeige, so thue sich dann daß Erdreich auff, daß sie golt und Silber sehe wie in ein Feuer. und so man ein Zweiffel in sie gesetzt, so hat sie begert ein Nacht im hauß zu liegen, so köne sie mit dem geist des Schatz reden. So es dan gescheen, so hat sie sich zu nachts gestellen mit wischbern der redt und Antwort darauff geben, als ob iemands mit ir redet, darnach furgeben, es sey ein arme verlorne Seel im Haus, die köne nicht sellig werden, man habe dan den Schatz gegraben. So dan die leut sich haben überreden lassen und glaubt uff ir hohes und graussames schwerren [Schwören] und verpfenden und graben lassen. Wan sie graben, hat sie gesehen, dass sie ein alten haffen mit koln [Kohlen] in daß loch geschleicht [hineingeschmuggelt] und fürgeben alß wan sie denselben het herauß graben. Darnach [hat sie] bevollen [befohlen] man soll dem drey wochen in ein Thruen speren und nicht anriren, so werde lautter golt darauß werden; der Zeit sie sich von danen salvirt [davon gemacht hat], so sein es doch kollen blieben.*

Wie zu erwarten, schockiert Schmidt am meisten, dass die Aurholtin so dreist die vorgeschriebene Ständeordnung missachtete. Sie betrog viele wohlhabende Personen und überredete sogar einen Adligen, sie und ihre kleine Tochter bei sich zu beherbergen, und zwei andere, die Patenschaft für das Kind zu übernehmen. Bei anderen Gelegenheiten nennt sie führende Nürnberger Patrizier als Referenz: *so hat sie fürgeben, sie habe den Herrn Enders Imhoff ein golt brunnen geschopfft. Auch ein gilden Schatz graben, da sie nichts anders dan lauter gültene getzn [Götzen] graben und gefunden.* Meister Frantz nimmt ihre Beschwörungen übernatürlicher Kräfte mit keiner Silbe ernst, aber er hat durchaus Achtung vor ihrem Talent als Geschichtenerfinderin.

DAS VERMÄCHTNIS EINES SCHARFRICHTERS

Bis Ende fünfzig ließ Meister Frantz kaum Amtsmüdigkeit erkennen. Er übernahm nicht mehr so häufig Aufträge außerhalb von Nürnberg – nach dem Jahr 1611 offenbar gar nicht mehr –, aber er vollstreckte fast alle Auspeitschungen und anderen Leibesstrafen immer noch selbst, während die meisten Kollegen diese körperlich anstrengende Tätigkeit ihren jüngeren Gehilfen überließen.[65] Zum ersten Mal zeigte sich das Alter im Februar 1611 bei der wohl missratensten Hinrichtung seines Lebens: Er brauchte drei Schwertstreiche, um die wegen Inzest und Ehebruch verurteilte Elisabeth Mechtlin zu enthaupten. Die Zuschauer entrüsteten sich über die »unredlich und sehr grissliche« Vorstellung des 57-jährigen Veteranen.[66] Das einzige schriftliche Zeugnis dieses peinlichen Auftritts, der sich weit herumsprach, aus der Hand des Scharfrichters war nur ein Wort am Ende des Tagebucheintrags: *putzen.* Ein Jahr später entwand sich ein besonders widerwärtiger Zuhälter und Spitzel dem Griff des Scharfrichters, als dieser ihn aus der Stadt peitschte. Von der aufgebrachten Menge wurde er anschließend gesteinigt – eine amtliche Ermittlung und noch nie gehörte Schimpfwörter gegen den alten Nachrichter waren die Folge.[67] Es gab zwei weitere misslungene Hinrichtungen, eine am 17. Dezember 1613, die zweite am

8. Februar 1614 – doch weder bei der ersten noch bei der zweiten geht aus dem Tagebuch hervor, dass Frantz Schmidt hier gepatzt hatte. Es forderte offenbar auch niemand seine Pensionierung, und er richtete im Lauf der kommenden 34 Monate weitere 18 arme Sünder.

Das letzte Berufsjahr des Meisters Frantz begann unspektakulär mit zwei gelungenen Enthauptungen und ein paar Auspeitschungen. In der Nacht des 31. Mai stürzte dann jemand – höchstwahrscheinlich mehrere Personen – den Nürnberger Galgen um.[68] Schmidt erwähnt dieses Ereignis in seinem Tagebuch mit keinem Wort und maß ihm anscheinend auch keine große Bedeutung bei, wohl weil er annahm, dass es sich lediglich um einen Akt des Vandalismus einiger Betrunkener handelte. Kaum einen Monat später dokumentiert er jedoch ein höchst beunruhigendes Ereignis, das sich beim Hängen des Viehdiebs Lienhard Kertzenderfer, genannt *der kuh lindl*, am 29. Juni 1617 zutrug. Laut einem Chronisten wurde der erste Versuch des Scharfrichters, den Galgen hochzusteigen, von einem plötzlich aufkommenden Sturm vereitelt: Ein heftiger Windstoß hatte die beiden Leitern vom Galgen gefegt. Man musste sie erst wieder holen und festbinden. Doch selbst dann kamen Meister Frantz und der *vol gesoffen Armensinder* wegen des stürmischen Windes kaum vorwärts, der »so schrecklich … gesauset und getobet, daß er die Leute hin und wieder gewehet und geworffen«. Als der Verurteilte, der sich geweigert hatte, ein Gebet zu sprechen, endlich am Galgen baumelte, »hat sich der Windt gelegt und ist in der Lufft ganz still worden«. *Dan ist*, so schreibt Schmidt, *ein haß [Hase] durch das gericht geloffen, daß niemandt gewust, wo er herkomme [und] durch die leut getrungen.* Er wurde von einem Hund verfolgt, den »keener erkent« (und den viele Zuschauer für einen Dämon hielten, der die Seele des armen Sünders einfangen wollte). Ein merklich erschütterter, doch besonnener Frantz wandte zurückhaltend ein: *waß fur einen haß gewest oder waß fur ein Endte genomen, wie er gefahren, weiss gott am Allerbestenn.*[69]

Allem Anschein nach ließ sich Meister Frantz weder von diesen Omen noch vom Alter abschrecken; er hängte im Lauf der folgenden fünf Monate drei weitere Diebe und peitschte zwei aus der Stadt, ehe er die letzte Hinrichtung seiner Laufbahn vollstreckte. Die Verbrennung des Fälschers Georg Karl Lambrecht bei lebendigem Leib am 13. November 1617 war ein seltenes Ereignis in Nürnberg und für Frantz erst die zweite Hinrichtung nach dieser Methode in über vier Jahrzehnten Berufstätigkeit. Der Rat der Stadt, der stets darauf bedacht war, Herr der Inszenierung der Gewalt zu sein, wies den Scharfrichter an, den Tod des Verurteilten zu beschleunigen, indem er ihm entweder ein Säckchen Schießpulver um den Hals legte oder ihn gleich zu Beginn der Verbrennung erdrosselte, »doch unvermerckt« von den Zuschauern.[70] Meister Frantz erwiderte, er ziehe die Strangulierung vor, denn das Schießpulver zünde unter Umständen nicht oder explodiere mit einer solchen Gewalt, dass die in der Nähe stehenden Zuschauer gefährdet würden. Wie üblich billigte der Rat das geplante Vorgehen und betonte lediglich noch einmal, dass die Strangulierung so ausgeführt werden müsse, »dass das gemein [es] nicht merkt«. Das Motiv für ihre Entscheidung war die Sorge um den erzielten Effekt, nicht die Gnade; die abschreckende Wirkung einer Verbrennung bei lebendigem Leib auf die Zuschauer sollte gewahrt bleiben.

Die Hinrichtung Lambrechts hätte Schmidt eigentlich keine Probleme bereiten dürfen. In den letzten fünf Wochen hatte der arme Sünder laut Angaben des Gefängniskaplans »mehr mit got als mit denen menschen geredet«.[71] Nach Ablegen eines vollen Geständnisses und dem Empfang des heiligen Abendmahls fünf Tage vor dem Termin der Hinrichtung wollte Lambrecht »ungern solche geistliche speise mit der leiblichen mehr contaminiren oder beflecken«. Die Prozession verlief ebenfalls vorbildlich: Der arme Sünder betete laut oder bat die Menschen im Vorübergehen um Verzeihung. Dann legte er ein letztes Geständnis ab und bat um Vergebung, ehe er auf die Knie fiel und das Vaterunser und andere Gebete sprach – für Meister Frantz der wohl wichtigste Punkt.

Am Ende hatte Frantz beschlossen, sowohl einen Beutel mit Schießpulver als auch die heimliche Strangulierung einzusetzen, und überging kurzerhand den Einwand, den er selbst beim Rat vorgebracht hatte. Womöglich hatte er eine Vorahnung, dass die heimliche Erdrosselung misslingen könnte, aber bestimmt stellte er sich nicht vor, dass beide Maßnahmen fehlschlagen würden. So kam es zu dem qualvollen und aufsehenerregenden Schauspiel, das zu Beginn dieses Buches geschildert wird. Wie man es von ihm gewohnt war, gab Schmidt jedoch nicht seinem Löwen Claus Kohler die Schuld an der misslungenen Erdrosselung, weder gegenüber seinen Vorgesetzten noch im Tagebuch. Mit einem raffinierten Kunstgriff dokumentiert er die Hinrichtung stattdessen als eine gelungene Verbrennung bei lebendigem Leib und streitet damit jedweden Fehler ab. Er nennt die Hinrichtung auch nicht ausdrücklich seine letzte – im Gegensatz zu späteren Kopien des Tagebuchs – und arbeitet munter weiter. Drei Wochen danach nimmt er persönlich eine Auspeitschung vor, dann noch eine am 8. Januar 1618 (seine letzte).

Der Endpunkt einer 45-jährigen Berufstätigkeit war eine absolut unspektakuläre Angelegenheit. Am 13. Juli 1618 meldete der langjährige Mesner Lienhard Paumaister dem Rat der Stadt, dass der ehrwürdige Meister Frantz zu kränklich sei, um die zwei für die nächste Woche geplanten Hinrichtungen zu vollstrecken. Paumaister ging nicht näher auf die Art der Krankheit ein, aber Schmidt selbst gibt an, dass es schon vor neun Tagen angefangen habe. Als er gebeten wurde, »eine taugliche Person« als Ersatz für ihn zu nennen, »biß er wider zu seiner Gesundtheit kummen möchte«, blieb Frantz auffällig unverbindlich und erwiderte, dass er niemanden kenne, den er empfehlen wolle, aber *meine herren* könnten sich ja im benachbarten Ansbach oder Regensburg erkundigen. Falls sich der alte Scharfrichter tatsächlich noch alle Optionen offenhalten wollte, so sollten sich diese Hoffnungen bald zerschlagen. Da seine Vorgesetzten die anstehenden Todesstrafen an einem Dieb und einer Kindsmörderin unbedingt vollstrecken wollten, handelten sie überaus zweckdienlich, als ihnen eine Woche später eine Bewerbung von Bernhard Schlegel, dem Amberger Scharfrichter, auf den Tisch flatterte. Nach einer flüchtigen Überprüfung der Referenzen boten sie Schlegel ein Gehalt von 2,5 Gulden wöchentlich plus freie Unterkunft an. Der Bewerber forderte prompt, mit einer Direktheit, die dem Nürnberger Rat nur zu bekannt war, das gleiche Gehalt wie Meister Frantz (3,5 fl. pro Woche) sowie einen Jahresvorrat an Holz und die sofortige Überlassung des Henkerhauses. Da der Rat aus Regensburg noch keine Antwort bekommen hatte, ging man auf Schlegels Bedingungen ein und vereidigte ihn keine zwei Wochen nach der ersten Krankmeldung von Meister Frantz als lebenslangen Angestellten. Eine Woche später köpfte der neue Scharfrichter seine ersten beiden Opfer auf dem Nürnberger Rabenstein.[72] Der letzte Eintrag in dem Tagebuch eines knappen halben Jahrhunderts ist wie üblich kurz und bündig: *den 4. Jullius [1618] bin ich kranck worden und umb Lorentzi [10. August] den dienst aufgeben. Hab also daß ampt 40 Jahr versehen und Innen gehabt.*

Von einem derart reibungslosen Übergang in den Ruhestand kann in Wahrheit keine Rede sein. Vielmehr brach zwischen dem alten Scharfrichter und seinem Nachfolger ein heftiger Machtkampf aus. Wenn man bedenkt, wie scheinbar gleichgültig die Vorgesetzten von Meister Frantz gegenüber seinen 40 Jahren vorbildlicher Dienste waren, verwundert es, dass sie ihm in diesem Streit weiterhin die Stange hielten – und das taten sie erst recht, als sich herausstellte, wie positiv er sich von seinem Nachfolger abhob. Diese Loyalität zeigte sich vom Tag der Ankunft Schlegels an, als der Nürnberger Rat lediglich eine Einschränkung der Liste seiner Forderungen vornahm: Er verfügte nämlich, dass Schlegel Meister Frantz und seiner Familie ausreichend Zeit lassen müsse, in ein anderes Haus umzuziehen und ihre derzeitige Wohnung für den Nachfolger zu richten. Dieser eigentlich vernünftige Kompromiss sollte einen bitteren Streit zwischen den beiden Scharfrichtern und ihren Familien auslösen, der erst mit dem Tod der beiden Männer endete.

Nur zwei Tage nach den ersten Hinrichtungen in Nürnberg beschwerte sich der frisch angestellte Schlegel, dass seine vorübergehende Unterkunft im ehemaligen Siechenhaus noch (!) nicht fertig und die Unterbringung in einem Gasthaus mit großen Unannehmlichkeiten und Kosten verbunden sei. Der Rat antwortete prompt mit einer Prämie von 12 Gulden (einem Monatsgehalt) und erkundigte sich behutsam bei Meister Frantz, wann er gedenke, aus dem Henkerhaus auszuziehen. In der ersten Riposte einer langen Hinhaltetaktik erwiderte Schmidt, dass er durchaus die Absicht habe, ein neues Haus zu kaufen, aber wegen seiner derzeitigen Krankheit nicht imstande sei, sich dieser Aufgabe zu widmen. Seine Vorgesetzten wollten den geschätzten ehemaligen Mitarbeiter nicht drängen und ordneten stattdessen die Beschleunigung der Renovierung einer geräumigen Wohnung für den neuen Scharfrichter und seine Frau an. Sie lag im zweiten Stock eines Gebäudes, das die beiden sich mit 20 alleinstehenden männlichen Mietern sowie gelegentlich mit den zu Schellenwerk verurteilten Jugendlichen teilen mussten. Als weiteres Zugeständnis an den offenbar empörten Schlegel gewährte der Rat dem neuen Scharfrichter in den folgenden Monaten mehrere Urlaubstage, um »seine Schulden einzubringen«, sowie eine weitere Prämie von 12 Gulden für die Umzugskosten.[73]

Im Lauf des kommenden Jahres nahm der Verdruss des Rates über den neuen Beschäftigten stetig zu, im gleichen Maß stieg die Wertschätzung für den Vorgänger. Allmählich merkte man, dass Bernhard Schlegel kein Frantz Schmidt war. Allein beim Thema Gehalt gab Schlegel keine Ruhe. Während Meister Frantz innerhalb von 40 Jahren nur zwei Mal (zuletzt 1584) eine Erhöhung gefordert hatte, jammerte Meister Bernhard regelmäßig über seine unzureichende Bezahlung – häufig sogar mehrmals im Jahr. Von Zeit zu Zeit gewährte der Rat ihm eine einmalige

Sonderzahlung von 25 Gulden, in anderen Fällen lehnte er die Gesuche mit immer schärferen Worten ab.

Die Bitte um ein Darlehen in Höhe von 60 Gulden, die ebenfalls abgelehnt wurde, lässt darauf schließen, dass der neue Scharfrichter nicht nur habgierig war, sondern vermutlich auch bis zum Hals in Schulden aus Glücksspiel, Trinken und anderem »leichtfertigen Lebenshalten« steckte – ein krasser Gegensatz zu der enthaltsamen Lebensweise des geschätzten Vorgängers. Kaum ein Jahr nach der Ankunft in Nürnberg wurde Schlegel vor den Rat bestellt: Er hatte sich an einer Schlägerei in einer Schenke bei der Fechtschule beteiligt. Handwerker hatten Schlegels Trinkkumpan belästigt, weil er mit dem Scharfrichter an einem Tisch saß, darüber war es zum Streit gekommen. Die Stadtväter setzten sich zwar über die traditionelle Vorstellung der von Henkern ausgehenden Ansteckungsgefahr hinweg und bestätigten, dass der fragliche Töpfer weiterhin als ehrbar gelte, aber sie ermahnten Schlegel auch, dass er sich »ettwas eingezogener halten, und in offnen Wirthheusern, bey den Burgerzechen nitt eindringen« solle.[74]

Einem mustergültigen Amtsinhaber nachzufolgen, der für seine bescheidene Lebensweise, Frömmigkeit und Nüchternheit bekannt war, wäre für jeden schwierig gewesen, aber umso schwieriger für einen Außenseiter, der als habgierig und streitsüchtig wahrgenommen wurde und dem Vernehmen nach über seine Verhältnisse lebte.[75] Wie ein Schatten verfolgte das Bild des tugendhaften Meisters Frantz Meister Bernhard seit dem ersten Tag seiner Ankunft in Nürnberg. Auch bekam er vermutlich häufig wenig schmeichelhafte Vergleiche mit seinem Vorgänger zu hören, die das öffentliche Vertrauen in seine Fertigkeiten allmählich erschütterten. Nur wenige Wochen nach dem Tadel wegen der öffentlichen Schlägerei stellte der Rat »im ernstlich zu Red« und ermahnte ihn, bei Hinrichtungen sorgfältiger auf die Wahrung der Ordnung zu achten. Kaum ein Jahr später wurde er für einen besonders langwierigen Tod am Galgen gerügt. Bei der

Hinrichtung hatte er versehentlich die Leiter weggestoßen und war auf einem Querbalken des Galgens gelandet, während der arme Sünder qualvoll erstickte und minutenlang den Namen Jesu ausrief, ehe er endlich starb. Der altgediente Löwe befreite dann schließlich den ungeschickten Scharfrichter aus seiner misslichen Lage. Allerdings bewarf die aufgebrachte Menge sie beide zuerst mit »gefrorenen Erdschollen«.[76]

Im Jahr 1621 gewährte der Rat, der endlich seine Ruhe haben wollte, Schlegel trotz erheblicher Bedenken das Bürgerrecht – ein Privileg, das Frantz Schmidt erst nach 15 Dienstjahren in Nürnberg erlangt hatte. Meister Bernhard hatte es jedoch seit seiner Ankunft in Nürnberg vor drei Jahren wiederholt erbeten.[77] Zur Bestürzung seiner Vorgesetzten wurden die Auftritte des neuen Scharfrichters auf dem Schafott nicht besser. Nachdem Schlegel dem Löwen die Schuld für eine weitere verpfuschte Hinrichtung gegeben hatte, tadelte ihn der Rat, drohte mit einer sofortigen Entlassung, wenn sich seine Leistung nicht umgehend bessere, und ging so weit, »im seine Fullerrey zu verweisen«. Wohl wissend, dass seine Arbeitgeber eigentlich keine Lust verspürten, einen Nachfolger zu suchen, ertrug Meister Bernhard zähneknirschend allen Tadel, auch die demütigenden Ermahnungen vor einer Hinrichtung, »seine [Aufgabe] war zu nemen, damit [sie] ihm nicht abermal misslinge«.[78]

Unablässig sah sich Schlegel den für ihn ungünstigen Vergleichen mit dem großen Vorgänger ausgesetzt, und einen großen Teil seiner Wut darüber ließ er an dem ehemaligen Scharfrichter aus, der sich weiterhin weigerte, aus dem Henkerhaus auszuziehen. Hier hatte der neue Scharfrichter einen berechtigten Grund zur Beschwerde, und man kann durchaus seine Enttäuschung darüber nachvollziehen, dass er ständig von einem listigen Rivalen mit besseren Beziehungen ausgetrickst wurde. Vielleicht stießen Schlegels Beschwerden, dass die Familie Schmidt immer noch in dem Haus wohnte, das man ihm versprochen hatte, fast sieben Jahre lang eben deshalb auf taube Ohren, weil er sich so oft und über unzählige Kleinigkeiten beschwerte. Womöglich hoffte der Rat auch, dass die Angelegenheit durch den Tod des betagten Schmidt aus der Welt geschafft würde.

Im Sommer 1625 lösten schließlich die Verwüstungen des Krieges, ein Zustrom von Flüchtlingen und der Ausbruch einer weiteren Seuche eine schwere Wohnungsnot aus, die dem Rat keine Wahl ließ, als gegen den immer noch munteren 71-jährigen Meister Frantz vorzugehen. Weil dringend Raum für Notlazarette gebraucht wurde, wurde das ehemalige Siechenhaus, in dem Schlegel und seine Frau gewohnt hatten, evakuiert und Schmidt zum Verlassen des Henkerhauses aufgefordert. Man bot ihm an, sämtliche Umzugskosten der Familie Schmidt zu übernehmen. Wiederum zögerte er die Angelegenheit mehrmals hinaus und behauptete, man habe ihm das Haus auf Lebenszeit versprochen – eine zweifelhafte Behauptung, die seiner eigenen bereits vor sieben Jahren erklärten Absicht umzuziehen widersprach. Trotzdem hatte er mit dieser Taktik offenbar zunächst Erfolg, und der Rat wies Schlegel an, sich eine andere Unterkunft zu suchen. Als ein Angestellter im Schöffenamt wenig später berichtete, dass er in den amtlichen Unterlagen kein derartiges Versprechen gefunden habe, änderte Schmidt rasch die Taktik. Nunmehr erklärte er, dass er zwei Straßen weiter, an der Oberen Wöhrd (heute Obere Wörthstraße), ein geeignetes neues Häuschen gefunden habe, aber vom Rat eine finanzielle Unterstützung brauche, um die jährliche Belastung in Höhe von 75 Gulden zu bezahlen. Das Häuschen selbst – genau genommen zwei aneinandergebaute Häuser, die 60 Jahre lang einem bekannten Goldschmied gehört hatten – hatte den stolzen Kaufpreis von 3000 Gulden, außerdem war eine beachtliche Anzahlung in Höhe von 12,5 Prozent erforderlich. Der Rat wollte endlich die Sache vom Tisch haben, man erbleichte keineswegs angesichts der Kosten, sondern überprüfte lediglich, ob die Investitionen des ehemaligen Scharfrichters wirklich nur 12 Gulden jährlich an Zinsen einbrachten, ehe die Stadt ihm einen jährlichen Zuschuss von 60 Gulden bewilligte. Kurz nach Walpurgis 1626 räumte Frantz Schmidt endlich das Haus, in dem er fast 50 Jahre gewohnt hatte, und der jubelnde Bernhard Schlegel zog ein.[79]

Angespornt von diesem Sieg, richtete Schlegel seinen Ärger über den verehrten Meister Frantz nun auf dessen medizinische Tätigkeit. Bislang hatte sich der neue Scharfrichter in erster Linie mit den einheimischen Badern gestritten, die sich von Anfang an über sein aggressives Abwerben von Patienten beschwert hatten.[80] Einmal wies ihn der Rat zurecht, weil er in einem magische Praktiken und eine Geisteskrankheit einschließenden Fall tätig geworden war, und ermahnten ihn, seine medizinische Betätigung auf »eusserliche schäden« zu beschränken.[81] Einmal mehr fehlte Schlegel eindeutig das diplomatische Geschick seines Vorgängers, darunter litt auch sein Ruf als Scharfrichter. Ein paar Mal musste er es sich sogar gefallen lassen, dass seine Verordnungen von Meister Frantz förmlich infrage gestellt wurden.[82] Kaum ein Jahr nach der Inbesitznahme des Henkerhauses beschwerte sich Schlegel beim Rat, dass der ehemalige Scharfrichter ihm zu viele Kunden wegnehmen würde, und verlangte sowohl eine förmliche Sanktion gegen Schmidt als auch den Bau eines neuen Hauseingangs für seine Patienten, der nicht zum anstößigen Schweinemarkt hinausführte. Beide Gesuche wurden abgelehnt, Letzteres mit der Begründung, »weil Franz Schmid sich viel Jahr also beholffen, werde er sich auch geduldten können«.[83] Nach dieser neuerlichen Abfuhr reichte Schlegel keine weiteren förmlichen Beschwerden gegen seinen ehrwürdigen Vorgänger ein, aber er konnte es zweifellos kaum erwarten, dass der alte Mann das Zeitliche segnete.

DAS VERMÄCHTNIS EINES VATERS

Die größte Erniedrigung, die Schlegel hinnehmen musste, war der Moment des höchsten Triumphes für Meister Frantz und seine Kinder. Im ausgehenden Frühjahr 1624, noch während er im Henkerhaus wohnte, schrieb Frantz Schmidt an Kaiser Ferdinand II. (reg. 1618–1637) und bat um eine förmliche Wiederherstellung der Familienehre. Eine direkt an den kaiserlichen Hof gerichtete Petition war durchaus nicht ungewöhnlich, aber warum wählte Frantz ausgerechnet diesen Zeitpunkt für den letzten Versuch, seinen großen Wunsch zu verwirklichen? Womöglich brauchte der pensionierte Scharfrichter eine derartige Bestätigung, um ein neues Haus zu kaufen, oder seine Söhne hatten um Unterstützung bei der Suche nach einer Stelle als ehrbare Handwerker gebeten. Vielleicht dachte Meister Frantz auch an seine elfjährige Enkeltochter, die erst vor Kurzem zu ihm und seinen erwachsenen Kindern gezogen war. Aber zunächst stellt sich die Frage: Warum wartete er nach der Pensionierung sechs Jahre mit dem Schreiben dieses Gesuchs? Wenn man bedenkt, wie wichtig Schmidt die Wiederherstellung der Familienehre war, steht zu vermuten, dass er seit geraumer Zeit versucht hatte, die Petition aufzusetzen und abzuschicken, dass aber Kräfte, auf die er keinen Einfluss hatte – etwa ein Zögern seitens seiner patrizischen Fürsprecher oder ein anderes Thema der Lokalpolitik –, ihn bislang daran gehindert hatten.

Was immer der Grund für den Zeitpunkt gewesen sein mochte, dieses bemerkenswerte Dokument, das in der ursprünglichen Form nicht mehr als 15 Seiten umfasste, ist nicht nur die Lebensbilanz eines alten Mannes, sondern auch ein letztes, beredtes Zeugnis seiner Kunst, Beziehungen zu knüpfen und Menschen für sich einzunehmen, die ihm so große Erfolge im Leben beschert haben. Frantzens Gesuch zeichnet sich durch großes rhetorisches Geschick aus. Elegant wechselt er zwischen der Aufzählung seiner zahlreichen, im Namen des Kaisers und seiner Untertanen vollbrachten Leistungen und dem persönlichen Appell um Mitleid wegen des unseligen Schicksals, das er und seine Familie erlitten hatten. Wie sein Meisterlied über die Heilung König Abgars wurde auch die Petition zweifellos mit fremder Hilfe verfasst, vermutlich der eines Notars. Die Argumentation und die

Gefühle sind jedoch Meister Frantz pur. Nach der formelhaften Ehrerbietung verweist er auf die Verantwortung, die *demnach einer jeder von Gott angesezten hoher Obrigkeit obliegt, die frommer gehorsame fur allem Gewalt und Vurcht zu beschuzen, die muthwilligen und böß aber, mit gebuhrend ernster Straf, nach anweissung der beshribenen Recht zu belegen, damit fried, ruhe und einigkeit erhalten sein.* Als Nächstes legt Meister Frantz dar, dass das Amt des Scharfrichters göttlichen Ursprungs sei, und beruft sich auf die Israeliten im Alten Testament und die dort geschilderte ritualisierte Hinrichtung durch Steinigen sowie auf die kaiserlichen Verordnungen der *Carolina.* Und doch sei ihm der Beruf des Scharfrichters, ungeachtet seiner Legitimität und Notwendigkeit, durch einen unseligen Vorfall auferlegt worden, *welchen zu erzehlen Ich nicht verschweigen kahn.*

Der darauf folgende Appell an das Mitgefühl des Kaisers enthält die persönlichsten Zeilen, die von Frantz überliefert sind. Nachdem er endlich aus dem Rampenlicht getreten war, äußert er sich erstaunlich offen über die tiefe Schande, die seine Familie verfolgte, seit Markgraf Albrecht Heinrich Schmidt gezwungen hatte, jene Hinrichtungen auf dem Marktplatz in Hof zu vollstrecken. Gleiches Unrecht sei ihm widerfahren, schreibt er, denn *wie gern Ich auch gewollt, [dem] entshutten [entrinnen] können,* habe die Unehre der Familie ihm keine andere Wahl gelassen, als ebenfalls das Amt des Scharfrichters anzutreten – ein bitterer Widerspruch zu seiner natürlichen medizinischen Begabung. Damit kommt Meister Frantz zum letzten Punkt seiner Argumentation: Die Medizin sei die Berufung, die er seit 46 Jahren praktiziere, *neben meinen shweren beruf und Ampt … uber die fünfzehen taussent Menschen … [habe ich] geheylt und mit meiner Arzney geholffen, dem allerhöchsten und unsterblich Gott sey darumb shuldigster danck gesagt.* Die Heilkunde sei auch das Gewerbe, das er seinen eigenen Kindern beigebracht habe, schreibt er, *auss rechtshafferen getreuen Vatters Ampt mit gutter Zucht, und weißung und v.mahlung zur Tugend nicht versaumen sollen … damit aller gleichwohlen meine Söhne, dermahln nich, wie auch Ich und mein Vatter, obangerechter gestalt, solchen schweren und vor der Welt gleichsam verachten Ampt, vorzustehen gedrungen.* Überdies habe er seine medizinischen Kenntnisse stets *dess nechsten nuz und andere ehrliche weisen* angewandt, etwa zur Heilung von bestimmten hochgestellten kaiserlichen Vertretern, die er in einem Anhang namentlich aufzählt, zusammen mit fast 50 adligen und patrizischen Patienten. Über ein Drittel seiner Patienten waren Frauen.

Erst an diesem Punkt kehrt Meister Frantz zu seinen 40 Dienstjahren für den Kaiser und dessen Repräsentanten in Nürnberg in der Rolle des Scharfrichters zurück, *welche ich nicht ohne geringe sorg und gefahr meines Lebens, administrirt und vorgestanden, desselben vor ungefehr 6 Jahren, von E. E. und hat meines obligend. Alters und shwachheit halber, wird in gut erlassen und dieses Ampts frey gesezt worden.* Anschließend weist er darauf hin, dass niemand jemals einen Grund zur Klage gehabt habe, *weder in meiner mir anbefohlenen shiren [reinen] Amptsverrichtung, noch in andere weg.* Ein beigefügtes Empfehlungsschreiben des Nürnberger Rates bestätigt, dass Schmidt bekannt sei für *sein eingezogenen stillen lebensverhaltens und seine wolerspriessliche Arzney … auch [für] sein vorfahren von Rom. Kayßerl Recht.* In Anbetracht der vielen Dienstjahre sowohl in der Strafverfolgung als auch in der Medizin wie seiner 31 Jahre als Nürnberger Bürger schließt Frantz Schmidt mit der demütigen Bitte um Wiederherstellung seiner Familienehre, um endlich das Stigma zu beseitigen, das ihn sein Leben lang begleitet hat, und seinen Söhnen die Tür zu allen ehrbaren Handwerksberufen zu öffnen.

Irgendwann nach dem 9. Juni 1624 zahlte Frantz Schmidt einen privaten Kurier dafür, dass er die versiegelte Petition zum kaiserlichen Hof nach Wien brachte, möglicherweise mit der regulären, diplomatischen Korrespondenz des Nürnberger Rates. Nur drei Monate später wurde im Henkerhaus das kunstvoll beschriftete und mit Wachs versiegelte Antwortschreiben ebenfalls von einem Kurier abgegeben. Das Original der Petition ist nicht überliefert, aber die offizielle Antwort darauf ist im Nürnberger Stadtarchiv erhalten (weil Schmidt sie am 10. September in der städtischen Kanzlei einreichte).[84] Ferdinand hatte das Gesuch des ehemaligen Scharfrichters vermutlich gar nicht zu Gesicht bekommen, denn die ganze Angelegenheit wurde höchstwahrscheinlich einige Stufen unterhalb der Ebene des Kaisers geregelt, möglicherweise auch die kaiserliche Unterschrift nicht vom Kaiser selbst gegeben. Anfangs wiederholt das Dokument Frantzens Petition und erreicht dann mit den Worten, nach denen der Scharfrichter sich sein ganzes Leben lang gesehnt hatte, seinen Höhepunkt:

> Als haben uns derhalber erzgedachter Burgermeister und Rath des Statt Nuremberg alles Unterthenigste gebetten, wie geruheten, Von Ihme Franzen Schmidt, solch empfangene Schmach, damit dieselbig Ihme oder seinen Erben in künftig nit aufgeruckt würde, Und sonsten andere verhinnerung brächte, auss kayserlicher Macht und Miltigkeit abzuthun unnd auch zu haben, und Ihne sambt den seingen in Standt und Würde, anderer redlichen Leuth gleichen gestalt zusezen, Unnd zu restituirn.[85]

Da spielte es keine Rolle, dass die Entscheidung letztlich weniger von dem innigen Wunsch oder langjährigen Dienst des Scharfrichters beeinflusst wurde, sondern stärker von den Würdenträgern, die sich für ihn eingesetzt hatten: Meister Frantz kannte diese standesbewusste Gesellschaft genau. Er hatte sein Ziel erreicht; die Schande seines Vaters war zur Ehre seiner Söhne umgewandelt worden. Er gab nicht das Richtschwert weiter, sondern das Skalpell.

Als er zwei Jahre später in das große Haus an der Oberen Wöhrd umzog, nahm das 72-jährige Familienoberhaupt seine gesamte Nachkommenschaft mit (soweit sie noch am Leben war): insgesamt fünf Personen, dazu ein oder zwei Bedienstete. Rosina, das älteste und bislang einzige verheiratete Kind, war inzwischen eine 39-jährige Witwe mit einer dreizehnjährigen Tochter. Für Rosinas Hochzeit vor 15 Jahren mit Wolf Jacob Pickel, einem geachteten Drucker aus Frankfurt, hatte ihr Vater eine beachtliche Mitgift aufbringen, eventuell auch weitere finanzielle Zugeständnisse machen müssen. Zwei Jahre nach der Zeremonie im kleinen Kreis schenkte das Paar Meister Frantz das erste Enkelkind, Elisabeth. Der Traum, eine Linie ehrbarer Nachkommen zu gründen, war damit ein Stück näher gerückt.[86] Aber trotz des guten Rufes Pickels als Drucker und der finanziellen Unterstützung gelang es dem Fremden aus Frankfurt nicht, sich in der neuen Heimat eine Existenz aufzubauen, vielmehr musste er eine Reihe von beruflichen Rückschlägen hinnehmen. Nicht lange nach der Geburt der Enkeltochter wurde ein Darlehen in Höhe von 20 Gulden, das Frantz dem Schwiegersohn zur Verfügung gestellt hatte, von einem potenziellen Geschäftspartner entweder verprasst oder gestohlen. Zur großen Schande für Meister Frantz wurden Wolf und Rosina wegen Betrugs verhaftet. Erst das direkte Eingreifen des Scharfrichters klärte die Angelegenheit, und das junge Paar wurde nach fünf Tagen Haft entlassen.[87] Vier Jahre später steckte Pickel immer noch in finanziellen Schwierigkeiten und beschwerte sich beim Rat der Stadt, dass sich die einheimischen Drucker weigerten, ihn zu akzeptieren, weil er die Tochter des Scharfrichters geheiratet hatte. Nach Anhörung beider Seiten wurden die Juristen zurate gezogen, »ob man [Pickel] könne fur redlich halten«. Nachdem sie Nachricht von dessen gutem Ruf unter den Druckern in Frankfurt erhalten hatten, wiesen sie die Nürnberger Drucker an, dem Neuankömmling eine Probezeit zu gewähren.[88] Über eine derartige Anweisung hätten sich die Drucker zwar auch hinwegsetzen können, aber Pickel reichte keine weitere offizielle Beschwerde ein. Allerdings war er im Jahr 1624 entweder bereits gestorben oder durchgebrannt. Im selben Jahr kam Rosina wiederum ins Gefängnis, diesmal unter dem angeblich falschen Vorwurf der Unzucht. Den kurzen Aufenthalt beendete, wie zuvor, das Eingreifen des Vaters.[89] Bald danach zogen sie und ihre Tochter wieder zu ihm.

Die beiden noch lebenden Söhne Frantz Steffan, 35 Jahre, und Frantzenhans, 31 Jahre, wohnten ebenfalls weiter mit dem Vater und den Geschwistern zusammen in dem neuen Haus. Es ist unklar, welcher Arbeit sie nachgingen. Wir wissen, dass ihr Vater schon früh beschloss, dass kein Sohn ihm in seinem unehrenhaften Beruf nachfolgen sollte, so einträglich dieser auch war. Dabei hätte Meister Frantz ihnen wohl problemlos eine Stelle in Nürnberg oder anderswo verschaffen können. Laut einer späteren Quelle war Frantz Steffan »ein ersam junger gesell [mit] nichts aignes«, aber weder sein Handwerk noch seine Beschäftigung werden genannt. Da er den Stand eines Gesellen erlangt hatte, litt er wohl kaum unter einer körperlichen oder geistigen Behinderung. Es ist durchaus möglich, dass er schlicht wegen seiner Herkunft keine Anstellung fand.[90]

Frantzenhans, der Nachkömmling der Familie, bekam allem Anschein nach ebenfalls eine anhaltende Diskriminierung seitens der Nürnberger Handwerker zu spüren, obwohl sein Vater offiziell die Familienehre wiederhergestellt hatte und obwohl die Söhne von Scharfrichtern bereits seit 1548 laut einer kaiserlichen Proklamation das Recht hatten, ein ehrbares Handwerk zu erlernen. Er bemühte sich, seinem Vater in der Heilkunde nachzufolgen. Nur eine Generation später wurden einige Söhne deutscher Scharfrichter tatsächlich an medizinischen Fakultäten angenommen, dazu kommt die deutlich größere Zahl der Scharfrichtersöhne, die im 18. Jahrhundert erfolgreiche Bader oder Ärzte wurden.[91] Diese ehrenhafte Option stand den Söhnen Frantz Schmidts jedoch noch nicht offen. Frantzenhans stützte sich deshalb auf das Fachwissen und die Patientenbasis seines hochgeschätzten Vaters, behandelte gebrochene Knochen und äußere Wunden sowie kranke oder verletzte Tiere.

Die 38-jährige Maria hatte den Haushalt Schmidt über 15 Jahre lang geleitet – seit ihre ältere Schwester nach der Heirat das Haus verlassen hatte. Die Rückkehr Rosinas mit ihrer Tochter stellte diese Rolle Marias vermutlich infrage, vor allem weil die ältere Schwester als Ehefrau und Mutter schon einen eigenen Haushalt geleitet hatte. Wir können allerdings nur spekulieren, ob das womöglich den Ausschlag für die Entscheidung gab, zwei benachbarte Häuser zu kaufen.

Kaum hatte sich Meister Frantz in der Oberen Wöhrd eingerichtet, dürfte er eine große Zufriedenheit empfunden haben. Nach jahrelanger Arbeit und Opfern – und manchem politischen Strippenziehen – war es ihm endlich gelungen, seiner Familie nicht nur einen unbestritten ehrbaren Namen zu geben, sondern auch ein geräumiges und komfortables Zuhause, in dem sie die Früchte ihres neuen Standes genießen konnten. Doch keine zwei Jahre später wurde die Familie von einem tragischen Ereignis heimgesucht, das nicht einmal der findige Frantz hatte verhindern können. Am 10. Januar 1628, dem Tag ihres 16. Geburtstags, starb Schmidts Enkelin Elisabeth, die Todesursache ist unbekannt. Im gleichen Alter war ihr Onkel Jorg vor fast drei Jahrzehnten gestorben. Man kann sich nur ausmalen, wie sehr dieser Verlust den ganzen Haushalt getroffen hat. Des einzigen Jugendlichen in ihrer Mitte beraubt, begleiteten der betagte Frantz Schmidt und seine vier erwachsenen Kinder am nächsten Morgen den Leichenzug zum Familiengrab. Elisabeths Sarg wurde von zwei Kirchendienern getragen, eine unbekannte Zahl von Trauergästen folgte ihm.[92]

Die letzten Jahre von Meister Frantz wurden durch einen letzten Erfolg erhellt, der fast vergleichbar war mit der Wiederherstellung der Familienehre. Am 6. Februar 1632 heiratete die 44-jährige Maria den 44-jährigen Hans Ammon in einer intimen Zeremonie im Hause Schmidt. Trotz Ammons bescheidener Herkunft sowie seiner denkwürdigen Zeit als Schauspieler unter dem Namen Peter Leberwurst war es dem Bräutigam inzwischen gelungen, sich unter den vielen Künstlern und Graveuren der Stadt ein beneidenswertes Ansehen zu erwerben. Für Frantzens

Tochter war die Ehe mit so einem Mann ein größerer gesellschaftlicher Erfolg, als viele überhaupt für möglich gehalten hätten. Als öffentliches Zeichen dafür, dass die Familie endlich in die ehrbare Gesellschaft aufgenommen war, war diese Hochzeit die Krönung von Meister Frantzens lebenslangem Streben und eine definitive Aufhebung der Schande, die vier Generationen der Schmidts hatten ertragen müssen.

Aber diese Freude war nur von kurzer Dauer. Trotz der Bedeutung hatte man die Hochzeit in aller Stille gefeiert. Nur war dieses Mal nicht die Unehre der Braut der Grund für den Verzicht auf eine prächtige Zeremonie in der Kirche, sondern die angeschlagene Gesundheit des Bräutigams. Womöglich fürchtete der Künstler, dass ihm nicht mehr viel Zeit blieb, und vielleicht wollte er dem Leibarzt, den er mit der Zeit als Freund und Förderer schätzen gelernt hatte, vor allem sein Vermächtnis weitergeben. Immerhin waren der ehemalige Schauspieler und der pensionierte Scharfrichter beide Außenseiter, die beeindruckende Hindernisse überwunden und am Ende in ihren jeweiligen Bestrebungen Erfolg gehabt hatten. Was immer das Motiv für Ammons Entscheidung gewesen sein mochte, er verließ das Haus an der Oberen Wöhrd nie wieder aus eigener Kraft; nur 19 Tage später war er tot.[93] Maria blieben der berühmte Künstlername und Ammons Besitz, aber sie hatte keine Nachkommen, kein Enkelkind für den alten Vater.

Im nächsten Monat hielten der schwedische König Gustav Adolf II. und ein Regiment seiner Truppen in Nürnberg Einzug und wurden auf dem Marktplatz von der protestantischen Menge jubelnd begrüßt. Seit 1618 tobte in den meisten deutschen Landen der Dreißigjährige Krieg, wie er später genannt wurde, eine drei Jahrzehnte währende Folge bewaffneter Konflikte, die von einer gefährlichen Mischung aus religiösem Eifer, dynastischem Ehrgeiz und sich verstetigender Gewalt geschürt wurde. Die schwedische Intervention im Jahr 1630 ließ die Nürnberger zunächst auf eine Wende des Krieges nach den Gewinnen der kaiserlich-

Ein Leichenzug zum Sankt-Rochus-Friedhof, unmittelbar südwestlich der Stadtmauer. Frantz Schmidts Grab liegt etwa 15 Meter links von der Friedhofskapelle im Vordergrund (um 1700).

katholischen Seite und das Ende von Gewalt und Leid hoffen. Stattdessen markierte der voreilig bejubelte Einzug Gustav Adolfs in Nürnberg den Beginn der verheerendsten fünf Jahre der Stadtgeschichte und eine weitere Ausdehnung des Krieges. In den folgenden Monaten forderten die 20 000 schwedischen Soldaten, die außerhalb der Stadtmauern ihr Lager aufgeschlagen hatten, gigantische »Zuwendungen« aus den städtischen Kassen. Aus der Sicht des Rates noch schlimmer: Gustav Adolf fiel noch vor Ende des Jahres in der Schlacht bei Lützen, sodass die protestantischen Truppen ihren charismatischen Führer verloren. Der Krieg geriet in eine Sackgasse; und ganz Mitteleuropa versank für weitere 17 Jahre in blutiger Gewalt. Um die gleiche Zeit wurde Nürnberg von der ersten von drei Pestwellen heimgesucht. Mehr als 15 000 Bewohner und Flüchtlinge fielen der Seuche zum Opfer, darunter der 41-jährige Frantz Steffan Schmidt, der am

11. Januar 1633 starb.[94] Er hatte nie geheiratet, bis zum Tod im Haus des Vaters gewohnt und hinterließ keine Kinder.

Wie alle Nürnberger freuten sich Frantz und seine drei verbliebenen Kinder Rosina, Maria und Frantzenhans über die kurze Atempause im Sommer 1633. Allerdings wurde sie im folgenden Winter von einem noch heftigeren Ausbruch der Pest und anderer Seuchen abgelöst. Das Jahr 1634 erwies sich als das tödlichste der Nürnberger Stadtgeschichte: Mindestens 20 000 Erwachsene und Kinder fielen den ansteckenden Krankheiten zum Opfer, die in der völlig überfüllten Stadt grassierten. Den Mann, der so viele Menschen mit eigener Hand getötet hatte wie kein anderer in Nürnberg, vielleicht sogar im ganzen Reich, ereilte der Tod, der so furchtbar in der Stadt wütete, am Freitag, dem 13. Juni 1634 im Alter von 80 Jahren.[95]

Das Begräbnis von Meister Frantz Schmidt, das in ruhigeren Zeiten womöglich ein bedeutendes lokales Ereignis gewesen wäre, fand inmitten des Leides in diesem furchtbaren Jahr fast unbemerkt statt. Es ist kaum etwas über die Bestattung bekannt, lediglich, dass der Rat der Stadt einstimmig erklärte, »in ansehung das er von der Kays. May. Natalibus restituirt« worden sei, Meister Frantz als »kunstreich« voll anzuerkennen. Er wurde einen Tag nach seinem Tod beigesetzt, unmittelbar neben seiner längst verstorbenen Frau Maria und vier toten Kindern. In allen offiziellen Unterlagen wurde der Tote als »Ehrlicher Frantz Schmidt, Artzt in Obere Wöhrd« bezeichnet, ohne Erwähnung der 45 Jahre lang ausgeübten anstößigen Profession, die ihm letztlich diesen Status eingetragen hatte.[96] Der scheinbar undenkbare Traum, der ihn sein Leben lang angetrieben hatte, war schließlich im Tod Realität geworden, für alle kommenden Generationen eingehauen in den noch heute lesbaren Grabstein.

EPILOG

Wie friedsam treuer Sitten
getrost in Tat und Werk,
liegt nicht in Deutschlands Mitten
mein liebes Nürenberg!

RICHARD WAGNER,
Die Meistersinger von Nürnberg,
3. Akt, 1. Szene (1868)

Wenn die Gesellschaft wirklich von dem überzeugt wäre, was sie [über die Todesstrafe als ein Mittel der Abschreckung] sagte, würde sie die Köpfe zur Schau stellen.

ALBERT CAMUS,
»Reflections on the Guillotine« (1957)[1]

Das Todesjahr von Frantz Schmidt, 1634, markiert den Tiefpunkt eines außerordentlich unruhigen Jahrzehnts in Nürnberg. Nachdem die Stadt in Schmidts mittleren Jahren ihren höchsten Wohlstand erreicht hatte, hatte eine Phase des anfangs allmählichen, dann rasanten Niedergangs eingesetzt. Zunächst war es der wachsende Welthandel, der die Kaufleute und Bankiers der Stadt vor immer größere Herausforderungen stellte, hinzu kam die verschärfte Konkurrenz aus den Niederlanden und Frankreich in der Fertigung hochwertiger Produkte. Doch steigende Inflation und Arbeitslosigkeit wurden, so schlimm sie auch waren, rasch von den verheerenden Folgen des Dreißigjährigen Krieges in den Schatten gestellt. Als 1648 endlich der Westfälische Frieden geschlossen wurde, waren in den 15 Jahren zuvor über 50 000 Bewohner der Stadt an Seuchen und Hunger gestorben, Nürnberg hatte einen Schuldenberg in Höhe von 7,5 Millionen Gulden angehäuft und war in eine Abwärtsspirale geraten, an deren Ende es im 18. Jahrhundert auf den Status einer Provinzstadt abgesunken war. »Niemand hat den Dreißigjährigen Krieg gewonnen«, schreibt Mack Walker, aber Nürnberg zählte zweifellos zu den größten Verlierern des Krieges – ein tragischer Ausklang zweier glanzvoller Jahrhunderte.[2]

Um Frantz Schmidts persönliches Vermächtnis stand es nicht viel besser. Kaum ein Jahr nach seinem Tod starb die 47-jährige Rosina, möglicherweise als Folge der gleichen Seuche, der ihr betagter Vater zum Opfer gefallen war. Damit waren Maria und Frantzenhans die einzigen überlebenden Kinder des ehemaligen Scharfrichters. Frantzenhans ernährte den verkleinerten Haushalt, indem er die medizinische Praxis des Vaters weiterführte. Aber nur wenige Monate nach Frantzens Tod nahm dessen Nachfolger und langjähriger Plagegeist Bernhard Schlegel seinen Rachefeldzug gegen die Familie des beliebten Vorgängers wieder auf. Dieses Mal beschwerte er sich beim Rat, dass Schmidts Sohn ihm »gantz und zwahr nichts zu curiren« lasse und ihm so die Möglichkeit genommen werde, »mein stücklein brodts« zu verdienen. Laut Meister Bernhard erstreckten sich die Bestimmungen der kaiserlichen Restitution Frantzens nicht auf dessen Nachkommen, und wenn der Rat seinen Rivalen schon nicht in die Schranken weise, dann solle er wenigstens ihn für die verlorenen Einnahmen entschädigen – »besonders bey diessen shwehren kummerliche Zeiten«. Nach einer kurzen Prüfung der Restitution und Rücksprache mit dem Rechtskonsulenten der Stadt lehnte der Rat Schlegels Gesuch ab, gewährte ihm allerdings eine kleine Prämie. Ein Jahr später beschwerte sich der klagewütige Meister Bernhard erneut, dass Schmidt ihm »gantz keine patienten« lasse, und wiederholte seine Bitte um eine offizielle Intervention oder eine Ausgleichszahlung. Nach einer neuerlichen Abfuhr teilte Schlegel seinem Arbeitgeber mit, die Städte Regensburg und Linz würden einen Scharfrichter suchen, dass er aber bei einer Gehaltserhöhung von 52 Gulden (einer Steigerung um 35 Prozent) in Nürnberg bleiben werde. Weil die Angelegenheit dem Rat allmählich lästig wurde, wies er das Kriminalamt an, entweder einen anderen Scharfrichter einzustellen oder sich mit dem jetzigen zu einigen. Allerdings betonten die Stadtherren ausdrücklich, dass »d. Schmid das curirerns haltene nicht abgeshafft worden kann«, Frantzenhans also die medizinische Betätigung nicht verboten werden könne. Weil man keinen Nachfolger finden konnte, willigte die Stadt in eine vorübergehende wöchentliche Gehaltserhöhung ein, »biss bessern Zeiten erfolgen« – allerdings deutlich weniger, als der stets unter Geldnot leidende Schlegel gefordert hatte. Drei Jahre später, im Mai 1639, wurde Valentin Deuser, »ein frembder Nachrichter«, die Erlaubnis erteilt, Patienten in der Stadt zu heilen. Und noch vor Jahresende löste er den kränklichen Meister Bernhard zunächst vorübergehend und dann dauerhaft als offizieller Scharfrichter Nürnbergs ab. Am 29. August 1640 starb Schlegel und wurde auf dem Sankt-Rochus-Friedhof beigesetzt, nicht weit von der Ruhestätte des ihm verhassten Vorgängers.[3]

Von ihrem langjährigen Peiniger endlich befreit, führten Frantzenhans und Maria ihr stilles Leben in dem Haus an der Oberen Wöhrd fort, ohne dass sie bis zu ihrem Tod noch einmal in amtlichen Unterlagen erwähnt werden. Maria wurde 75 Jahre alt und starb im Jahr 1664. Frantzenhans harrte weitere 19 Jahre in dem Haus der Familie aus und folgte im hohen Alter von 86 Jahren seinen Eltern und Geschwistern nach.[4] Maria und Frantzenhans waren ledig geblieben. Als das letzte Kind von Frantz Schmidt starb, war sein einziges Enkelkind bereits seit mehr als einem halben Jahrhundert tot. Andere Nachfahren gab es nicht. Der Traum des Scharfrichters von einer Nachkommenschar, die ein angesehenes, ungehindertes Leben führte – das eigentliche Motiv für seinen lebenslangen Kampf um Rehabilitierung –, erfüllte sich nicht.

Meister Frantzens Ende fiel darüber hinaus mit dem Ende des goldenen Zeitalters für europäische Scharfrichter zusammen. Die Zahl der öffentlichen Hinrichtungen war bereits in der zweiten Hälfte seines Berufslebens zurückgegangen, doch die Zerstörung und andere Nachwirkungen des Dreißigjährigen Krieges beschleunigten diesen Prozess. Im ganzen Reich, auch in Nürnberg, wurde die Todesstrafe immer seltener vollstreckt und wesentlich häufiger als zu Frantzens Zeit abgemildert. Parallel dazu sank der Anteil der Hinrichtungen wegen Diebstahls von einem Drittel auf ein Zehntel aller Todesstrafen, weil die Verbrecher für gewöhnliche, nicht gewaltsame Straftaten zunehmend zu Zucht- und Arbeitshaus verurteilt wurden. Im Jahr 1700 war die Gesamtzahl der Hinrichtungen in deutschen Landen auf ein Fünftel des Standes von vor hundert Jahren gefallen, der Rückgang fällt noch sehr viel größer aus, wenn man die Hinrichtungen wegen des inzwischen abgeschafften Verbrechens der Hexerei berücksichtigt. Die Zahl der Leibesstrafen, insbesondere Auspeitschen und Verstümmelungen, ging ebenfalls drastisch zurück, genau wie die qualvollen traditionellen Todesstrafen Verbrennen, Ertränken und Rädern. Im ganzen 17. Jahrhundert erlebte Nürnberg nur sechs Hinrichtungen mit dem Rad – im Vergleich zu 30 allein während Frantzens Amtszeit – und nur eine im 18. Jahrhundert, die allerdings mit vorangehender Enthauptung. Hängen und Köpfen wurden zu den Standardhinrichtungsarten, sie beide wurden zudem durch die Erfindung der Falltür bzw. der Guillotine humaner.[5]

Warum kam es zu einem so bemerkenswerten gesellschaftlichen Wandel? Zu dieser Frage haben Historiker eine Vielzahl von Theorien vorgelegt. Einige geben das Aufkommen einer stärkeren Empathie unter den Europäern ganz allgemein als Grund an, als Teil eines tief greifenden »Zivilisierungsprozesses«, der im Spätmittelalter eingesetzt haben soll. Andere sehen den Grund in der Entstehung moderner Staaten in Europa; diese hätten schlichtweg ihre Kontrollmethoden verändert und die Todesstrafe für nicht gewaltsame Verbrechen durch Gefängnishaft oder Deportation in eine Kolonie in Übersee ersetzt. Das Problem an diesen Theorien und für ihre Verfechter ist jedoch, dass nicht der geringste Beweis für einen Mentalitätswandel existiert, was den Umgang mit menschlichem Leiden betrifft, geschweige denn können die Entwicklung der Arbeitshäuser und die Hinrichtungsarten, die ab dem 18. Jahrhundert überwogen, den tief greifenden Wandel erklären, der mehr als 100 Jahre zuvor bereits eingesetzt hatte (insbesondere nicht in Nürnberg, wo erst 1670 ein Zuchthaus eröffnet wurde).[6] Um den Rückgang der öffentlichen Hinrichtungen zu erklären, müssen wir hingegen zuallererst die Gründe untersuchen, weshalb sie sich zuvor so großer Beliebtheit erfreuten.

Der Nürnberger Rat und die übrigen weltlichen Obrigkeiten in Europa wurden im Lauf des 17. Jahrhunderts keineswegs nachgiebiger gegenüber Verbrechern – im Gegenteil –, vielmehr hielten sie inzwischen die Autorität des Gesetzes für so gefestigt, dass sie es sich leisten konnten, zunehmend ihre Mildtätigkeit unter Beweis zu stellen, statt öffentlich Rituale der Grausamkeit zu inszenieren. Die Macht der Obrigkeit und ihrer Richter war inzwischen etabliert, zu einem wesentlichen Teil dank der Tätigkeit von Meister Frantz und seinen Scharfrichterkollegen – dagegen überzeugt die These, sie sei bereits ein Jahrhundert zuvor durchgesetzt worden, nicht. Professionelle, nüchterne Scharfrichter waren mittlerweile nicht mehr die Ausnahme, sondern zur Regel geworden, und das öffentliche Erlösungsritual des Schafotts war bereits so stark im gesellschaftlichen Bewusstsein verankert, dass es nicht mehr unablässig wiederholt werden musste. Das Verbrechen gedieh weiterhin, und Kriege forderten gar noch mehr Opfer als früher, aber die staatliche Aufsicht über die Strafjustiz war zu einer unumstrittenen Realität geworden.[7]

Den jähen Rückgang der öffentlichen Hinrichtungen nach Meister Frantzens Zeit beobachteten seine Berufskollegen mit gemischten Gefühlen. Kurzfristig bewirkte er eine drastische Abnahme sowohl des Bedarfs an Scharfrichtern als auch des Gehalts. Langfristig führte er jedoch zum schrittweisen Abbau vieler sozialer Barrieren für diese nunmehr stärker allgemein anerkannten Vollstrecker der staatlichen Justiz. Zu Beginn des 18. Jahrhunderts wurden die Söhne von Scharfrichtern bereits regelmäßig in medizinischen Einrichtungen und anderen Berufen akzeptiert. Berufstätige Scharfrichter konnten endlich ungehindert im Bereich der Medizin praktizieren, und Friedrich I. in Preußen (gest. 1713) ernannte den Berliner Scharfrichter Martin Koblentz sogar zu seinem Hofarzt – gegen den heftigen Widerstand akademischer Kreise. Eine Generation später erkannte Kaiserin Maria Theresia (gest. 1780) höchstpersönlich das neue gesellschaftliche Ansehen des Scharfrichters an, als sie im Jahr 1731 ein kaiserliches Dekret veröffentlichte, das die Ehre sämtlicher Kinder von Scharfrichtern wiederherstellte, ja auch die der Scharfrichter selbst, sobald sie ihren Dienst beendet hatten.

Viele gesellschaftliche Vorurteile gegen Scharfrichter hielten sich dennoch hartnäckig bis weit ins 19. Jahrhundert hinein, einmal mehr wegen der Handwerkerzünfte. Verzweifelt wehrten diese sich – wie schon im 16. Jahrhundert – gegen ihren schwindenden Einfluss, indem sie die soziale Mobilität derjenigen einschränkten, die in der Geschichte immer unter ihnen gestanden hatten. Als Folge bildeten viele Scharfrichterfamilien weiterhin eine Art Klüngel und heirateten untereinander. In Nürnberg etwa dominierten zwei Dynastien das Amt des Scharfrichters seit der Mitte des 17. Jahrhunderts bis zum Beginn des 19. Jahrhunderts. Inzwischen war das heimtückische Stigma, das Frantz Schmidts Leben geprägt hatte, bereits deutlich verblasst und sollte eines Tages ganz verschwinden.[8]

Die Veröffentlichung des Tagebuchs von Meister Frantz durch einen Nürnberger Juristen im Jahr 1801 ereignete sich somit genau in dem Moment, als der Scharfrichter allmählich von der Gerichtsbühne verschwand und stattdessen immer mehr Raum in der Fantasie einnahm. Der Patrizier Johann Martin Friedrich von Endter zählte zu den entschlossensten und glühendsten Reformern des, wie er meinte, veralteten und drakonischen Rechtssystems. In seiner Denkschrift *Gedanken und Vorschläge über die*

Nürnbergische Criminal=Justiz und ihre Verwaltung (1801) regte er Reformen nach seiner eigenen aufklärerischen Version der Goldenen Regel an: »Wie du gerichtet seyn willst, so wollen auch andere gerichtet werden.« Als Endter im Staatsarchiv auf eine handschriftliche Kopie von Meister Frantzens Tagebuch, »welches so lange unbekannt und verborgen geblieben ist«, stieß, erkannte er darin die ideale Folie für die Denkschrift, die er gerade für die Veröffentlichung vorbereitete. Indem Endter diese Abschrift in Druck gab und das Tagebuch damit, wie er sagte, der Vergessenheit entriss, wollte er enthüllen, wie brutal die »Unglücklichen [von] den Händen unsers rüstigen Frantzens« gestraft worden waren. Das eigentliche Ziel seines Angriffs waren jedoch die grausamen Methoden des alten Rechtssystems, nicht der »alte, ehrliche Franz«, der »nicht nach eignem Gefühl und Instinct [handelte], sondern auf Befehl derer, welche [ihm] das Schwerdt in die Hand gaben«. Nachdem die städtischen Zensoren, die zunächst gefürchtet hatten, das Tagebuch könnte die Stadt in einem schlechten Licht präsentieren, ihren Segen gegeben hatten, nahm der leidenschaftliche Herausgeber einige letzte Korrekturen an dem Text vor und starb dann völlig überraschend im Alter von 37 Jahren. Er sollte nie von dem späteren Erfolg der von ihm angeregten Gesetzesreform erfahren, geschweige denn seine Ausgabe des Tagebuchs von Meister Frantz zu Gesicht bekommen.[9]

Die glühendsten Bewunderer der neuen Publikation – aus heutiger Sicht ist das nicht verwunderlich – waren weder die Juristen noch die Gelehrten, die Endter im Visier gehabt hatte, sondern Schriftsteller. Vor allem romantische Autoren machten sich die melodramatische Figur des »mittelalterlichen Henkers« zu eigen, ein unterhaltsamer Anachronismus im Zeitalter der mechanischen Guillotinen. In einem Brief aus dem Jahr 1810 an die Volkskundler und Sprachwissenschaftler Jacob und Wilhelm Grimm schrieb der Dichter Ludwig Achim von Arnim geradezu begeistert von den »bekannten Annalen des Nürnberger Schinders, der fünfhundert Menschen hingerichtet« hat.[10] Die gedruckte Fassung des Scharfrichtertagebuchs fand nicht nur das Interesse der berühmten Sammler der oftmals schaurigen Märchen, sondern machte auch rasch in den Salons und literarischen Zirkeln der deutschen Intelligenz die Runde. Ein gewisser »Meister Franz« tritt dann in Clemens Brentanos Novelle *Die Geschichte vom braven Kasperl und dem schönen Annerl* (1817) auf, zunächst heilt er einen kranken Hund, köpft später aber die weibliche Protagonistin der Geschichte wegen Kindsmords. Auch Johann Wolfgang von Goethe beschäftigte sich mit der lange gemiedenen Gestalt des Henkers und begann sogar eine lange Jahre währende Freundschaft mit Karl Huss, dem Scharfrichter von Eger, der sich genau wie der Dichter stark für Geologie interessierte.[11]

Nirgendwo wurde die romantische Figur des mittelalterlichen Henkers jedoch so begeistert aufgenommen wie in dem wiederaufblühenden Nürnberg des 19. Jahrhunderts. Nach gut eineinhalb Jahrhunderten der Bedeutungslosigkeit war die alte Reichsstadt im Jahr 1806 von dem prosperierenden und vergleichsweise fortschrittlichen Herzogtum Bayern annektiert worden. Dieses viel beklagte Ende der sieben Jahrhunderte währenden Unabhängigkeit Nürnbergs hat in Wirklichkeit einen rasanten wirtschaftlichen Wiederaufstieg eingeleitet, die zuvor in einer trägen Selbstgenügsamkeit verharrende Stadt von den verrotteten Strukturen des alten Reiches befreit und eine Reihe von Reformen in der Strafjustiz eingeleitet, die Endter schon seit Langem angestrebt hatte. Dass ausgerechnet die neuerdings wieder dem Fortschritt huldigende Stadt das Tagebuch des Meisters Frantz begeistert aufnahm, entbehrt nicht einer gewissen Ironie. Noch vor der bayerischen Besetzung (wie sie in Nürnberg im Scherz immer noch genannt wird) hatten die Stadtväter die Folter und öffentliche Hinrichtungen abgeschafft und den letzten Scharfrichter Albanus Friedrich Deubler im Jahr 1805 in den Ruhestand geschickt. Vier Jahre danach wurde das Zucht- und Arbeitshaus geschlossen und der Komplex zum »Haus der Gesellschaft« umgewandelt, einem Ort für öffentliche Konzerte, Vorträge und Bälle. Im selben Jahr stürzte endlich der Galgen vor dem Frauentor ein, und die ganze Umgebung wurde in einen Park verwandelt. Sogar die Wohnung des Aufsehers im einst gefürchteten Loch wurde zu einer Kneipe mit dem Namen »Grüner Frosch« umgebaut.

Wie passten ein Scharfrichter aus dem 16. Jahrhundert und sein völlig vergessenes Tagebuch in das neue Nürnberg? Mitte des 19. Jahrhunderts war die Stadt nicht nur ein Motor der industriellen Fertigung, sondern auch ein beliebter Touristenort. Dank der Bemühungen lokaler Volksdichter wie Johann Konrad Grübel und Johann Heinrich Witschel wurde die Heimatstadt von Albrecht Dürer und Hans Sachs zu einem eindrucksvollen Symbol der traditionellen deutschen Kultur in ihrem Idealzustand. Die Stadtväter erkannten sofort, dass sich in der herrschenden national bewegten Stimmung aus diesem historischen Erbe Kapital schlagen ließ. Sie kauften und restaurierten deshalb in den 1830er- und 1840er-Jahren eine Reihe historischer Stadthäuser, darunter das ehemalige Haus Albrecht Dürers, aus dem sie ein Museum machten. 1857 wurde Nürnberg Sitz des Germanischen Nationalmuseums, heute das größte kulturhistorische Museum des deutschen Sprachraums mit einer breit gefächerten Sammlung von Kunstwerken und Objekten der deutschsprachigen Kultur und Geschichte von der Frühzeit bis zur Gegenwart. Zur Zeit der deutschen Einigung und Gründung des Zweiten Kaiserreichs 1870/71 war die gesamte Altstadt samt den sie umfassenden Mauern und Toren vollständig renoviert worden. Nürnberg nahm unter den Städten des neuen Kaiserreichs einen hohen Rang ein und galt geradezu als der Inbegriff der stolzen deutschen Vergangenheit.[12]

Natürlich hatte die ruhmreiche Vergangenheit auch eine Schattenseite, und die einträgliche Nürnberger Geschichtsindustrie vermarktete auch diese, etwa mit einer »Folterkammer«, die von dem örtlichen Antiquar Georg Friedrich Geuder im ehemaligen Gefängnis im Froschturm eingerichtet wurde. Er machte sich die anhaltende Faszination für den mittelalterlichen Henker zunutze und präsentierte in seiner Sammlung mit der eisernen Jungfrau das wohl berühmteste Ausstellungsstück. Angeblich handelte es sich hier um eine alte Folter- und Hinrichtungsmethode, die in einem geheimen Gericht angewandt wurde. Beides, die eiserne Jungfrau ebenso wie das geheime Gericht, waren reine Erfindungen, möglicherweise aufgrund einer Fehlinterpretation alter Texte, aber das Ausstellungsstück erwies sich als außerordentlich wirkungsvoll bei der Verbreitung des Bildes der »Justiz« vor der Aufklärung und ihrer finsteren Vollstrecker. Schauerromane taten das Ihre, dieses Bild zu verfestigen. Die »mittelalterlichen Grausamkeiten« unter der Aufsicht eines Scharfrichters mit Kapuze (ebenfalls eine Erfindung des 19. Jahrhunderts) übten auf Touristen ebenso wie auf Schriftsteller eine unwiderstehliche Anziehungskraft aus. Bram Stoker, der Autor von *Dracula* (1897), besuchte Nürnberg zwei Mal und baute die eiserne Jungfrau in eine Kurzgeschichte ein. Die Foltersammlung der Stadt wurde an einen prominenteren Ort im sogenannten fünfeckigen Turm der Burg verlegt und machte später eine ausgiebige Tour durch Großbritannien und Nordamerika. Das gab den Anstoß zu weiteren literarischen Werken über Scharfrichter und zu einer neuen Ausgabe des Tagebuchs von Frantz Schmidt im Jahr 1913.[13] Schließlich wurde die eiserne Jungfrau zusammen mit einer Auswahl an Daumenschrauben, Fesseln, Richtschwertern und anderen Gegenständen – zum großen Teil hervorragend gemachten Fälschungen des 19. Jahrhunderts – an private Sammler versteigert.

Mittlerweile war das Bild des Scharfrichters aus Schauerromanen zu einem Inventarstück der modernen Kultur geworden. Erst in den letzten Jahrzehnten ist es den Historikern gelungen, sich der magischen Anziehungskraft dieses Klischees zu entziehen, aber selbst die besten wissenschaftlichen Studien können gegen die einprägsame Kultfigur nichts ausrichten, die die Romantiker vor fast zweihundert Jahren geschaffen haben.[14] Wie Piraten, Hexen und andere Ausgestoßene der Geschichte sind auch die Scharfrichter von den Autoren der Ritter- und Fantasy-

Ein typisches romantisches Bild von der mittelalterlichen Strafjustiz, einschließlich Scharfrichter mit Kapuze und seinen Gehilfen, der eisernen Jungfrau und einem Geheimgericht (um 1860).

romane zur Steigerung der dramatischen Wirkung vereinnahmt worden, von Karikaturisten für die komische Wirkung und von den Produzenten der Trivialliteratur für den kommerziellen Gewinn.[15] Die bescheidenen touristischen Projekte im Nürnberg des 19. Jahrhunderts sind allerdings nicht zu vergleichen mit den heutigen Unternehmungen. Städte in ganz Europa werben großspurig mit »historischen kriminaltechnischen Stadtführungen« zu den Kerkern und anderen Orten, und Deutschlands Stadt Nummer eins, wenn es um das Nachspielen von Geschichte geht, Rothenburg ob der Tauber, hat sogar ein Mittelalterliches Kriminalmuseum vorzuweisen. Diese Touristenattraktionen – ich will nicht behaupten, dass ich sie alle systematisch geprüft hätte –

decken das gesamte Spektrum ab: von seriöser historischer Präsentation über harmlose Vergnügungen bis hin zu historischem Vandalismus im Dienste des Geldes. Die schlimmsten Einrichtungen schlachten die »Pornographie des Leidens und des Todes« aus, die ohnehin schon die heutige Kultur durchdringt.[16]

Selbst Abhandlungen über den vormodernen Scharfrichter, die nicht ganz so großen Wert auf den Nervenkitzel legen und einem wissenschaftlichen Anspruch gerecht werden, rufen eine distanzierende Wirkung hervor. In Nürnberg ist Meister Frantzens Wohnsitz unlängst zu einem historischen Museum der örtlichen Strafjustiz umgewandelt worden, und das einst gefürchtete Loch unter dem Rathaus ist nun täglich das Ziel von Führungen durch die nasskalten Zellen des Kerkers und die Folterkammer. Die Tafeln an beiden Orten sind ausgezeichnet, und die Führer sind durchweg gut informierte Geschichtenerzähler, die darauf verzichten, zweifelhafte Details oder Schauergeschichten weiterzugeben. Aber selbst wenn man sich penibel an die historischen Tatsachen hält, kommt man nicht gegen die voyeuristische Art jeder Form von Tourismus an, gegen die unausweichliche Reduzierung sämtlicher Triumphe und Tragödien der Vergangenheit auf eine Form von Unterhaltung, eine Ablenkung von unserem eigenen »echten Leben«. Die meisten lächelnden Touristen, die vor dem Henkerhaus posieren, schenken dem Gefühlsleben und der geistigen Welt seines berühmtesten Bewohners nicht einmal einen leisen Gedanken – sie bringen ihn gar nicht mit dem Ort in Verbindung.

Mehr als die meisten seiner Zeitgenossen bleibt Meister Frantz das Opfer heutiger Herablassung und Abneigung. Er steht für ein barbarisches, ignorantes Zeitalter und bestätigt uns den gesellschaftlichen Fortschritt unserer modernen Welt. Bis heute präsentieren selbst angeblich gelehrte, »wissenschaftliche« Werke wie die Monographie des Sozialpsychologen Steven Pinkers, *Gewalt: Eine neue Geschichte der Menschheit* das Fantasiebild der Schauerromane von der Grausamkeit vergangener Zeiten, um darauf ihre moderne, säkulare Agenda aufzubauen.[17] Doch indem wir uns von Meister Frantz und seinen Kollegen distanzieren, machen wir sie zu harmlosen Figuren aus der Welt der Märchen, zu Gewalttätern, die uns nichts anhaben können, und enthüllen dabei mehr über unsere Ängste und Träume als über die Welt, die wir von ihnen geerbt haben. Wir betrachten diese Karikatur des Henkers mit der unvermeidlichen Kapuze, wie die heutige Populärkultur sie uns zeigt, mit der gleichen gönnerhaften Belustigung wie Erwachsene, die Kindern beim Spielen zusehen – uns unserer überlegenen Vernunft und Kultiviertheit stets bewusst.

Aber ist diese emotionale und intellektuelle Distanzierung wirklich gerechtfertigt? Mit Sicherheit ist sie nicht sehr erhellend, zumindest was ein echtes Verstehen der historischen Menschen und Gesellschaften angeht. Im Gegensatz zu modernistischen Narrativen vom Prozess der Zivilisation oder einer erst in späteren Generationen relevanten allmählichen Bewusstseinsbildung tendierten Frantz Schmidt und seine Zeitgenossen offenbar weder mehr noch weniger zur Grausamkeit als die Menschen im 21. Jahrhundert, ebenso wenig lassen die historischen Quellen auf mehr oder weniger Angst, Hass oder Mitgefühl schließen. Der Scharfrichter, der sich so stark mit den Opfern der Verbrechen identifizierte, hätte sich gewundert, wenn man ihn als außerordentlich grausam und herzlos gegenüber seiner Gesellschaft bezeichnet hätte, spätestens wenn er von für ihn unvorstellbaren heutigen Gräueltaten wie Völkermord, atomarer Vernichtung und totalem Krieg gehört hätte. Er würde wohl zugeben, dass die Strafjustiz seiner Zeit unter Umständen sehr hart war, aber ihn würde die Vorstellung von Prozessen und Inhaftierungen über Jahre, sogar Jahrzehnte hinweg, in manchen Fällen noch verschärft durch längere Phasen der Isolation, erschrecken. Das vormoderne Hinrichtungsritual selbst, das Michel Foucault sinngemäß als karnevalesken Genuss des menschlichen Leides bezeichnete, birgt in Wirklichkeit das stärkste Gegenargument gegen eine tatsächliche Veränderung der Mentalität: Gerade die Grausamkeit misslungener Hinrichtungen – und die damit verbundenen Qualen für die

Opfer – löste nämlich fast immer ein Eingreifen der empörten Menschenmenge aus. Heutzutage ist eine Verteidigung von solch abartigen Verfahren wie Rädern oder gerichtlicher Folter völlig undenkbar, aber wir müssen uns vor Augen führen, dass keines dieser Verfahren ursächlich auf sadistische Neigungen geschweige denn auf eine Gleichgültigkeit gegen das Leiden der Mitmenschen zurückgeht.

Uns trennen nicht unsere emotionalen Reaktionen auf Verbrechen oder menschliches Leid von der Welt des Frantz Schmidt, sondern zwei konkrete historische Entwicklungen, eine praktische und eine von einer großen Idee ausgehende. Die mittelalterlichen und frühneuzeitlichen Strafverfolgungsverfahren waren, wie wir gesehen haben, gemessen an unseren Standards jämmerlich ineffektiv. Ohne die modernen Ermittlungsmethoden, die zugehörige Technologie und Alternativen zur Verbannung (d. h. Gefängnis) sahen die gerichtlichen Instanzen zur Zeit Schmidts keine andere Möglichkeit, als sich auf das Geständnis der Angeklagten und Folter zu stützen und für einige schwere Wiederholungstaten die Todesstrafe zu verhängen. Mit Blick auf die allgemeine Angst und die Sorge der Obrigkeit um ihre Autorität war es außerdem erforderlich, zumindest die wenigen Missetäter öffentlich zu bestrafen, die das Pech hatten, gefasst zu werden; eine Justiz im Stil der Siedler in Amerika war häufig die Folge – dieses Modell war zwar besser als jede Form von Lynchjustiz, neigte aber zu Zwang und anderen den Rechtsweg abkürzenden Vorgehensweisen.

Der noch grundlegendere Unterschied zwischen den meisten entwickelten Gesellschaften heute und dem Nürnberg des 17. Jahrhunderts ist die Idee der unveräußerlichen Menschenrechte. Diese zweite, relativ späte Entwicklung liefert, so umstritten sie noch heute ist, zumindest theoretisch eine gesetzliche Basis für die Begrenzung staatlicher Gewalt, gerade in der Strafverfolgung. Autoritäre Regime der Vergangenheit und der Gegenwart erkennen solche von außen auferlegten Beschränkungen nicht an, und sie stellen die Souveränität des Einzelnen auch nicht auf eine Stufe mit der Souveränität des Staates, geschweige denn darüber. Meister Frantz hätte gewiss zugestimmt, dass selbst verhaftete Verbrecher ein Recht auf einen ordentlichen Prozess haben, aber der Gedanke, dass dieses Recht den Schutz ihres Körpers beinhaltet, selbst wenn belastende Beweise für schwere Verbrechen vorliegen oder gar das Urteil gesprochen ist, wäre ihm völlig unbegreiflich gewesen. Der Nürnberger Rat und sein Scharfrichter trachteten nach Mäßigung, Beständigkeit und sogar religiöser Erlösung, dies alles angesichts des verbreiteten Verlangens nach schlichter Rache. Die völlige Abschaffung staatlicher Gewalt – statt einer Mäßigung und Standardisierung – wäre für sie schlichtweg ein zu großer intellektueller Sprung gewesen.

Für den heutigen Menschen hingegen ist der Sprung zurück weder weit noch unvorstellbar. Die Verbesserungen der Verfahren und technologische Neuerungen in der Strafverfolgung haben eine längst nicht so stabile oder grundlegende Kluft zwischen der vormodernen und der modernen Justiz geschaffen, wie wir gerne behaupten. Weder das Richten mit dem Rad noch das Verbrennen auf dem Scheiterhaufen dürften in absehbarer Zukunft zurückkehren (so hoffe ich jedenfalls), aber der Anstieg der Kriminalität – sei er nun real oder nur gefühlt – lässt überall den Ruf nach schärferen Ermittlungsmethoden und härteren Strafen für verurteilte Verbrecher ertönen. Viele heutige Staaten setzen immer noch systematisch Folter ein – ohne die gesetzlichen Einschränkungen, die in Nürnberg im 16. Jahrhundert galten –, und einige Regierungen (auch die der Vereinigten Staaten) haben bewusst die Trennlinie zwischen akzeptablem und inakzeptablem Zwang bei Verhören verwischt. Noch heute wird die Todesstrafe weltweit in 58 Ländern vollstreckt, am häufigsten in China und im Iran (mit zusammen Tausenden von Hinrichtungen im Jahr 2011), aber auch in sich selbst liberal nennenden Demokratien wie den Vereinigten Staaten und Japan.[18] Die Angst vor einem gewalttätigen Angriff und die Enttäuschung über eine ungenügende Strafverfolgung – beides an sich legitime Reaktionen – sind allem

Anschein nach nicht nur eine Konstante in der Menschheitsgeschichte, sondern drohen offenbar auch jeden Moment zu unbeherrschbaren Leidenschaften zu werden. Die abstrakte Rechtsidee einer Reihe grundlegender Menschenrechte bleibt hingegen relativ neu und erstaunlich anfällig für die Bezeichnung als überflüssiger Luxus in schwierigen Zeiten; ohne Weiteres wird sie von älteren, tiefer verwurzelten Trieben verdrängt.

Sollen wir nun aufgrund der stärkeren Beschränkung der staatlichen Gewalt seit Frantzens Zeit Mut fassen oder eher enttäuscht darüber sein, wie zerbrechlich diese Errungenschaft immer noch ist? Die Geschichte von Frantz Schmidt enthält keine Spur der selbstgefälligen Bestätigung, die wir von diesem Untertan erwartet hätten. Sein Leben birgt in Wirklichkeit keine eindeutige Moral für unsere Zeit. Vielmehr müssen wir uns darauf beschränken, die Freuden und Enttäuschungen eines Mannes innerhalb des Kontextes seiner eigenen Welt zu teilen. Nach dem Urteil seiner Zeitgenossen erfüllte Meister Frantz seine Pflicht so zuverlässig, dass er den Nürnberger Bürgern das Gefühl vermittelte, hier würden Ordnung und Gerechtigkeit herrschen. Nach seiner eigenen Darstellung hielt er das Versprechen, das er seinem Vater, seinen Kindern und sich selbst trotz scheinbar unüberwindlicher Hindernisse gegeben hatte, gestärkt durch seinen Glauben und den außergewöhnlichen Erfolg, den er in der Heilkunde, der selbst erklärten wahren Berufung, hatte. Über die persönlichen Erlebnisse Frantz Schmidts wissen wir viel zu wenig, um sagen zu können, ob er ein glückliches Leben geführt hat. Aber man kann mit Sicherheit sagen, dass es ein einzigartig zielstrebiges Leben war. Vielleicht steckt in einer grausamen, launenhaften Welt ein wenig Hoffnung, wenn ein Mann seinem Schicksal trotzt, eine allgemeine Feindseligkeit überwindet und ungeachtet zahlreicher persönlicher Rückschläge einfach hartnäckig weiter sein Ziel verfolgt. Meister Frantz hat ganz eindeutig so gedacht. Und das ist ein Vertrauensbeweis – da können wir ihm nur zustimmen –, der es verdient, erinnert zu werden.

DANK

Während eines herrlichen Wintersemesters an der American Academy in Berlin habe ich angefangen, dieses Buch zu schreiben, und ich kann mir keinen inspirierenderen Ort denken, ein neues Projekt anzugehen. Direktor Gary Smith und seine Mitarbeiter haben ein platonisches Ideal intellektueller Lebendigkeit Wirklichkeit werden lassen und bieten den Stipendiaten in einer fantastischen Villa am Wannsee lange Stunden besinnlicher Ruhe, einen unvergleichlichen Service und unzählige Gelegenheiten zum geistigen Austausch. Die Krönung des Ganzen waren die abendlichen Feinschmeckermenüs von Chefkoch Reinold Kegel. Von den vielen Mitarbeitern der Academy, die zu diesem idyllischen Umfeld beitrugen, bin ich Gary Smith, R. Jay Magill, Alissa Burmeister, Malte Mau und Yolande Korb zu besonderem Dank verpflichtet. Meine Familie und ich durften dieses Glück zudem mit einer überaus geselligen Gruppe von Mitstipendiaten teilen, gemeinsam verbrachten wir viele Stunden mit lebhaften Gesprächen, Stadtbesichtigungen und schweißtreibenden Tischtennismatchen (Jochen Hellbeck schuldet mir immer noch eine Revanche). Besonders dankbar bin ich für die Freundschaft und Anregungen von Nathan Englander, Rachel Silver, George Packer und Laura Secor. Ferner verdankt dieses Buch viel der Generosität des großartigen Militärhistorikers Rick Atkinson, der mir nicht nur etliche gute Ratschläge zum Aufbau einer Geschichte, sondern auch die Namen seines Literaturagenten und seines Kartographen gab (aber die Pulitzer-Preise für sich behielt).

Während meiner Archivarbeit profitierte ich sehr von der ausgezeichneten Unterstützung durch Dr. Stefan Nöth und Dr. Klaus Rupprecht im Staatsarchiv Bamberg, Dr. Arnd Kluge im Stadtarchiv in Hof, Dr. Gerhard Rechter und Dr. Gunther Friedrich im Staatsarchiv Nürnberg, Dr. Andrea Schwarz im Landeskirchlichen Archiv in Nürnberg, Dr. Christine Sauer in der Stadtbibliothek Nürnberg und Dr. Horst-Dieter Beyerstedt im Stadtarchiv Nürnberg. Dr. Martin Baumeister vom Germanischen Nationalmuseum in Nürnberg nahm sich einen ganzen Vormittag Zeit für mich und zeigte mir mehrere Richtschwerter. Ich durfte sogar ein Exemplar aus nächster Nähe untersuchen, das möglicherweise Meister Frantz persönlich gehört hat, und es in einem sicheren Abstand schwingen. Michaela Ott gewährte mir eine ausgedehnte Privatführung durch das Nürnberger Lochgefängnis, beantwortete geduldig all meine Fragen und erlaubte es mir, von diesem schaurigen Ort Fotos zu machen und ihn sorgfältig zu vermessen. Dr. Hartmut Frommer, der die Umwandlung des Henkerhauses zu einem beispielhaften Museum der Kriminalgeschichte beaufsichtigte, empfing mich mehrmals in seinem Arbeitszimmer oben im Turm, teilte mir sein immenses historisches Wissen über die Strafverfolgung und Gerichtsbarkeit in Nürnberg und die Geographie Frankens mit und machte aus mir einen Kenner der Nürnberger Würstchen.

Nach meiner Rückkehr nach Nashville haben mir unzählige Freunde und Kollegen bei der Fertigstellung des Buches geholfen. Steve Pryor las als Erster das gesamte Manuskript, Holly Tucker große Teile des Textes in einem frühen Stadium; ihre Vorschläge verhalfen dem Text zu größerer Klarheit und verbesserten den Erzählfluss. Der juristische Experte und talentierte Autor Dan Scharfstein sah mehrere Kapitel mit seinem kritischen Blick durch, und Ellen Fanning schaute mit den Augen einer Molekularbiologin auf den Gegenstand. Den größten Dank schulde ich meinen Kollegen in der historischen Fakultät der Vanderbilt University, deren umfassendes Wissen und große Hilfsbereitschaft mich immer wieder erstaunen. Eigentlich müsste ich hier alle namentlich nennen, aber mit Blick auf die gebotene Kürze will ich nur einige hervorheben: Michael Bess, Bill Caferro, Marshall Eakin, Jim Epstein, Peter Lake, Jane Landers, Catherine Molineux,

Matt Ramsey, Helmut Smith und Frank Wcislo. Die Doktoranden Christopher Mapes, Frances Kolb und Sean Bortz haben mir bei der Redaktion und Bildbeschaffung sehr geholfen. Und obwohl ich mir wirklich alle Mühe gab, gelang es mir nicht, Jim Toplon und sein ausgezeichnetes Team in der Universitätsbibliothek aus der Ruhe zu bringen. Ich danke meinem Vizerektor Richard McCarty und meiner Dekanin Carolyn Dever für die moralische und finanzielle Unterstützung dieses Projekts.

Zahlreiche andere Freunde haben auf verschiedenste Art zum Entstehen dieses Buches beigetragen. Besonders möchte ich mich bedanken bei Wolfgang Behringer, Jennifer Bevington, Tom Brady, Joyce Chaplin, Jason Coy, Heiko Droste, Sigrun Haude, Claudia Jarzebowski, Mark Kramer, Paul Kramer und seinem Narrative History Workshop, Wendy Lesser, Mary Lindemann, Gary Morsches, Hannah Murphy, Tom Robisheaux, Ulinka Rublack, Thomas Schnalke, Gerd Schwerhoff, Tom Seeman, Richard Sieburth, Phil Soergel und Jeff Watt. Kathy Stuart, deren Arbeiten zu Scharfrichtern mich mehr als andere inspirierten, ersparte mir einen Flug nach Wien (was an sich kein Beinbruch gewesen wäre), indem sie mir ihre Kopie der kaiserlichen Restitution aus dem Jahr 1624 zur Verfügung stellte. An dieser Stelle möchte ich auch würdigen, dass ich sehr viele Erkenntnisse namhaften Experten der Geschichte deutscher Scharfrichter in der Frühen Neuzeit verdanke, wie aus den Anmerkungen hervorgeht. Darunter sind ebenso Autoren, die vor gut einem Jahrhundert geschrieben haben, etwa Albrecht Keller, Theodor Hampe, Else Angstmann und Hermann Knapp, wie Autoren der Gegenwart, insbesondere Jutta Nowosadtko, Richard J. Evans, Wolfgang Schild, Gisela Wilbertz, Ilse Schumann und der verstorbene Richard van Dülmen.

Mein Agent Raphael Sagalyn setzte von Anfang an großes Vertrauen in mich und dieses Projekt und hat einen Geschichtsprofessor behutsam in die heutige Welt des Verlagswesens eingeführt. Thomas LeBien, der dieses Projekt zunächst als mein

Lektor bei Hill and Wang betreute, bestätigte mir mit seiner Begeisterung und seinen klugen Ratschlägen ebenfalls das Potenzial dieses Buches. Courtney Hodell, die das Manuskript bis zur Drucklegung beaufsichtigte, ist eine unvergleichliche Mentorin für mich gewesen (auch wenn sie mich drängte, die fremdsprachigen Termini in der englischen Ausgabe zu kürzen). Dank der Hilfsbereitschaft und Kreativität Courtneys und ihrer Kollegen – insbesondere Jeff Seroy, Jonathan Lippincott, Debra Helfand, Nick Courage und Mark Krotov – war meine Bekanntschaft mit dem Verlag Farrar, Straus and Giroux geradezu der Traum eines jeden Buchautors. Mit scharfem Auge und spitzem Rotstift verlieh Stephen Wagley meinem Text den letzten Schliff, und die ausgezeichneten Karten Gene Thorps führen den Leser auf ideale Weise in die Welt des Frantz Schmidt ein. Auch die Arbeit an der deutschen Ausgabe war ein großes Vergnügen. Besonders dankbar bin ich Karen Guddas und Sara Seppelfeld vom Siedler Verlag sowie meinem Übersetzer Norbert Juraschitz und meiner Lektorin Teresa Löwe-Bahners, die das amerikanische Original in ein wunderbar geläufiges Deutsch verwandelt haben.

Wie alle meine bisherigen Bücher drehte sich am Ende – zu meiner eigenen Überraschung – auch dieses Buch ebenso sehr um die Familie wie um andere Themen. Ich kann nur hoffen, dass Frantz Schmidt nur einen Bruchteil der Liebe und Unterstützung von seinen Angehörigen erfuhr, die ich von meinen bekam. Meine Frau Beth Monin Harrington ist immer noch meine kritischste Lektorin und unerschütterlichste Unterstützerin. Ihr endloser Kampf gegen die Verwendung des Passivs wurde dieses Mal mit einigen eindrucksvollen Siegen belohnt, allerdings wird sie weiter unter meinen Fehler leiden müssen (weswegen ich ihr erst recht von Herzen dankbar bin). Unsere Kinder George und Charlotte betrachten Meister Frantz fast schon wie ein Mitglied unseres Haushalts und wissen unter allen Schülern im ganzen Land wohl am besten über Verbrechen und Strafen in der Frühen Neuzeit Bescheid (zur großen Freude ihrer Freunde und Klassenkameraden). Auch die anderen Familienmitglieder haben auf meine Begeisterung für dieses Thema mit Neugierde reagiert und sich nicht anmerken lassen, wenn ihre Faszination für meine gelehrten Ausführungen nachließ. Für ihre Nachsicht danke ich den Filloons in Lebanon und den Harringtons in Tampa ebenso wie den Monins in Sparta, Jonesborough und Tulsa. Zuletzt möchte ich meinen Eltern Jack und Marilyn Harrington für ihr lebenslanges Vorbild selbstloser Liebe und Ermutigung danken. Dieses Buch ist meinem Vater gewidmet, mit Bewunderung und Dankbarkeit dafür, dass er den Keim einer Berufung zum Schriftsteller in seinen ältesten Sohn legte und dieser wachsenden Neigung Nahrung gab.

ANMERKUNGEN

Verwendete Abkürzungen

Angstmann: Else Angstmann, *Der Henker in der Volksmeinung. Seine Namen und sein Vorkommen in der mündlichen Volksüberlieferung*, Bonn 1928.

ASB: Amts- und Standbücher; Staatsarchiv Nürnberg, Bestand 52b.

CCC: *Die Peinliche Gerichtsordnung Kaiser Karls V.: Constitutio Criminalis Carolina: Die Carolina und ihre Vorgängerinnen. Text, Erläuterung, Geschichte*, herausgegeben von Josef Kohler und Willy Scheel, Halle an der Saale 1900; Nachdruck: Aalen 1968.

FST: Frantz Schmidts Tagebuch. Stadtbibliothek Nürnberg, Amb 652.2°.

GNM: Germanisches Nationalmuseum Nürnberg.

G&T: Johann Glenzdorf und Fritz Treichel, *Henker, Schinder und arme Sünder*, 2 Bde., Bad Münder a. D. 1970.

Hampe: Theodor Hampe, *Die Nürnberger Malefizbücher als Quellen der reichsstädtischen Sittengeschichte vom 14. bis zum 18. Jahrhundert*, Bamberg 1927.

JHT: Tagebuch des Gefängniskaplans Johannes Hagendorn (1563–1624). Germanisches Nationalmuseum Nürnberg, 3857 Hs.

Keller: Albrecht Keller, *Der Scharfrichter in der deutschen Kulturgeschichte*, Bonn 1921.

Knapp, Kriminalrecht: Hermann Knapp, *Das alte Nürnberger Kriminalrecht*, Berlin 1896.

Knapp, Loch: Hermann Knapp, *Das Lochgefängnis, Tortur und Richtung in Alt-Nürnberg*, Nürnberg 1907.

LKAN: Landeskirchliches Archiv Nürnberg.

MVGN: *Mitteilungen des Vereins für die Geschichte der Stadt Nürnberg.*

Nowosadtko: Jutta Nowosadtko, *Scharfrichter und Abdecker: Der Alltag zweier »unehrlicher Berufe« in der Frühen Neuzeit,* Paderborn 1994.

Restitution: Haus-, Hof-, Staatsarchiv Wien. *Restitutionen.* Fasz. 6/S, Franz Schmidt, 1624.

RV: Ratsverlass. Staatsarchiv Nürnberg, Rep. 60a.

StaatsAB: Staatsarchiv Bamberg.

StaatsAN: Staatsarchiv Nürnberg.

StadtAB: Stadtarchiv Bamberg.

StadtAN: Stadtarchiv Nürnberg.

Stuart: Kathy Stuart, *Defiled Trades and Social Outcasts: Honor and Ritual Pollution in Early Modern Germany,* Cambridge/New York 1999.

Wilbertz: Gisela Wilbertz, *Scharfrichter und Abdecker im Hochstift Osnabrück: Untersuchungen zur Sozialgeschichte zweier »unehrlicher« Berufe im nordwestdeutschen Raum vom 16. bis zum 19. Jahrhundert,* Osnabrück 1979.

Vorwort

1 Heinrich Sochaczewsky, *Der Scharfrichter von Berlin,* Berlin 1889, S. 297.

2 JHT, 13. November 1617; siehe auch Theodor Hampe, »Die letzte Amtsverrichtung des Nürnberger Scharfrichters Franz Schmidt«, in: *MVGN* 26 (1926), S. 321ff.

3 Unter den Historikern des 20. Jahrhunderts reichen die Bezeichnungen für frühneuzeitliche Scharfrichter von »Soziopath« bis hin zu »gefühllos gegenüber den Opfern der Gesellschaft«. Siehe Nowosadtko, S. 352.

4 *Meister Frantzen Nachrichter alhier in Nürnberg, all sein Richten am Leben, so wohl seine Leibs Straffen, so Er verRicht, alleß hierin*

Ordentlich beschrieben, aus seinem selbst eigenen Buch abschrieben worden, hg. v. J. M. F. v. Endtner, Nürnberg: J. L. S. Lechner, 1801, Nachdruck: Dortmund: Harenberg, 1980, mit einem Kommentar von Jürgen C. Jacobs und Heinz Rölleke. *Maister Franntzn Schmidts Nachrichters inn Nürmberg all sein Richten*, hg. v. Albrecht Keller, Leipzig: Heims, 1913, Nachdruck: Neustadt an der Aisch, P. C. W. Schmidt, 1979, mit einer Einführung von Wolfgang Leiser; dessen englische Übersetzung hatte den Titel *A Hangman's Diary, Being the Journal of Master Franz Schmidt, Public Executioner of Nuremberg, 1573 – 1617*, übersetzt von C. V. Calvert und A. W. Gruner, New York: D. Appleton, 1928, Nachdruck: Montclair, NJ: Patterson Smith, 1973.

5 Z. B. die »Tagebücher« des Ansbacher Scharfrichters von 1575 – 1603 (StaatsAN Rep 132, Nr. 57); in Reutlingen von 1563 – 1568 (*Württembergische Vierteljahrshefte für Landesgeschichte*, I [1878], S. 85f.); Andreas Tinel von Ohlau, ca. 1600 (zitiert in: Keller, S. 257); Jacob Steinmayer in Haigerloch, 1764 – 1781 (*Württembergische Vierteljahrshefte für Landesgeschichte*, IV [1881], S. 159ff.); Franz Joseph Wohlmuth in Salzburg (*Das Salzburger Scharfrichtertagebuch*, hg. v. Peter Putzer, Wien 1985); Johann Christian Zippel in Stade (Gisela Wilbertz, »Das Notizbuch des Scharfrichters Johann Christian Zippel in Stade [1766 – 1782]«, in: *Stader Jahrbuch* n. s. 65 [1975], S. 59 – 78). Ein Überblick über die frühneuzeitlichen Scharfrichterverzeichnisse in: Keller, S. 248 – 260. Allenfalls jeder dritte deutsche Mann konnte bis zu einem gewissen Grad lesen und schreiben. Siehe Hans Jörg Künast, *»Getruckt zu Augspurg«: Buchdruck und Buchhandel in Augsburg zwischen 1468 und 1555*, Tübingen 1997, S. 11ff.; R. A. Houston, *Literacy in Early Modern Europe: Culture and Education, 1500 – 1800*, Harlow 2002, S. 125ff.

6 *Sept Générations d'Exécuteurs, 1688 – 1847*, mis en ordre, rédigés et publiés par Henri Sanson, 6 Bde., Paris 1862f.; in einer gekürzten zweibändigen Ausgabe auf Deutsch erschienen unter dem Titel: Eberhard Wesemann, (Hg.), *Tagebücher der Henker von Paris, Henry Sanson*, Leipzig 1989. Zwei britische Beispiele

für dieses Genre: John Evelyn, *Diary of John Evelyn*, Bickers and Bush 1879; Stewart P. Evans, *Executioner: The Chronicles of James Berry, Victorian Hangman*, Stroud 2004.

7 Abgesehen vom Beginn und Ende des Tagebuchs sowie vom Beginn der Amtszeit Schmidts in Nürnberg in folgenden Einträgen: 1573 (2-mal); 1576 (3-mal); 1577 (2-mal); 6. März 1578; 10. April 1578; 21. Juli 1578; 19. März 1579; 26. Januar 1580; 20. Februar 1583; 16. Oktober 1584; 4. August 1586; 4. Juli 1588; 19. April 1591; 11. März 1598; 14. September 1602; 7. Juni 1603; 4. März 1606; 23. Dezember 1606.

8 Friedrich Werner, hingerichtet am 11. Februar 1585. Die einzige Ausnahme ist eine beiläufige Erwähnung von Hans Spiss: *so mein gefatter,* der wegen Unterstützung eines flüchtigen Mörders *alhie mit Ruten außgestrichen durch den Lewen*; FST, 7. Juni 1603.

9 Keller behauptet sogar: »und bis zum Ordnen seiner Gedanken ist er [Schmidt] überhaupt nicht gekommen« (S. 252).

10 Die von Endtner herausgegebene Version von 1801 sowie die von Albrecht Keller 1913 herausgegebene Version basieren hauptsächlich auf der Kopie vom Ende des 17. Jahrhunderts im GNM: Bibliothek 2° HS Merkel 32. Eine ältere Abschrift von Endtners veröffentlichter Ausgabe befindet sich im StaatsAN: Rep 25: S II. L25, Nr. 12. Meine Übersetzung sowie der in der deutschen Ausgabe zitierte Wortlaut des FST (das in Kürze erscheinen wird) stützen sich auf die Kopie in der Stadtchronik des Hans Rigel aus dem Jahr 1634 in der StadtBN: 652 2°. Offenbar wurden im späten 17. und 18. Jahrhundert noch weitere Kopien und Fragmente angefertigt, von denen mindestens zwei in der Staatsbibliothek Bamberg (SH MSC Hist. 70 und MSC Hist. 83) und zwei im Germanischen Nationalmuseum GNM (Bibliothek 4° HS 187 514; Archiv, Rst Nürnberg, Gerichtswesen Nr. V1/3) erhalten sind.

11 Dieses Motiv wird von Leiser in seiner Einführung zu Keller (*Maister Franntzn Schmidts Nachrichters*, Einführung, S. Xff.) und von Nowosadtko (»Und nun alter Franz«, S. 236) angedeu-

tet, aber keiner der beiden untersucht, welche Folgen dies für das Leben des Autors hatte.

12 Anhand der Heirats-, Geburts- und Sterberegister im LKAN ist es mir gelungen, die Rahmendaten der Herkunft Schmidts und seines Familienlebens zu rekonstruieren. Verhörprotokolle und andere Gerichtsunterlagen, die in erster Linie im Staatsarchiv Nürnberg aufbewahrt werden, haben die Angaben zu seiner beruflichen Tätigkeit maßgeblich ergänzt. Beschlüsse des Nürnberger Rates, die sogenannten Ratsverlässe, erwiesen sich als äußerst reiche Quelle in mehrfacher Hinsicht und lieferten eine Fülle aufschlussreicher Informationen über beide Aspekte seines Lebens. Die Beschlüsse erhellten auch seine Tätigkeit als Heiler, insbesondere in den Jahren nach seiner Pensionierung (die im Tagebuch nur nebenbei erwähnt wird). Schließlich verdanke ich viele Erkenntnisse den wertvollen biographischen Informationen, die andere Historiker zusammengetragen haben, insbesondere Albrecht Keller, Wolfgang Leiser, Jürgen C. Jacobs und Ilse Schumann.

13 Einen hilfreichen Überblick über Gewalt in der damaligen Zeit bietet Julius R. Ruff, *Violence in Early Modern Europe, 1500 – 1800*, Cambridge 2001.

Kapitel 1

1 *Ausgewählte pädagogische Schriften des Desiderius Erasmus*, hg. und übers. Dietrich Reichling, Freiburg i. B. 1896, S. 54.

2 Michel de Montaigne, *Essais*. Erste moderne Gesamtübersetzung von Hans Stilett, Frankfurt a. M. 1998, S. 114.

3 Zur augenscheinlichen Gleichgültigkeit gegenüber tierischem Leid vor der Moderne: Robert Darnton, *Das große Katzenmassaker. Streifzüge durch die französische Kultur vor der Revolution*, München u. a. 1989.

4 Diese Rekonstruktion basiert auf den üblichen Ausbildungspraktiken der Söhne von Scharfrichtern, wie sie beschrieben werden in: Wilbertz, S. 120 – 131. Frantz Schmidt überlieferte keine Schilderung der Lehre bei seinem Vater, abgesehen von der Information, dass er im Juni 1573 seine Arbeit als Wandergeselle begann.

5 Dieser Abschnitt stützt sich vor allem auf die Monographie von Arthur E. Imhof, *Die verlorenen Welten. Alltagsbewältigung durch unsere Vorfahren – und weshalb wir uns heute so schwer damit tun*, München 1984, S. 91 – 135.

6 Eine aktuelle Übersicht: C. Pfister, »Population of Late Medieval Germany«, in: Bob Scribner/Sheila Ogilvie (Hg.), *Germany: A New Social and Economic History*, New York 1995, Bd. I, S. 213ff.

7 Imhof, *Die verlorenen Welten*, S. 94 – 100.

8 Zu Hungersnöten und ihren Folgen: Imhof, *Die verlorenen Welten*, S. 114ff.; John Post, *The Last Great Subsistence Crisis in the Western World*, Baltimore 1977. Zur Kleinen Eiszeit: Wolfgang Behringer, *Kulturgeschichte des Klimas. Von der Eiszeit bis zur globalen Erwärmung*, München 2007, insb. S. 120 – 195.

9 Thomas A. Brady, jr., *German Histories in the Age of Reformations*, Cambridge 2009, S. 96f.

10 Abgedruckt in: Karl Zeumer (Hg.), *Quellensammlung zur Geschichte der deutschen Reichsverfassung in Mittelalter und Neuzeit*, Leipzig 1904; dazu: Brady, *German Histories*, S. 97; Knapp, Kriminalrecht, S. 155 – 160.

11 Die Argumentation von Hillay Zmora in *The Feud in Early Modern Germany*, Cambridge 2011, hat mich überzeugt. Siehe auch seinen Begleitband: *State and Nobility in Early Modern Franconia, 1440 – 1567*, Cambridge 1997.

12 Johann Eberlin von Günzburg, *Sämtliche Schriften*, hg. v. Ludwig Enders, Halle 1902, Bd. 3, S. 150; Mandat Karls V. vom 12. August 1522 zitiert in: Monika Spicker-Beck, *Räuber, Mordbrenner, umschweifendes Gesind – zur Kriminalität im 16. Jahrhundert*, Freiburg im Breisgau 1995, S. 25.

13 Hans Jakob Christoffel von Grimmelshausen, *Der abenteuerliche Simplicissimus Teutsch*, hg. v. Alfred Kelletat, München 1979, Erstes Buch, 4. Kapitel, S. 16f. (leicht korrigierte Ausgabe); zur Originalfassung vgl. *Werke*, hg. v. Dieter Breuer, Frankfurt a. M. 1989, Bd. I-1, S. 27ff.

14 FST, 11. Februar 1596. In einer Stichprobe aus dem 16. Jahrhundert wurde mehr als einer von drei Räubern als Landsknecht identifiziert. Spicker-Beck, *Räuber*, S. 68.

15 Dazu: Bob Scribner, »The Mordbrenner Panic in Sixteenth Century Germany«, in: Richard J. Evans (Hg.), *The German Underworld: Deviants and Outcasts in German History*, London/New York 1988, S. 29–56; Gerhard Fritz, *Eine Rotte von allerhandt rauberischem Gesindt: öffentliche Sicherheit in Südwestdeutschland vom Ende des Dreißigjährigen Krieges bis zum Ende des Alten Reiches*, Ostfildern 2004, S. 469–500; Spicker-Beck, *Räuber*, insb. S. 25ff.

16 Imhof, *Die verlorenen Welten*, S. 19 u. 91.

17 Angstmann, S. 85.

18 Ferner zählten zu den schändlichen Berufen Bader, Barbiere, Bettler, Straßenfeger, Gerber, Gerichtsdiener und Büttel, Schafhirten, Kastrierer, Putzfrauen, Müller, Nachtwächter, Schauspieler, Schornsteinfeger und Zöllner. Nowosadtko, S. 12f., 24–28.

19 Zum Beispiel im Augsburger Stadtrecht von 1276. Keller, S. 108. Die These von den Unfreien lässt sich schon deshalb nicht halten, weil die gebräuchlichsten Familiennamen unter Scharfrichtern wie Schmidt, Schneider und Schreiner auf alte Handwerke verweisen. Einige Henker waren möglicherweise tatsächlich verurteilte Verbrecher, aber das war offenbar die Ausnahme, nicht die Regel. Angstmann (S. 74–113) wird besonders stark von der anthropologischen Forschung zu Beginn des 20. Jahrhundert zu diesem Thema beeinflusst sowie von ihren aus Sagen gewonnenen Erkenntnissen. Es gibt sogar die auf historisch nicht nachgewiesenen Vorstellungen C. G. Jungs von einem sakral-magischen Diskurs basierende, auch von manchen Historikern vertretene

These, mittelalterliche Scharfrichter seien die Erben heidnischer germanischer Priester gewesen und ihre spätere Verunglimpfung Teil einer christlichen Bekehrungskampagne. Karl von Amira, *Die Germanischen Todstrafen*, München 1922; siehe auch die Diskussion in: Nowosadtko, S. 21–36, sowie G&T, S. 14, 38f.

20 Die berühmtesten Henkerdynastien der Frühen Neuzeit in Deutschland waren Brand, Döring, Fahner, Fuchs, Gebhardt, Gutschlag, Hellriegel, Hennings, Kaufmann, Konrad, Kühn, Rathmann, Schwanhardt und Schwarz. G&T, S. 46, sowie Stuart, S. 69.

21 Frantz Schmidt schildert die Schande seines Vaters in: Restitution, 201r-v; sie wird bestätigt in: *Enoch Widmans Chronik der Stadt Hof*, hg. v. Christian Meyer, Hof 1893, S. 430, die allerdings Heinrich Schmidt nicht namentlich nennt und der zufolge der Markgraf befahl, zwei Diener und einen Waffenschmied zu hängen. Die Belagerung von Hof wird beschrieben in: Friederich Ebert, *Kleine Geschichte der Stadt Hof*, Hof 1961, S. 34ff.; E. Dietlein, *Chronik der Stadt Hof*, Hof 1937, S. 329–394; Kurt Stierstorfer, *Die Belagerung Hofs, 1553*, Hof 2003.

22 Die Taufurkunden der Stadt Hof aus jener Zeit sind nicht überliefert. Diese Datierung stützt sich auf den Tagebucheintrag des Kaplans Johannes Hagendorn, der anlässlich der Pensionierung von Meister Frantz im August 1618 schrieb, dass dieser bereits seinen 64. Geburtstag gefeiert habe (JHT, S. 68r). Da in Schmidts Rehabilitierung von 1624 keine Rede davon ist, dass Frantz zur Zeit der Schande seines Vaters bereits geboren war, bleibt ein Zeitfenster von etwa November 1553 bis Juli 1554.

23 Ebert, *Kleine Geschichte der Stadt Hof*, S. 25ff.

24 *Widmans Chronik*, S. 180, 188.

25 Dietlein, *Chronik*, S. 434f.

26 Ilse Schuhmann, »Der Bamberger Nachrichter Heinrich Schmidt: Eine Ergänzung zu seinem berühmten Sohn Franz«, in: *Genealogie* 3 (2001), S. 596–608.

27 Johannes Looshorn, *Die Geschichte des Bisthums Bamberg*, Bd. 5: *1556–1622*, Bamberg 1903, S. 106, 148, 217.

28 StaatsAB A231/a, Nr. 1797, 1-Nr. 1809, 1 (Ämterrechnungen, 1573 – 1584).

29 StaatsAB Rep B5, Nr. 80 (1572/73).

30 Stuart, S. 54 – 63; G&T, S. 23; Keller, S. 120; Wilbertz, S. 323f.

31 Während die Bevölkerung von Hof ausschließlich der lutherischen Kirche angehörte, waren im Jahr 1570 nur 14 Prozent der Bamberger Protestanten. Karin Dempler-Schrieber, *Kleine Bamberger Stadtgeschichte*, Regensburg 2006, S. 78.

32 Wilbertz, S. 319ff.

33 Dazu Werner Danckert, *Unehrliche Leute. Die verfemten Berufe*, 2. Aufl. Bern 1979, S. 39ff. Zum Moralismus der Zünfte: Mack Walker, *German Home Towns. Community, State, and General Estate, 1648 – 1871*, Ithaca 1971, S. 90 – 107.

34 Der Berliner Scharfrichter war an seinem grauen Hut mit einem roten Rand gut zu erkennen, manche Scharfrichter im 14. Jahrhundert trugen allem Anschein nach Mützen, die ihre Ohren bedeckten, aber niemals das Gesicht. 1543 verlangte die Stadt Frankfurt am Main von ihrem Scharfrichter, *dreyerley färbiste rothe, weiße, und grün Lippen oben an des Wammes Ermelen* zu tragen oder ein Bußgeld von 20 fl. zu zahlen; Keller, S. 79ff., 121f.; G&T, S. 26ff.; Nowosadtko, S, 244.

35 Wilbertz, S. 333; vgl. Nowosadtko, S. 266; dazu auch Stuart, S. 3.

36 Die karolingischen Herrscher bezeichneten diese Beamten noch mit ihrem römischen Namen als *carnifices* (lateinisch für Henker, wörtlich: Fleischmacher) oder *apparitores* (Gerichtsdiener) oder schlicht als Knechte oder Gerichtsherren. Mitte des 13. Jahrhunderts war der Fronbote oder Büttel zur Hauptfigur geworden, der vom *Sachsenspiegel* aus dem Jahr 1224 »ein heiliger Bote« oder »Knecht Gottes« genannt wurde und damit den heiligen Charakter seines Tuns noch unterstrich. Weder im *Sachsenspiegel* (1224) noch im *Schwabenspiegel* (1275) ist die Rede von einem in Vollzeit beschäftigten Scharfrichter: G&T, S. 14; Keller, S. 79 – 91.

37 *Constitutio Criminalis Bambergensis*, veröffentlicht als: Johann von Schwarzenberg, *Bambergische halßgericht und rechtliche Ordnung*, Nachdruck der Ausgabe Mainz 1510, Nürnberg 1979, 258b, im Folgenden zitiert als *Bambergensis*.

38 Stuart, S. 23 – 26; Nowosadtko, S. 50f., 62; G&T, S. 9, 15; Keller, S. 46f.

39 Stuart, S. 29ff.

40 *Bambergensis;* CCC.

41 CCC, Präambel.

42 Die Bezeichnung *Nachrichter* war in Nürnberg schon im 13. Jahrhundert eingeführt worden, kam anderswo jedoch erst im 16. Jahrhundert in Gebrauch (vgl. Paragraph 86, 96 und 97 der CCC) und breitete sich Anfang des 17. Jahrhunderts nach Norden aus. Hingegen wurde der Begriff *Scharfrichter* zu Beginn des 16. Jahrhunderts in allen deutschen Landen gleichbedeutend verwendet. Zu den unzähligen regionalen Varianten deutscher Bezeichnungen für den Henker siehe Angstmann, S. 4 – 75, insb. S. 28 – 31, 36 – 43, 45 – 50; Keller, 106ff.; Jacob und Wilhelm Grimm, *Deutsches Wörterbuch*, Leipzig 1877, Bd. IV/II: S. 990 – 993, Bd. VII: S. 103f., Bd. VIII: S. 2196f.

43 CCC, Paragraph 258b.

44 Gerd Schwerhoff, *Köln im Kreuzverhör. Kriminalität, Herrschaft und Gesellschaft in einer frühneuzeitlichen Stadt*, Bonn 1991, S. 155; Schuhmann, »Heinrich Schmidt Nachrichter«, S. 605; Angstmann, S. 105.

45 Eine Stichprobe aus Köln im späten 16. Jahrhundert kommt auf ¾ der Hinrichtungen in jenem Zeitraum, 85 von 193 Hinrichtungen wegen Diebstahls und 62 wegen Raubes: Schwerhoff, *Köln im Kreuzverhör*, S. 154.

46 FST, 5. April 1569.

47 Der Transport in ausländische Strafkolonien war im England des 18. Jahrhunderts und im Frankreich des 19. Jahrhunderts sehr beliebt: André Zysberg, »Galley and Hard Labor Convicts in France (1550 – 1850). From the Galleys to Hard Labor Camps: Essay on a Long Lasting Penal Institution«, in: Pieter Spie-

renburg (Hg.), *The Emergence of Carceral Institutions: Prisons, Galleys and Lunatic Asylums, 1550–1900*, Rotterdam 1984, insb. S. 78–85; dazu auch Knapp, Kriminalrecht, S. 79ff.

48 Zum Ursprung des Nürnberger Zucht- und Arbeitshauses: Joel F. Harrington, »Escape from the Great Confinement: the genealogy of a German workhouse«, in: *Journal of Modern History* 71 (1999), S. 308–345.

49 FST, 15. Dezember 1593; 5. September 1594; 29. März 1595; 19. Mai 1601; 28. Mai 1595; 22. November 1603; 17. August 1599; 2. Mai 1605; 25. Januar 1614 (2-mal); 19. Juli 1614; 11. Januar 1615; 12. Januar 1615. Siehe auch Harrington, »Escape from the Great Confinement«, S. 330ff.

50 »Ob Kriegsleute auch in seligem Stande sein können« (1526), in: *D. Martin Luthers Werke: Kritische Gesamtausgabe*, Weimar 1883ff.; Nachdruck: 1964–1968, Bd. 19, S. 624ff. »Kirchenpostille zum Evangelium am 4. Sonntag nach Trinitatis«, in: ebd., Bd. 6, S. 36–42. »Von weltlicher Obrigkeit, wie weit man ihr Gehorsam schuldig sei«, in: ebd., Bd. 11, S. 254f.

51 *Praxis rerum criminalium, durch den Herrn J. Damhouder, in hoch Teutsche Sprach verwandelt durrch M. Beuther von Carlstat*, Frankfurt a. M. 1565, S. 264ff.; Jacob Döpler, *Theatrum poenarum, suppliciorum et executionum criminalium: oder, Schauplatz derer leibes und lebensstraffen*, Sonderhausen 1693, Bd. I, S. 540.

52 G&T, S. 23.

53 In Bayreuth, am 2. September 1560, G&T, S. 5398.

54 RV 1313: 14v (4. März 1570).

55 Nowosadtko, S. 196; Wilbertz, S. 117–120.

56 Keller, S. 114f.

57 Keller, S. 245f. Rotwelsch war eine Kombination des lateinischen Kauderwelschs der Wandermönche und Studenten mit Hebräisch, Jiddisch und der Zigeunersprache (Roma). Ähnlich wie das Cockney-Englisch wurde die Mehrzahl der Wörter durch eine Bedeutungsverschiebung gebildet (sei es durch eine Metapher oder »formale Techniken wie Substitution, Silbenanhängen, oder die Verdrehung von Konsonanten, Vokalen und

Silben«). Robert Jütte, *Poverty and Deviance in Early Modern Europe*, Cambridge 1995, S. 182f. (deutsch: *Arme, Bettler, Beutelschneider: eine Sozialgeschichte der Armut in der Frühen Neuzeit*, Weimar 2000); ders., *Abbild und soziale Wirklichkeit des Bettler- und Gaunertums zu Beginn der Neuzeit: Sozial-, mentalitäts- und sprachgeschichtliche Studien zum Liber vagatorum (1510)*, Köln/Wien 1988, insb. S. 26–106; Siegmund A. Wolf, *Wörterbuch des Rotwelschen; deutsche Gaunersprache*, Mannheim 1956; Ludwig Günther, *Die deutsche Gaunersprache und verwandte Geheim- und Berufssprachen*, Wiesbaden 1956.

58 Ein faszinierender Überblick bei Angstmann, insb. S. 2–73.

59 Jacob Grimm et al., *Weisthümer*, Göttingen 1840, Bd. I, S. 818f.; Eduard Ochsenbrüggen, *Studien zur deutschen und schweizerischen Rechtsgeschichte*, Schaffhausen 1868, S. 392–403; Keller, S. 243.

60 Keller, S. 247f.; G&T, S. 68ff.

61 FST, 1573; 13. August 1577; 19. März 1579.

62 Wilbertz, S. 123.

63 Nach der Urkunde aus dem Jahr 1772 von Johann Michael Edelhäuser. G&T, S. 99. Zum vollen Wortlaut eines Gesellenbriefs aus dem Jahr 1676: Keller, S. 239; Nowosadtko, S. 196f.

64 Restitution, 201v–202r.

Kapitel 2

1 Montaigne, *Essais*, S. 86.

2 Shakespeare, *Dramatische Werke*. Übersetzt von August Wilhelm von Schlegel und Ludwig Tieck. Dritter Band: *Tragödien*, Verlag Lambert Schneider, Berlin [o. J.], S. 544.

3 Hollfeld: zwei Mal 1573, ein Mal 1575; Forchheim: vier Mal 1577, ein Mal 1578; Bamberg: ein Mal 1574, zwei Mal 1577.

4 Joel F. Harrington, *The Unwanted Child. The Fate of Foundlings, Orphans, and Juvenile Criminals in Early Modern Germany*, Chi-

cago/London 2009, S. 78f. Katherine Lynch schätzt in *Individuals, Families, and Communities in Europe, 1200 – 1800: The Urban Foundations of Western Society*, Cambridge 2003, S. 38, dass Migranten zumeist 3 bis 8 Prozent der deutschen städtischen Bevölkerungen ausmachten.

5 Angstmann, insb. S. 2 – 73.

6 Einige Beispiele dieser Symbole bei: Becker-Spieck, *Räuber*, S, 100ff. Dazu auch: Florike Egmond, *Underworlds. Organized crime in the Netherlands, 1650 – 1800*, Cambridge 1993; Carsten Küther, *Menschen auf der Straße. Vagierende Unterschichten in Bayern, Franken und Schwaben in der zweiten Hälfte des 18. Jahrhunderts*, Göttingen 1983, insb. S. 60 – 73.

7 Bei zwei Drittel aller frühneuzeitlichen Tötungsdelikte waren Messerstechereien im Spiel, meist in Schenken: Julius R. Ruff, *Violence in Early Modern Europe, 1500 – 1800*, Cambridge 2001, S. 123. Zur Trinkkultur der Zeit: Ann Tlusty, *Bacchus and Civic Order: The Culture of Drink in Early Modern Germany*, Charlottesville/London 2001; Ann Tlusty/Beat Kümin (Hg.), *Public Drinking in the Early Modern World: Voices from the Tavern, 1500 – 1800, Vols. 1 & 2, The Holy Roman Empire*, London 2011; Marc Forster, »Taverns and Inns in the German Countryside: Male Honor and Public Space«, in: Christopher Ocker et al. (Hg.), *Politics and Reformations: Communities, Polities, Nations, and Empires; Essays in Honor of Thomas A. Brady, Jr.*, Leiden 2007, S. 230 – 250.

8 Ein Hinweis darauf, dass Meister Frantz »weder wein noch pier getruncken« hat, in: ASB 210: 248v.

9 FST, 18. November 1617; 3. Dezember 1612; 15. März 1597; 14. November 1598.

10 In einer Schilderung aus dem Jahr 1549 aus Nürnberg wurde eine mutmaßliche Kindsmörderin mit dem Leichnam eines Neugeborenen konfrontiert, den man in der Gemeinschaftstoilette des Haushalts gefunden hatte. »... da sagte der Meister im haus O! du unschuldiges Kindlein, ist einer unter unss allhie schuldig an dir so gibe ein Zeichnen, das sol alsbald das kind das linke kin-

derarmlein empor gezogen haben.« ASB 226a: 32v; FST, 3. Mai 1597; StaatsAN 52a: 447, 1155. Ulinka Rublack entdeckte in einigen Gerichtsurkunden des 17. Jahrhunderts Verweise auf die Bahrprobe: dies., *The Crimes of Women in Early Modern Germany*, Oxford 1999, S. 58; Robert Zagolla behauptet, diese Praxis habe sich in manchen Gegenden bis ins 18. Jahrhundert gehalten: ders., *Folter und Hexenprozess. Die strafrechtliche Spruchpraxis der Juristenfakultät Rostock im 17. Jahrhundert*, Bielefeld 2007, S. 220.

11 FST, 6. Juli 1592; 16. Januar 1616; JHT, 16. Januar 1616. Johann Christian Siebenkees (Hg.), *Materialien zur nürnbergischen Geschichte*, Nürnberg 1792, Bd. 2, S. 593 – 598, verzeichnet zwei Fälle einer Bahrprobe im Nürnberg des 16. Jahrhunderts, einen 1576 und einen 1599.

12 Z. B. RV 1419: 26v. Siehe auch: Knapp, Loch, S. 25ff.; Zagolla, *Folter und Hexenprozess*, S. 327f.

13 Christian Ulrich Grupen, *Observationes Juris Criminalis* (1754), zitiert in: Keller, S. 200.

14 Lediglich 1 oder 2 Prozent der Verdächtigen im Köln des späten 16. Jahrhunderts wurden tatsächlich gefoltert, zumeist als Berufskriminelle bekannte Räuber und Diebe: Schwerhoff, *Köln im Kreuzverhör*, S. 109 – 115; Stuart, S. 141f.

15 G&T, S. 86ff.; Zagolla, *Folter und Hexenprozess*, S. 399f.; dazu auch Franz Helbing, *Die Tortur. Geschichte der Folter im Kriminalverfahren aller Zeiten und Völker*, Berlin 1926 (ND 1983), insb. S. 190 – 196.

16 Zur ausreichenden Begründung einer Folter bei Kindsmord: CCC, Art. 131, Absatz 36; dazu auch Rublack, *The Crimes of Women*, S. 54; Wilbertz, S. 80; Nowosadtko, S. 164.

17 FST, 10. Mai 1599; Knapp, Loch, S. 37.

18 FST, 4. Dezember 1599; 23. Dezember 1605. Siehe auch RV 2551: 23r-v (10. Oktober 1663).

19 JHT, 88v-89r (8. Februar 1614). Die Folterknechte sowohl der Helena Nusslerin (RV 1309: 16v, 12. November 1569) als auch der Barbara Schwenderin (RV 1142: 31v; 1143: 8r, 8. Mai 1557) wurden angewiesen, vor der nächsten Folter acht Tage zu war-

ten. Ganz ähnlich wurde es Margarethe Voglin gestattet, sich zwei Wochen lang zu erholen, ehe ihre Hinrichtung vollstreckt wurde. (RV 2249: 24v, 19. Februar 1641).

20 StadtAN F1-2/VII (1586).

21 ASB 215: 18.

22 Die Ratsherren warfen Kreuzmayer »viel hundert tausend Sackwertfluchen« vor. ASB 212: 121r-122v, 125v-126r; FST, 5. September 1594.

23 Eine genaue Analyse des Falls Mayr in: Harrington, *The Unwanted Child*, S. 177 – 227.

24 ASB 215: 332r.

25 Es ist schwierig zu schätzen, an wie vielen Foltersitzungen Schmidt jährlich teilnahm. Der 1575–1600 in Ansbach tätige Kollege kam auf durchschnittlich eine Folterung pro Woche. Angstmann, S. 105.

26 FST, 21. April 1602.

27 Z. B. FST, 25. Mai 1581; 20. Februar 1582; 4. August 1586 (2-mal); 11. Juli 1598.

28 FST, 6. Juli 1592. Zu der verbreiteten Infragestellung der Zuverlässigkeit von Folter unter zeitgenössischen Juristen: Zagolla, *Folter und Hexenprozess*, S. 34ff.

29 1588 und 1591, zitiert in: Knapp, Loch, S. 33. Zum Ermessensspielraum der Scharfrichter: Zagolla, *Folter und Hexenprozess*, S. 367 – 373; Joel F. Harrington, »Tortured Truths: The Self-Expositions of a Career Juvenile Criminal in Early Modern Nuremberg«, in: *German History* 23/2 (1999), S. 143 – 171.

30 Auf der Basis einer Stichprobe aus 114 Ergebnissen von Foltersitzungen für die Stadt Köln von 1549 bis 1675: Schwerhoff, *Köln im Kreuzverhör*, S. 114 – 117. In Köln und Rostock wurden sechs von zehn Räubern gefoltert, dagegen nur in einem von zehn Tötungsdelikten: Zagolla, *Folter und Hexenprozess*, S. 48, 61ff.

31 Jacob Grimm, »Von der Poesie im Recht«, veröffentlicht 1815.

32 Knapp, Kriminalrecht, S. 60.

33 FST, 13. August 1578; 9. Oktober 1578; 9. November 1579; 7. Februar 1581; 6. Mai 1581; 22. April 1585; 25. Juni 1586; 23. August

1593; 25. September 1595; 24. Oktober 1597; 23. Februar 1609; 25. November 1612; 30. Januar 1614. Zum Brandmarken von Vagabunden in diesem Zeitraum: Jütte, *Poverty and Deviance*, S. 164ff. Das Ohren-Abschneiden fand statt am 29. Januar 1583; 4. September 1583; 22. Januar 1600; 4. August 1601 und 9. Dezember 1600. Das einzige Beschneiden der Zunge war am 19. April 1591. Der junge Wandergeselle dokumentierte nicht die Zahl oder Art der Leibesstrafen, die er in diesen frühen Jahren vollstrecken musste, aber er sah seinem Vater zu oder assistierte ihm beim Abscheiden von mindestens sechs Ohren und zwei Fingern sowie bei zwei Brandzeichen. 1576 verweist er auf den hingerichteten Hans Peyhel, »welchem ich vor zweyen Jahrn zu Herzogenaurach die ohren abgeschnieden und mit Rutten habe außgestrichen«. Von 1572 bis 1585 vollstreckte Heinrich Schmidt (oder vor 1578 sein Sohn Frantz) 85 Auspeitschungen, 11-mal das Beschneiden von Ohren, 3-mal das Abhacken von Fingern und 2 Brandzeichen: Schumann, »Heinrich Schmidt Nachrichter«, S. 605.

34 StaatsAB A231/a, Nr. 1797, 1-Nr. 1803,1.

35 Jason P. Coy, *Strangers and Misfits: Banishment, Social Control, and Authority in Early Modern Germany*, Leiden 2008, S. 2f.; Schwerhoff, *Köln im Kreuzverhör*, S. 148–153. Die Anwendung der Verbannung erreichte allem Anschein nach im Deutschen Reich in der zweiten Hälfte des 16. Jahrhunderts ihren Höhepunkt. Neben den nicht dokumentierten Auspeitschungen vor 1578 sind an folgenden Tagen Verweise auf Auspeitschungen zu finden: FST, 29. Februar 1580; 7. Juni 1603; 4. August 1586.

36 FST ,24. Oktober 1597.

37 JHT, 10. Januar 1583.

38 Eine Auspeitschung durch Schmidts Vorgänger im Jahr 1573 führte am nächsten Tag zum Tod: Knapp, Kriminalrecht, S. 63.

39 Stuart, S. 143.

40 Keller, S. 100.

41 Siebenkees, *Materialien*, Bd. 1, S. 543ff., Keller, S. 189–196, Knapp, Kriminalrecht, S. 52f. Beide Traditionen wurden mancherorts noch im 18. Jahrhundert beibehalten.

42 Keller, S. 7.

43 Siebenkees, *Materialien*, Bd. 2, S. 599f. Ein Fall aus dem Jahr 1513 wird zitiert in: Keller, S. 160. Siehe auch G&T, S. 55f.; Richard van Dülmen, *Theater des Schreckens. Gerichtspraxis und Strafrituale in der frühen Neuzeit*, München, 4. Aufl. 1995, S. 111–118; CCC, Art. 124, 130, 133.

44 Keller, S. 185; Knapp, *Kriminalrecht*, S. 58.

45 FST, 6. März 1578. Eine ausführliche Schilderung des Todeskampfes von Apollonia Vöglin in: Harrington, *Unwanted Child*, S. 21–71.

46 FST, 26. Januar 1580. Die Meinung der Rechtsexperten wird zitiert in: Knapp, *Kriminalrecht*, S. 58.

47 FST, 17. Juli 1582; 11. August 1582; 11. Juli 1598; 5. März 1611; 19. Juli 1595; 10. August 1581; 26. Oktober 1581; 8. Juni 1587; 11. Oktober 1593.

48 FST, 18. Januar 1588.

49 FST, 1573; 1576; 6. August 1579; 26. Januar 1580; 3. März 1580; 16. August 1580; 27. Juli 1582; 11. August 1582; 14. August 1582; 9. November 1586; 2. Januar 1588; 28. Mai 1588; 5. Mai 1590; 7. Juli 1590; 25. Mai 1591; 30. Juni 1593; 2. Januar 1595; 15. März 1597; 26. Oktober 1602; 13. August 1604; 7. Dezember 1615.

50 RV 1551: 5v (2.1.1588).

51 FST, 27. Juli 1582; 9. November 1586; 2. Januar 1595; 10. Februar 1597; 15. März 1597; 7. Dezember 1615.

52 FST, 29. März 1595. Frantz Schmidt gibt in seinem Tagebuch nur vier Mal die Zahl der Zangengriffe an: zwei Griffe am 11. Februar 1585; drei Griffe am 16. August 1580 und 23. Oktober 1589; vier Griffe: 5. März 1612. Um es nochmals zu betonen, das Vierteilen, so berüchtigt durch Foucault und andere Autoren, blieb eine äußerst seltene Hinrichtungsform in der Frühen Neuzeit, also eine zu extreme Ausnahme, um in einem beliebigen sozialhistorischen Kontext irgendwelche Schlüsse zu gestatten.

53 FST, 10. Mai 1599; JHT, 4. August 1612, zitiert in: Hampe, S. 27.

54 FST, 11. Februar 1584; 12. Februar 1584; 21. Oktober 1585; 19. Dezember 1615. Siehe auch Kapitel 4, S. 255–263. In Hamburg

wurde 1619 zum ersten Mal eine Frau gehängt, in Aachen 1662, in Breslau 1750. Vgl. Keller, S. 171; G&T, S. 55.

55 Zitiert in: Keller, S. 170. Siehe auch CCC, Art. 159 und 162; Wilbertz, S. 86f.

56 FST, 23. September 1590; 10. Juli 1593; auch Knapp, Kriminalrecht, S. 136.

57 FST, 187 Hinrichtungen mit dem Schwert; 172 Hinrichtungen mit dem Strang. In Heinrich Schmidts Amtszeit in Bamberg von Ende 1572 bis Anfang 1585 waren 105 von 106 Hinrichtungen entweder Hängen (67) oder Enthaupten (38). Schumann, »Heinrich Schmidt Nachrichter«, S. 605.

58 Insgesamt machte Enthaupten 47,5 Prozent (187 von 394) der von Frantz Schmidt vollstreckten Todesstrafen aus.

59 FST, 5. Juni 1573; 1573; 1576. Zur Eigenbezeichnung als »Nachrichter« (niemals »Henker«): Restitution, 201v-202v.

60 Knapp, Kriminalrecht, S. 52f.; Wilbertz, S. 87f.

61 FST, 19. März 1579; 16. August 1580; 17. Juli 1582; 11. August 1582; 7. Juli 1584.

62 Keller, S. 157, 160f.

63 Dülmen, *Theater des Schreckens*, insb. S. 13 – 61.

64 JHT, 5. März 1612, zitiert in: Hampe, S. 73.

65 JHT, 97r-v (7. März 1615); FST, 7. März 1615. Zur Bedeutung eines schönen Todes auf dem Schafott: Stuart, 175ff.

66 Hampe, S. 73.

67 Hampe, S. 69, 75.

68 CCC, Art. 192, Art. 94f.; vgl. Hampe, S. 19; dazu auch Richard J. Evans, *Rituals of Retribution. Capital Punishment in Germany, 1600 – 1987*, Oxford/New York 1996, S. 69f. (deutsch: *Rituale der Vergeltung. Die Todesstrafe in der deutschen Geschichte, 1532 – 1987*, Berlin 2001, S. 102f.).

69 FST, 9. Februar 1598.

70 ASB 226a: 58v; FST, 23. September 1590.

71 FST, 18. Februar 1585; 16. September 1580; 19. Dezember 1615. »Wenn mein Stündlein vorhanden ist« (1562) und »Was mein Gott will« (1554). Siehe dazu Jürgen C. Jacobs/Heinz Rölleke,

Kommentar zur Version von Schmidts Tagebuch aus dem Jahr 1801, S. 230.

72 JHT, 5. März 1611; zitiert nach Hampe, S. 42.

73 FST, 11. März 1597; JHT, 11. März 1597, zitiert in: Hampe, S. 73f. Siehe auch 18. Dezember 1600; 18. März 1616.

74 FST, 6. November 1595; 10. Januar 1581; 1576; 1. Juli 1616; JHT, 1. Juli 1616.

75 FST, 9. März 1609; 23. Dezember 1600; 8. Juli 1613.

76 FST, 11. Juli 1598.

77 FST, 28. Januar 1613; JHT, 28. Januar 1613, zitiert nach: Hampe, S. 20f.; ASB 226: 56r-57v.

78 FST, 16. August 1580.

79 JHT, 28. Februar 1611, zitiert nach: Hampe, S. 40; FST, 28. Februar 1611.

80 1506, 1509, 1540, und 20. Juli 1587. FST, 12. Februar 1596; 2. September 1600; 19. Januar 1602; 28. Februar 1611. Zwei weitere Kommentare »putzen«, die nur im Bamberger Manuskript auftauchen (17. Dezember 1612; 8. Februar 1614), sind eindeutig die Schlussfolgerungen eines späteren Herausgebers, denn von Schmidt ist dort in der dritten Person die Rede. Hampe, S. 31; auch G&T, S. 73f.

81 Angstmann, S. 109f.; Wilbertz, S. 127f.; Dülmen, *Theater des Schreckens*, S. 161 – 179; Keller, S. 230.

82 StaatsAN 52b, 226a: 176; Hampe, S. 79; RV 2250: 13r-v, 15r-v (16. März 1641), 29r-v (30. März 1641), 59r (1. April 1641); StadtAN FI-14/IV: 2106-7.

83 Restitution, 202v. An anderer Stelle notiert Schmidt, dass er unter einer gewissen Gefahr gerichtet habe (FST, 12. Januar 1591). Die Steinigung von Simon Schiller und dessen Frau ereignete sich am 7. Juni 1612.

84 G&T, S. 68; Angstmann, S. 109.

85 RV 1222: 5r (14. April 1563); RV 1224: 5r (28. Juni 1563); RV 1230: 29v (9. Dezember 1563), 38r (16. Dezember 1563); RV 1250: 31v (19. Juni 1565); RV 1263: 20r (4. Juni 1566).

86 RV 1264: 17v (28. Juni 1566); RV 1268: 8v (10. Oktober 1566); RV 1274: 2r (14. April 1567); RV 1275: 14r (14. April 1567); RV 1280: 24r (10. September 1567); RV 1280: 25v (12. September 1567). Die sieben Kinder von Lienhardt und Kunigunda Lippert waren Michael (getauft am 25. Oktober 1568), Lorentz (8. November 1569), Jobst (27. Dezember 1570), Conrad (17. Juli 1572), Barbara (10. Juli 1573), Margarethe (13. Februar 1575) und Magdalena (6. Dezember 1577). LKAN Taufungen St. Sebaldus.

87 RV 1310: 24r-v (3. Dezember 1569), 29r-v (7. Dezember 1569); RV 1402: 22r (24. Oktober 1576); RV 1404: 1r (6. Dezember 1576), 39v (28. Dezember 1576).

88 RV 1405: 24v (14. Januar 1577).

89 ASB 222: 75v (23. Oktober 1577).

90 RV 1421: 14v (21. März 1578); RV 1422: 24v (5. April 1578), 58r-v (25. April 1578), 68r (29. April 1578).

91 RV 1423: 33v (16. Mai 1578).

Kapitel 3

1 Montaigne, *Essais*, S. 92.

2 *Balthasar Gracian's Handorakel und Kunst der Weltklugheit*, übers. von Arthur Schopenhauer, Berlin [1912], Aphorismus 130, S. 85.

3 FST, 11. Oktober 1593.

4 StaatsAB A 245/I, Nr. 146: 124v-125r. Zu weiteren besonders skandalösen Betrugsfällen siehe FST, 9. Februar 1598; 3. Dezember 1605; 12. Juli 1614; dazu auch Knapp, Kriminalrecht, S. 247ff.

5 Stuart Carroll, *Blood and Violence in Early Modern France*, Oxford 2006, S. 49.

6 *Brevis Germaniae descriptio*, S. 74, zitiert in: Klaus Leder, *Kirche und Jugend in Nürnberg und seinem Landgebiet: 1400 – 1800*, Neustadt an der Aisch 1973, S. 1. Meine knappe Beschreibung des Stadtbilds von Nürnberg stützt sich auf die etwas lyrische und

atmosphärisch dichte Beschreibung von Gerald Strauss in *Nuremberg in the sixteenth century*, New York 1966, S. 9–35, der immer noch besten englischsprachigen Darstellung des dortigen Alltagslebens in der Frühen Neuzeit. Folgende Überblicke waren ebenfalls sehr hilfreich: Emil Reicke, *Geschichte der Reichsstadt Nürnberg*, Nürnberg 1896 (ND: Neustadt an der Aisch 1983); Werner Schultheiß, *Kleine Geschichte Nürnbergs*, 3. Aufl. Nürnberg 1997; Helmut Neuhaus (Hg.), *Nürnberg. Eine europäische Stadt in Mittelalter und Neuzeit*, Nürnberg 2000; sowie das von Michael Diefenbacher und Rudolf Endres herausgegebene unverzichtbare Nachschlagewerk *Stadtlexikon Nürnberg*, Nürnberg 2000.

7 Reicke, *Geschichte der Reichsstadt Nürnberg*, S. 998.

8 Andrea Bendlage, *Henkers Hetzbruder. Das Strafverfolgungspersonal der Reichsstadt Nürnberg im 15. und 16. Jahrhundert*, Konstanz 2003, S. 28–31.

9 »So trew and Just are they that if you lose a purse with money in the street, Ring, bracelet or such Lyke, you shal be sure to have it again. I would it were so in London.« William Smith, »A Description of the Cittie of Nuremberg« (1590), in: *MVGN* 48 (1958), S. 222. Zu den Spitzeln (Kundschaftlern), die von der Stadt beschäftigt wurden: Bendlage, *Henkers Hetzbruder*, S. 127–137.

10 Während seiner 13 Jahre in Bamberg belief sich Heinrich Schmidts Jahresgehalt – er wurde nicht wöchentlich, sondern nach jeder Hinrichtung bezahlt – im Durchschnitt auf 50 fl., mit einem Rekordergebnis von 87 fl. in den Jahren 1574/75 und einem Tiefstand von 29 fl. im Jahr darauf. StaatsAB A 231/1, Nr 1797/1. Zu den Einzelheiten von Frantzens Arbeitsvertrag: RV 1422: 68r (29. April 1578); Knapp, Loch, S. 61f. Der Bregenzer Scharfrichter bekam ein Grundgehalt von 52 fl. jährlich plus 1 bis 2 fl. je Hinrichtung; dem Münchner Scharfrichter wurden bis 1607 jährlich 83 fl. gezahlt, während der Osnabrücker Kollege je Hinrichtung 2 Taler (1,7 fl.) bekam. Nowosadtko, S. 65ff.; Wilbertz, S. 99ff.

11 RV 1119: 9v, 11v, 12r, 17r-v, 18r, 20r (13.–15. November 1554); Knapp, Loch, S. 56f.

12 StaatsAN 62, 54-79; LKAN Beerdigungen S. Lorenz, 57v: »Jorg Peck Pallenpinder bey dem [sh]onnetbadt, 16. September 1560«. Mindestens zwei der neun Kinder von Jorg und Margareta Peck starben im Kindesalter, womöglich noch mehr. LKAN Taufungen, S. Sebaldus: 93v (Magdalena; 24. Juli 1544), 95r (Maria; 20. September 1545), 96r (Jorg; 26. Mai 1546), 97r (Gertraud; 14. März 1547), 99r (Sebastian; 10. August 1549), 104v (Georgius; 1. Dezember 1551), 105v (Barbara; 6. Oktober 1552), 107v (Magdalena; 30. August 1554), 110v (Philipus; 29. November 1555).

13 LKAN Trauungen Sebaldus 1579, 70; RV 1430: 34r (4. Dezember 1579).

14 *Stadtlexikon Nürnberg*, S. 437.

15 Ernst Mummenhoff, »Die öffentliche Gesundheits- und Krankenpflege im alten Nürnberg. Das Spital zum Heilige Geist«, in: *Festschrift zur Eröffnung des Neuen Krankenhauses der Stadt Nürnberg*, Nürnberg 1898, S. 6ff.; Stuart, S. 103.

16 G&T, S. 92. Ende des 16. Jahrhunderts verdiente der Nürnberger Löwe ein jährliches Grundgehalt von 52 fl. Bendlage, *Henkers Hetzbruder*, S. 36f., 89.

17 RV 1576: 6v, 10v (11. u. 18. November 1589); StaatsAN 62, 82-145.

18 FST, 16. August 1597.

19 Knapp, Loch, S. 67.

20 Schwerhoff, *Köln im Kreuzverhör*, S. 103.

21 Knapp, Kriminalrecht, S. 64–81. Zur Internierung Geisteskranker in dieser Epoche der deutschen Geschichte siehe H. C. Erik Midelfort, *A History of Madness in Sixteenth-Century Germany*, Stanford 1999, insb. S. 322–384.

22 So kostete ein Aufenthalt von 11 Wochen und 3 Tagen im Jahr 1588 Christoph Greisdörffer 13 fl., 8 Heller, 2 Pfennige; bei seiner Entlassung wurde die Summe voll beglichen. StaatsAN 54a, II: 340.

23 Öhler wurde am 26. Oktober 1557 zum *Lochhirt* ernannt und mit einem Gehalt von 2 fl. pro Woche fast genauso gut bezahlt

wie Frantz Schmidt. RV 1148: 24v-25r (26. Oktober 1557): »dem Lochhüter und seinen Weib zusagen, wenn sie nur ehe halten bekemmen, sie auch Iedes mahls Pflicht thun zulassen«. Zu den Pflichten der Nürnberger Aufseher: Bendlage, *Henkers Hetzbruder*, S. 37 – 42.

24 StaatsAN 52a, 447: 1002 (23. Juni 1578); Knapp, *Loch*, S. 145ff.

25 Knapp, Loch, S. 20f.

26 Knapp, Loch, S. 20. FST, 3. Juli 1593; 22. November 1603; 15. September 1604. Siehe auch die Selbstmorde im Gefängnis, die für die Jahre 1580, 1604, 1611, 1615 überliefert sind, sowie die von Frantz Schmidt erwähnten Selbstmordversuche: StadtAN F1, 47: 8314, 876r; FST, 11. Juli 1598; 10. Mai 1599. Im Jahr 1604 erstach ein verurteilter Mörder einen angeklagten Viehdieb im Gefängnis (ASB 226: 17r-v).

27 StaatsAN 52a, 447: 1009-10; ASB 226: 23v; RV 1775: 13r-v (März 1605). Der gemeinsame Wiederaufbau des Galgens war in Artikel 215 der CCC vorgeschrieben. Siehe auch Keller, S. 209ff.; Knapp, Loch, S. 69f.; Dülmen, *Theater des Schreckens*, S. 98 – 101.

28 FST, 3. September 1588; 5. November 1588; 22. Dezember 1586.

29 FST, 15. Juni 1591. Jacobs, Kommentar zur Ausgabe des Tagebuchs von 1801, S. 212.

30 William Miller, *Humiliation And Other Essays on Honor, Social Discomfort, and Violence*, Ithaca 1995, S. 16.

31 FST, 16. Dezember 1594; 21. Juni 1593.

32 FST, 10. November 1596; 12. Januar 1583.

33 FST, 16. August 1580.

34 FST, 4. Januar 1582; 24. Juli 1585; 5. Oktober 1597.

35 FST, 10. Juli 1593; und siehe z. B. 23. Dezember 1605.

36 FST, 11. Oktober 1593; 9. Februar 1598; 12. Juli 1614.

37 FST, 12. Mai 1584.

38 Knapp, Kriminalrecht, S. 100. Eine ausführliche Darstellung des Prozesses bei Wilhelm Fürst, »Der Prozess gegen Nikolaus von Gülchen, Ratskonsulenten und Advokaten zu Nürnberg, 1605«, in: *MVGN* 20 (1913), S. 139ff. Üblicherweise wurden mit dem

Schwert Gerichtete nur auf dem weit weniger vornehmen Friedhof St. Peter bestattet.

39 FST, 23. Dezember 1605.

40 FST, 10. April 1578; 12. August 1578; 1576.

41 FST, 15. April 1578; 1576; 22. Dezember 1586; 1. Juni 1587; 18. Februar 1585; 29. Mai 1582. Siehe auch 17. November 1582; 12. September 1583.

42 FST, 6. März 1578; 26. Januar 1580; 10. August 1581; 17. Juli 1582; 8. Juni 1587; 20. Juli 1587; 5. März 1612.

43 ASB 210: 74vff., 112 r. ASB 210: 106r-v; siehe auch Norbert Schindler, »The world of nicknames: on the logic of popular nomenclature«, in: *Rebellion, Community, and Custom in Early Modern Germany*, übers. Pamela E. Selwyn, Cambridge 2003, insb. S. 57 – 62; F. Bock, »Nürnberger Spitznamen von 1200 bis 1800«, in: *MVGN* 45 (1954), S. 1 – 147; ders., »Nürnberger Spitznamen von 1200 bis 1800 – Nachlese«, in: ebd. 49 (1959), S. 1 – 33. Die gleichen Tendenzen bei der Namensgebung waren auch im zeitgenössischen London zu beobachen: Paul Griffiths, *Lost Londons: Change, Crime, and Control in the Capital City, 1550 – 1660*, Cambridge 2008, S. 179 – 192.

44 JHT, 39v.

45 FST, 19. Juli 1614; 22. Juni 1616; 16. September 1580; 4. August 1612; 23. August 1594; 21. November 1589; 16. August 1587; 30. April 1596; 4. Juli und 7. Juli 1584.

46 Schmidt erwähnt häufig Strafen in anderen Teilen Frankens, die auf Informationen schließen lassen, die über die übliche Mund-zu-Mund-Propaganda hinausgingen. Z. B. nennt er einen verurteilten Dieb den Hans Weber aus Neuenstadt, *den ich vor zehen Jarn mit Ruthen außgestrichen hab sehen* (FST, 4. August 1586). Siehe auch 29. Januar 1583; 9. Februar 1585; 20. Juni 1588; 6. November 1588; 15. Januar 1594; 6. März 1604.

47 FST, 29. Mai 1582; 17. November 1582; 12. September 1583; 4. Dezember 1583; 9. Januar 1581; 23. Juli 1583. Siehe auch den Eintrag zum Schützen Georg Mayr, der wegen Diebstahls aus der Stadt gepeitscht wurde (11. August 1586) und die Einträge vom 18. No-

vember 1589; 3. März 1597; 16. August 1597; 2. Mai 1605; 10. Februar 1609; 15. Dezember 1611. Nähere Einzelheiten zur Häufigkeit solch disziplinarischer Maßnahmen: Bendlage, *Henkers Hetzbruder*, S. 165–201, 226–233.

48 FST, 3. März 1597; 16. August 1597; 25. Mai 1591.

49 FST, 10. Februar 1596; 24. März 1590.

50 Griffiths, *Lost Londons*, S. 138.

51 FST, 21. Mai 1611; 24. November 1585.

52 FST, 24. Mai 1580; 15. April 1581; 20. Dezember 1582; 19. November 1584; 14. August 1584; 16. März 1585; 17. November 1586; 21. November 1586; 14. Juli 1593; 26. Juli 1593; 9. Oktober 1593; 10. November 1597; 14. Dezember 1601; 3. März 1604; 12. Februar 1605; 11. November 1615; 8. Dezember 1615. Siehe auch die Leibesstrafen vom 8. September 1590; 18. Januar 1588; 9. Dezember 1600; 21. April 1601; 27. Januar 1586.

53 FST, 9. Oktober 1578; 15. Oktober 1579; 31. Oktober 1579; 20. Oktober 1581; 9. Januar 1581; 31. Januar 1581; 7. Februar 1581; 21. Februar 1581; 6. Mai 1581; 26. September 1581; 25. November 1581; 20. Dezember 1582; 10. Januar 1583; 11. Januar 1583; 15. Juli 1583; 29. August 1583; 4. September 1583; 26. November 1583.

54 FST, 20. Oktober 1580; 10. Januar 1583; 31. Januar 1581; 2. April 1589; 2. Januar 1588; 18. Januar 1588. Siehe auch die Einträge 5. Mai 1590; 11. Juni 1594; 3. Januar 1595; 8. Juni 1596.

55 Zu allgemeinen Mustern für weibliche Verbrechen und Hinrichtungen: Ulinka Rublack, *The Crimes of Women in Early Modern Germany*, Oxford 1999; Otto Ulbricht (Hg.), *Von Huren und Rabenmüttern. Weibliche Kriminalität in der Frühen Neuzeit*, Wien u. a. 1995; Joel F. Harrington, *Reordering Marriage and Society in Reformation Germany*, Cambridge/New York 1995, S. 228–240; Schwerhoff, *Köln im Kreuzverhör*, S. 178f.

56 FST, 9. Februar 1581; 27. März 1587; 29. Januar 1599.

57 FST, 7. Juli 1584.

58 FST, 6. November 1610; 19. Juli 1588. Siehe auch Laura Gowing, *Domestic Dangers: Women, Words, and Sex in Early Modern London*, Oxford 1999.

59 FST, 3. Juli 1593; 4. Dezember 1599; 7. Mai 1603; 9. März 1609.

60 FST, 20. Juli 1587; 15. September 1604.

61 Zu Schilderungen der alljährlichen Tributzahlungen, die von den Hofer Juden eingefordert wurden, und den vielen Einbrüchen in jüdische Häuser, wo häufig Schweinefleischstücke zurückgelassen wurden: D. Dietlein, *Chronik der Stadt Hof*, Bd. 1: *Allgemeine Stadtgeschichte bis zum Jahre 1603*, Hof 1937, S. 267f.; FST, 23. September 1590; 3. August 1598; 26. Oktober 1602.

62 FST, 23. September 1590; 25. August 1592; 10. Juli 1592; 10. Juli 1593.

63 Zur Frage der nicht festgelegten frühneuzeitlichen Identität: Natalie Zemon Davis, *The Return of Martin Guerre*, Cambridge, Mass. ,1983; Valentin Groebner, *Der Schein der Person. Steckbrief, Ausweis und Kontrolle im Europa des Mittelalters*, München 2004.

64 FST, 2. Dezember 1613. Siehe auch 3. Juli 1593; 12. Juli 1614.

65 FST, 23. Januar 1610.

66 FST, 23. Februar 1593; 3. Mai 1596; 27. Juli 1594; 8. September 1590.

67 FST, 12. August 1579; 28. Juli 1590; 21. April 1601. Siehe auch 18. April 1598; 9. Februar 1581; 12. Februar 1600.

68 FST, 29. Januar 1588.

69 FST, 4. Juli 1588; 30. Juli 1588; 16. Dezember 1594; 4. Juli 1588; 10. Februar 1597.

70 FST, 28. Mai 1588.

71 FST, 12. Februar 1596; 11. Juli 1598; 18. November 1617; 13. November 1617.

72 FST, 16. Januar 1616. Siehe auch 17. Juli 1582.

73 FST, 23. Januar 1595; 4. März 1606; 23. Mai 1615; 25. Juni 1617; 23. Januar 1610; 14. November 1598.

74 FST, 16. Oktober 1584; 23. Oktober 1589; 8. März 1614. Siehe auch 27. Oktober 1584.

75 FST, 3. März 1580; 17. November 1580; 3. Juli 1593; 30. März 1598; 18. Januar 1603; 20. November 1611; 2. November 1615. Siehe auch 29. April 1600.

76 FST, 27. Mai 1603.

77 FST, 2. Juli 1606.
78 FST, 23. Juli 1578; 23. Juni 1612. Siehe auch 2. Mai 1579; 10. April 1582; 4. Juni 1599.
79 FST, 28. April 1579; 21. Juni 1593. Siehe auch 28. Februar 1615.
80 FST, 18. November 1589. Siehe auch 10. April 1582; 1. November 1578; 2. September 1598.
81 FST, 12. Juli 1614; 22. Januar 1611.
82 FST, 6. März 1578; 13. Juli 1579; 26. Januar 1580; 29. Februar 1580; 14. August 1582; 5. Mai 1590; 7. Juli 1590; 15. März 1597; 20. Mai 1600; 21. April 1601; 4. August 1607; 5. März 1616.
83 FST, 26. Januar 1580; 5. Mai 1590; 7. Juli 1590; 26. Juni 1606; 8. Februar 1614.
84 FST, 17. Mai 1606; 4. August 1607; 6. Dezember 1580; 17. November 1584.
85 FST, 11. Juni 1585. Siehe auch 21. Juni 1593; 23. Dezember 1601; 15. September 1604; 9. Juli 1605; 20. November 1611; 5. März 1612; 19. November 1613.
86 FST, 15. Oktober 1585; 21. Oktober 1585; 14. April 1586; 25. April 1587; 15. Juli 1589.
87 FST, 11. November 1585.
88 FST, 1. Juni 1581; 27. Juli 1582; 3. Oktober 1587.
89 Die verbreiteten Klischeevorstellungen vom Gattenmord im Deutschland der Frühen Neuzeit stellten in der Regel der kühlen und berechnenden Frau den grausamen und leidenschaftlichen Mann gegenüber. Dazu Silke Göttsch, »›Vielmahls aber hätte sie gewünscht einen anderen Mann zu haben‹, Gattenmord im 18. Jahrhundert«, in: Ulbricht, *Rabenmüttern*, S. 313–334.
90 Zwei Frauen: FST, 15. Februar 1580; 27. April 1583; 9. Juli 1583; 26. März 1584; 29. Oktober 1584; 6. Juni 1586; 14. Juli 1590. Drei Frauen: 1. Dezember 1580; 3. April 1585. Vier Frauen: 3. April 1585; 29. Mai 1588. Fünf Frauen: 5. November 1595.
91 FST, 20. Februar 1582; 27. April 1583; 9. Juli 1583; 16. März 1585; 20. September 1586; 4. Oktober 1587; 10. Juli 1592; 23. Juli 1605; 6. Dezember 1609.
92 FST, 28. Juli 1590; 16. Oktober 1582.

93 FST, 28. Februar 1611; 7. Juni 1612.

94 RV 1431: 37v (29. Dezember 1579); RV 1456: 46r (8. November 1580); RV 1458: 25v (28. Dezember 1580).

95 StaatsAN 44a Rst Nbg Losungamt, 35 neue Laden, Nr. 1979; StaatsAN 60c, nr. 1, 181r; sowie RV 1507: 9v-10r (19. August 1584); RV 1508: 32r (25. September 1584).

96 Kurz nach Ostern 1582 ersuchte Frantz um Erlaubnis, seinen kranken Vater in Bamberg zu besuchen, was ihm auch gewährt wurde. RV 1475: 23v (10. April 1582).

97 ASB 210: 154; sowie RV 1523: 8r-v, 23r, 25r, 31r (1., 8., 9., 10. Februar 1585). StaatsAN 52a, 447: 1076.

98 FST, 11. Februar 1585. Siehe auch 23. Juli 1584.

99 StaatsAB A245/I, Nr. 146, 106v-107v; StaatsAN 52a, 447: 1076-1077. An einer anderen Stelle bezeichnet Schmidt einen Angeklagten als Verwandten und delegiert das Auspeitschen an seinen Gehilfen: FST, 7. Juni 1603.

100 StaatsAB A231/1, Nr. 1809, 1.

101 StadtAB B7, Nr. 84 (1. Mai 1585); StadtAB B4, Nr. 35, 102r-v (1586); RV 1517: 21v-22r (25. Mai 1585).

102 StadtAN F1-2/VII: 682.

103 St. Rochus Planquadrat H5, #654; Ilse Schuhmann, »Neues zu Franz Schmidt«, in: *Genealogie* 25/9-10 (Sept./Okt. 2001), S. 686.

104 Hilpoltstein (20. Juli 1580; 20. August 1584; 6. März 1589; 19. September 1593; 28. Februar 1594); Lauf (4. August 1590; 8. Juni 1596; 4. Juni 1599); Sulzbach (23. Februar 1593; 11. März 1597); Hersbruck (19. Juli 1595; 18. Dezember 1595; 10. Februar 1596; 2. September 1598); Lichtenau (18. April 1598). Siehe auch RV 1706: 38r (12. Januar 1600).

105 LKAN Sebaldus, 49v, 50v, 70v.

106 Während Henkerfamilien – so das Ergebnis einer 782 Samples umfassenden Stichprobe – in der Frühen Neuzeit im Durchschnitt drei Jungen und drei Mädchen hatten, hatte nach dem Befund der Lokalstudie von Jürgen Schlumbohn nur eine von sechs armen Familien mehr als drei Kinder in der Stadt, im Ge-

gensatz zu fast drei von vier Familien der oberen Mittelschicht und Reichen: *Lebensläufe, Familien, Höfe. Die Bauern und Heuerleute des Osnabrückischen Kirchspiels Belm in proto-industrieller Zeit, 1650 – 1850*, Göttingen 1994, S. 201, 297; G&T, S. 45 – 50.

107 RV 1621: 3v, 10v (14. Juli 1593); ASB 308 (Bürgerbuch 1534-1631): 128v.

Kapitel 4

1 Montaigne, *Essais*, S. 552.

2 John Milton, *Das verlorene Paradies*, übers. Adolf Böttger, Leipzig [1921], S. 61.

3 FST, 15. März 1597.

4 RV 2122: 23r-v (19. Mai 1631). StaatsAN Rep 65 (Mikrofilm S 0735). Die Pest und der Winter von 1600 werden geschildert in: StaatsAN 52b, 226a: 1256-1257.

5 Dazu insb. die ausgezeichnete Studie von Joy Wiltenburg, *Crime and Culture in Early Modern Germany*, Charlottesville 2012.

6 FST, 1573; 9. November 1586; 17. November 1580; 3. März 1580; 16. August 1580; 14. Dezember 1579.

7 FST, 11. Oktober 1604; 18. April 1598.

8 FST, 27. März 1595.

9 Knapp, Kriminalrecht, S. 179f.

10 FST, 28. April 1579; 6. Dezember 1580; 27. Juli 1582.

11 FST, 23. Oktober 1589. Siehe auch 16. Oktober 1584; 13. März 1602; 11. Oktober 1604.

12 FST, 28. April 1579; 5. März 1612; 16. Januar 1616; 27. Januar 1586; 23. September 1590; 18. Mai 1591; 17. Dezember 1612. Siehe auch 1574; 25. Mai 1581; 20. Februar 1582; 4. August 1586; 22. Dezember 1587; 5. Januar 1587; 30. Mai 1587; 11. April 1592; 21. Juni 1593. Zur Verwundbarkeit bei Nacht: Craig Koslofsky, *Evening's Empire: A History of the Night in Early Modern Europe*, Cambridge 2011.

13 FST, 29. August 1587; 16. Oktober 1584.

14 FST, 30. Juni 1593.

15 FST, 18. September 1604; 13. August 1604. Siehe auch 2. Januar 1588; 10. Juli 1593; 28. Februar 1615.

16 FST, 16. Januar 1616.

17 FST, 4. Juni 1599.

18 Vier dieser Fälle waren mit gewaltsamem Raub verbunden (van Dülmen, *Theater des Schreckens*, Anhang, Tabelle 5), genau wie mehrere Fälle aus dem 16. Jahrhundert. In drei Fällen wurde Notzucht an Minderjährigen mit Hinrichtungen geahndet (3. Juli 1578; 10. April 1583; 23. Juni 1612).

19 FST, 13. März 1602; 22. August 1587. Siehe auch 19. November 1612; 2. Juni 1612; 7. Dezember 1615.

20 FST, 4. Juni 1596; 28. November 1583; 13. November 1599.

21 FST, 17. Juli 1582; 11. August 1582; 27. Mai 1603; 8. Mai 1598; 17. Mai 1611; 11. Oktober 1608.

22 FST, 13. Oktober 1604.

23 FST, 15. Juli 1580.

24 FST, 1578; 15. Juli 1580; 25. Mai 1581; 20. Februar 1582; 14. März 1584; 4. August 1586; 2. Januar 1588; 4. Juli 1588; 21. Juni 1593; 10. Februar 1596; 22. Juli 1596; 11. Juli 1598; 20. Januar 1601; 21. April 1601.

25 FST, 25. Mai 1581.

26 FST, 21. Juli 1593. Siehe auch drei Fälle im Jahr 1573 sowie 15. Juli 1580; 25. Mai 1581; 20. Februar 1582; 4. August 1586; 8. Dezember 1587; 10. Februar 1596; 22. Juli 1596; 21. April 1601.

27 FST, 1574.

28 FST, 11. Oktober 1603. Weitere Beispiele für Leichenbeseitigung und -schändung: 1574; 25. Mai 1591; 28. August 1599; 15. Juli 1580; 2. Januar 1588; 13. März 1602; 2. Dezember 1596; 15. März 1597; 5. März 1612.

29 FST, 2. Mai 1605; 29. Juli 1600; 12. November 1601; 2. Dezember 1596; 18. Februar 1591; 21. Juni 1593; 11. Juli 1598. Siehe auch 1573; 1574; 11. Februar 1585; 4. Mai 1585; 2. Mai 1605.

30 FST, 3. März 1597; 29. Juli 1600; 10. Februar 1596; 17. Januar 1611; 20. Februar 1582; 27. Juli 1582.

31 FST, 300 von 394 Todesstrafen; 301 von 384 Leibesstrafen.

32 Zum »Kodex des Westens« insb. Richard Maxwell Brown, »Violence«, in: *The Oxford History of the American West*, hg. v. Clyde A. Milner II et al., Oxford 1994, S. 393ff. Ich möchte mich bei Dan Usner für diesen Hinweis bedanken.

33 Knapp, Kriminalrecht, S. 170 – 177, 191 – 195.

34 FST, 26. Oktober 1602; 17. März 1609; 4. Mai 1585. Siehe auch 28. April 1586.

35 FST, 1577; 10. April 1578; 6. Oktober 1579; 28. November 1583; 28. April 1586; 18. Februar 1591; 1. Juni 1587; 13. Oktober 1588; 11. August 1600; 11. August 1606. Knapp, *Kriminalrecht*, S. 31 – 37. Siehe auch Schwerhoff, *Köln im Kreuzverhör*, S. 265 – 322.

36 FST, 13. Oktober 1588.

37 FST, 7. August 1599.

38 FST, 20. April 1587.

39 FST, 11. April 1592.

40 FST, 24. Oktober 1597; 6. März 1604.

41 Harrington, *Unwanted Child*, S. 30 – 34.

42 FST, 5. Oktober 1597; 8. Juli 1609; 1. Juli 1609.

43 FST, 9. Januar 1583; 18. Juli 1583; 1. September 1586; 4. Juli 1584; 16. Juni 1585.

44 FST, 28. Juni 1614.

45 FST, 22. Februar 1611.

46 FST, 20. Juli 1587.

47 Siehe Ulinka Rublack, »›Viehisch, frech vnd onverschämpt‹ Inzest in Südwestdeutschland, ca. 1530 – 1700«, in: Ulbricht, *Rabenmütter*, S. 171 – 213; David Sabean, Simon Teuscher und Jon Mathieu (Hg.), *Kinship in Europe: Approaches to the Long-Term Development (1300 – 1900)*, New York/Oxford 2007.

48 FST, 23. Juli 1605; 29. Januar 1599; 5. März 1611; 28. Februar 1611; 7. Juli 1584. Siehe auch 27. März 1587; 23. April 1588; 2. April 1589; 26. Juni 1594; 17. Juni 1609.

49 Die beste Studie zu diesem Thema ist Helmut Puff, *Sodomy in Reformation Germany and Switzerland 1400–1600*, London und Chicago 2003.
50 FST, 13. August 1594.
51 FST, 11. März 1596.
52 FST, 11. März 1596; 10. August 1581.
53 FST, 3. Juli 1596. Näheres zu einer in dieser Beziehung erstaunlich toleranten Atmosphäre bei Marie P. Boes, »On trial for sodomy in early modern Germany«, in: Tom Betteridge (Hg.), *Sodomy in early modern Europe*, Manchester 2002, S. 27–45.
54 FST, 19. April 1591. Siehe auch 15. Juli 1584; 13. Oktober 1587; 17. Mai 1583; 15. Juli 1585. Zur Angst vor göttlicher Vergeltung wegen Gotteslästerung siehe Knapp, Kriminalrecht, S. 277ff.
55 FST, 5. Januar 1587; 25. Juni 1590; 29. Juli 1600. Siehe auch 12. August 1600; 19. Januar 1602; 21. April 1601.
56 FST, 10. Februar 1609; 9. März 1609; 23. Januar 1610; 19. Januar 1602.
57 FST, 1. Oktober 1605.
58 FST, 27. Januar 1586. Siehe auch 4. August 1586; 2. Januar 1588; 4. März 1589; 23. September 1590.
59 Knapp, Kriminalrecht, S. 119–122. Siehe auch S. 233ff., zum »diebliche Behalten«, das die ausführenden Amtsleute beobachteten.
60 FST, 29. Dezember 1611; 19. Juli 1588.
61 FST, 12. Januar 1615; 12. September 1583; 23. Juli 1584; 3. August 1598; 26. August 1609.
62 FST, 14. November 1598.
63 FST, 18. November 1617.
64 FST, 13. Dezember 1588; 18. November 1597; 13. Oktober 1601.
65 FST, 15. September 1604.
66 FST, 29. April 1600. Siehe auch 1. Juli 1616.
67 FST, 25. Oktober 1597. Siehe auch 1. Juni 1587.
68 FST, 9. März 1609.
69 FST, 18. November 1617; 2. September 1600. Siehe auch 23. Juli 1594; 13. Juli 1613.

70 FST, 17. Oktober 1587; 7. September 1611; 14. September 1602; 16. September 1595.

71 FST, 1. Oktober 1612; 8. Juli 1613.

72 FST, 11. Oktober 1593; 9. Februar 1598; 20. März 1606; 23. Februar 1609; 12. Juli 1614.

73 FST, 4. Mai 1585; 17. November 1584; 5. Oktober 1588; 7. Mai 1603. Ausdrücklich »schöne Tode« umfassten die Einträge 10. Januar 1581; 6. November 1595; 23. Dezember 1600; 15. September 1605; 18. September 1605; 8. Juli 1613.

74 JHT, zitiert in: Hampe, S. 71; FST, 19. Juli 1614. Siehe auch 17. Mai 1611.

75 JHT, 39v.

76 JHT, zitiert in: Hampe, S. 19.

77 JHT, zitiert in: Hampe, S. 17f.

78 FST, 11. Januar 1588.

79 FST, 28. Januar 1613; 8. Juli 1613.

80 FST, 20. Februar 1582; 18. September 1604. Siehe auch 11. August 1582; 9. Oktober 1593.

81 JHT, 10. März 1614.

82 Dülmen, *Theater des Schreckens*, S. 38 – 43; Schwerhoff, *Köln im Kreuzverhör*, S. 166ff.

83 StaatsAN 226a, 40v, 77r; JHT, 153r; FST, 15. März 1610.

84 Hampe, S. 14 – 19.

85 Hampe, S. 83.

86 FST, 3. Oktober 1588. Siehe auch 12. Juli 1614; 15. Juni 1588; 23. Mai 1597; 18. Dezember 1593.

87 JHT, 10. März 1614, zitiert in: Hampe, S. 16.

88 Zitiert in Hampe, S. 83.

89 FST, 10. Februar 1609.

90 Keller, S. 144f., 148.

91 FST, 10. Januar 1581; sowie 16. Oktober 1585.

92 FST, 11. April 1592; 4. März 1606; 11. Oktober 1593; 11. August 1606; 5. März 1612. Siehe auch 17. März 1609; 5. September 1611.

93 Siehe Harrington, *Unwanted Child*, S. 195 – 214.

94 CCC, Art. 179 und 14.

95 Harrington, *Unwanted Child*, S. 221–225.

96 StadtAN F1-14/IV: 1634.

97 FST, 16. Mai 1594; 22. Juli 1593; 4. Juni 1600; 29. November 1582.

98 FST, 1. Oktober 1612.

99 Hampe, S. 84. Die fünf Jungen in der ersten Gruppe mussten der Hinrichtung ihres achtzehnjährigen Anführers Heinrich Lind zusehen, bevor sie ausgepeitscht und verbannt wurden. Im selben Jahr wurde eine Gruppe von 13 Jungen, »deren keiner über zwölff Jahr alt gewest«, ebenfalls nach dem Auspeitschen aus der Stadt verbannt. StadtAN F1-2/VII: 529; Knapp, Kriminalrecht, S. 9.

100 FST, 25. Januar 1614; StaatsAB A 245/I nr. 146: 82v; ASB 210: 86v.

101 FST, 7. Oktober 1578; 19. März 1579; 28. April 1580; 2. August 1580; 4. Oktober 1580; 11. Februar 1584; 12. Februar 1584; 20. Juli 1587; 15. Mai 1587; 5. September 1594; 3. Mai 1597; 16. Juni 1604; 12. Januar 1615; 19. Dezember 1615; sowie ASB 226a: 49r-52v.

102 ASB 226a: 48r; FST, 25. Januar 1614.

103 FST, 11. Februar 1584; 12. Februar 1584.

104 FST, 5. September 1594; 3. Mai 1597; 16. Juni 1604; 28. Februar 1615; 14. Dezember 1615.

105 FST, 12. Januar 1614. Siehe auch 14. Dezember 1614.

106 FST, 19. Dezember 1615; ASB 218: 72vff.

107 FST, 29. Januar 1588; 13. Januar 1592. Siehe auch 11. Februar 1584; 12. Februar 1584; 5. Juni 1593; 12. Januar 1615; 14. Dezember 1615; 19. Dezember 1615.

108 FST, 25. Oktober 1614.

109 FST, 19. Mai 1601.

110 Joel F. Harrington, »Bad Parents, the State, and the Early Modern Civilizing Process«, in: *German History* 16/1 (1998), S. 16–28.

111 FST, 8. Januar 1582; 1574; 15. April 1578; 6. März 1606; 2. April 1590; 14. Januar 1584.

112 FST, 12. Dezember 1598; 6. März 1606; 18. Juli 1583; 1. September 1586; 7. Juni 1612. RV 1800: 48v-49r (14. März 1607).

113 FST, 14. Januar 1584; auch 8. Januar 1582.

114 ASB 213: 214v.

115 FST, 2. Mai 1605.

116 FST, 16. Juni 1604.

117 ASB 210: 154r. FSJ, 11. Februar 1585.

118 Dieter Merzbacher, »Der Nürnberger Scharfrichter Frantz Schmidt – Autor eines Meisterliedes?«, in: *MVGN* 73 (1986), S. 63 – 75.

119 Stuart, S. 179f.

120 FST, 2. April 1590.

121 FST, 15. September 1604. Zum Motiv des guten und schlechten Diebes in der Kunst des 15. und 16. Jahrhundert: Mitchell Merback, *The Thief, the Cross, and the Wheel*, Chicago 1999, S. 218 – 265.

Kapitel 5

1 William Shakespeare, *Gesamtausgabe*, Bd. 14: *König Lear*, übers. und komm. von Frank Günther, Cadolzburg 2003, S. 35.

2 Montaigne, *Essais*, S. 210.

3 FST, 2. Januar 1588; 11. Januar 1588; 18. Januar 1588.

4 Geoffrey Abbott, *Lords of the Scaffold. A History of the Executioner*, London 1991, S. 104ff.

5 ASB 210: 289r-v, 292v-293v.

6 Restitution, 201v.

7 RV 1119: 13r (22. Juli 1555); G&T, S. 104ff.

8 Nowosadtko, S. 163. 1533 sah sich der Augsburger Scharfrichter, der sich bereits zur Ruhe gesetzt hatte, außerstande, von dem Einkommen als medizinischer Berater zu leben, weshalb er um seine Wiedereinstellung als Scharfrichter bat. Stuart, S. 154.

9 Robert Jütte, *Ärzte, Heiler und Patienten. Medizinischer Alltag in der frühen Neuzeit*, München 1991, S. 18f.

10 Angstmann, S. 92. Paracelsus, »Von dem Fleisch und der Mummia«, zitiert nach: Keller, S. 226; vgl. Stuart, S. 160.

11 Matthew Ramsey, *Professional and popular medicine: the social world of medical practice*, Cambridge 1988, S. 27; Nowosadtko, S. 165.

12 Zur Verbreitung allgemeiner medizinischer Kenntnisse unter Handwerkerfamilien siehe Michael Hackenberg, »Books in Artisan Homes of Sixteenth-Century Germany«, in: *Journal of Library History* 21 (1986), S. 72–91.

13 Johann Weyer, *Artzney Buch: Von etlichen biß anher unbekandten unnd unbeschriebenen Kranckheiten*, Frankfurt a. M. 1583.

14 Hier wurde folgende Ausgabe zurate gezogen: Hans von Gersdorff, *Feldtbuch der Wundartzney, newlich getruckt und gebessert*, Straßburg 1528.

15 Ein populäres Werk, der *Spiegel der Artzney* von Lorenz Fries aus dem Jahr 1532, war in der Tat um die Fragen während der Anamnese aufgebaut. Siehe Claudia Stein, *Negotiating the Pox in Early Modern Germany*, Farnham 2009, S. 48f.

16 Jütte, *Ärzte*, S. 108. Siehe auch David Gentilcore, *Medical Charlatans in Early Modern Italy*, Oxford 2006.

17 In einer Untersuchung von 2179 Fällen wurden im Köln des späten 16. Jahrhunderts 36,6 Prozent der Verwundungen von Wundärzten behandelt. Jütte, *Ärzte*, Tabelle 6; G&T, S. 111.

18 Nowosadtko, S. 163–166.

19 Restitution, 202r.

20 Valentin Duesser gelang es im Jahr 1641, das kaiserliche Privileg zu erlangen, »dass er sich irgent an einem Orth häußlich anrichten und der Wundtarzeney ungehindert als Barbirer und Wundarzt abwarten möge«. G&T, 41.

21 Restitution, 203r-v.

22 RV 1726: 58r-v (7. Juli 1601).

23 RV 1835: 25r (14. Oktober 1609).

24 Mummenhoff, »Die öffentliche Gesundheits- und Krankenpflege im alten Nürnberg«, S. 15; L. W. B. Brockliss und Colin Jones, *The Medical World of Early Modern France*, Oxford 1997, S. 13f.

25 Antworten des Nürnberger Rates von 1661 auf eine wütende Anfrage der Augsburger Ärzte, die sich über die weitreichende medizinische Tätigkeit ihres eigenen Scharfrichters ärgerten, welches Ausmaß für Scharfrichter noch akzeptabel sei. Stuart, S. 163.

26 G&T, S. 41. Schilderungen der Konflikte an anderen Orten finden sich bei Wilbertz, S. 70ff.; Stuart, S. 164–172; G&T, S. 109ff.

27 In Nürnberg war das für gewöhnlich der Friedhof des heiligen Petrus, allerdings in manchen Fällen auch auf einem Stück Land im Friedhof, das nicht geweiht war. Knapp, Loch, S. 77.

28 Karl H. Dannenfelt, »Egyptian Mumia: The Sixteenth Century Experience and Debate«, in: *Sixteenth Century Journal* 16/2 (1985), S. 163–180.

29 Stuart, S. 158f. Stuart sieht in der Verbreitung von Blut und vereinzelt auch Körperteilen Parallelen zum christlichen Abendmahl, S. 180.

30 Markwart Herzog, »Scharfrichterliche Medizin. Zu den Beziehungen zwischen Henker und Arzt, Schafott und Medizin«, in: *Medizinhistorisches Journal* 29 (1994), S. 330f.; Stuart, S. 155–160; Nowosadtko, S. 169f.

31 Nowosadtko, S. 179.

32 Stuart, S. 162; Angstmann, S. 93.

33 Zu einer anderen Interpretation der Überschneidung zwischen Kunst und Anatomie: Andrea Carlione, *Books of the body: anatomical ritual and renaissance learning*, Chicago 2009.

34 Roy Porter, *Blood and Guts. A Short History of Medicine*, London 2002, S. 53–58.

35 Nowosadtko, S. 168f.

36 G&T, S. 67.

37 Hampe, S. 79ff.

38 Zitiert in: Knapp, Kriminalrecht, S. 64.

39 FST, 21. Juli 1578; RV 1425: 48r (17. Juli 1578).

40 FST, 1. Juni 1581; 16. Oktober 1584; 8. Dezember 1590; 18. Dezember 1593. Pessler sezierte noch im Jahr 1641 hingerichtete Verbrecher (Knapp, Kriminalrecht, S. 100).

41 FST, 26. Juni 1578; 22. August 1587.

42 FST, 20. Januar 1601; 29. August 1587.

43 FST, 4. Juni 1596; 21. März 1615; 1. Oktober 1605.

44 FST, 14. September 1602.

45 Angstmann, S. 99ff.; StaatsAN 42a 447: 1063 (7. August 1583).

46 Döpler, *Theatrum poenarum*, Bd. I, S. 596. Nowosadtko, S. 183–189; RV 2176: 56r (15. Juli 1635); Hartmut H. Kunstmann, *Zauberwahn und Hexenprozess in der Reichsstadt Nürnberg*, Nürnberg 1970, S. 94–97.

47 Nowosadtko, S. 98–117; Zagolla, *Folter und Hexenprozess*, S. 368; Wolfgang Behringer, *Hexenverfolgung in Bayern: Volksmagie, Glaubenseifer und Staatsräson in der Frühen Neuzeit*, München 1988, S. 450ff., Prozessliste. Zur Hexenverfolgung in anderen Teilen Frankens siehe auch Susanne Kleinöder-Strobel, *Die Verfolgung von Zauberei und Hexerei in den fränkischen Markgraftümern im 16. Jahrhundert*, Tübingen 2002.

48 Kunstmann, *Zauberwahn*, S. 39–44.

49 FST, 28. Juli 1590.

50 ASB 211: 111r-114r; siehe auch Kunstmann, *Zauberwahn*, S. 74–78.

51 ASB 211: 111r.

52 FST, 28. Juli 1590.

53 Kunstmann, *Zauberwahn*, S. 78–86. Später ließ sich auch Nürnberg von dem Wahn in der Gegend anstecken und richtete drei Männer und zwei Frauen wegen Hexerei hin (im Vergleich zu 4500 im umliegenden Franken).

54 FST, 13. November 1617; ASB 217: 326r-v.

55 FST, 13. Oktober 1604.

56 FST, 2. Mai 1605; 23. Dezember 1600.

57 FST, 13. Dezember 1588.

58 FST, 8. Juli 1613; JHT, 8. Juli 1613.

59 FST, 10. Mai 1599.

60 FST, 6. März 1604; ASB 215, zitiert in: Hampe, S. 59f.

61 ASB 218: 324r-342r.

62 FST, 7. März 1604; 17. August 1599; 20. März 1606; 18. Februar 1585.

63 FST, 25. September 1595; 26. November 1586.

64 FST, 9. Februar 1598. Zu diesem Thema siehe das faszinierende, kürzlich erschienene Buch von Johannes Dillinger, *Magical Treasure Hunting in Europe and North America. A History*, New York 2011 (deutsch: *Auf Schatzsuche*, Freiburg i. B. 2011).

65 Zwischen 1601 und 1606 reiste Schmidt mindestens einmal jährlich, häufig zwei Mal zu Hinrichtungen in Hilpoltstein, Altdorf, Lauf, Salzburg, Lichtenau und Gräfenberg (FST 20. Juni 1601; 8. Juli 1601; 3. März 1602; 7. Mai 1603; 27. Mai 1603; 16. Juni 1604; 13. August 1604; 6. Mai 1605; 17. Mai 1606). Im Jahr 1609 reiste er nach Heroldsberg und Hersbruck (10. Februar und 17. März), und noch einmal nach Eschenau am 17. Januar 1611. In den folgenden sieben Jahren vollstreckte Meister Frantz im Durchschnitt nur zwei Auspeitschungen jährlich, obwohl nachweislich weitere vergleichbare Leibesstrafen verhängt wurden.

66 ASB 226: 43r-v; FST, 28. Februar 1611.

67 StaatsAN 52a 447: 1413 – 1414; RV 1871: 7v, 22v-23v, 25v, 31v-32r.

68 StaatsAN 52a 447: 1493.

69 Siebenkees, *Materialien* Bd. IV, S. 552; FST, 29. Juli 1617.

70 RV 1943: 12v, 18r-v, 24v (10., 12., 13. November 1617).

71 JHT, 13. November 1617.

72 RV 1943: 37v, 58r, 80r, 85r-v (13., 17., 24., 27. Juli 1618); 1953: 10v, 41r, 47r (1., 10., 12. August 1618).

73 RV 1953: 55v-56r, 72v, 80r (14., 20., 22. August 1618); 1954: 33v, 74r (7. und 21. September 1618); 1957: 42r (4. Dezember 1618).

74 RV 1963: 4v, 27r-v, 39r (29. April, 8. und 13. Mai 1619).

75 RV 2005: 104r-v (17. Juli 1622); 2018: 45v (23. Juni 1623); 2037: 17r (16. November 1624); 2038: 32r (12. Dezember 1624); 2068: 117r (17. April 1627); 2189: 30r-v (22. Juli 1636); 2194: 25r-v (7. Dezember 1636); 2214: 36r (31. Mai 1638).

76 Keller, S. 174.

77 RV 1969: 29v (22. Oktober 1619); 1977: 54v (7. Juni 1620); 1991: 35v (8. Juni 1621).

78 RV 2044: 26v (23. Juni 1625); RV 2052: 92v (21. Februar 1626).

79 RV 2044: 29v-30r, 64r-v (23. Juni, 4. Juli 1625); 2045: 13r-v, 41r-v, 71v (18. und 26. Juli, 3. August 1625); 2047: 16r (13. September 1625); 2048: 1v (6. Oktober 1625); StadtAN B 14/1 138, 108v-110r: Anzahlung in Höhe von 373 fl. 27 ¼ kr.; restliche Zahlung nach Reinigung des Hauses (22. September 1625). StadtAN B1/II, no. 74 (ca. 1626).

80 RV 1959: 37v-38r (23. Januar 1619); RV 1968: 9r (18. September 1619).

81 RV 2040: 29v-30r (10. Februar 1625).

82 RV 2002: 2r (4. April 1622); RV 2046: 7r-v (13. August 1625).

83 RV 2071: 25v (26. Juni 1627); StaatsAN B1/III, Nr. VIa/88.

84 StaatsAN 54a II: Nr. 728.

85 Restitution, 209r-211r; RV 2039: 34v (17. Januar 1625).

86 LKAN St. Lorenz Taufungen 910 (4. Januar 1612); Schuhmann, »Franz Schmidt«, S. 678f.

87 RV 1877: 15r, 21r, 31v-32r (2., 4. und 7. Dezember 1612).

88 RV 1929: 64r (13. November 1616); 1931: 49v-49r (30. Dezember 1616); 1933: 8v-9r (8. Februar 1617).

89 RV 2025: 25v, 37r (8. und 14. Januar 1624). Anfangs wird sie als Rosina Schmidin und danach als Rosina Bückhlin geführt; von ihrem Gatten ist keine Rede mehr.

90 StaatsAN Rep 65, Nr. 34: 42r, 56r.

91 Von 1680 bis 1770 mindestens neun allein an der Universität von Ingolstadt. G&T, S. 17 – 20, 111f.; Nowosadtko, S. 321ff.

92 RV 2122: 23r-v (19. Mai 1631).

93 RV 2131: 74v (3. Februar 1632); LKAN Lorenz, 512. Manfred H. Grieb (Hg.), *Nürnberger Künstlerlexikon*, München 2007, Bd. I, S. 24; StaatsAN 65, 20 (24. Februar 1632).

94 LKAN Lorenz, 109; StaatsAN Rep 65, Nr. 34: 56.

95 LKAN Lorenz, L80, 129; RV 2162: 49v (13. Juni 1634).

96 StaatsAN 65, 32: 244.

Epilog

1 Albert Camus, *Resistance, Rebellion, and Death*, New York 1974, S. 180.

2 Mack Walker, *German Home Towns*, Ithaca 1971, S. 12.

3 StaatsAN 54a II: Nr. 728; sowie RV 2189: 30r-v (22. Juli 1636); 2194: 25r-v (7. Dezember 1636); 2225: 97r (10. Mai 1639); 2232: 10v-11v (2. November 1639); 2243: 91v (23. September 1640). Nach Schlegels eigener Schätzung hatte er nur 97 Patienten in Nürnberg, im Gegensatz zu über 1500 in seiner vorherigen Stellung.

4 Maria starb am 12. April 1664; Frantzenhans am 26. Februar 1683 (LKAN Beerdingungen St. Lorenz, Bl. 311, 328).

5 Evans, *Rituale der Vergeltung*, S. 147 – 192. Unter der Überschrift »Ein vernünftiges Maß an Schmerz«.

6 Richard Evans' vernichtende Kritik an Michel Foucaults und Philippe Ariès' theologisch und anderweitig unzureichenden Argumenten hat mich stark beeinflusst, allerdings würde ich mit Norbert Elias nicht ganz so hart ins Gericht gehen. Sein Konzept eines »Zivilisierungsprozesses« führt in anderen kulturellen Kontexten weiterhin zu wertvollen Erkenntnissen (*Rituale der Vergeltung*, S. 1049ff.). Die unlängst erfolgte Verbreitung von Elias' These durch Steven Pinker unterstreicht jedoch leider ausgerechnet den schwächsten Baustein der Theorie, nämlich den angeblichen Anstieg der Empathie im Lauf des 18. Jahrhunderts. So herrschte laut Pinker im »mittelalterlichen Christentum eine Kultur der Grausamkeit«, und erst mit dem »Humanismus« der Aufklärung hätten die Menschen angefangen, »stärker mit ihren Mitmenschen Mitgefühl zu empfinden«. Steven Pinker, *The Better Angels of Our Nature: Why Violence Has Declined* (New York 2011; deutsch: *Gewalt. Eine neue Geschichte der Menschheit*, Frankfurt a. M. 2011), S. 132f.

7 Vgl. die ganz ähnlichen Schlussfolgerungen von Van Dülmen, *Theater des Schreckens*, S. 180 – 186.

8 Keller, S. 262–279; Stuart, S. 75 – 82, 227 – 239; Nowosadtko, S. 305 – 316, 333 – 336; Knapp, Loch, S. 60f.

9 Der ganze Absatz stützt sich stark auf den ausgezeichneten Aufsatz von Jutta Nowosadtko, »›Und nun alter, ehrlicher Franz‹: Die Transformation des Scharfrichtermotivs am Beispiel einer Nürnberger Malefizchronik«, in: *Internationales Archiv für Sozialgeschichte der deutschen Literatur*, Bd. 31/1 (2006), S. 223–245.

10 Brief vom 3. September 1810; R. Steig (Hg.), *Achim von Arnim und Jacob und Wilhelm Grimm*, Stuttgart 1904, S. 69f.

11 G&T, S. 49; Nowosadtko, »Und nun alter, ehrlicher Franz«, S. 238–241.

12 Dazu insb. Stephen Brockmann, *Nuremberg: The Imaginary Capital*, Rochester 2006.

13 Siehe insb. die faszinierenden Ausführungen in: Wolfgang Schild, *Die Eiserne Jungfrau. Dichtung und Wahrheit*, Schriftenreihe des Mittelalterlichen Kriminalmuseums, Rothenburg o. d. T. 2001. Ich danke Dr. Hartmut Frommer dafür, dass er mich auf diese Studie aufmerksam gemacht hat.

14 Eine Diskussion der Historiographie im 20. Jahrhundert über den frühneuzeitlichen Scharfrichter in Deutschland bieten Wilbertz, 1ff.; Nowosadtko, S. 3–8; Stuart, S. 2–5.

15 Von den unzähligen literarischen Werken, deren zentrale Figur der »mittelalterliche Henker« ist, sind die wohl erfolgreichsten: Wilhelm Raabes *Das letzte Recht* (1862) und *Zum wilden Mann* (1873) sowie das Theaterstück *Magnus Garber* von Gerhart Hauptmann (1943) und die Erzählung *Die Zwiebel* von Ruth Schaumann (1943). Zuletzt war der Scharfrichter eine Hauptfigur in beliebten historischen Romanen wie der Reihe von Oliver Pötzsch um die Tochter eines Henkers (*Die Henkerstochter*, Berlin 2008, und weitere Bände) oder in der von Anne Hassel und Ursula Schmid-Spreer herausgegebenen Sammlung fantastischer Kurzgeschichten *Der Henker von Nürnberg* (Mannheim 2010).

16 Ich habe diesen Begriff übernommen von Evans, *Rituale der Vergeltung*, S. 21.

17 Pinker, *The Better Angels of Our Nature*, insbesondere S. 129–188.

18 Vgl. http://www.amnesty.org/en/death-penalty/numbers.

REGISTER

Aberglaube, abergläubisch
39, 68, 164, 274, 288, 297, 301

Abgar V., König von Edessa
265f., 315

Abriel, Johann Georg
294f.

abschreckend, Abschreckung
42, 70, 84, 111, 114 – 116, 124, 303, 307, 325

Addai, Jünger
siehe Thaddäus Thomas, Jünger

Adel, adlig, Adliger
33, 58, 60, 78, 90, 145, 147f., 171 – 175, 282, 304, 317

Albrecht II. Alcibiades, Markgraf von Brandenburg-Kulmbach, gen. Bellator
45f., *47*, 48, 50f., 72f., 205, 316

Alkohol
92, 94, 128, 228, 231

Amman, Augustin
159

Ammon, Hans
262, 321f.

Amtseid
75, 106, 160

Anatomie
74, 100, 279, 286, 290f., *292*

Anklage, Angeklagter
12, 96 – 98, 100f., 103, 105f., 129, 181, 201, 252, 280, 295, 296 – 298, 338

Apotheker
39, 178, 276, 284, 287

Arbeitshaus
65f., 109, 328f., 332

Arnim, Ludwig Achim von
331

Arzt
39, 90, 100, 172, 178, 276 – 278, 280, *283*, 284 – 286, 288, 290f., 300, 320

Augenzeuge
siehe Zeuge

Augsburg
30, 32, 58f., 112, *121*, 149f., 252

Augsburger Religionsfrieden
150

Aurholtin, Elisabeth
130, 247f., 263, 303f.

Auspeitschen
13, 15, 36, 64, 73, 98, 104, 109f., *111*, 170, 179 – 181, 183f., 197, 204, 220, 230f., 234, 236, 238, 243, 248, 252, 256, 262, 293, 302, 305, 307, 328

Ayrer, Killian
207 – 209

Bader
39, 207f., 221f., 276, 280, *281*, *283*, 284, 314, 320

Bahrprobe
97, 105

Bamberg
17f., 26f., 31f., 45, 51f., 55f., 60f.,

63, 65, 73, 75, 80f., 83, 85, 88, 96, 99, 100, 108f., 111, 116, 118, 143, 149f., 158, 160, 169, 184, 199, 203, 241, 271, 282, 295, 297
Bambergensis
siehe Constitutio Criminalis Bambergensis
Bambergische Halsgerichtsordnung *siehe* Constitutio Criminalis Bambergensis
Bardtmann, Leinhard
167
Bauer, Johan
260
Baur, Hensa
258
Bayern
32, 65, 164, 252, 332
Bayreuth
50, 69, 181, 184, 227
Becherin, Ursula
222
Beck, Jorg
156
Beckin, Maria
siehe Schmidtin, Maria (Ehefrau)
Befragung
28, 59, 62, 64, 74, 77, 104, 194, 210, 281
Begnadigung
252, 254 – 257, 262
Begräbnis
167, 173, 224, 285, 290, 324
Beheim, Hans
256
Bergner, Günther
48
Berufsehre
siehe Ehre
Betrug, Betrüger, Betrügereien
109, 130, 145 – 147, 172f., 184, 213, 247f., 262, 300, 302 – 304, 319
Betteln, Bettler
36f., 42, 66, 77, 91, 94, 112, 178f., 218, 293
Beütler, Hans
239
Beyhlstein, Hieronimus
234
Birkenrute
siehe Rute
Bischoffin, Anna
222
Blechschmidt, Anna
69, 203
Boccaccio, Giovanni
232
Böckin, Margaretha
137, 170
Bodin, Jean
149
Brand, Henkerdynastie
44
Brandstifter, Brandstiftung
37f., 103, 140, 175, 187, 222
Braunnauer, Hans
234
Brechtel, Hannß
196

Brechtlin, Margaretha
196, 252
Brentano, Clemens
332
Brombecker, Michel
256
Bruderschaft
76, 83, 92
Brunmeyer, Valtin
260
Bücklin, Katherina
251
Bürgerrecht
43, 147, 170, 205, 312
Bußgeld
53, 113, 153, 284
Büttel
9, 110, 158f., 179, 248
Caesius, Bernard
287
Calvin, Johannes
39, 67
Camerarius der Jüngere, Joachim
284, 292
Camus, Albert
325
Canterin, Maria
180f.
Carolina
siehe Constitutio Criminalis Carolina
Carroll, Stuart
148
Celtis, Conrad
149
Christentum, christlich
71, 78, 121, 132f., 148, 183, 224, 235, 248f., 268, 290, 301
Christoff, Georg
252
Chronik
14 – 18, 55, 96, *111*, 120, 137, 144, *173*, *203*, 258, 259, 294
Cochlaeus, Johannes
149
Coiter, Volker
291, 292
Constitutio Criminalis Bambergensis
51, 60 – 62, 95
Constitutio Criminalis Carolina
60 – 64, 66, 95, 113, 129, 188f., 197, 220, 228, 255, 316
Daumenschrauben
62, 99, 101, 334
Demer, Laurenz
293
Deubler, Albanus Friedrich
332
Deürlein, Lienhard
132
Deuser, Valentin
138, 327
Dieb
10, 36, 44, 55, 64 – 66, 68, 83f., 103f., 120, 127, 131f., 134, 143, 162, 167, 175f., 180, 183 – 185, 196, 211, 216f., 223, 226, 233, 239f., 242 – 244, 246 – 258, 260, 263, 268, 269, 273, 285, 288, 291, 293, 299 – 302, 307, 309

Diebesbande
258, 259
Diebeshure
93, 109, 181, 185
Diebstahl
31, 36, 63f., 93, 109, 122, 146, 153, 167, 179 – 181, 183f., 190, 196, 217, 239 – 243, 247f., 252, 255, 257, 260 – 262, 302, 328
Dietmayr, Michael
220
Dietz, Hans
251, 253
Dischinger, Lienhard
184
Dismas, Schächer
268
Dochendte, Barthel
83
Donirin, Anna
248, 302
Dopffer, Hans
118, 196, 216
Dorsch, Hans
261
Drechsler, Hans
249
Dreißigjähriger Krieg
313, 322f., 325f., 328
Drentz, Hans
268f.
Duebelius, Hans
284
Dülmen, Richard van
124
Dürer, Albrecht
149, *269*, 333
Egloff, Georg
194
Ehebruch
10, 35, 183, 197, 231f., 302, 305
Ehre
12, 20, 22, 25, 27, 35, 47, 53 – 55, 69, 72f., 78f., 141, 144, 148, 158, 171, 173, 192f., 203f., 207, 210, 228, 230f., 238, 265, 275, 282, 291, 315, 317f., 320f., 330
Einbrecher, Einbruch
179, 193, 196, 200, 217, 241, 245 – 247, 255, 258, 261, 263
Endter, Johann Martin Friedrich von
330 – 332
Enthaupten
23, 29, 66, 73, 76, 78, 118, 129, 137, *139*, 140, 142, 148, 163, *173*, 179, 190, 201, 207, 236, 251, 253f., 268, 287, 290f., 293, 297, 305f., 328
Erasmus von Rotterdam
27
Erbsünde
71, 249, 264
Erdrosseln
11f., 98, 116, 121, 183, *195*, 307f.
Erlösung
124f., 127, 136f., 140, 209, 211f., 249, 266, 329, 339
Ertränken
28, 62, 74, 114, 116, *117*, 180, 263, 273, 328

Eusebius von Caesarea
266
Faber, Jakob
250
Fahner, Henkerdynastie
44
Falschspieler
109f., 131, 247, 302
Familienehre
siehe Ehre
Felbinger, Benedict
257
Ferdinand II., Kaiser des Heiligen Römischen Reiches
18, 20, 315 – 318
Feuer
12, 99, 101 – 103, 116, 129, 223, 235, 304
Feuerstein, Endres
192f.
Fleishman, Hansh
260
Flugblatt
87, 130, 212, 214, 218, *267*
Folter
15, 22 – 24, 28, 36, 59, 62f., 73 – 75, 80, 84, 96, 98 – 107, 116f., 119, 122, 128, 143, 159, 163, 172, 179, 185, 194, 200f., 213, 223f., 238, 260, 273, 280 – 282, 295, 298, 301f., 332 – 334, 336, 338f.
Foucault, Michel
337
Franck, Georg
215
Freyin, Anna
194, 249
Friedhof
78, 173, 204, 210, 290, *323*, 327
Friedrich I., Kaiser des römisch-deutschen Reiches, gen. Barbarossa
50
Friedrich I., König in Preußen
330
Frischen, Christoff
215
Fröschel, Hans
23
Fuchs, Henkerdynastie
44
Fugger
150
Führer, Jacob
siehe Wolff, Gabriel
Fürnberger, Joachim
siehe Wolff, Gabriel
Fürsetzlich, Sebastian
241f.
Galeerenstrafe
65, 243f.
Galen
286, 290
Galgen
9, 11, 47, 53, 55, 64, 66, 75, 79 – 81, 84, *87*, 100f., 113, 116f., 120 – 122, 127f., 130 – 133, 137f., 142, *151*, 163f., *165f.*, 167, 170, 185, *188*, 197, 201, 224, 239, 244, 250, 254, 256, 258, 260, 268f., 273f., 285, 291, 296, 301, 306, 311f., 333

Geckenhofferin, Magdalena
243
Gefängnis
65, 109, 125, 128, 133, 157, 160–162, 198, 243, 301, 319, 333, 338
Gegenreformation
53
Geistlicher
39, 68, 115, 125f., 132, 165, 231f., 242, 294
Gemperlein, Michel
175, 255
Genua
65
Georg Friedrich, Markgraf von Brandenburg-Ansbach
50
Gerechtigkeit, Gerechtigkeitsempfinden
15, 20, 22, 42, 78f., 95, 148, 187, 191, 217, 229, 248f., 340
Gericht
43, 48, 76f., 79, 85, 96, *97*, 116, 122, 129–131, 135, 148, 159, 181, 189f., 253, 285, 294, 306, 334
Gerichtsbarkeit
29, 32, 51, 58, 61, 75, 77, 298
Gerichtsbezirke
60, 63, 84, 108, 110, 112, *117*
Gerichtsnotar
siehe Notar
Gerichtstab
siehe Richtstab
Gerichtsurteil
siehe Urteil
Gersdorff, Hans von
279, *281*
Gerstacker, Hans
180
Gerstenacker, Ulrich
191
Gesellschaftsordnung
53, 168
Geständnis
11, 96–101, 103, 105f., 128f., 217, 273, 295, 298, 307, 338
Gestas, Schächer
269
Geuder, Georg Friedrich
333
Gilgen, Niklaus von
siehe Gülchen, Niklaus von
Glaube, Glaubenslehre
21, 39, 71, 125f., 130, 133, 148f., 158, 171, 182, 211f., 264–266, 268, 288, 297, 340
Gnade
11, 34, 67, 85f., 101, 103, 112, 117, 121, 125, 146, 148, 183, 189, 207, 220, 237, 249, 251f., 254–256, 258, 260, 264, 266, 270, 286, 297, 307
Goethe, Johann Wolfgang von
332
Gorssn, Heinz
291
Gösswein, Lienhard
245
Gotteslästerung
68, 108f., 235, 238f.

Götz, Georg
175, 243f.
Gracián, Baltasar
145
Gretzelt, Simon
244
Grimin, Ursula
302f.
Grimm, Jacob
107
Grimm, Jacob und Wilhelm, gen. Gebrüder
69, 331
Grimmelshausen, Hans Jakob Christoffel von
35
Grimmin, Barbara
170
Groschin, Apollonia
234f.
Gröschlin, Anna
185
Grossin, Margaretha
234
Grübel, Bastian
104, 185
Grübel, Johann Konrad
333
Guillotine
328, 331
Gülchen, Niklaus von
172, 173, 174
Gustav Adolf II., König von Schweden
322f.
Hacker, Hans
230
Häftling
9f., *65*, 161f., 250
Hagendorn, Johannes
10, 12, 119, 125 – 127, 133f., 137, 178, 250
Hagundorn, M.
136
Haller, Ernst
siehe Wolff, Gabriel
Haller, Hannß Jacob
189
Hammer, Hans
179, *227*
Handwerk, Handwerker
11, 27, 44, 48, 53f., 68, 70, 72 – 74, 77 – 79, 94, 147, 150, 152, 156, 158, 165, 174f., 205, 253, 261, 275, 282, 311, 315, 317, 320, 330
siehe auch Zunft
Hängen
10, 58, 64, 66, 74, 76, 80, 83f., *101*, 104, 113, 119f., *121*, 122, 143, 166f., *195*, 196, 204, 223f., 239, 242f., 251, 253 – 258, *259*, 263, 285, *289*, 306f., 328
Haubmayr, Peter
262
Hauck, Bastla
262
Hausierer
37, 90, 174, 220, 223, 272
Hausmann, Heinrich
170, 227

Haylandt, Hans
207f.
Heiler, Wund-
20, 22, 39, 51, 74, 158, 265f., 276–282, 284, 286, 288
Heilkunde
274, 278, 287, 293, 316, 320
Helmet, Hans
249
Hendtschuh, Georg
180
Henkerhaus
157, 282, 309f., 312–315, 317, 336
Henkersmahl
127
Heroldt, Gabriel
193
Hertl, Lienhard
243f.
Hertzog, Niklaus
233
Hexe
10, 36, 40, 55, 63, 112, 185, *295*, 296–298, 300, 334
Hexenmeister
68, 294
Hexenverfolgung
38, 63, 96, 238, 274f., 278, 294, *295*, 296–298, 300f.
Hexerei
38, 62, 106, 116, 181, 255, 288, 295–297, 328
Heymann, Veit
234
Hiert, Christoph
294f.
Hinrichtung, Hinrichtungsart
9, 11, 13–15, 17f., *19*, 22f., 28, 43, 48, 51, 55, 60, 62–64, 73, 78–81, 83f., 86, *87*, 88f., 93f., 102, 104f., 110, 112–114, *115*, 116f., 119–128, 130, 134, 137f., *139*, 140, 142, 144, 146f., 159, 164, 170, 172, *173*, 174, 179, 181f., 191, 194, 202, 204, 227, 249, 251–253, 255, 257f., 260, 268, 273, 275, 281, 296, 298f., 305, 307f., 310–312, 316, 327–329, 332, 334, 337–339
Hinrichtungsprozession
siehe Prozession
Hinrichtungsritual
siehe Ritual
Hochstapelei, Hochstapler
145, 148, 170–173, 183f., 193, 248, 263, 304
Hof
27, 45f., *47*, 48, *49*, 50–52, 69–71, 83, 85, 143, 149, 152, 154, 156, 168–170, 183, 233, 316
Hoffman, Christoph
226
Hoffman, Hans
195f.
Hoffman, Peter
233, 301f.
Hoffmennin, Dorothea
98
Hofmann, Cunz
302
Hörnlein, Georg
180, 271–274

Hörnlein, Margaretha
180, 273
Hunger, Hungersnot
30f., 40f., 46, 107, 328, 325
Hunnerin, Maria Cordula
184, 190, 241
Hus, Jan
50
Huss, Karl
332
Imhoff, Endres
305
Inszenierung
42, 96, 107, 123f., 136, 307, 329
Inzest
39, 132, 170, 175, 181f., 235f., 238, 255, 305
Jesus
12, 40, 265 – 268, *269*, 312
Juden
44, 53, 112, 121, 183, 245, 284
Judt, Hay
183
Judt, Mosche
130
Jurist
59 – 61, 67, 97 – 99, 108, 149, 154, 178, 183, 188, 190, 242, 298, 319, 330f.
Kaiserburg
150, *151*, 160, 162
Kapitalverbrechen
61, 75, 170, 197, 220, 256, 300
Kaplan, Gefängnis-
10 – 13, 102, 114, 119, *121*, 123, 125, 127, 130, *131*, 132, 134, 136, 167, 178, 202, 249f., 253, 300, 307
Karl V., Kaiser des Heiligen Römischen Reiches
35, 54, 60, 129, 150
Katholiken, katholisch
26, 40, 45, 53, 149, 182, 239, 288, 323
Kebweller, Steffan
257
Kertzenderfer, Lienhard
306
Ketnerin, Barbara
234
Ketzer, Ketzerei
175, 182, 235f., 238
Kilian, Niklaus
253
Kindsmord
39, 61, 102, 105, 113 – 115, 117, 126f., 181, 194f., 233, 249, 272, 290, 309, 332
Kleiderordnung
53, 58
Kleinin, Margaretha
247
Kleinlein, Wolf
202
Knau, Jobst
180, 271 – 274
Knauer, Jobst
siehe Knau, Jobst
Knochengrube
84, 164
Knor, Jeorg
260

Knüttel, Michel
291
Koblentz, Martin
330
Köchl, Peter
191, 218
Kohlenberger Gericht
76f.
Kohler, Claus
159, 308
Kolb, Hans
133, 226, 244
Kollbauer, Bote
244f.
Köller, Michel
218
König, Michel
260
Köpfen
76, 79, 113, 115f., 122f., 137, 170, 175, 184f., 328
Korn, Dominicus
171
Kornmeyer, Hans
252f.
Krafft, Kunrad
184, 193, 248
Krankheit
39 – 41, 156, 251, 265, 279, 308, 310, 314, 324
Kranz
11, 100f., 103, 128
Kraus, Paulus
133
Krauss, Hans
239
Krautz, Julius
9
Kreuzmayer, Hensa
103, 258
Krug, Hans
214
Kumpler, Hans
221
Kunagel, Kuntz
133
Kunrad, Julius (auch Kunrad aus Reichensachsen)
183
Küplin, Kunigunda
236
Kürschnerin, Maria
258
Laienrichter
59f.
Lambrecht, Georg Karl
9 – 12, 299, 302, 307
Landsknecht
34, 35f., 94, 101, 189, 200, 215, 239
Landstrafe
107, 238
Leberwurst, Peter
siehe Ammon, Hans
Leffel, Caspar
227
Leibesstrafe
18, 53, 64, 73, 104, 108 – 110, 112, 124, 144, 200, 204, 231, 305, 328
Leichenzug
210, 321, 323

Leichnam
44, 60, 73, 80, 84 – 86, *87*, *97*, 98, 118f., 141, 164, 166f., 170, 190f., *195*, 209, 224 – 226, 286f., 289 – 291, 298

Leichnam, Martin
290

Lenger, Matthes
167

Lenker, Caspar
252

Leonardo da Vinci
289

lex talionis
107

Leydtner, Lienhard
245

Lindtnerin, Margaretha
126

Lippert, Lienhardt
70, 141 – 143, 155f., 198

Loch
98, 134, *155*, 160 – 163, 172, 243, 257, 260, 300, 333, 336

Löwe
158 – 160, 164, 167, 178, 294, 308, 312

Luginsland
160, 172

Luther, Martin
39, 66f.

Lutheraner, lutherisch
71, 125, 133, 149, 182, 212, 248f., 264, 267, 294

Lynchjustiz
42, 58, 140, 338

Mager, Hans
252

Magie
148, 274, 286, 294, 297, 299 – 302

Mair, Paul Hector
121

Maria Theresia, Kaiserin von Österreich
330

Marktplatz
10, 128, *155*, 316, 322

Marranti, Margaretha
194

Marti, Hans Wolff
237f.

Matz, Valentin
277

Maximilian I., Kaiser des Heiligen Römischen Reiches
32

Maximilian II., Kaiser des Heiligen Römischen Reiches
150

Mayer, Christoph
237

Mayer, Georg
180, 250, 272 – 274

Mayer, Utz
131

Mayr, Jörg
103, 263

Mechtlin, Elisabeth
137, 236, 305

Medici
150

Meistersinger
264, 268
Melanchthon, Philipp
70, 252
Meller, Hans
131, 302
Merckel, Hans
190, 244
Mertz, Georg
134 – 136
Meüllin, Dorothea
194
Michelangelo
289
Miller, William
168
Milton, John
207
Möchtlin, Elisabeth
234f.
Montaigne, Michel de
27, 83, 145, 207, 271, 300
Mord
12, 22, 68, 83 – 86, 97, 97, 98, 104f., 117, 125, 132, 137, 168, 170f., 174f., 179 – 181, 183, 185f., 191, 196, 198, 200, 202, 207f., 213f., 216 – 218, 223, 249, 255, 275, 285
Mosaisches Gesetz
siehe lex talionis
Moses der Jude, gen. Ambsel
183
Moser, Annala
siehe Peyelstainin, Anna
Mötzela, Georg
186
Müller, Magister
178, 300
Müllner, Frantz Georg
193
Müllner, Georg
226f.
Müllner, Hans
191f.
Mussel, Barthel
213
Musterer, Fritz
185
Nachrichter
48, 56, 62, 67, 81, 122, 126f., 136, 140, 143, 154, 160, 169f., 178f., 253, 276f., 296, 305, 327
Nenner, Cunz
191f.
Neuner, Cunz
222
Neuner, Heinz
169
Notar
18, *23*, *71*, 134f., 143, *166*, 315
Nürnberger Rat
siehe Rat der Stadt
Öhler, Hans
161f.
Öttingen, Graf von
145
Paier, Hans
226
Paracelsus
277, 286

Parma, Herzog von
146
Patient
274, 280 – 282, *283*, 285 – 287, 314, 317, 320, 326f.
Patriziat, Patrizier
58f., 90, 103, 128, 148, 152, 154, 171, 174, 176, 282, 305, 330
Paumaister, Lienhard
308
Paumgartner, Pangratz
261
Payr, Hanß
245
Peihelsteinin, Anna
55
Pergmennin, Anna
245, 299
Pest
30, 40, 107, 172, 203, 210, 323f.
Petry, Endres
170
Peyelstainin, Anna
177, 236
Pfahl
86, *87*, 117, 164, 166, 170
Pfählen
113, *114*, 117
Pfeiffer, Laurenz
261
Pflügel, Heinz
243
Pflügelin, Margaretha
243
Pickel, Elisabeth
319 – 321
Pickel, Wolf Jacob
319f.
Pinkers, Steven
336
Pintzrinin, Anna
227
Pirckheimer, Willibald
149
Planck, Peter
230
Plinius der Ältere
286
Ploben, Ursula von
219
Pranger
108, 110, 182, 299
Praun, Georg
221, 247, 293
Preisigel, Georg
196
Preiss, Balthasar
243, 259f.
Pressler, Arzt
291
Privileg, privilegiert
58f., 78, 147 – 149, 161, 170 – 173, 205, 261, 312
Prostituierte, Prostitution
44, 53, 77, 94, 109, 152, 169, 179 – 181, *221*, 230f., 234, 242, 262
Protestant, protestantisch
26, 39f., 45, 53, 66, 71, 158, 176, 239, 265f., 288, 322f.
Prozess
57, 59, 67, 96, *155*, 328, 337, 339

Prozession
9f., *87*, 128, 130, *131*, 132, 135, 137, 164, 172, 174, 307
Prückner, Georg
133, 300f.
Puchfelderin, Margaretha
234
Püffin, Elisabeth
218, 251
Pütner, Cunz
245, 268
Rabenstein
11, *87*, 119, 125, 132f., 138, *151*, 163f., *165*, 202, 309
Rad, rädern
79, 83 – 86, *87*, 104, 117 – 119, 121 – 123, 129, 163f., 179, 191, *195*, 201f., *203*, 223f., 273, 328, 338f.
Raim, Hans
220
Ramsperger, Hans
188, 189
Rat der Stadt
11, 20, 68, 106, 113 – 116, 141 – 143, 145, 151 – 153, 155f., 162, 167, 172, *173*, 178, 190, 199 – 202, 205, 243, 251 – 254, 256f., 260, 275, 282, 284, 290f., 296 – 298, 307 – 314, 317, 319, 324, 326f., 329, 339
Rathaus
9f., 98, 128, 130, 135, *155*, 157, 160, 163, 201, 254, 336
Ratsherr
siehe Rat der Stadt
Raub, Räuber
31, 33, 36, 37, 68, 83f., 87, 99, 104f., 116, 119, 127, 133f., 151, 175, 179f., 183 – 185, 187, 193f., 200, 202, *203*, 212f., *214*, 217, 220, 223f., 226 – 228, 237, 240, 250f., 254, 262f., 272, 290f., 293
Raubmord
117, 201, 220, 225
Rebbelin, Anna
247
Rebweller, Steffan
169
Rechtsverordnung
53, 55, 58, 62, 64, 197, 215, 228, 314, 316
Reformation
51, 66, 71, 107, 181, 253
Reichardt, Carl
179
Reichsverordnung
siehe Rechtsverordnung
Reichlin, Katharina
193
Reinschmidt, Hans
52, 203
Reintein, Hans
162
Reißweter, Linhardt
184f.
Reitter
siehe Bardtmann, Leinhard
Renckhart, Klaus
85 – 88, 224

Reue
12f., 39, 132f., 185, 249f., 255, 268
Richter
11, 26, 67, 77, 85, 118, 127 – 130, 140, 248f., 253, 329
Richtplatz
11, 73, 85, *87*, 89, 124f., 130, 137, 164, *195*, 201
Richtschwert
siehe Schwert
Richtstab
129f., 138
Richtstuhl
11f., 123, 137, *173*, 174
Ritler, Peter
197
Ritual
27, 39, 42, 77, 80, 84, 86, 96, 100, 110 – 112, 124, 129, 165, 275, 316, 329, 337
Rodtler, Cloß
260
Rolfinck, Werner
290f.
Rossenzweig, Georg
232
Rössner, Erhard
245
Rössner, Hans
298
Rossnerin, Elisabeth
218, 293
Rotwelsch
25, 76, 91
Rühl, Hans
263
Russ, Lienhardt
80
Rute
73, 98, 109, 111f., 182, 234, 247
Sachs, Hans
264, 333
Sanson, Henkerdynastie
14
Schafott
68, 76, 164, 182f., 261, 287, 312, 329
Schande
45, 47f., 57, 166 – 168, 179, 205, 211, 232f., 316, 318f., 322
Schandstock
108, 110
Schartzmann, Hans Georg
227
Scheiterhaufen
38, 68, 116, 147, 236, 339
Schenke
43, 52, 91f., *93*, 95, 178, 241, 311
Scherl, Balthasar
293
Scheurl, Christoph
154
Schiller, Adam
226
Schiller, Simon
263f.
Schlegel, Bernhard
309 – 314, 326f.

Schlot, Michl
227
Schmidt, Frantz Steffan (Sohn)
204, 320, 323
Schmidt, Georg
233f.
Schmidt, Gilg
141
Schmidt, Heinrich (Vater)
17f., 21, 27 – 29, 42f., 45 – 54, 56f., 63, 69f., 72 – 77, 79 – 81, 83, 85, 88f., 91, 94, 96, 99f., 111, 141, 143f., 158, 160, 178, 199, 202f., 276, 278, 316
Schmidt, Johannes, gen. Frantzenhans (Sohn)
204, 320, 324, 326f.
Schmidt, Jorg (Sohn)
158, 204, 210f., 321
Schmidt, Jorg
siehe Werner, Friedrich
Schmidt, Kunigunda (Schwester, verh. Lippert)
70f., 142, 157, 200 – 202
Schmidt, Margaretha (Tochter)
158, 203
Schmidt, Maria (Tochter)
204, 211, 320f., 324, 326f.
Schmidt, Peter (Großvater)
48, 72
Schmidt, Rosie (Tochter)
204
Schmidt, Rosina (Tochter)
204, 211, 318 – 321, 324, 326
Schmidt, Vitus (Sohn)
157f., 203
Schmidtin, Gertraut
235
Schmidtin, Maria (Ehefrau)
17, 22, 156f., 197, 211
Schmiedin, Michaela
302
Schmiedt, Christopher
247
Schnabel, Hans
166f.
Schober, Georg
185
Schober, Lorenz
245f.
Schoberin, Margaretha
siehe Gröschlin, Anna
Schöffe
67, 77, 85, 98, 103, 118, 127 – 129, 153, 249, 253, 313
Schönherlin, Martin
215
Schörpff, Georg
238
Schott, Cunz
31f.
Schreinerin, Margaretha
248
Schrenker, Hans
133, 182, 246
Schropp, Laurenz
192
Schuld
12, 67, 83, 104 – 107, 124, 128f., 161, 194, 213, 215, 223, 242, 252, 268, 308

Schuler, Paulus
227
Schuster, Hans
219
Schütze, Stadt-
9, 135, 153, 159f., 175, 178f., 230, 239f., 243, 252
Schützen, Maria
siehe Kürschnerin, Maria
Schützin, Ameley
234
Schwager, Nickel
174
Schwartz, Henkerdynastie
44
Schwartz, Lienhard
301
Schwartzmann, Hans Georg
226, 239
Schwarzenberg, Johann Freiherr von
60f.
Schweiger, Georg
268
Schwert
10, 15, 28f., 42, 45, 58, 67, 73, 78f., 101, 113, 115, 117, 121 – 124, 129, 137, 146, 148, 168, 170, 172, 189f., 237f., 251 – 254, 256, 258, 280, 293, 305, 318, 331, 334
Schwertzin, Katherina
177
Seitel, Michel
218
Selbstmord
54, 60, 159, 162, 298
Seuboldt, Frantz
87, 191, 216f.
Seuchen
29 – 31, 39, 41, 203f., 210, 238, 313, 323 – 326
Seytzen, Andreas
221
Shakespeare, William
55, 83, 271
Siechenhaus
43, 251, 310, 313
Sixtus IV., Papst
289
Sodomie
175, 235f., 238, 255
Söldner
31, 34 – 36, 44, 59, 78, 184
Solen, Georg
166f.
Stadtchronik
siehe Chronik
Stadtväter
65, 111, 149, 171, 311, 332f.
Ständeordnung, Standesbewusstsein
32, 44f., 54f., 75, 78, 148, 156, 161, 171 – 175, 183, 185f., 192, 205, 232, 252, 270, 282, 303f., 318, 320f.
Starck, Simon
241, 293
Stayber, Andreas
244
Stayner, Steffan
215

Steinigen, Steinigung
43, 58, *139*, 140, 264, 305, 316
Stengel, Georg
siehe Musterer, Fritz
Stertz, Matthias
249
Stigler, Friedrich
185, 296 – 298
Stokamer, Alexander
154
Stoker, Bram
334
Stollman, Laurenz
256
Strafe
10, 13, 37, 63f., 66, 88, 104, 106, 108, *109*, 111 – 115, 118f., 122, 130, 142, 147f., 180, 182f., 190f., 201, 213, 228, 234 – 236, 242, 249, 251, 256f., 260, 299, 339
Strafjustiz
58, 95, 112, 187, 329, 332, *335*, 336f.
Strafmaß
51, 128, 238
Strafrecht
57, 59, 60, 188
Straftat, Straftäter
42, 58, 62, 64, *93*, 96, 179, 221, 248, 255, 328
Strafverfolgung, Strafverfolgungsorgane
22, 41, 51, 58, 63, 86, 95, 107, 110, 217, 227, 317, 338f.
Strang, Strangulierung
12, 84, 120 – 122, 129, 164, 196, 242, 244, 252, 255, 260, 262, 307f.
Strappado
100, *101*, 103
Strick
28, 73, 119, 128, 136, 288
Strölin, Anna
194f., 216
Stüller, Niklaus
118
Sümler, Georg
131
Sunberg, Görgla von
118
Sunberg, Phila von
118
Sünder, Sünderin
9 – 11, 28, 68, 75, 84, 114, 116, *117*, 120, 122 – 125, 127, 129f., *131*, 133, 136f., 140, 143, 163f., 202, 212f., 249, 251f., 264, 285, 287, 291, 299f., 306f., 312
Sundermann, Valentin
186
Sunsberg, Philla von
siehe Sunberg, Phila von
Tacitus
114
Tagebuch
10, 12 – 14, 16 – 18, *19*, 20f., 24f., 77, 79f., 85f., 88, 100f., 103 – 105, 110, 112, 116, 119, 126, 137, 145, 148, 160, 168 – 170, 174 – 176, 178, 181, 183, 187, 189, 197f., 201, 211 – 213, 217, 223f.,

228, 231, 235, 238 – 241, 249, 251, 258, 265, 267, 291, 293, 302, 305f., 308f., 330 – 334
Talisman
40, 274, 301
Taller, Lienhard
215, 225
Taucher, Georg
216
Taumb, Hans
262
Teufel
39, 103, 137, 294, 301f.
Teurla, Georg
214
Teurla, Heinz
196
Thaddäus Thomas, Jünger
265
Todesstrafe
14, 23, 60, 63, 106, 113, 127, 129, 255f., 309, 325, 328, 338f.
Todeszelle
siehe Zelle
Tross, Julius
256
Ullmann, Thomas
128
Unger, Jörg
276
Unschuld
29, 102, 105f., 161, 182, 185, 193f., 200, 202, 213, *214*, 255
Unzucht
35, 108f., 175, 180 – 182, 191, 193, 197, 231 – 238, 299, 319
Urteil
23, 47, 57f., 60, 62, 85, 88, 110, 118, 124, 128 – 130, 140, 153, 160, 172, 179, 204, 251, 253, 257, 297, 339
Valentin, Meister
138
Valkenborch, Lucas I. van
37
Vatermord
87, 191, 216 – 217
Veit, Bischof von Bamberg
158
Veit II., Bischof von Würzburg
51
Verbannung
36, 57, 64, *65*, 109, 113, 181, 183, 195, 197, 236, 243, 256 – 258, 284, 292, 294, 296, 299, 338
Verbrechen
15, 37f., 57, 60 – 63, 85f., 88, *93*, 95, 102, 106f., 110, 115, 124, 129, 146 – 148, 171, 174f., 184f., 187f., 190f., 194, 196f., 201f., 209, 212, 214, 216f., 220, 222f., 227f., 233 – 235, 238, 240, 242, 248, 255, 261f., 264, 267f., 271, 273, 282, 299, 328f., 337, 338f.
Verbrecher
14, 17, 21f., 36, 40, 42, 44, 64, 86, 91, 94, 112, 117, 119, 130, *155*, 176, 179f., 182, 185, 188, 197, 212f., 221, 224, 227, 232, 243, 249, 251, 255f., 258, 261 – 264, 266, 271, 278, 285, 287f., *289*, 290, 301, 328f., 339

Verbrennen
10f., 28, 36 – 38, 60, 62, 80, 116, 147, 159, 189f., 224, 236f., 288, 294, 295, 297 – 299, 307f., 328, 339
Verdächtiger
75, 96, 98 – 100, *101*, 103, 105f., 160, 163, 238, 281
Vergebung
10f., 21, 71, 248f., 266f., 307
Vergeltungsstrafe
22f., 41, 57, 94, 107, 111, 116, 187, 235
Vergewaltigung
173, 179, 181, 183, 192, 195, 219f., 223, 256
Verhaftung
47, 61f., 102, 140, 153, 185, 200, 227, 243, 252, 257, 262, 268, 294, 296, 298f., 319, 339
Verhör
12, 62, 73, 75, 84, 88, 95, 98, *101*, 102 – 104, 154, 163, 172, 204, 235, 273, 280, 296, 301, 339
Verstümmelung
108f., 328
Verurteilter
9, 11f., 15, 21, 28, 44, *65*, 80f., 84 – 87, 91, 102, 110, 113 – 115, 119 – 126, 128, 130, 134, 140, *155*, 159, 163, 167, *173*, 174, 179, 196, 200 – 202, 204, 217, 235, 237, 243, 249 – 251, 253 – 258, 263f., 298, 305 – 307, 310, 339
Vesalius, Andreas
289, 290, 292
Vierteilen
28, 62, 84, 117
Vischer, Conrad
141
Vogel, Hans
124 – 133, 137, 140
Vogl, Michel
226
Voglin, Margaretha
138
Vogt, Michel
249
Völkermord
23, 337
Voltaire
32
Wadl, Hans
219f.
Wagner, Richard
325
Wagnerin, Barbara
222, 299
Waldt, Joachim
179
Walker, Mack
326
Walters, Hennsa
179
Wandergeselle
79, 83, 85f., 88, 91, 95, 98, 103, 106, 118, 124, 136, 142, 154, 171, 195, 216, 272
Weber, Hans
143, 236
Weber, Stoffel
254

Wechter, Brüder
256
Weckler, Hans
247
Wegelagerei
62, 90, 103, 128, 133, 213, 223, 227, 244, 271
Weida, Vögte von
50
Weißkopf
siehe Mayer, Georg
Werner, Friedrich
17, 200 – 202, *203*, 263
Westfälischer Friede
325
Weyer, Johann
278f., 300
Weyr, Andreas
180
Weyssheubteil, Georg
226
Widmann, Enoch
50
Widtmann, Brüder
254f.
Widtmenin, Cordula
262
Wiederholungstäter
64, 66, 108, 240, 243, 257, 338
Wigliss, Georg
223
Windholtz, Georg
siehe Wolff, Gabriel
Wipenstein, Albernius von
171
Wippgalgen
siehe Galgen
Witschel, Johann Heinrich
333
Wolff, Gabriel
145 – 148, 170f., 173, 184, 247f., 255
Wundarzt
siehe Arzt
Würzburg
45, 183, 237, 295
Zange
85, *87*, 118, 130, 137, 170, 190, 193, 201f., 217, 273
Zauberei
61, 274, 294, 296, 298f., 302
Zelle
98, 102f., 124f., 127, 160, 163, 172f., 336
Zeuge
10, 12, 43, 55, 62, 67, 96 – 98, 109, 173, 187, 233
Zigler, Petter
261
Zunft
11, 43, 54, 58, 76f., 153, 174, 252, 264, 276, 284, 330
Zuschauer
9 – 11, 43, 113f., 124, 130, 136, *139*, 146, 167, 294, 305 – 307
Zwickelsperger, Konrad
222, 299

BILDNACHWEIS

Bayerisches Hauptstaatsarchiv München: S. 225 (Überfall auf ein Gehöft)

Germanisches Nationalmuseum Nürnberg: S. 87 (Seuboldts Hinrichtung); S. 131 (Zug zum Richtplatz); S. 195 (Vatermörder); S. 267 (Der verlorene Sohn); S. 335 (Eiserne Jungfrau)

Kunsthistorisches Museum Wien: S. 37 (Hinterhalt für einen Hausierer)

Luzern Zentralbibliothek: S. 97 (Bahrprobe); S. 101 (Strappado)

Mary Evans Picture Collection: S. 214 (Hinterhalt von Räubern)

Museen der Stadt Nürnberg: S. 33 (Nürnberg mit Umgebung)

Staatliche Museen Nürnberg: S. 323 (Sankt-Rochus-Friedhof)

Staatliche Museen zu Berlin, Kunstbibliothek: S. 221 (Bader); S. 229 (Diener mit Staubwedel)

Staatsarchiv Nürnberg: S. 23 (Skizze von Frantz Schmidt); S. 71 (Unterschrift); S. 151 (Stadtansicht von Nürnberg); S. 165 (Galgen mit Gehenkten und Raben); S. 166 (Skizze des Galgens); S. 188 (Skizze der an den Galgen genagelten Gliedmaßen)

Stadtarchiv Nürnberg: S. 55 (Frantz Schmidts Hinrichtung der Peihelsteinin); S. 65 (Schellenwerk); S. 111 (Auspeitschen); S. 115 (Lebendig Begraben); S. 155 (Nürnberger Rathaus); S. 173 (Hinrichtung Gülchens); S. 203 (Hinrichtung Werners); S. 259 (Hängen zweier Frauen und fünf Jugendlicher)

Stadtbibliothek Nürnberg: S. 19 (Seite aus Tagebuch); S. 292 (Porträt Coiters)

Zentralbibliothek Zürich: S. 117 (Ertränken); S. 121 (Hängen); S. 139 (Steinigung des Scharfrichters); S. 295 (Hexenverbrennung)

Fulda
Abtei Fulda
GFT. HENNEBERG
Steinach
HZM. SACHSE
Coburg
Lichtenfels
(Bad) Staffelstein
Weismain
Schweinfurt
Weyer
Main
Eschenau
Hollfe
BM. WÜRZBURG
Bamberg
Regnitz
Würzburg
BM. BAMBER
Forchheim
Tauber
Gräfenber
EBM. MAINZ
Königshofen
Neustadt an der Aisch
Herzogenaurach
Langenzenn
Fürth
MGFT. BRANDENBURG-ANSBACH
Nürnber
Rothenburg
Feucht
Ansbach
Schwabach
Pyrbau
Lichtenau
Roth
Hilpoltstein
Hall
Heilbronn
Altmühl
Regnitz
Heideck
Weißenburg
HZM. WÜRTTEMBERG
Ellwangen
Nördlingen
Donauwörth
Donau
0 10 20 30 40 50 km

Die Welt des Frantz Schmidt
äfenthal
Plauen
Saale
Joachimsthal
Hof
ronach
Presseck
Eger
N
Kulmbach
Eger
FSM. BAYREUTH
S
Bayreuth
Beraun
Pegnitz
Pilsen
Betzenstein
KGR. BÖHMEN
Velden
nitz
Sulzbach
Hersbruck
Amberg
ltdorf bei
ürnberg
OBERPFALZ
Sulzbürg
Regensburg
Donau
Straubing
olstadt
HERZOGTUM BAYERN
Reichsstädte

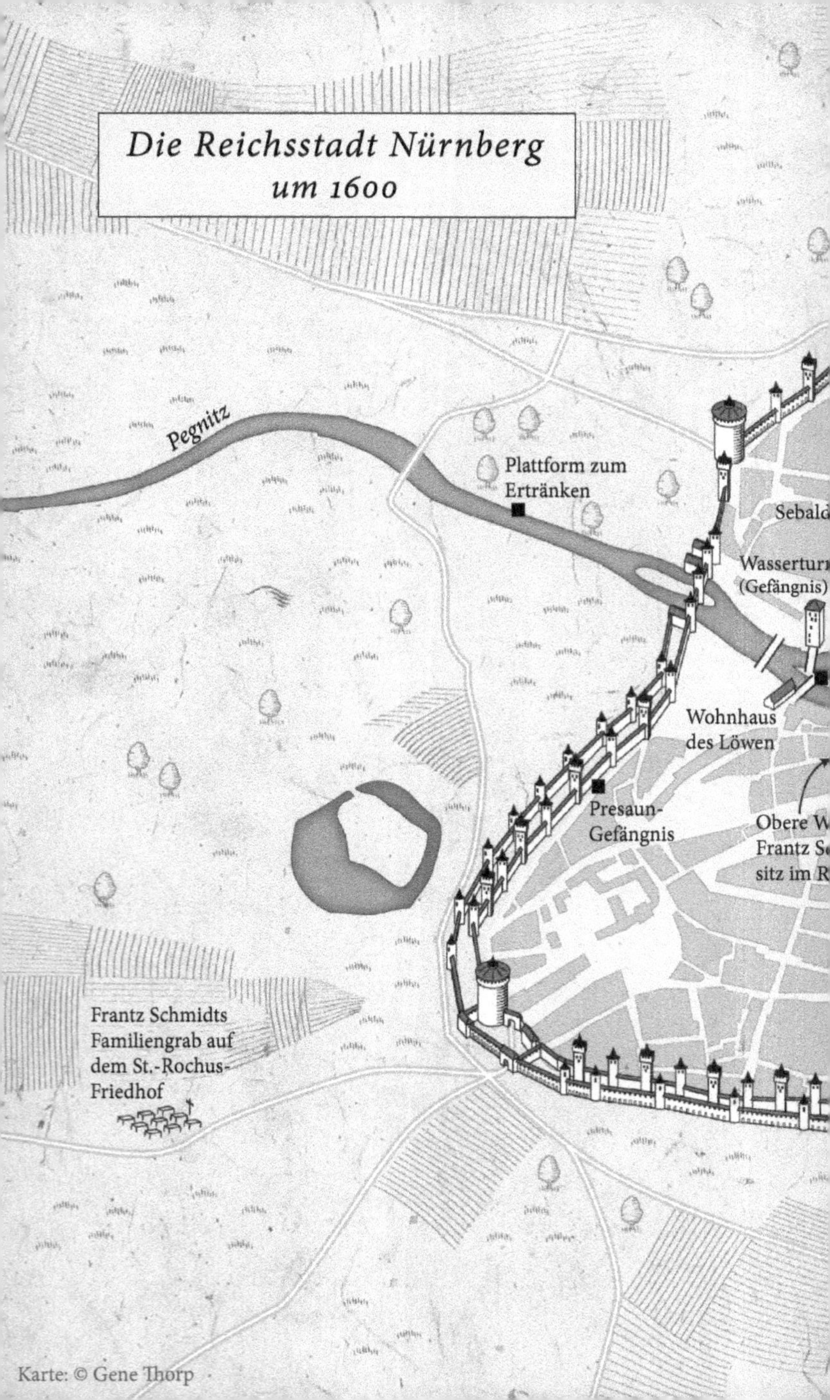
Die Reichsstadt Nürnberg
um 1600
Pegnitz
Plattform zum
Ertränken
Sebald
Wasserturm
(Gefängnis)
Wohnhaus
des Löwen
Presaun-
Gefängnis
Frantz Schmidts
Familiengrab auf
dem St.-Rochus-
Friedhof
Karte: © Gene Thorp

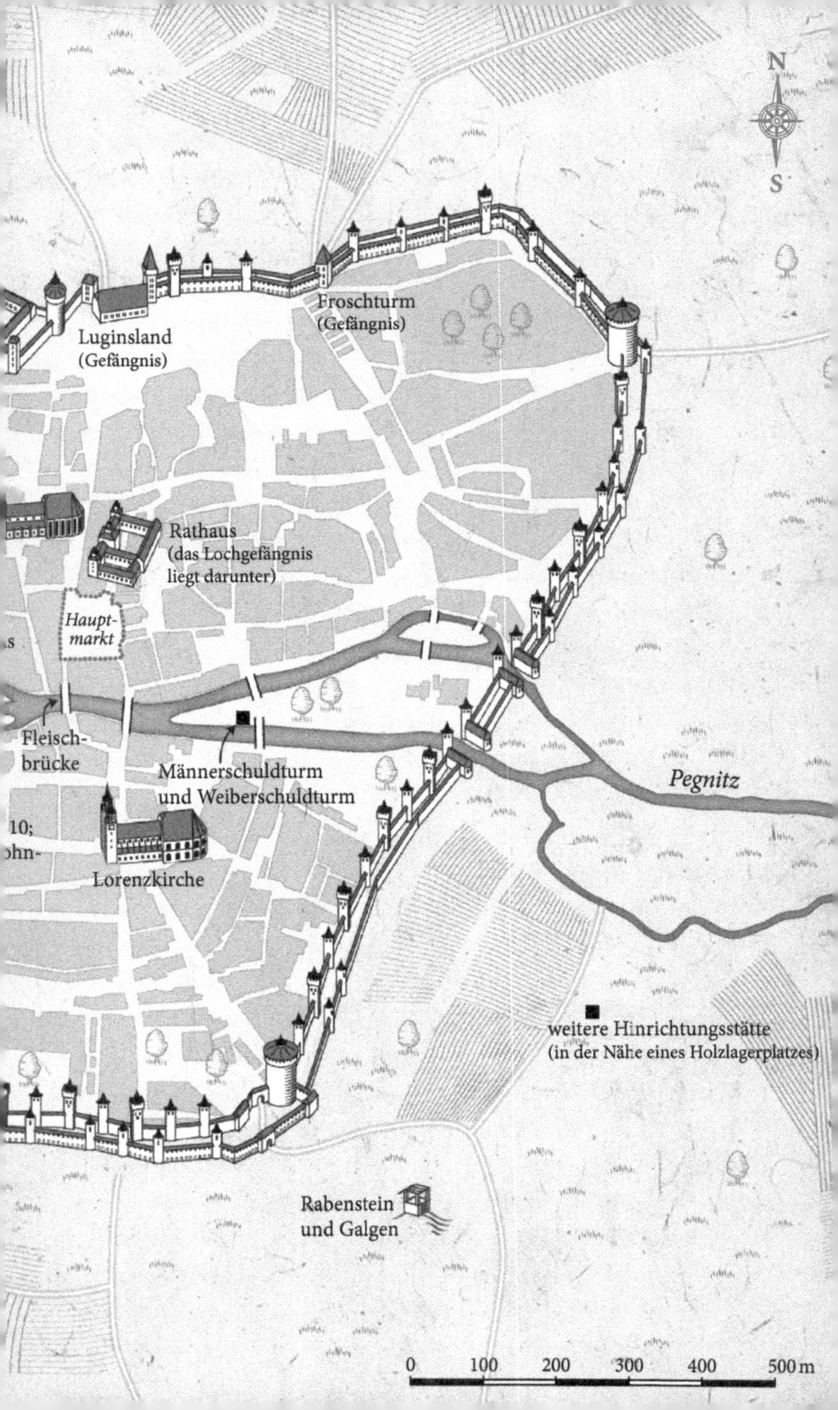
N
S
Luginsland
(Gefängnis)
Froschturm
(Gefängnis)
Rathaus
(das Lochgefängnis
liegt darunter)
Haupt-
markt
Fleisch-
brücke
Männerschuldturm
und Weiberschuldturm
Pegnitz
Lorenzkirche
weitere Hinrichtungsstätte
(in der Nähe eines Holzlagerplatzes)
Rabenstein
und Galgen
0
100
200
300
400
500 m